隐匿的烽烟

安之忠 林锋 —— 著

郑观应商战风云录

当代世界出版社
THE CONTEMPORARY WORLD PRESS

图书在版编目（CIP）数据

隐匿的烽烟：郑观应商战风云录 / 安之忠，林锋著. —北京：当代世界出版社，2018.9
ISBN 978-7-5090-1433-2

Ⅰ.①隐… Ⅱ.①安… ②林… Ⅲ.①郑观应（1842-1921）－生平事迹 Ⅳ.①K825.38

中国版本图书馆CIP数据核字（2018）第184440号

书　　名：	隐匿的烽烟：郑观应商战风云录
出版发行：	当代世界出版社
地　　址：	北京市复兴路4号（100860）
网　　址：	http：//www.worldpress.org.cn
编务电话：	（010）83908456
发行电话：	（010）83908409
	（010）83908455
	（010）83908377
	（010）83908423（邮购）
	（010）83908410（传真）
经　　销：	全国新华书店
印　　刷：	北京盛彩捷印刷有限公司
开　　本：	710毫米×1000毫米　1/16
印　　张：	24.5
字　　数：	352千字
版　　次：	2018年9月第1版
印　　次：	2018年9月第1次
书　　号：	ISBN 978-7-5090-1433-2
定　　价：	49.00元

如发现印装质量问题，请与承印厂联系调换。
版权所有，翻印必究；未经许可，不得转载！

目 录

上 部

第一章
走出香山

一、妈阁庙前，算卦先生预言郑观应和徐润的不同命运 / 002

二、英雄救美，却意外听到一段隐秘往事 / 009

三、险些被卖了"猪猡" / 023

四、深夜，在天后娘娘座前，郑观应许下自己的誓愿：用一生寻求一个救世良方 / 031

五、假借"罗浮散人"，道出本次县试的"头名"：郑观应 / 036

六、科场失意，情场得意，当郑观应决意赴上海经商，莫菲青忍不住扑进他的怀里…… / 042

第二章
沪上谋生

一、洋人的厉害之处有二：一是科学，二是民主 / 057

二、结识了一位盖世奇才：从美国耶鲁大学毕业归来的容闳 / 065

三、容闳告诉郑观应，他已经选择了一条道路：教育救国 / 075

四、分别拜访徐钰亭和曾继圃，让郑观应看到了不同的两种人生 / 084

五、一只小小的蚊子，引发了一场"投毒案" / 094

六、跟随容闳去购茶，却撞上了太平军。到金陵面谒干王，容闳向洪仁玕献上"富强七策" / 100

第三章

初涉商战

一、郑观应告诉龙五爷：倘真有大志，就开一家中国人自己的轮船公司，把洋人赶出去 / 113

二、原来在林钦背后操盘的是另一位商业奇才：唐廷枢 / 130

三、想要计赚唐廷枢，却发现唐廷枢堂堂正正，是位真君子 / 139

四、父亲语重心长地告诉儿子：先成家，后立业，自古皆然 / 144

五、为了说服县太爷金万斗，郑观应别出心裁编了一个故事 / 156

六、郑观应一番话惊醒梦中人：洋人狼子野心，欲壑难填，岂是一个小小的澳门所能满足？ / 160

七、洞房花烛夜，妻子在他耳边吐气若兰：知道我要怎么报答你吗？我要给你生一群孩子！ / 167

第四章

龙争虎斗

一、李秀成兵临上海，重重围困之际，一个叫金能亨的美国人却嗅到了商机：发大财的机会来了 / 174

二、徐润要郑观应入股旗昌轮船公司，郑观应却一口拒绝了：这不是个人小事，而是关乎民族大义 / 187

三、面对旗昌的步步紧逼，琼记洋行顶不住了，来向宝顺求救。郑观应自作主张答应，徐润却告诉他：钱都被我挪用做房地产了 / 196

四、由于徐润在背后搞鬼，宝顺的老板颠地和怡和的老板渣甸为了争夺一个情妇而打了起来 / 209

五、再见容闳，他已经是曾国藩幕府中的第一红人，成立了机器制造厂。而容闳真正的梦想还是教育计划，第一条就是要成立中国人自己的轮船公司，而郑观应正是他这个宏伟计划中的不二人选，二人一拍即合 / 220

六、伦敦发生了金融风暴，宝顺大受连累，不得不宣布破产。徐润准备了三条后路，任由郑观应挑选，可是郑观应却找到了唐廷枢，要联合上海的有志商人，创立一家有中国人参与的轮船公司，与旗昌死拼 / 228

七、正当郑观应斗志正旺，准备大干一场，却不料来了一个说客：胞兄郑思齐 / 235

第五章
重整旗鼓

一、腰缠十万贯，乘鹤下扬州 / 243

二、《救时揭要》刚写了开头，忽然从上海来了一封家信：孩子病重速归！/ 254

三、偶遇玄元道长，指破他的命运玄机，并教给了他改变运命的十二个字 / 261

四、劝人向善的《因果集证》刚一刊印，妻子的肚子就有了反应，而且是个男孩 / 266

五、与《申报》老板一番交谈，重新激起郑观应济世救时的雄心 / 274

第六章
经营奇才

一、由中国人自己创办的轮船招商公局成立仪式上，两个会办胡光墉和李振玉双双撂了挑子 / 288

二、李鸿章读罢《论中国轮船进止大略》，不由连声称叹：此真出自行家之手也！/ 297

三、太古轮船公司成立，麦奎因向太古推荐的第一人选，就是郑观应 / 311

四、与盛宣怀第一次会面，二人就彼此认定对方是自己的一生知己 / 318

五、听了郑观应的一石三鸟之计，唐廷枢一锤定音：咱们联手干掉旗昌 / 329

第七章
生死之战

一、郑观应语重心长地告诉弟弟：中国之所以不强，就在于有一个巨大的财富"漏卮" / 335

二、轮船招商局重组成立，太古崛起，旗昌终于按捺不住了 / 348

三、价格战刚一打响，郑观应就给旗昌来了一招"借力打力" / 360

四、创办《汇报》，容闳亲自题写宗旨：有裨中国者，无不直陈，而不必为西人讳也 / 368

家国情·济世才·商战策·富国梦（代跋）

上部

第一章
走出香山

一、妈阁庙前，算卦先生预言郑观应和徐润的不同命运

清咸丰八年，公元1858年，正月里的一天，香山雍陌村十七岁的郑观应一大早就醒来了。

从贴着簇新窗花的窗户向外面望去，外面尚是漆黑的一团，刚交卯时。然而郑观应却一骨碌爬了起来，匆忙穿好衣服。在他身边，三弟还在酣睡，打着香甜的呼噜。里面屋子里，四弟和五弟不知道是哪一个，正在梦呓。郑观应不敢点油灯，摸黑下了地，穿好鞋子，伸手从桌子上摸起来一个小包袱。那是昨天晚上临睡前放在那里的几两碎银子，还有一些铜板。

来到院子里，经过父亲郑文瑞和继母的房间，郑观应将脚步放得很轻。父亲郑文瑞只是一介塾师，无意功名，却仍然保持着读书人的好习惯：黎明即起，诵读圣贤文章。再过一会儿天光放亮，父亲就该起身了，郑观应可不想被父亲发现，自己不用功读书而偷偷跑出去玩。毕竟再过一个月，就是郑观应第一次应"童子试"的日子了。童子试，即县试，是中秀才的第一步，再由秀才而中举人，最后由举人而中进士，这是摆在当时所有读书人面前唯一的一条进仕之路。郑观应的祖父郑鸣歧、父亲郑文瑞，在这条道路上走得都不顺遂，因此对郑观应格外寄予厚望。父亲郑文瑞本来在上海经商，与世交徐氏家族的徐钰亭、徐荣村兄弟、姻亲曾寄圃等亲朋好友在上海打拼，尤其通过捐资助饷，帮助朝廷镇压太平军，不但在上海站稳了脚跟，而且还得到朝廷封赏，取得了功名。但是妻子去世，郑文瑞为了这个家和照顾孩子们，毅然放弃了在上海发展，回家来亲自设立了"秀峰家塾"教儿子读书，目的就是要儿子在科举这条道路上功成名就，实现父、祖未竟之志。

而郑观应何尝不知大考将至，自己应该安心备考，但今天这件事，他却有非去不可的理由。

事情是这样的：腊月底的时候，北岭村的徐润突然从上海回来了。这是他去上海五年以后，第一次回到村子里。徐、郑两家是世交，徐润和郑观应是从小一起玩大的伙伴。一听说徐润回来，郑观应就跑去看了他。徐润讲了自己如何跟随叔父徐荣村去上海，上海那边是如何的一派光怪陆离，说不完的新鲜光景。尤其徐润这几年在宝顺洋行做事情，每天跟洋人打交道，学了一口流利的英语，讲起来叽里咕噜，郑观应第一次听到这种洋话，将舌头在嘴里卷了又卷，脸憋得通红，却一个词也吐不出来。徐润告诉他不要着急，等以后有机会到了上海，再慢慢学不迟。

郑观应从徐润口中得知，他这次之所以回来，是奉了父母之命。他十六岁离家外出，如今已经二十一岁，这个年龄村子里的年轻人都已经娶妻生子了，传宗接代刻不容缓。父母给他说了一门亲事，是翠微吴家，当地一个很不错的人家。这次要徐润回来，就是要给他订婚的。但是徐润却没有马上答应。父母之命，媒妁之言，本来是天经地义的事情，然而这在去了上海几年的徐润看来，却已经过时了。几年来，他不仅开阔了眼界，而且脑子里很是装进了一些新思想，这就是：男女婚姻是一辈子的大事，绝对不可以马虎。洋人讲的是恋爱自由，男女在结婚之前，一定要先见面，互相交往一段时间，彼此增进了解，看对方是否适合自己，再决定结婚与否，这和中国男女一直到洞房花烛，揭开红盖头，才第一次见面多么不同！

当然了，徐润倒不敢奢想，要和未来的妻子谈恋爱，但他坚持，怎么也得见上一面。他的理由是：自己在上海给洋人做事情，经常要按照洋人的规矩，带家眷出席社交场合。自己未来的夫人如果长得不好看，上不了台面，将来会影响自己的事业发展！这是一个无懈可击的理由，父母听了也不好多说什么，只能答应了。

经过徐、吴两家的协商，最后见面被安排在正月里的妈阁庙会上。这也是当地一年一度最隆重的盛会。从除夕开始，妈阁庙就会有隆重的祭拜活动，人们从十里八乡赶来，争着上新年的第一炷香，向天后娘娘祈求一年的风调雨顺，五谷丰登，请求天后娘娘保佑自己一家人平安健康，吉祥如意。从初一到十五，每天都会有各种各样的表演，节目安排得满满的。可以说正月里赶妈阁庙会，是当地最看重的风俗之一。更有大胆的年轻男女，也会借机相约，在庙会上见面，一诉衷肠。

和吴氏见面的日期定下来之后，徐润就和郑观应约好了，到时候一起去，陪他相亲。

这件事情，郑观应自然不敢告诉父亲，所以只能偷偷摸摸，一大早就溜出了家。从雍陌村到北岭村，还有一段距离。他从家里出来的时候尚是一片朦胧，脚下深一脚、浅一脚，等他来到北岭村的村口，已经天光大亮了。远远就看见徐润等候在那里，他今天的穿戴格外精神，一身崭新的长袍马褂，头顶上还特地戴了一顶从上海带回来的瓜皮帽。他一见到郑观应就跺脚埋怨他："阿应，你怎么才来，急死我了！"

"阿润哥，别急呀！你也知道我现在要读书备考，不过子时不能睡觉的。我爹就一直在外面陪着呢！后来躺下了，又为了你的事情，折腾来折腾去睡不着。最后好容易打了个盹儿，一睁眼，就有些迟了。唉，路上我还担心，被爹发现我偷着跑出来，他老人家该多么生气！回去我屁股上这一顿板子是逃不掉了！阿润哥，你怎么赔偿我？"

"算了，别说那么多了，快走吧，一会儿到了那里，我请你去黄记吃最正宗的'虾子捞面'！"

一听说吃"虾子捞面"，郑观应不由地吞咽了一口口水。黄记的虾子捞面可是大大有名，香嫩鲜滑的大虾和弹性十足的面盛在一个大碗里，滑而不腻，嚼劲十足。一想到即将吃到这么带劲的美味，郑观应顿时将父亲的责打抛到了九霄云外。

二人正值青春年少，体力足，步伐快，只用了不到两个时辰，就来到了妈阁庙前。

妈阁庙前，人头攒动。从妈阁庙前的牌坊下面起，就已经水泄不通。街道两边是各式各样的摊位，铺子后面的生意人都在高声叫卖，热情地兜售自己的商品。而商品也的确琳琅满目：吃的、穿的、用的、玩的，应有尽有。每个摊位前都挤满了人，各色的男女似乎都要将一年以来身体的劳累和精神的烦闷在这里一股脑宣泄出来，纷纷将身上的银钱掏出来，争着抢铺位上的商品。小孩子不消说，挤在各种小吃摊位前狼吞虎咽；大姑娘小媳妇都围在胭脂水粉的摊位前，在各色饰品、花布堆里挑拣个不停；老人们腿脚慢，见了面又爱絮叨，在摊位后面的墙角或者门口前，一唠叨起来就没完没了；小伙子则脚步匆匆，忙着去看新奇，看一会儿江湖卖艺耍把式的，又去看一会儿吆五喝六掷骰子的，或者小赌两把，碰碰手气。也有不小心撞在一处，起了争执的。

郑观应和徐润在人群中费了好一通力气，才来到黄记面馆。这也正是黄记面馆生意最好的时候，吃饭的人在里面坐不下，就在门口站着，人人端着一个大碗，吸溜吸溜地吃着，那香气固然诱人无比，那吃相也千奇百怪，仿佛在举行一场特殊竞赛。

这场面固然不雅，但是这热烈的气氛却令人食欲大增。郑观应和徐润走了这一道，肚子早饿得咕咕直叫。如今更是一刻都挨不住了，感觉上似乎肚子里能吞下一头牛。

当下，二人顾不得许多，从人缝里挤进店中，一人要了一大碗面，小心翼翼地端出来，就在门口站着，呼噜呼噜地吃起来。鲜虾肥美，面又劲道，嚼起来别提多过瘾了！

郑观应连汤带面吃了一碗，意犹未尽，徐润答应过请他吃面，自然不会小气，又进去要了一碗。这一碗再吃下去，郑观应的肚子都滚圆了，头上也吃出了一层汗珠。

填饱了肚子之后，二人这才定下神来，开始慢步向妈阁庙的正殿走去。和吴家小姐约的地点，就在正殿的大门口。只不过现在时间尚早，估计吴家小姐不可能到得这么早，所以二人并不着急，一路看着两旁摊位上的各种商品，一边向前溜达。

郑观应在前面走得快一些，不知不觉，来到一个摊位前。这却是一个卦摊,高挑着一杆旗帜,上书"铁口神算"四个大字。一个四十多岁中年模样的男子,下巴上几绺山羊胡子,在那里正襟危坐,一边捋着胡子,一边用电芒一样的锐利目光,在人群里扫视着。郑观应和这先生的目光刚一接触,对方立即叫住了他:

"年轻人,好面相,好运命!可惜,可惜!"

郑观应只听了对方这一句话,心中剧震,连忙蹲下来,向先生请教:"先生可以说得详细一点吗?"

然而那算卦先生却不肯开口了,只是微笑着看着他。郑观应愣了一下,忽然明白过来,连忙从口袋里掏出来几个铜板,然而先生却冲他伸出了一个指头,比画了一下。

"什么,要一两银子,这么多?"郑观应大惊。

"年轻人,一两银子,是因为你和我有缘。别人我都是收十两银子,一两算是优惠你了。"

"那……还是算了……"郑观应犹豫着站了起来,却不料那先生忽然又抛出来一句话:

"一月之后,大变将至!如今却还在这里在乎这区区一两银子,因小失大,可惜啊可惜!"

郑观应正要拔步离开,听了这话顿时又被绊住了。要知道,他此时人生最重大之事,就是一个月后的大考。如今被这先生一语点破,他心里隐约觉得,或许可以稍窥天机。

他重新又蹲下来,一咬牙掏出来一两银子,递给先生。先生收了银子,这才认真地将他上上下下,一番打量。郑观应被他看得仿佛五脏六腑都被镜照透彻,袒露无遗。

"年轻人,请恕我直言,你这一生,可称得上富贵双全,要名得名,要财得财。但是眼前却有一个大关口,实话告诉你吧,就在一月之后,便是你人生最失意之时!"

"啊?"郑观应大惊,那不就是暗示自己成为秀才的愿望要落空吗?他连忙求教:"请问先生,可有禳解之法?"

"办法不是没有,但这是命数使然,只怕你做不到。"先生不紧不慢地捻着胡须说道。

"先生但请讲来！"

"据我断定，你所以人生失意，是由于小人作祟。而祸之所起，却是因为一个女人。"

"一个女人？"郑观应茫然而惊愕。

"对。"先生肯定地点头，"所以我劝你，这一个月中，不要和任何的女人发生关系，连一句话都不能说。切记：是非只因强出头，烦恼皆因多开口。如此或许可保无虞！"

"多谢先生指点！"郑观应似信非信，但还是觉得"宁可信其有，不可信其无"，道了谢，刚站起身来，身后徐润在一个古董摊子那里流连片刻，正好赶了上来。

"阿应，你在干什么？"

"阿润哥，这位先生神卦，断得极准，你要不要来一卦？"

"阿应，怎么你还信这个？"徐润却不以为然。他在上海这几年，接触了一些西学，对于中国这几千年来的占卜命运之学就很有些看不起了。"命之一道，虚无缥缈，信老天还不如信自己！人生成功失败，靠的是自己的运气和勤奋，与老天何干？"

他这么说，那先生却不爱听了。"喂，这位年轻人好大的口气！你可听说过一句话：'人强命不强，一生空奔忙'。成败得失，那是天命有定，前世早已注定了的。"

"哦？真的吗？"徐润冷冷一笑，在他身前蹲下来，"那请先生给我看看，我的命强不强？"

"年轻人，心诚则灵，你不信这个，还看什么？"

"不，我偏要看！"

"那好，铁口一开，纹银十两。"

"什么？"郑观应在边上惊呼一声，"我刚刚算的不是一两银子？你怎么要我朋友十两银子？"

"年轻人，我说过和你有缘，所以优惠；至于你这位朋友，对不起，我却不能再优惠了。"

"不就是十两银子吗？只要你说得好，说得准，我给你加倍！"

徐润一副财大气粗的样子，从怀里掏出来十两崭新的纹银，往摊子上用力一砸，"说得不好、不准，我拆你的摊子！"

他这一番举动，立即将周围的人惊动了。大部分人都是闲着无事，来凑热闹的。如今见徐润十两银子一卦，要来占卜自己的命运，都被吸引过来，霎时间，里三层，外三层，众目睽睽，将徐润和算卦先生盯得死死的，且看算卦先生如何断这一卦。

"年轻人，你是相面，还是拆字？"算卦先生要的就是这轰动效应，更加要摆弄才华。

"先相个面吧！"

"好！"算卦先生将目光冷冷地扫了徐润几眼，开口道："先生之相，乃大富之相。先生将来之富，可敌一国之君。然而先生虽有大富之相，却无大富之命，财聚财散，不过南柯一梦，一切都是过眼烟云。唉，八方聚财，可惜却是个没有底的聚宝盆啊！"

这番话听得众人叹惋不已，徐润却颇不服气，于是改口道："我不相面了，我要拆字！"

"请！"

徐润故意要刁难他，于是提起笔来，写了一个"财"字，但是在左边的"贝"字的两横下面，又故意多加了一个横。他的想法是：你不是说我的聚宝盆没有底吗，我就加一个底。将这个字写了给先生看，那先生却冷笑一声："哼，弄巧成拙！本来你若按正常来写这一个'财'字，乃是山火之贲，火蔓山野之象，其光焕发，其威骇人。自身可以尽情地得到展示，而因为在旷野无人之处，又不会连累无辜。但是，你添了这一笔，却卦象大变，成为地火明夷之卦，此乃鸟飞天上，受伤而坠的卦象。尽管会吸引无数人的羡慕和赞叹，却最终落得个登天难遂，中途坠地啊！"

"呸，你这位先生，怎么说话呢？什么'铁口神算'，我看你是满嘴喷粪，一派胡言！"

徐润大怒，他向来对自己的人生充满信心，如今却被这位先生在大庭广众之下，说得如此不堪，他脸上怎么能挂得住？恨不得立即动手，掀翻卦摊，将这先生殴打一顿！

"算了，阿润哥，别和他计较！"郑观应慌忙将他拉起来，"我看他也就是随口一说，何必当真？"

徐润犹自余怒未息，被郑观应强行拉着出了人群。"徐润哥，别忘了咱们是来干什么的！你看现在都什么时候了？只怕吴家小姐已经在等着咱们了，可别误了正事！"

他这么一提醒，徐润才想起来，自己一时冲动，几乎忘了大事！连忙和郑观应向前赶去。

二、英雄救美，却意外听到一段隐秘往事

妈阁庙的正殿，坐落在半山腰的一块空地上。这亦是供奉天后娘娘的第一个所在。天后娘娘俗称"妈祖"，在福建话中，这是"母亲"的意思。据说，天后娘娘生于北宋太宗建隆元年（公元960年）的农历三月二十三，是福建莆田湄洲郡巡检林愿的第六个女儿。本来父亲给她起的名字叫作"湄娘"，因为她从生下来一直到满月，从未啼哭一声，因此给她改了一个名字"默娘"。她后来一开口说话，即聪颖无比，不论什么书，只要有人读过一遍，她立即能背诵出来。尤其她从小对医书非常感兴趣，十几岁上就已经精通各种医术，名动四方。而她虽然是一介女子，却怀有济世救人之志，为人治病，分文不收。只可惜，这么一个心地善良、志向远大的女子，却一次在跟随父兄出海的途中，遭遇了风暴，小船在风浪中几乎颠覆，林父一个失足，被风浪吞没海中。林默娘侍亲至孝，不顾自己安危，跃入水中将父亲救起，然而她自己却葬身大海……

人们为失去了这么一位妙手仁心的女子而伤心难过，然而有一次，一个客商在海上遭遇风暴，一船人和货物即将被大海吞没，却忽然有一个女子踏波而来，施法平息风浪，救了这一船人性命。客商感激涕零，叩问姓名，得知正是林默娘。于是经客商回来一渲染，人人皆知，林默

娘没有死,已经在海上成仙。于是纷纷设坛祭祀,尊为"龙女""神姑",求其保佑海上风平浪静。这件事情一传十、十传百,甚至传到了皇帝耳朵里,亲自下诏敕封"灵惠昭应夫人"。再后来,经过元、明、清历代皇帝加封,最后成了"天后"。

传说年代久远,已经无从考据,然而人们却也并不在乎这里面有多大的真实性。人们之所以来这里祈祷,只是因为心里怀有美好的愿望,希望借着这个祭拜的仪式,来上达天听,让天上的诸神听到自己内心的诚挚声音,从而受到感动,赐以吉祥和幸运,让自己和亲人的命运都笼罩在上天的保佑和祝福里。

郑观应和徐润来到正殿的门口,只见一个偌大的香炉,里面插满了各种粗细长短的香,大香有一米多高,婴儿胳膊般粗细,小香也都一把一把地燃着,足见人们心意之诚。火光汹涌,烟雾缭绕,人们在香炉前磕头,跪拜,口中念念有词地祈祷着。男女老少,所祈求的愿望也各不相同。

郑观应和徐润在人群中打量着,寻找从翠微来的吴家小姐。还是郑观应眼尖,一下子发现,在台阶上的一个角落处,那里有一棵碗口粗细的苍劲柏树。柏树之下,有两个女子,一个是主子装束,身着绫罗绸缎,满身的华贵之气;一个是婢女装束,身着布衣,干净利落。她们在那里落脚丁　处石桌旁,似乎在等什么人。

"阿润哥,你看,那会不会是吴小姐?"

经郑观应这么一提醒,徐润将目光投过去打量了一番。虽然有些远,看不真切,不过吴家小姐鹤立鸡群的华贵气质,以及娇美玲珑的身影,还是让他心里怦然一动。

"走,过去问问看!"

徐润不愧是从上海闯荡回来的,不像传统的中国男子,什么非礼勿视,男女授受不亲。在他眼里,男女之大防,实在是迂腐可笑,人家洋人就不是这样,男女平等,女人一样可以抛头露面,也没有什么男尊女卑之类的。

郑观应紧紧跟在徐润后面,上了台阶。徐润径直来到柏树下的石桌旁，冲那位贵小姐一施礼：

"请问，可是翠微来的吴小姐？"

"哦，正是。"吴小姐慌忙站起身来，给徐润还礼，"请问可是北岭的徐先生？"

"正是我。"徐润口中说着，早上上下下，将这位吴小姐一番打量。只见她的确是一个风华绝代的美人儿，身材玲珑小巧，一张鹅蛋般的面孔俊美俏丽，那皮肤尤其白皙娇嫩，晶莹剔透，仿佛轻轻一弹就会出水儿。徐润虽然这几年接触了不少的西洋女性，但是在骨子里，还是欣赏这婉约和清新的东方古典之美，因此一见吴小姐的这份端庄贤淑，登时倾心。

"吴小姐，请不要先生、先生的，叫我雨之好了。"他为人做事爽快，性格也透着豪放。他又将郑观应拉过来："我来给你介绍，这是我的好朋友、好兄弟郑正翔。"

"正翔"是郑观应的字，但是这么多年来，还是第一次被这么正式地介绍给别人。

"吴小姐……你好……"

郑观应施了一礼，脸一下子红了，神态忸怩，声音小得几乎听不清楚。倒似乎他是来相亲的，而不是徐润。幸而吴小姐也没有怎么去看他，而是忙着躬身还礼：

"郑先生好！"

见过面之后，吴小姐又介绍了自己的婢女——兰儿。彼此都是年轻人，很快熟络起来。

"吴小姐，今天咱们是第一次见面，我想请你吃个饭，略微表达一下我的心意。"

徐润的作风和做派，都是地道的上海式的，开放、新颖，他显然已经融入那种生活里了。

"听说这里的葡式餐厅不错，吴小姐吃过没有？阿应，今天你沾吴小姐的光，我请你们吃葡式大餐好不好？"

"好呀！"郑观应不等吴小姐答应，早抢着点头道，"我早听说葡式大餐别有风味了，今天倒要好好领略一番。"

"领略葡国风味，的确别致。可是会不会让徐先生很破费？"吴小姐显然对徐润的印象也很不错，一颗芳心不知不觉，早已暗许。人没过门，已经替徐润考虑了。

"哈哈。"徐润满不在乎地笑起来，"吴小姐大概还不知道，我在上海做事情的宝顺洋行，那可是上海首屈一指的大洋行。我在那里挣的是洋人的薪金，难道请你们吃顿饭还吃不起吗？"

中午的安排就这么定了下来，可是现在时间还早，于是徐润提议，不如去外面走一走。

几个人从人群里挤了出来，正不知道去什么地方，忽然对面不远处，一阵锣鼓喧响，原来那里是一个临时搭起的舞台，从初一到十五，每天在这个舞台上，都会上演"神功戏"。所谓"神功戏"，就是利用神诞、传统节日，或者庙宇开光，以及鬼节打醮、太平清醮而上演的粤剧戏目。通常都是连续演出数日，令戏迷大呼过瘾。

一看到有戏可看，徐润顿时来了兴致，邀请吴小姐道："吴小姐，咱们先过去看一会儿戏，然后去吃饭，好不好？"

吴小姐自然没有什么意见，郑观应平日里被父亲圈在家里读书，也难得有机会出来看戏，因此几人兴高采烈地来到了舞台下，这里人群已经围得水泄不通，难以挤进去，他们几个就在外面的一处高地上，远远地看舞台上的演出。距离虽然远了一些，但是舞台上的鲜艳戏服，还是入眼颇为清晰，而来参加演出的演员大都功力深厚，唱起戏来底蕴十足，那声音在一二里之外也听得清清楚楚，如在跟前一般。

几个人站定以后，各怀心思。徐润和吴小姐眼睛瞟着戏台，心思却在对方身上。只有郑观应是真正在凝神观看戏台上的演出。他甚至没有注意到，不知道什么时候，一群金发蓝眼、身材高大的葡萄牙水手，满身酒气，脚步歪斜，来到了他们身后。

他们当中的一个水手，大概是他们的头儿，被众人簇拥，走在最前。他喝得已经眼珠子发红，手里却还拎着一个啤酒瓶子，一边走，一边不停地仰起脖子，灌上两口。

来到戏台外围，众人都将目光投去台上，这水手头目，却将眼睛在身边的吴小姐脸上、身上打量。最后竟然将身子向前一靠，一双毛茸茸的大手径直去摸她的脸蛋。

"啊？"吴小姐吓了一跳，一下子将身子闪开。在她身边，徐润早已挺身挡在面前："喂，你干什么？"

郑观应听得不对，转过身来，这才发现徐润已经和那个葡萄牙水手头目对上了，他连忙过去和他并肩站在一起。

葡萄牙水手"哇哇"叫着，抡起蒜钵一样大小的拳头，正要给徐润点颜色，徐润却忽然叽里咕噜，用英语说了几句什么。对方一听他会说流利的英语，顿时收回了拳头。

徐润面色严厉，又说了几句什么，那水手头目气焰收敛下去，嘟囔了几句什么，和几个水手转而去戏台的其他地方看戏去了。这边，徐润关心地问吴小姐："没吓到你吧？"

"有徐先生在，我自然不怕。"吴小姐好奇地问道，"你刚才和他说的是什么话？我怎么一句听不懂？"

"是英语，我在上海跟洋人每天都说这种话。"徐润轻描淡写，"我刚才告诉他，我们宝顺洋行的老板韦伯，和他们葡萄牙人的澳门总督颇有交情。如果他们再不离开，在这里寻衅滋事，我就要请韦伯先生去找他们的总督交涉，于是他就怕了。"

"徐先生，你真了不起！"兰儿在旁边插话，"我和小姐以后有机会，也跟你学英语好不好？"

"好！只要你们愿意学，我随时可以教你们。"徐润见连吴小姐的婢女都被自己所折服，更加得意不已。

经过这番风波，吴小姐也没有心思看戏了，徐润就请她去找个地方喝茶。郑观应却正看戏看得入迷。再说他也不想寸步不离地跟着他们，于是坚持道："那我在这里看戏！"

"那好，别忘了时间，午时咱们在葡国餐厅会面。"徐润正要和吴小姐独处，就嘱咐一声，然后和吴小姐、兰儿先走了。

郑观应一个人留下来，更加聚精会神看戏台上的演出。这种"神功戏"，虽然是临时搭起来的台子，所演出的却是正经八百的粤剧"江湖十八本"，都是千锤百炼的剧目，演员也都非泛泛之辈，一举手，一投足，无不韵味十足，观众叫好不断。

郑观应亦看得如痴如醉，忽然间，想起来和徐润的约定，一看时间，哎呀，不早了！他慌忙抽身从人群里出来，问明去葡国餐厅怎么走，刚匆忙来到一条街道上，就听到前面传来一阵呼救声：

"救命，救命啊——"

郑观应连忙循声望去，却发现又是那几个葡萄牙水手，在一条僻静的街道上，围住了一个女子。

远远的，只见他们围成一个圈子，将一个女子堵在中间，肆无忌惮的淫笑之声，和那女子的凄惨的呼救掺杂在一起，而周围却没有一个人赶来，眼看那女子定被羞辱！

一瞬间，郑观应热血上冲，头脑一热，也就顾不得许多了。他大步跑上去，厉声大喝：

"住手！"

对方吃了一惊，为首的那个水手头目，瞪着通红的眼睛，费力地想看清楚郑观应是什么人。

"你们刚才没有听我的朋友说，他的老板和你们的总督是朋友，你们还敢在这里胡来？"

郑观应想要拿徐润刚才那一番话来吓唬对方，可惜他一句英语不会说，而对方又听不懂他的广东话。眼见那水手头目满脸怒容，口中叽里咕噜说着什么，忽然上前一步，抡起大拳，向郑观应的头上砸过来，凶悍之极！

幸而郑观应所在的雍陌村，民风也很是强悍，从小村子里就有人教拳习武。郑观应因为身体不好，父亲怕他将来吃亏，受人欺负，所以也给他拜了师父，学了一些拳脚功夫。现在，这功夫自然就派上了用场。他眼疾手快，让过对方拳头，顺手叼住对方手腕，用力一带，那个水手头目无论如何没有料到他会有这一招，顿时来了个"狗啃泥"。

"快走！"

郑观应也知道，自己万万不是这几个葡萄牙水手的对手，因此一招得手，立即拉起地上的女子，趁几个葡萄牙人还没有反应过来，冲出包围圈子，沿着街道飞奔。

一口气跑出上百米，他才停下，回头看那几个葡萄牙水手有没有追上来。见没有动静，这才长出了一口气。

一颗心落了地之后，回过身来，这才注意到自己所救的这个女子，原来是个年轻姑娘，十六七岁的样子，和他年龄相仿，正不停地大口喘息着。

"姑娘，你没事吧？"

"我……没事……"那姑娘被他拉着这一通狂跑，显然是累坏了，说话上气不接下气："若非恩公搭救……小女子今日就要落入那帮无赖之徒手中了……小女子谢过恩公……"

她说着，刚要行礼，却不料远处叽里呱啦，那几个水手呼喊着追了上来。

郑观应一看不好："这里不是说话的地方，先躲开他们再说！"

姑娘答应一声，刚要跟随郑观应往前跑，却不料脚下忽然崴了一下，"哎哟"一声。

"怎么了？"

"我的脚……好痛……"姑娘痛得花容失色，显然是一步都走不了了。

郑观应着急地回头看去，葡萄牙水手已经距离这里不远了，为首的水手头目兽性大发，将上衣都甩开了，光着膀子，露出块块凸起的肌肉，还有胸前的一丛丛黑毛，瘆人之极。

郑观应一时之间，束手无策。他蹲下来查看姑娘的伤势，姑娘却催促他："恩公，你自己快离开这里吧！"

"那你呢？"

"我反正是逃不掉了，小女子拼着一死，决不能让他们羞辱……请恩公离开这里后，帮助小女子去做一件事情，到县衙去告诉县丞莫老爷，请他给女儿讨还公道！"

郑观应这才知道，原来她是香山县丞莫老爷的千金小姐，自然更不能令她落入虎口了！

"莫小姐，别再多说……得罪了！"

他再也顾不得什么，一咬牙，一下将莫大小姐从地上抱起来，然后向前发足狂奔！

一口气跑出去几十米，可是前面却已经没有路，而是一个临海的码头。码头上空空荡荡，不要说出海的船只，连一个人影都没有。这真是前无去路，后有追兵！

郑观应心里暗暗叫苦，正在此时，忽然，旁边一家店铺的大门"吱呀"一声推开，一个肥头肥脑的中年人从里面探出来脑袋，左右张望了一下，冲郑观应一招手：

"喂，年轻人，来这里！"

郑观应情急之下，也顾不得这是什么地方，抱着莫大小姐三步两步跑过去，胖老板随即掩上了门。

这是一间颇为宽敞的屋子，到处收拾得都颇为干净。胖老板径直将郑观应和和莫大小姐带到里面一个房间，房间里有床榻被褥，正好可以容莫大小姐在这里休息。

郑观应抱着莫大小姐跑了这半天，两只胳膊都酸痛了，将莫大小姐放下，刚擦了把汗，外面却响起来剧烈的砸门声。

"糟糕，他们追来了！"

郑观应和莫大小姐面面相觑，胖老板却安慰他们："不碍事，一切有我，你们只管在这里待着，不管发生什么，都不要吱声！"

他嘱咐完二人就出去了，从外面将门锁好，然后就听他的脚步声远去，一会儿"吱呀"门开了，葡萄牙水手闯进来，叽里咕噜地嚷着，而胖老板也同样用洋话应对。双方声音都很大，说得似乎很激烈，郑观应和莫大小姐在里面虽然听得清清楚楚，无奈一个字都不懂。二人都十分紧张，不晓得自己的命运会在片刻之后发生什么样的变化。

不知不觉，莫大小姐紧张地将小手放在了郑观应的掌心，而郑观应虽然握住了她的手，却浑然不知。

外面在喧嚣了一阵之后,似乎胖老板说服了葡萄牙水手,将这一干凶神恶煞打发走了。嘈杂的脚步声消失后,胖老板将门"吱呀"一声关上,来到里屋,从外面开了锁,推门进来。郑观应和莫大小姐拉在一起的手这才分开,二人的掌心里都是冷汗。

"老板,你刚才和那些洋人说了什么?他们找不到我们,怎么会善罢甘休?"郑观应问。

"你们放心,我在这里经营多年,和拟事亭的番官尼古拉还是有些交情的。"胖老板解释道,"尼古拉是他们的大头目,地位仅次于总督,我抬出他的招牌来,说我的店是受尼古拉保护的,这些家伙虽然蛮不讲理,却也不敢得罪他们的顶头上司,哈哈。"

"多谢老板!"莫大小姐感激地道,"对了,还没有请教老板如何称呼?"

"我姓吴,叫吴仁兴。"吴老板笑呵呵地道。

"原来是吴老板。"莫大小姐再次施礼道谢,"我叫莫菲青,这位是我的……我的兄长……我们兄妹本来今天到庙会上,是向天后娘娘替家严祈福,却被这伙洋鬼无赖纠缠不休,若非吴老板仗义相救,我们兄妹两个今天只怕就难逃毒手了。"

她这番话信口讲来,煞有介事一般。郑观应不料她会将自己和她说成兄妹,一时之间,也不知道说什么好。

"且慢道谢,我现在只是暂时替你们抵挡一阵,那些葡人水鬼不会这么轻易放过你们的。"吴老板接下来一番话,却又令他们紧张起来。"他们虽然慑于尼古拉的名头,不敢在我这里撒野,可是一定不会服气。因此,表面上是离开了,暗里一定留下人在路边守候,只要你们两个从这里一出去,就会被发现,落入他们的手上。"

"那怎么办?"郑观应和莫大小姐一齐惊呼了一声,"我们总不能在这里待一辈子!"

"要说从这里离开,只有一条路,就是走水路。"吴老板安慰道,"反正我凑巧救了你们,也算和你们有缘,这样吧,救人救到底,送佛到西天,正好我晚上有一条船要出海,如果你们信得过我,就在这里待到晚上。到时候，我亲自送你们上船，从水路离开，神不知，鬼不觉，那些葡人水鬼怎么也想不到，等发现不对，你们已经上岸了。"

"如此甚好！"郑观应和莫大小姐一商量，也只能这么办了，"可是，您这么帮我们，教我们怎么报答您？"

"瞧你们说的，什么报答不报答的。"吴老板直摆手道，"与人方便，与己方便。我这么做，也算是积德行善吧，将来到了阴曹地府，阎王爷那里也好少受一点罪。"

"吴老板，像您这样的大善人，将来到了阴间，也是做享福的官，怎么会受罪？"

吴老板没有再说什么，嘱咐了二人一番，依旧出去，从外面反锁了门。

这里，屋子里只剩下郑观应和莫大小姐二人。刚才的紧张和惊恐过去之后，现在二人四目相对，在这么一个狭小的空间里，忽然二人都脸色微红，有些不好意思起来。

"这位恩公，您……您不会怪我吧？"莫大小姐刚才伶牙俐齿，现在却有些忸怩了。"我没有征得您的同意，就把您说成是我的兄长……"

"你也是为了说话方便嘛！"郑观应倒不介怀，何况他也觉得，莫大小姐不愿意将自己险些被葡人水鬼羞辱的事情说出来，将自己一道拉上，说成兄妹，会省不少口舌。

"那么，我可以请问，恩公尊姓大名吗？"

"哦，我姓郑，叫郑观应，是雍陌村人氏。"

"那我可以叫你一声郑大哥吗？"

"可以。"

"郑大哥，我叫莫菲青，我爹是香山县的县丞莫同。我爹平日里对我管得可严了，今天我是一个人偷偷跑出来的，到庙会上看热闹的，却不料遇上了那些无赖……"一想到自己被众葡人水手围住纠缠、呼救无助的那一幕，她显然心有余悸。

"莫小姐，原来你也是偷偷跑出来的？"郑观应脱口而出，立即被莫菲青察觉了什么。

"怎么，郑大哥你也是……？"

"不错。"发现说漏了嘴，郑观应干脆直接承认。"我本来要参加一个月后的大考，被我爹关在书房里，每天从早到晚苦读。可是我的一个很好的朋友从上海回来了，家里给他安排了一门亲事，他坚持要和对方见面，约在了这庙会上，让我作陪。你想，这样的事情，我如果告诉爹，他一定不会同意，所以只能偷偷溜出来了。"

"你那位朋友呢？他如果找不到你，岂非会很着急？"莫菲青问道。

"哎呀，这倒是！"郑观应一拍脑门，"本来我和他约了午时在葡国饭店会合的，可是现在午时早过了，他一定着急了，到处找不到我，不知道要替我担多大的心！"

"对不起，都怪我。"莫菲青歉意地道，"是我连累了郑大哥，令你在朋友那里失信了。"

"别这么说，路见不平，拔刀相助，正是我辈男儿本色。倒是这帮葡国水鬼，光天化日之下，竟然如此横行无忌，哼，他们难道不知道，这是在我堂堂华夏神州的土地上吗？还有，咱们朝廷设在这里的衙门是干什么的？难道没有一个官员敢管一管这些洋鬼子？就任由他们欺侮我们华夏子民，让老百姓终日惶恐不安不成？"郑观应气愤地说道。

"郑大哥，你的男儿气概，小女子敬佩得紧。可是听你这番话，却分明是个两耳不闻窗外事的书呆子。"

"哦？此话怎讲？"

"难道你不知道，十年之前，这里的朝廷官员，就已经全部被葡国军队驱逐，这里的华夏子民，也都全部落入葡国人魔掌之下了。"

"啊？"郑观应大惊，"我只是隐约听说，十年前这里出了一桩大事情，具体是怎样的，并不清楚。莫小姐可是知道其中情由？"

"岂止知道其中情由，十年之前，发生那桩事情的时候，我和爹就在这里，亲眼见证了整个经过。"莫菲青说道。

"真的吗？那么，究竟发生了什么？"

"这么说，你是真不知道了。"莫菲青轻轻一叹，"十年前，我还只是一个不到六岁的小孩子。我跟着爹住在衙署里，后面小小的花园就是我全部的天地，无忧无虑，自由自在。爹每天都忙于公事，无暇顾及我，他对我唯一的要求就是不准踏出花园一步。可是在花园里也有待烦了的时候，因为没有伙伴，只有我一个人，和蝴蝶、蜻蜓说话，无聊了就偷偷爬到一棵大树上去，骑在树杈上，看不远处的一条马路上，经过的各色人等，猜他们是干什么的，是赶路的旅人，还是过往的客商；是本村子里的村民，还是外地闯入这里的陌生人。这种游戏一直持续了很长时间。

"直到有一天，我忽然发现这条马路上，多了一个奇怪的人。他有一头卷曲的、浓密的金色头发，和我们中土之人明显不同。他的身体又有着明显的残疾，只有一条胳膊，另外一条胳膊的衣袖空空荡荡。然而这个独臂之人，却每天都穿着一套华丽的衣服，骑着一头高头大马，从这条马路上飞奔过去，一会儿又折返回来。每天的黄昏时分，他一人一马，必定准时出现，当地人看他来了，都避之唯恐不及。

"那时候我并不知道他是谁，只是猜此人来头一定不小。当时我也隐约听说，新来了一位澳门总督叫亚马留，狼子野心，要占领我们这里整片地方，不但一改前例，不再向我们这边交税，反而要向居住在这里的华夏子民征收税收，又要强占土地。

"不久，我就看到不远处的山坡上，来了一批全副武装的葡国士兵，和当地的村民发生了冲突流血事件。我在饭桌上听我爹说，原来是亚马留要拓宽马路，将当地人的祖坟都给平掉了。当地人忍无可忍，就组织起来，商量了一个方案，要刺杀亚马留。但是这个计划事先被人泄密，告到了衙署我爹那里。我爹为了防止事态恶化，还特地去通知了亚马留。可是亚马留一点都不在意，对我爹的警告置若罔闻。他绝对不相信会有中国人胆大包天到这等地步，会当真对他采取报复行动。

"那天，我又爬到树杈上，看到那个人准时出现在马路上，一人一马，飞驰而过。没有胳膊的那只空空衣袖在风中飞舞着。他过去之后，忽然我发现，有几个当地村民迅速来到马路两边，在灌木丛的后面藏匿了起来。我并不知道这些人要干什么。只见一会儿之后，那个人又骑马回来了，忽然那些当地村民现身出来，在马路的中间，挡住了他的去路。他勒住马头，似乎说了几句什么，然后，就见那些村民一拥而上，将那个人给拉下马来……那个人虽然只有一条胳膊，却力大无比，将那些村民纷纷打倒在地。村民们从灌木丛里取出来明晃晃的刀剑，才将那个人砍倒在地，那场景可怖极了。我当时吓得双腿一软，就从树上跌了下来……"

"那个人是谁？"郑观应已经预感到她要讲的下面的故事了，"那个人就是亚马留，对不对？"

"正是。村民们将亚马留杀死以后，也知道闯下了弥天大祸，立即来到衙署找我爹投案自首。我爹还亲自去现场查看了亚马留的死亡情形，验明了正身。当天夜里，我就被我爹叫起来，让我收拾东西，天不亮就跟随他一道离开了衙署，逃回了老家……"莫菲青现在讲述当年的一幕，还紧张得有些喘不过气来，足见当时是受到了多大的惊吓。

"后来呢？"

"后来，葡国人就以他们的总督被杀害为由，派出了军队，将这片土地正式占领了。"

"朝廷呢？朝廷对此难道无动于衷？"

"朝廷可能也觉得咱们杀死了人家的总督，有些理亏，加上葡国人的军队很厉害，朝廷并没有必胜的把握，所以就默许了他们对这片土地的占领，再未派驻过官员了。"

"原来是这样。"郑观应这才恍然大悟，"我说为什么这些洋鬼子这么横行霸道呢！"

"我爹虽然只是一个区区八品小官，然而毕竟是朝廷命官，守土有责。十年来，他一直为丢了这片土地而自责不已，所以才不准我再踏上这里一步。可是我很怀念小时候的生活，想要找点儿时的回忆，这不，就一个人偷偷跑来了，没想到……"莫菲青摇了摇头，不再说下去了。

她显然还沉浸在对往昔的回忆中。毕竟在这里，有一段她难以忘怀的童年时光，有她孤独而美丽的成长岁月。而郑观应也在沉默着，他在思考另外一个更为宏大的问题，那就是葡萄牙人何以竟敢怀有如此的狼子野心，觊觎我华夏神州的瑰丽国土？郑观应虽然经由父、祖的安排，给他设定了一条走科举的人生道路,然而他却并非如莫菲青所说,是个两耳不闻窗外事的书呆子。关于澳门的事情,他多少还是知道一点的。

据他所知,葡萄牙人是三百多年前,以借口补给不足,在澳门这里登岸的。上岸之后,贿赂地方官员,然后就赖着不走了。起初他们只有三五十个人,租住在当地人的房子里。善良而好客的中国人对这些外来客人非常客气,因为我们有孔子之教:"有朋自远方来,不亦乐乎?"然而没有想到,"客人"却从踏上这片土地的第一天起,就没有离开的念头。他们人数越来越多,呼朋引伴,成群结队,慢慢地在当地建起了房屋,成为这里的正式居民,而只象征性地每年给中国政府交纳地租五百两银子。再后来,因为荷兰人要来争夺澳门,葡萄牙人借口抵御荷兰,开始大规模修筑军事要塞,并且以保护自己的贸易为借口派来了军队。然而一直到此时,他们还没有真正暴露自己明火执仗、不折不扣的强盗嘴脸。就在郑观应出生前两年,中国和英国因为林则徐在虎门销毁鸦片,而爆发了大规模军事冲突,史称"鸦片战争"。这一仗,中国大败,老大帝国千疮百孔的面目暴露无遗。而在战争中,驻扎在关闸控制澳门的中国军队被英国击溃,这使得明里暗里试探了中国三百多年的葡萄牙人,一下子看到了可乘之机,终于露出了狰狞面目。不久,葡国女王正式宣布澳门为"自由港",葡国大名鼎鼎的"独臂将军"亚马留被派到澳门,成为新的总督。他一来就宣布向所有的华籍居民征收地租、人头税和不动产税,下令所有在澳门停泊的中国船只要向澳门的"船政厅"缴税,甚至他竟然撤销了中国政府在澳门所设立的"海关",驱逐"海关"官员,又把建立在议事厅入口处的《澳夷善后事宜条议》石碑推倒,这是显然要抹去中国政府对澳门上千年来的拥有铁证!葡萄牙人的野心已经再明显不过了。

如果不是后来发生了刺杀事件,这个亚马留还不知道将做出怎样疯狂的事情来!然而中国人为了捍卫自己的尊严、为了守护自己的美丽家园所做的拼死抗争,还是白费了。当年的事情发生以后,葡国立即出动了军队,在英、美、法等国的支持下,一举占领了关闸,然后要求中国政府捉拿"凶手"。中国政府被迫逮捕了刺杀亚马留的几个村民,未经审判就匆匆处死，然后将首级连同亚马留的尸身交给葡国。这件事情似乎就这么过去了。可是葡国对澳门的占领却从此成为事实。

这件事情发生的时候，郑观应才只有七岁，不懂得什么。可是今天，听莫大小姐讲述当年她所亲眼看见的一幕，郑观应忽然心里有一种被针刺一样深深的疼。是啊，他痛恨葡萄牙人的无耻和贪婪，但是他更痛恨自己政府的昏庸和官员的懦弱。难道我们堂堂中华，天朝大国，竟然奈何不得一个小小的葡萄牙吗？即使葡萄牙在背后仰仗的英国人，也不过有几艘轮船，几百门大炮而已，海上虽然是威风了，可是一进入陆地，弃船上岸，又岂会是朝廷百万铁骑的对手？郑观应就听父亲不止一次讲过，当年十万广州百姓守卫珠江两岸，阻止英国香港总督文翰入城。那是怎样的一幕！民心可用，地利尽占，却何以我们会那么害怕洋人，自鸦片战争以来，一再地失城失地，颜面丢尽，莫非洋人在坚船利炮的后面，还有让我们朝廷更为忌惮的东西？而洋人所以不将老大中华放在眼里，有恃无恐，莫非他们真的不仅仅有枪炮舰船，还有在这背后更为神秘莫测的称王称霸的力量？而这或许才是关键！

这是一个巨大的谜，但是郑观应却暗暗下了决心：将来我一定要解开这个谜！

三、险些被卖了"猪猡"

不知道过了多久，外面响起开锁的声音，门推开了，吴老板进来，手上还端着一个油漆木盘，上面托着一盏灯，两碗饭，两个菜，放在桌上。

"饿了吧？快来吃饭吧！"

"什么？都到了吃晚饭时候了？"

郑观应和莫菲青都是一惊，原来不知不觉，二人已经在这里待了这么长时间。

"是呀，你们两个只怕连中午饭都没有吃吧，我特地给你们多加了点饭菜,快来吃吧!"吴老板体贴地道。

"那真是太谢谢您了。"郑观应听他这么一说,才觉出来真的是饿了,也就不客气,端起来一碗饭,连扒几口,又夹了几口菜:"真香,吴老板,您的手艺真不错!"他还不忘转向莫菲青:"莫小姐,你也快来吃啊!"

他这么随口一叫,却暴露了自己和莫菲青的关系,并非如先前莫菲青所说的是"兄妹"。莫菲青狠狠地瞪了他一眼,赌气说了一声:"我不饿。"

"吃吧,吃吧。"吴老板笑着道,"这位姑娘莫要恼他说破,其实我早看出来了,你们不是兄妹!"

"哦?"郑观应这才知道,是自己说漏了嘴,惹莫菲青不高兴了,不过他对吴老板的话更好奇。"吴老板,你怎么看出来,我们不是兄妹?"

"很简单呀。"吴老板道,"莫小姐的脚崴得这么厉害,如果真是兄妹,你早就不避嫌疑,替她揉捏了。可是你却不敢碰她一下,而她也只是自己揉捏,并不让你来动手。这就说明,你二人非但不是兄妹,而且根本就是认识未久,我没有说错吧?"

"哈哈,吴老板,你真不愧是生意人,观察人观察得还真仔细呀。"郑观应听他说得头头是道,也就不再隐瞒,如实相告:"不错,我们的确不是兄妹。其实她姓莫,我姓郑,在这之前,我二人根本就没有见过面。我今天是陪一个朋友来的,约好了中午在葡国饭店吃饭。刚巧在去的路上,看到莫小姐被那群洋人水鬼欺负,大声呼救,我辈堂堂男子汉,岂能容忍洋人如此撒野,欺负我华夏一个弱女子?所以我就冲了上去,将莫小姐救了出来,我们也是刚刚才彼此知道对方的身份。"

"初生牛犊不怕虎,年轻人,了不起呀!"吴老板赞赏地冲他竖起大拇指,"我老了,不行了,和你们年轻人没得比!"

他又亲自端了一碗饭给吴小姐。"吃吧,可别饿坏了身子。吃完了饭,一会儿好有力气上船。"

"吴老板,对不起,我不是故意骗你的,我……"莫菲青一时不知道如何向他解释。

"不用说了,你一个姑娘家,遇到这种事情,我完全理解。"吴老板却颇通人情,"好了,不说那么多了,你们先吃饭,我再出去看看!"

他又转身出去,掩上了门,上了锁,随着他的脚步声渐渐远去,屋子里又只剩下二人。

郑观应真是饿极了,一碗米饭几下扒进肚子里,一盘菜也顷刻狼吞虎咽扫得精光。"唔,真好吃。莫小姐,你说这个吴老板是不是个大好人?他和我们从未见过面,却对我们这么好,我们可要好好地谢谢他。"

"你不也一样,和我素昧平生,却为我做了这么多事情。"莫菲青反问道。

"我……"郑观应一愣,"我倒没有多想,只是觉得自己应该这么做而已。"

"你才是真正的大好人,和吴老板不一样。"

"哦?哪里不一样?"

"你比他诚实。"

"诚实?"郑观应以为她还在为自己揭穿她的谎言而生气,连忙道,"刚才我真不是故意的……"

"不,我不是指那件事情。"莫菲青道,"不知道怎么,我总觉得这个吴老板,有什么事情在瞒着我们。"

"啊?"

"你看,他一直在问我们的情况,可是他一句都没有说自己的情况。"莫菲青毕竟是姑娘家,心思细腻,"而且,他只和那些葡人水鬼说了几句话,那些人就走了,再也没有回来过,你不觉得这里面很奇怪?"

"那有什么奇怪的?吴老板不是说了吗,他和那个什么尼古拉很有交情,这个店是受尼古拉保护的。"

"你知道那个尼古拉是怎样的一个人?我却知道此人。早在十年前,就听我爹说过,这个尼古拉坏事做绝,开设赌场,引诱人去赌博不算,而且还和这里的当地人勾结,开设'招工馆',名义上是介绍你到外洋去工作,说能挣好多的钱,实际却是把你当作猪仔一样地贩卖给洋人去做苦力。听说他们会用尽各种各样的手段,或者明里拉拢,给你好吃好喝,使你心甘情愿签订合约;或者暗里下蒙汗药、打闷棍,总之将一船人凑齐了之后，就开船出海，驶往一个叫什么'皮鲁国'的地方。那个地方在哪里，没有人知道；去了那里之后，也没有人逃回来过。"

"啊？"郑观应也早听说，澳门专门有从事这样生意的人贩子，顿时紧张起来。"你的意思是说，吴老板会是和尼古拉合作，专门做这种'贩猪猡'生意的吗？"

"很有可能。"莫菲青点了点头，"他以为我们不知道尼古拉是什么人，所以才会有恃无恐地说出这个名字。可是我恰恰知道尼古拉是做什么的，才会觉得不对。"

"那可糟了！"郑观应一直将吴老板当作大好人，活菩萨，现在才觉得自己太过轻信于人。"怎么办？如果吴老板真是做这种生意的，咱们岂非成了自投罗网？这样吧，你先在这里等着，我出去看一看，吴老板是不是真的在捣鬼。"

说到这里，他一下子站起来，可是却忽然眼前一阵眩晕。"哎呀，我的头怎么这么晕？"

他刚来得及说出这一句话，就觉得眼前一片漆黑，金星飞舞，然后就重重倒了下去。

"郑大哥，你怎么了？"

莫菲青大惊，连忙上来扶起郑观应，却怎么摇晃他也不醒。莫菲青一瞬间转过一个念头：

"饭菜里有蒙汗药？"

她知道自己一个弱女子，不可能对付得了吴老板那样的奸诈之徒，干脆将饭菜都推去地上，然后自己也装作中了蒙汗药，晕倒在地上。

果然，片刻之后，吴老板从外面开了门进来了，一见二人倒地，一阵冷笑："哼，两个雏儿，到底着了道儿！"

只见他又冲外面一声喊："来人！"

顿时，从外面冲进来几个人，手上都拿着绳子，不由分说，将二人捆绑起来。郑观应是浑然不觉，莫菲青也装作浑浑噩噩的样子，被捆绑之后，和郑观应一道被抬出来。

门口早已停了一辆车子，郑观应和莫菲青二人被扔上车子之后，车子立即直奔码头。

其时，天色尚未黑透，莫菲青悄悄睁开眼睛，隐约可以看到码头上影影绰绰，有几个人在走动。

他们刚来到跟前，就听有人问道："谁？"

"我是老吴。"吴老板答应了一声。

"老吴，你平日里每次都是最后一个到，今天怎么来得这么早？可弄到了什么好货？"

"运气，运气，今天不费吹灰之力，自己送上门来一对男女，而且都是上等货。"吴老板得意地"嘿嘿"笑着。

莫菲青躺在车子上，听吴老板将自己和郑观应称作"上等货"，又是愤恨，又是惶恐。

"哦？我倒要看看，什么货色值得你大吹大擂。"就听脚步声响，那个和吴老板说话的人走了过来，先来到郑观应身边，将一个灯笼凑近他的脸上，伸手掰开他的嘴巴，如同交易牲畜那样看了一下他的牙齿。又将灯笼来照莫菲青的脸上，莫菲青吓得一动不敢动。

那人正要来掰开她的嘴巴，忽然听得一阵叽里咕噜，那人立即和吴老板提着灯笼迎上去。

"尼古拉先生，我们的货都备齐了，就等您来验货了。"

莫菲青听到"尼古拉"这个名字，知道自己猜测果然不错，吴老板等人正是和尼古拉勾结，作丧尽天良的"贩猪猡"的生意。她悄悄睁开眼睛，只见在灯光的照耀里，尼古拉身材高大，一张脸上全是浓密的胡须，鼻子如鹰钩一般，一双眼睛闪着幽幽蓝芒。

在尼古拉身后，还跟着一些葡萄牙的水兵，白天欺侮莫菲青的那几个人都在其列。

这个尼古拉却是个中国通，能说一口地道的粤语。他一边走过来，一边大声道："哼，你们都弄了一些什么货色？可别是像上次一样，弄些老弱病残来糊弄我！"

"哪里会呢？"吴老板连忙将尼古拉引到这边来，"尼古拉先生，您看这个怎么样？"

灯光照射到郑观应脸上，尼古拉看了看，很满意。"这个还差不多，可以卖个大价钱。喂，怎么这家伙一动不动，不是死了吧？"

"不是，这小子贪吃，再加上我给他下的蒙汗药分量重了点，嘿嘿，一时半会儿醒不了。"

"哦？这儿还有个女的？"灯光照射到莫菲青的脸上，尼古拉显然被她的美貌吸引住了。

"尼古拉先生，这可是真正的上等货。如果您想要买她，不给我加一倍的价钱我可不卖。"

"呸，你们这些人眼里只有钱。"尼古拉却不肯出大价钱，"没有我罩着你们，你们连生意都做不成。不谢我也就算了，却总还动心思来算计我的钱，我哪有那么多？"

正在争执，为了价钱的事情谈不拢，忽然，远处又是一阵喧哗。随即，一群人提着灯笼赶了过来。

"喂，这里所有的人都听着，我有澳门总督基马良士先生的亲笔手令，来这里寻找我的一个朋友。他叫郑观应，是雍陌人。如果在你们这里，马上把他交出来！"

来的人正是徐润。他中午在葡国饭店和吴小姐、兰儿等郑观应吃饭，左等不来，右等不来，于是他们只好先吃了饭，徐润将吴小姐和兰儿送走以后，又一个人到处打听，直到听说有一个人为了救一个女子，和葡萄牙水手发生了冲突，那个人的身材相貌和郑观应非常相像。他觉得大事不妙，心想或许郑观应落在了葡萄牙人手里。他立即去求见澳门总督，而且打出了自己的宝顺洋行老板韦伯的招牌。澳门总督基马良士听说是宝顺洋行来人，就接见了他。徐润告诉说自己的一个朋友不见了，希望基马良士帮忙找一找。基马良士派人找了一通，却并无下落，后来有人提醒：会不会是被招工馆的人给弄去了？如果是贩卖到外洋去做苦力，可就回不来了！徐润一听大为着急，向基马良士请求了一道亲笔手令，一家家招工馆找过来。

后来，徐润听说码头上有一艘运送"猪仔"的船正在装载，连夜要起航，就匆忙赶来了。

"糟糕！"吴老板这边，一听是来找郑观应的，立即低声对尼古拉说："他要找的就是这个人。请您想想办法，千万别让他发现是我在搞鬼，否则生意就做不成了。"

尼古拉点了点头，迎着徐润走上去，叽里咕噜一通洋文。徐润也叽里咕噜和他说了一通。显然，尼古拉是说这里他已经检查过，没有什么不法的事情。徐润见尼古拉这边人多势众，也知道强龙不压地头蛇，正要带人离去，忽然，这边车子上装着昏迷不醒的莫菲青，拼尽力气，大声喊道：

"喂，你那位姓郑的朋友在这里！"

她这一喊，将吴老板吓得屁滚尿流，不知道这位莫大小姐怎么会忽然醒了过来。

徐润本来已经转过了身，正要离开，听得莫菲青这一喊，立即回转身来，将灯笼光亮投向莫菲青这边："这位姑娘，刚才可是你在喊话？"

"对，你那位姓郑的朋友，和我在一起，咦，他不就在这里？"

莫菲青将郑观应的上半身用力扶起来。徐润一见到郑观应这个样子，大惊："不错，这的确是我的朋友。他怎么了？为什么成了这个样子？"

趁着混乱，吴老板想要溜走，莫菲青却用手一指："是他，就是这个姓吴的家伙害得我们，在我们的饭菜里下了蒙汗药！还有这个叫尼古拉的家伙，他们是一伙的……"

徐润一听，尚未发作，尼古拉却老奸巨猾，已经一声大喝："姓吴的，尔等好大的胆子！刚才我只是想查清楚你们还有多少同伙，才故意跟你们讨价还价，现在什么都清楚了。来人呐，将这些不法之徒给我拿下！"

他一声令下，众葡萄牙兵丁立即一拥而上，将吴老板等人反剪了双臂，捆了起来。

然后，只见尼古拉又和徐润叽里咕噜地说了几句什么，徐润点点头，让在一边，于是尼古拉带人押着吴老板等离开了。

"喂，不能让他们走，他们是一伙的！"

莫菲青还要阻拦，却被徐润打断了："这位姑娘，我是来救我朋友的。其他的事情，我不想多管，也管不了。这位尼古拉先生说他在执行公务，我可不想妨碍到他。"

"你……"

莫菲青没有想到徐润如此胆小怕事，正要责怪他，徐润却早上前将郑观应从车子上弄下来，放在地上平躺好，又脱下自己的外衣，去水里打湿了，过来轻擦郑观应的脸。

被冷水一激，郑观应迷迷糊糊地醒来了。

"这……这是什么地方？"郑观应因为是仰面朝天，睁开眼只见满天星斗，大为诧异。"我……是不是死了？"

"阿应，你可不能死。如果你死了，我怎么回去向伯父交差？"徐润将他扶了起来。

"阿润哥，是你？"郑观应这才认出他来，"你怎么会在这里？我……这是怎么了？"

"郑大哥，你不知道，吴老板……呸，吴仁兴那个家伙，给咱们的饭菜里下了蒙汗药。你是被蒙汗药给迷倒了，我一口没吃，但还是装死，和你一道被他们弄到了这里。"

"啊？吴仁兴真的要把我们'卖猪猡'？"

"可不，尼古拉也来了，正商量怎么把咱们卖个大价钱呢！幸亏你这位朋友赶来了……"

"阿润哥，对不起，让你替我担心了。"郑观应这才知道事情的经过，可是又十分好奇。"对了，阿润哥，你怎么知道我遇到了危险？"

"说来话长，这里不是说话的地方。"徐润却顾不得多说，"走吧，咱们马上离开！"

他们一行人迅速离开了码头，那几个人都是徐润从总督府里临时借来的，现在任务完成，就回去禀报总督了，只剩下徐润、郑观应和莫菲青。

依着郑观应的意思，马上就要离开澳门，连夜回家。他想，自己偷偷摸摸离家外出，家里一定乱翻了天。如果自己此时回去，顶多挨一顿毒打。可是如果自己连夜不归，那么，父亲还不知道为自己担心成什么样子，万一把父亲给气病了，那就是自己不孝了！

可徐润毕竟是见过大世面，遇事沉着。他知道自己三人现在的处境仍然危险万分。"那伙人和尼古拉是一伙的，他们一定不会善罢甘休。我担心他们会一路追上来，到时候咱们寡不敌众，再落到他们手里，那可真是呼天天不应、叫地地不灵了！"

"徐大哥说得对！"莫菲青也赞成他的说法，"那帮人什么事都干得出来，一定不会放过咱们！"

"我倒想到一个去处，他们觉得咱们一定会连夜从官道上赶回去，咱们却偏偏不走，就在他们眼皮底下住下来。等天亮以后，路上人多了，再堂而皇之地离开。"

"妈阁庙？"

郑观应和莫菲青不约而同地说出这个名字，他们和徐润想到一块去了。

"正是。"徐润点了点头，"事不宜迟，快走吧！"于是三个人一道，转而向妈阁庙这边来。

四、深夜，在天后娘娘座前，郑观应许下自己的誓愿：用一生寻求一个救世良方

入夜的妈阁庙一片静寂。一天的喧哗都已经散去，连守夜的人也喝了酒，在屋子里打起了响亮的呼噜。

三人从山门进来，径直来到供奉天后娘娘的大殿。大殿的门是虚掩的，轻轻推开进来后，只见两盏长明灯火舌吞吐，灯光摇摆不定。慈眉善目的天后娘娘端坐在宝座上，俯视着世间这有着无穷无尽欲望和烦恼的芸芸苍生。郑观应等三人先去蒲团上跪下了，给天后娘娘磕头：

"天后娘娘恕罪，我等三人深夜来此打扰，实在是无处可去，要在此借宿一晚。"

大殿上空空荡荡，带着早春寒意的夜风从门缝和窗户里吹进来，莫菲青毕竟是姑娘家，不由地打了一个寒战，说了声"好冷"，将身上的衣

服用力裹紧了。

"喂，莫小姐，如果你不嫌弃，到这里来吧！"

郑观应去供桌底下，三两下打扫出来一个地方，又将一块桌布铺在地上。虽然地方小了一点，可是毕竟能挡风遮寒。莫菲青此时也顾不得矜持了，只好过去蜷缩在一个角落里。郑观应在中间，徐润则在另外一个角落里，居然三个人都挤下了。

"这下行了。"郑观应放心地道，"那些人无论如何也不会想到，我们会藏身在这里。"

"不要说他们想不到，连我都想不到。"徐润有些不悦，"阿应，我今天带着你来，是陪我相亲的。你倒好，竟然惹出这么大的一桩祸事来……"

"徐大哥，你不要怪他，事情是因我而起的。"莫菲青连忙替郑观应解释，"郑大哥也是为了救我，才被我连累上的……"

"什么连累不连累，阿润哥，你说，要是你遇到这样的事情，是不是也要出手相救？"郑观应反问道。

"阿应，你还年轻，血气方刚，又没有见到多大的世面，你可知道我在上海，差不多每天都见到三五起这样的事情。如果我每见到一次，就出手去相救一次，我这一天到晚，还能干别的吗？不要说做生意，就是被洋人追着打，也给打死了。"

"真的吗？"郑观应简直难以置信，"上海那边的洋人，也这么凶？那里的百姓也被欺负？"

"不但洋人欺负咱们，当地的朝廷官员，也都和洋人勾结，专门欺压百姓。阿应，你应该听说过，'天下乌鸦一般黑'，你以为只有澳门这里乱作一团吗？唉，当今天下，纷纷扰扰，哪里还有一片清净之地？我现在倒真有点羡慕你了，两耳不闻窗外事，一心只读圣贤书。这次回去后，我劝你安心读书，先中个秀才，再中个举人，最后殿试中个状元，大魁天下，那才叫人生得意之极呀！"

"我倒没有做过那样的梦，就是中个秀才，也是为了我爹，而不是为了我自己。"郑观应如实说道。

"那你总不能为了你爹活一辈子？"徐润道，"你想过自己以后人生的路要怎么走吗？"

"我当然想过，只是我的这个想法，从来没有告诉过任何人。阿润哥，莫小姐，你们来猜上一猜，我这一生最大的愿望是什么？"

"不是功名之学，那就是义利之学，阿应，看来你是想和我一样，立志要学做陶朱公了？"徐润道。

"不，如果让我来猜的话，郑大哥的志向应该不在功名，也不在利禄，而是要济世救人。"莫菲青却说出一番令郑观应吃惊的话来。"这倒和天后娘娘在未成仙以前的志向一样，郑大哥，我猜的可对吗？"

"阿润哥说要做陶朱公，我没有想过；莫小姐你说我和天后娘娘一样有志济世救人，也高抬了我。"郑观应亲口道出了自己的愿望，"其实，长久以来，我一直羡慕的是神仙之学。所以我最想修习的，就是黄老之学、钟吕之术。我曾经无数次地想过，如果这次能够考中秀才，那就算是对我爹有了一个交代。然后我就要离家外出，云游天下，去那名山大川之中，访仙问道，岩栖谷隐，最后证得正果而飞升上天。"

"郑大哥，你要成神仙？可是那不是虚无缥缈的事情吗？"莫菲青对这个话题大感兴趣。

"神仙之说，自古有之，吕洞宾祖师不是有一句话：神仙本是凡人做。只要心诚苦修，就一定能够成功。你也知道天后娘娘吧？她不就是一个普通女子，最后修成正果吗？"

"如果真的有这么一门学问，能够教人成仙成道，那么我倒愿意和郑大哥一道修习。"

"莫小姐也对道术有兴趣，那真是太好了。"郑观应听莫菲青和他志趣相同，很是高兴。但他随即又道："这的确是我一直以来的志向，本来已经下定了决心，只等这次考试一发榜，中榜之后，我就辞亲远游。然而，就在刚刚之前，我却忽然又有了新的志向，对我来说，神仙之学已经不是第一等的大事情了。"

"哦？"他这番话一出口，令徐润和莫菲青都觉得很好奇，"你的新志向是什么？"

"就是莫小姐刚刚所说的四个字：济世救人！"郑观应一脸的凝重和端肃，"不过我的'济世救人'，和天后娘娘不同。天后娘娘是以自己的医术而救人。我以前也学过医术，但今天一天所发生的事情，以及阿润哥刚刚讲到上海的事情，让我明白了一个道理：仅仅以医行世，并不能拯救这个混乱不堪的世界。如今是洋人横行，欺负我华夏子民，将来甚至可能得寸进尺，亡我华夏，霸我国土。灭族灭种的大祸就在眼前，而我要济世救人，就必须要寻求一个救世之方！这个救世之方，要能使我们自己迅速强大起来，恢复到汉唐气象，重振我华夏雄风；要让洋人一如汉唐之世那样，对我们华夏神州只有敬畏臣服，顶礼膜拜的份儿，而绝不敢心生妄念！这就是我刚刚确定下来的新志向！"

"好大的志向！"他这番话一出口，徐润和莫菲青都不由地被惊呆了。

过了一会儿，听外面一点动静也无，断定那些洋人无论如何不会找到这里来，于是，郑观应从供桌底下爬出去，拈了三根香，在长明灯上点燃了，插入香炉，然后在蒲团上跪好，对着天后娘娘的像，毕恭毕敬地磕了三个响头。

"天后娘娘在上，请为我作个见证。小子郑观应，今日在此立誓：小子不才，愿意竭尽一生之力，寻求一个救世良方，强我华夏，固我神州，拾盛唐之气象，展强汉之雄风，使四夷宾服，天下归心；不遂此愿，死不瞑目！"

对着天后娘娘立誓以后，他又磕了三个头，默然良久，才回到供桌底下来。

刚坐好，莫菲青就悄悄地伸过来一只手，握住了他的手。这是二人第二次拉手了。只不过这一次，莫菲青的小手温暖而柔软。她低声在郑观应耳边说道："郑大哥，你知道吗？我从未听得有人有如此宏大的志向，也从来不知道什么是丈夫气概和英雄之志。我一直以为天下的男人都像我爹那样，是临阵逃脱、不敢担当的胆小鬼。但是今天我遇到了你，是你让我改变了这一看法。真的，你不一样，你是一个真正的男子汉、大丈夫，你的济世救人的志向好宏大，好让我感动。如果你答应，以后就让我陪伴在你身边,来帮助你一起实现这个宏伟之志,好吗?"

她的嘴唇就抵在郑观应的耳边,吐气如兰。她的声音那么小,那么轻,这是她第一次向一个男子敞开自己的心扉,第一次表达自己的爱慕之意,她的脸虽然隐于黑暗中,看不清晰,但是可以想象,一定红得如同灿烂的朝霞一般。这是一个女人一生中第一次情动,也是一个女人一生中第一次感受到什么叫作幸福。人生就是如此,她今天刚刚经历了羞辱和苦难,转瞬之间,巨大的幸福又从天而降。她在一刹那意识到,这就是自己的命运,这个男人就是上天恩赐给她的最好礼物。

"莫小姐,谢谢你。"郑观应显然也感受到了她的那份真挚,用力握紧了她的手。"谢谢你没有嘲讽我痴心妄想,没有把我当作一个狂妄之徒。如果能够得到你的帮助,我的志向一定会有成为现实的那一天!"

"是啊,阿应,不但莫小姐被你感动,要帮助你,我也被你感动了。"徐润等他二人说完,在旁边接过话去,"说真的,以前我还从来没有好好想过,一个人究竟这一生要从事一番怎样的大事业,我要成为陶朱公,也只是考虑个人去怎样尽可能地拥有财富,然后将这财富用来救济世人。至于富强国家,复兴汉唐之风,我真的从来没有想过。阿应,今天你在天后娘娘跟前立了誓,决定了这一生要做一番大事业。既然你有如此大志,那么,也算我一个。我现在研究的是经济之道,就从经济上入手来帮助你。别的不敢打包票,如果需要钱,只管包在我身上。将来你做了入阁之相,我就做你的户部尚书,保你钱粮无忧!"

不愧是好朋友,好兄弟,徐润的这一番话掷地有声,让郑观应感受到了与莫菲青的女儿缠绵所不同的另外一番丈夫豪情。他同样和徐润紧紧地将手握在一起。

"阿润哥,你明天就要回上海了,我恐怕也不能去送行,不如今天就在这里和你约定:如果我一个月后科举中榜,就走仕途,将来你来帮我;如果我未能中榜,就去走经济之途,到上海去帮你。总之,人生在世,光阴苦短,你我兄弟相知,一定要轰轰烈烈地做一番大事情,方不枉走这一遭!"

"好!"

于是，在这个夜晚，郑观应的人生道路就这么定了下来。一边是红颜知己，一边是生死兄弟。人生如此，夫复何求？他默默地想着未来的宏伟事业，一阵阵地心潮澎湃，后来就迷迷糊糊睡去了……

五、假借"罗浮散人"，道出本次县试的"头名"：郑观应

一个月后，香山县童子试的大试之日终于到来了。

大试前一天，郑观应早早就起来，收拾东西准备动身前往县城了。父亲郑文瑞从昨天晚上，就一直没有睡，给儿子清点考试所需要的一应诸物：文房四宝是必不可少的，"四书五经"的书籍也要带上，以备在考前温习。这些都已经装在一个书箱里了。半个月前就定制的学士袍也已经送来，是完全按照郑观应的身材量体裁衣的。另外童子试要一连考五天，从第一天进了考棚之后，五天五夜不能出来，所以必须自带生活用具，以及足够的干粮。这些郑文瑞都亲自给儿子打点，不让他操一点心。

一切准备就绪，郑观应就要踏出家门了。这时候，大弟弟郑思贤从外面回来，手上捧着一段桂树枝。

"二哥，把这个带上。"

郑思贤一早出去，替哥哥折了桂树枝回来，这也是当时人们参加科考的一个风俗，为的是取"折桂"的谐音。郑思贤排行老三，郑观应是老二，在上面还有一个已经出嗣给伯父的郑思齐，这三兄弟都是郑文瑞的原配夫人徐氏所生，是一母同胞的兄弟。而其他的几个兄妹都是继母所生，和这三兄弟之间，终究是隔了一层。

郑观应接过桂枝，放入书箱，其他几个兄妹都睡眼惺忪地在门口送别，郑观应在父亲郑文瑞的陪同下，离开了家。来到村口，不远处的山坡上就是母亲的坟墓。

郑观应放下书箱，来到山坡上，在母亲坟前跪下。

"娘，孩儿今天就要去参加大试了。请您在天之灵，保佑孩儿此去顺利，一榜得中。"

他给母亲磕了三个头，若在往常还会和母亲聊上一阵子，但是今天有要事在身，只能匆匆离开。

下了山坡，重新上路，在父亲的陪同下来到乡里。这里参加此次县试的十几个少年，都已经束装待发。因为当时参加县试要求极严，学生不但自己要出身清白，不是什么优伶、皂隶的孽子，没有丧孝在身，而且彼此之间，还必须有五人联保。所以郑观应到了这里之后，和众人会合，先找好了保人，然后在乡里送考的官员那里统一登了记，报了名，再由乡里的官员负责统一安排，将这批考生送至县城。

办完了手续之后，时候已经不早，郑观应等人就要奔赴县城了，他过来和父亲告别。

"爹，您回去吧！放心，我一个人行的，您只管等我的好消息就成了。"

"官仔，爹知道你没问题的。不过爹不在身边，你还是要照顾好自己。尤其不可任性胡来，不管发生什么事情，一切都以考试为重。考试交了卷子，马上回家！"

时间匆促，郑文瑞也不好跟儿子多说什么。但是他的话里，仍然有很深的一层意思。

他嘱咐儿子不要"任性胡来"，那显然是指郑观应上次偷偷溜出去陪徐润相亲的事情。郑文瑞对于儿子如此不知轻重、贪玩好耍的举动大为恼火，但他也知道，儿子和徐润是从小一起玩大的伙伴，郑、徐两家又是百年世交，自己却也不好因此重责儿子。再加上儿子回来之后，乖巧得很，每天刻苦读书，比以前更加勤奋，也就算了。

在父亲的注视里，郑观应和一众少年在送考官的护送下启程了，几辆大车直奔县城。

香山县城坐落在一个叫作石歧的地方。据说建城已经有七百年以上的历史。当年，是一位叫作陈天觉的进士，经由东莞县知县上奏朝廷，请求建立香山县，得到批准，从东莞、番禺、新会、南海各自划了一部分，归香山县管辖。香山县城的选址，当时有两个地方：一个地方是雍陌，也就是郑观应所在的家乡。另一个地方就是石歧。陈天觉因为是在石歧这个地方做官，对这里有感情，就力主在这里建城。然而他的这个建议，遭到了雍陌郑氏的一致反对，双方争执不下，最后只好作了一个选择：古时候有"土重为贵"的说法，就从石歧和雍陌各自取土一方，进行称重，重量胜出者，就在该地建城。结果，陈天觉求胜心切，偷偷命人在土里面掺入了铁砂，而雍陌郑氏则完全没有想到这一层。因此一称重，结果立判。石歧胜出了，县城就设立在石歧。雍陌郑氏不甘心，仔细调查一番，后来真相大白，因此县城又得名"铁城"。

这天，午时刚过，郑观应等一行人就来到了县城。他们来不及观览风光胜景，直奔县衙。

县衙的衙署前，早已经是人头攒动。从各个乡赶来的考生，大约一百多人，簇拥在衙署前，排起了长龙。郑观应等人也加入了这个队伍中，等候进入衙署的礼房，在那里领取报名表，填写姓名、籍贯、年龄、三代履历、同考五人联保、禀保人等内容。填写完毕，经礼房核对无误之后，发给一个号码，这个号码就是明天要进入的考棚中的号房。此后的五天五夜里，考生就要在这间号房里答题、起居。

郑观应和众人正在有序等候，却忽然身后一阵骚乱，一辆装饰豪华的车子急驰而来。拉车的两匹高头大马，也都披红挂彩，驾车的人根本不管前面有没有人挡路，一通挥鞭。

车子如飞而来，唬得人们纷纷散开，车子呼啸着从人群里冲过去。

来到县衙门口，随着赶车人一声高喝"唷——"，那两匹马也真是训练有素，竟然顿时收足，四蹄钉地，车子说停就停了下来。众人一时间之间，都将好奇的目光投向车厢里。

大家都想知道，是什么人竟然如此肆无忌惮，敢在县衙门前如此纵马飞驰。

只见赶车人打起帘子，去车厢里搀扶出来一个人。

这个人却是一个少年公子，一身的锦衣玉袍，十七八岁的光景，胖得如同圆球一般，一张脸上只见肥肉颤动，眼睛鼻子嘴巴挤作一团。而就是这青天白日的，他却似乎喝得酩酊大醉，正在车子里呼呼酣睡，被车夫给架下车来，才朦胧睁开了睡眼。

"这……这么多人都是干什么的？"他费力地将小眼睛睁大，打量着排队等候的考生们。

"少爷，他们和你一样，都是来参加考试的呀！"

"考试？有什么好考的？难道他们还有谁不服气，要和我争头名不成？"这位少爷将车夫一推，迈开两条短粗的腿，走过去将一个个考生推搡到一旁："你、你，还有你，你们有谁敢和我争头名吗？说呀，你们谁不服气，敢和本少爷争头名？"

他这么骄横无礼，又喝了酒，别人也不愿意和他计较，都主动躲到了一旁。

这位少爷脚步踉跄，一抬头，看到郑观应还站在那里，就一下认定，他就是和自己争"头名"之人。

"喂，臭小子，你要和本少爷争'头名'吗？"

"奇怪，还没有考试，你凭什么口口声声，称自己是笃定的'头名'？"郑观应冷冷地问。

"凭什么？就凭本少爷肚子里的这一肚子墨水！"他将如西瓜般滚圆的肚子一挺，用力拍了拍。

"哼，墨水不知道有没有，酒水只怕装了不少吧？"郑观应的话，将众人逗得大笑起来。

胖少爷脸上一红，大声嚷起来："笑什么？笑什么？就算本少爷装了一肚子酒水，有什么好笑！你们知道本次考试的主考官是谁？就是我爹！"

众人这才恍然大悟，原来他是知县金万斗的儿子，难怪这么骄横，这么目中无人！

"失敬，失敬，原来是金大少爷！"郑观应决心要整一整这位金大少，他故意装出很惧怕的样子，冲对方深施一礼。"不知者不罪，金大少爷，在下有冒犯之处，还请包涵。"

"哈哈，怕了吧？"金大少爷见他一听自己报出身份就这么低声下气，得意地大笑起来。

"不过，就算金大少的令尊是本次考试的主考，可是也不一定能保证金大少就是'头名'吧？"

"你说什么？难道我爹是主考，他说了还不算？"

"金大少，你难道没有听说过吗？离地三尺有神灵，像这等中榜夺魁，乃是靠个人的文运，以及神灵的庇佑，都是前生修定的。绝非今生今世，什么人可以轻易更改。"

"哦？"金大少一听他提到神灵，似乎有些害怕了。"你说的当真？"

"自然当真。"

"就算当真，神灵虚无缥缈，谁人能看得见？谁又知道神灵是什么意思？

"一般人自然不知道。不过，小人却在小时候被父母送到罗浮山学道，拜过天师，因此学过'请仙'之法。"郑观应口头上说得煞有介事，肚子里却在暗暗发笑。

"什么，你能'请仙'？"这位金大少，听他这么说了以后，更加来了兴致，迫不及待地要知道，自己是不是就是神灵所预知的那位"头名"，连声催促道："那你就立即施法'请仙'，让神灵来告诉大伙儿，谁是这次考试的'头名'？如果请不来，便是吹牛！"

"就在这里'请仙'，那可不行！'请仙'必须要戒斋三日，沐浴更衣，要设坛，书符……"

"行了，我不管那么多！马上给我'请仙'，否则我叫我爹取消你的考试资格！"

"那……好吧，如果仙人降下不敬之罪来，你可别怪我！"

郑观应其实哪里会懂得什么"请仙"之法，不过是故意戏耍这位金大少罢了。他将身前的书箱等挪开，腾出来一块空地，堆上浮土，用一段树枝划定了一个方框。

然后，他就将自己衣服上的尘土掸去，盘膝而坐，口中喃喃有词："天灵灵、地灵灵，罗浮散人请显灵……"

忽然，只见他身子一阵剧烈颤动，脸孔扭曲，口中吐出白沫，声音大变：

"本仙乃罗浮山松月峰上朱明洞罗浮散人是也，尔等有何事，竟敢惊扰本仙清修？"

金大少惊疑不定，双腿一软，跪倒在"仙人"面前，口齿打战："我……我想求仙人告诉我……谁是本次考试的'头名'？"

"此区区小事耳，亦值得劳驾本仙亲临？"只见"仙人"将身边一段树枝拿起来，在沙盘上龙飞凤舞，写下几个大字，然后将树枝一抛："以后无事，不可相扰，吾去也！"

言讫，郑观应的身子又是一阵剧烈颤动，然后似乎全身的力气都被抽去了，颓然倒地。

"喂，醒醒，醒醒！"金大少连忙上来将他摇醒。

"怎么了？我怎么睡在这里？"郑观应故意装作不知道发生了什么，"'仙人'可曾来过？"

"来了，他自称是罗浮散人，而且还写了这次考试的'头名'，你快看看写的什么名字？"

郑观应从地上慢慢站起来，上前去看写在沙盘上的字迹，在一旁观望的众考生，也都好奇地围上来。只见那三个字迹虽然潦草，然而还是可以辨认。

"郑——观——应——"郑观应一字一顿、大声地念出来，金大少一听不是自己的名字，大为恼火，扯开嗓子吼道："谁他娘的叫郑观应？给本少爷站出来！"

"这……真是神仙所写？"郑观应装作不敢相信地问。

"那还有假？"金大少肯定地道，"本少爷亲眼所见，那仙人姓名来历，交代得清清楚楚！"

"那可就奇怪了，实不相瞒，郑观应就是我！"

"你……你……"金大少又是吃惊，又是疑惑，弄不清楚他是不是在戏耍自己。

"金大少，你别生气，我看'仙人'一定是弄错了，要不就是我们心地不诚，没有沐浴更衣，你又这么酒气熏天的，'仙人'故意跟你开玩笑。除了你，还能谁是'头名'？"

他这番解释，倒也合情合理，金大少纵然想发作，也没有借口，只好恨恨地道："好小子，本少爷记住你了！你最好别给我装神弄鬼，考试完发榜，我真是'头名'倒也罢了，否则，就算你中了'头名'，我也会让我爹判你作弊，将你抓起来！"

他气咻咻地去了，众人都替郑观应捏了一把汗，现在才放了心，纷纷上来赞他机智。

六、科场失意，情场得意，当郑观应决意赴上海经商，莫菲青忍不住扑进他的怀里……

等郑观应进去报了名，验过了身份，领取了号房的牌号，刚从里面出来，就听一声轻喊：

"郑大哥！"

郑观应一愣，抬头看时，原来是莫菲青。真没有想到，二人会在这个地方又见面了。

"莫小姐？你怎么会在这里？"

"你不是说要来参加考试吗？今天是报名的日子，我从上午就来这里等着，没有等到你。后来回去睡了个午觉，结果有些晚了，连忙跑来，幸好没有和你错过。"

"你呀，千不该，万不该，不该回去睡这一觉，否则，就能赶上看一出好戏了。"

"什么好戏？"

"这里不是说话的地方，以后再告诉你。莫小姐，时候不早，我现在得赶着去投客栈了。"

"我就是为这件事情来的。"莫菲青说道，"上次回来后，我把你救我的事情和我爹说了，我爹对你非常感激，一定要见你一面。我说你一个月后参加考试，他就叫我今天一早来这里等你，无论如何，要请你到家里去吃一顿饭，至于住，就住在我们家中。关于考试的事情，我爹也可以传授你一些经验，何必去住客栈呢？"

"这个……"郑观应倒没有想到,莫菲青会邀请自己去她家中住。他想了想,还是摇了摇头。

"算了,我还是和大伙儿一起投客栈的好。你不知道,我们都是联保的,我如果不和他们住一起,大伙儿就会不放心。可别因为我连累大伙儿,耽误了明天的考试。"

"是这样呀,那就算了,我回去告诉爹,另外安排日期,等你考试完了,我来接你好不好?"

"好!"

郑观应和她刚刚约定,要跟随众人去投客栈,却不料,金大少又不知道从哪里冒了出来。

"臭小子,又是你,敢勾引我的女人!"

金大少本来已经上了车子,正要离开,见莫菲青来到,还以为是找他的,却见她和郑观应凑在了一起,而且二人聊得颇为热乎。金大少醋意大发,冲过来将郑观应推搡到一旁。"告诉你,我和这位莫大小姐可是订了婚的,这次考试中了头名之后,我们就要拜堂成亲了!你小子癞蛤蟆想吃天鹅肉,趁早死了这条心吧!"

"金大少,你在满口胡说什么?我和你订了婚,却还没有正式拜堂,也就不是你的女人。你最好对我的朋友客气一点儿!"莫菲青眼睛一瞪,说道。

"你大门不出,二门不迈,什么时候认识了这么一位朋友?"金大少奇怪地道。

"哼,我认识什么朋友,需要告诉你吗?你管得着吗?"

"你……不遵妇德,当心我告你个不贞之罪!"金大少气呼呼地道。

"吓唬我吗?仗着你爹是一县父母官,就这么横?可别忘了,钱粮、刑名,都是我爹在帮助你爹料理,你们父子干的什么勾当,我一清二楚,逼急了,我去广州总督府上告状,将你们那点丑事都抖搂出来!"

她这么一番话,可真把金大少给镇住了,知道她说得一半是真,一半是假。真的是她爹的确掌握着县里的钱粮、刑名,自己父亲金万斗尚且要让三分;假的是她说去广州总督府上告状,大家休戚相关,她不会这么做的!"

但即便如此,金大少也知道,自己斗不过这位大小姐,只能气急败坏地道:"好,算你狠,等半个月之后,你过了门,就是我金家的人了,瞧到时候怎么收拾你!"

他丢下这句狠话,上车连冲带撞,一路鸡飞狗跳地离开了。这边,莫菲青还粉脸着霜,显然怒气未消,郑观应见状劝道:"算了,为了这种人,气坏身子不值得!"

他这一句无心之话,却透着体贴,莫菲青眼睛一红,险些流下泪来。但因为金大少这一闹,围上来好多人,她也无法在这里再停留下去了。"郑大哥,那就约好了,考完之后,我来接你。还有,不要被金大少那种人影响了心绪,好好考,我相信你!"

"嗯。"郑观应使劲点了点头,即使为了莫菲青的这份信任,他也下决心要勇夺"头名"。

晚上,在客栈里安顿下来之后,匆忙吃过晚饭,众人各自取出来四书五经,在灯下温习。郑观应也打开了书,然而不知道怎么,他觉得自己的思绪怎么都集中不了,勉强看了一会儿,就合上了书,和衣躺下了。

躺下之后,还是睡不着。莫菲青的面孔总在面前晃动。"我这是怎么了?"他问自己。

最后,一直到三更时分,他才恍恍惚惚,睡了一会儿,刚一交五更,又起来了。

又温习了一遍功课,天已大亮。郑观应吃过早饭,带上一应必备之物,和众人来到考棚前。

入考棚之前,先要在衙署门前接受训导。这也是众人第一次见到本次考试的主考官。

主考官金万斗,也就是昨天那位金大少的父亲,令人奇怪的是,他居然并非如他儿子般肥头肥脑,而是身材瘦高,胡须稀疏,一脸的病容。

他讲起话来,也是有气无力。郑观应站在人群的后排,甚至都听不清楚他在讲什么。

然后,就跟随众人向考棚移动。考棚是四幢青砖瓦房,呈"井"字形状排列，分为"甲、乙、丙、丁"。验明身份，郑观应从长长的走廊进去，来到考舍前，核对房号无误，就进去了。这是一间两间的号舍，外面一间是考室，设有考案，郑观应就将文房四宝在考案上摆好了。里面一间是起居室，有床铺，有灶台，还有一个便桶，吃喝拉撒，都在这里了。

他刚将东西放好，就听对面一阵喧哗，却是金大少住进了对面的号房。他不愧是堂堂的大少爷，居然还有人来送考，替他铺好了床铺，吃的喝的摆了一堆，又打开文房四宝，研好了墨，送考的人才出去了。然后，外面就"咔嚓"一声落了锁。

"开——考——喽——"

随着一声长喊，由两个人抬着一扇大木板从甬道上慢慢走了过来。这是今天的第一道题目。每个考生都将眼睛睁得大大的，生怕漏看了题目的每一个字。从这头到那头，又从那头到这头，穿行一个来回，考题才被抬了出去，接下来就是答题了。

郑观应看过题目以后，并不着急，一边研墨，一边在心里打着腹稿。等胸有成竹之后，这才铺开纸张，拿起笔来，由破题而承题，接着起讲、入手，继而起股、中股、后股、最后束股，刷刷刷，一挥而就。写完了之后，定下神来，从头到尾，仔细推敲，将其中有不够精确的地方，加以删改，有些引用经文部分，默思对照，力求准确到不差分毫。

不知不觉，到了中午，他这才觉出肚子有些饿了。于是起来活动一下身体，去里面灶台上取了干粮，吃了一些，喝了水，觉得又有了精神和力气，再到外面来，准备誊写文章。

然而，当他刚重新铺开一张纸，尚未动笔，却听得呼噜震天，原来对面考舍里，金大少已经吃饱喝足，在床铺上摊开身体，呼呼大睡了。

"哼，就他这样，还想考'头名'"？郑观应心里好笑，摇了摇头，不再去管金大少的事情。他专心将自己修改完毕的文章誊写一遍，再拿起来看，工工整整，一处错误也没有。待会儿交了卷子，今天的考试就算大功告成了。

他正在心里欢喜，忽然听得一阵鸟儿振动翅膀之声。一只鸽子不知道从哪里飞来,落在走廊上。

"奇怪,怎么会有鸽子飞进来?"

郑观应大惑不解,但是他马上就恍然大悟了。因为金大少已经醒了,正在号舍门口,伸出手来,手掌心上还摊着几粒米。那鸽子径直飞到他手上去,啄那米粒。他则从鸽子的腿上取下来一个小小的竹筒,然后将鸽子放飞,回去考案上将竹筒打开,从里面抽出来一样东西。一层层剥开来,在桌子上一铺展,竟然是一篇文章!

只见他将纸铺开,对着那篇文章,刷刷刷,一会儿的工夫,竟然也完成了考试!

这是公然作弊,可是金大少却满不在乎,甚至不往对面郑观应这里看一眼。文章抄完,将作弊的那一份去灶台上一把火烧了,自己照例又往床铺上一躺,呼呼大睡!

第一天的考试如此,第二天、第三天、第四天也是如此。每天都会有一只鸽子准时飞来,给金大少带来答卷。他只需要照着答卷抄写一遍,然后埋头睡觉就可以了。

终于到了第五天,最后一天的考题很简单,郑观应颇有自信,早早答完,交了卷出来。

走出考棚,外面明亮的阳光刺得他有些睁不开眼睛,就听一人喊道:"郑大哥!"

不用说,来的人便是莫菲青。郑观应循声望去,发现她今天的穿着格外漂亮,人也精神。她一阵风般飘过来,带来沁人的清香。

"莫小姐——"

"你别老'莫小姐''莫小姐'地叫好不好?人家有名字,叫我青青好吗?"

"青青。"郑观应第一次这么直呼一个女孩子的名字,很不习惯。莫菲青听了却十分欢喜。

"郑大哥,考得怎么样?瞧你一脸轻松,就知道错不了。"

"我当然不会有什么问题。可是,这个'头名',我却是没有什么想法了。"郑观应苦笑道。

"哦？此话怎讲？"

"先别说这个，青青，这里可有什么好玩的地方？我想出去走一走，散一散心。"

"好呀，我带路，咱们去仁山上玩吧！"

当下，莫菲青带着郑观应，沿着一条小路爬上了仁山。一路之上，只见漫山遍野的桂树，虽然现在不是桂花开放的季节，但是也可以想象，当这满山的桂花绽开之时，是何等的壮观、美丽，而那桂子的香气，又是何等的浓烈。香山自古多桂，据说最早的时候，这里四面都被海水淹没，只有一座孤岛凸出于海面之上，海岛之上，长满了各种奇花异草，尤其到了桂花开放之时，香气远溢十数里，在海上遥遥可闻，因此得名"香山"。后来沧海桑田，海水日渐退去，出现了大批平地，当地的土著人和外来的居民一道，一代代开发、耕种，终于成了繁华之地。

这天，郑观应和莫菲青在山上漫步，只觉得神清气爽。二人拾级而上，很快来到了一座凉亭。

凉亭之中，有一座雄伟的坟墓，莫菲青给郑观应介绍："这就是大名鼎鼎的陈氏衣冠冢！"

陈氏，就是香山立县的陈天觉这一族。陈天觉的父亲叫作陈文龙，曾经镇守福建兴化莆田，后来因为元兵攻至，文龙率军作战，直战至最后一人，不敌被俘，不降，绝食而死。后来他的儿子陈天觉流落香山，在这里给父亲建立了衣冠冢，以为纪念。

郑观应虽然并非陈氏后人，但因为陈氏有开县之功，郑观应还是在衣冠冢前拜了三拜。

等二人从山上下来，时候已经不早，莫菲青便邀请郑观应去家中："走吧，我爹该等急了！"

"好，我也正要去拜访令尊！"郑观应答应一声，便跟随莫菲青向她家中走去。

来到衙署旁边的一所小院子里，刚到门口，就见院子里匆忙迎出来一个婢女：

"大小姐，你可回来了！老爷已经催了好几趟，让我去找你呢！"

"什么事情这么急？"

"还不是那位金大少又来了，也不知道有什么事情，一迭连声地要见你。老爷也没办法。"

"又是他？"莫菲青一皱眉头，没想到那位金大少阴魂不散，偏偏在这个时候来了。

"要不要我回避？"郑观应似乎察觉出莫菲青的为难，"我改天再来好了。"

"别，你今天才是我们请的正客，那家伙却是不请自来。你先，他后，哪有先让后的道理？"

莫菲青这么坚持，郑观应也不好说什么，便跟着她来到正堂。莫菲青的父亲莫同，是一个年近五旬的中年人，双鬓已白，一脸的沧桑，正在赔着笑脸，和金大少说话。

莫菲青一进来，金大少的眼睛就直了。但莫菲青却似乎没有见到他，径直上前对父亲道："爹，您让我去请的贵宾到了。这位就是我的救命恩人郑观应郑先生。"

莫同早注意到跟随在女儿身旁的郑观应，英武不凡，俊朗脱俗，连忙站起身来："哎呀，贵客光临，未曾远迎，老夫实在是失礼啊！"

"哪里，小生何敢当贵客之称？不过是当日凑巧，路见不平，拔刀相助而已！"

"郑先生如此年轻，却德才兼备，不骄不躁，依老夫看来，将来必定大有一番作为。快请坐！"

莫同对郑观应这么热情，却令金大少大有遭到冷落之感。

"哼，我道是什么贵客，原来不过是一个只会装神弄鬼、耍点吓唬人小把戏的家伙。"

"金大少爷是在说我吗？榜尚未发，头名是谁，未见分晓，何以断定我是装神弄鬼？"郑观应立即反唇相讥。

他二人一见面，真有点冤家路窄的意思。莫同却不知道二人有什么过节，连忙打圆场。"怎么？原来二位认识？那太好了，二位可都是我莫某人的贵宾啊，今日一日之内，两位贵宾临门，难怪今天一早，两只喜鹊就在莫某人窗前叽喳不休！青儿，快去吩咐厨房，多准备一些好酒好菜！"

"是。"莫菲青答应一声，转身去了。

这边，金大少气呼呼地望着郑观应，而郑观应却装作视而不见，只气定神闲地和莫同谈话。莫同亦是出身诗书之家，家学渊源，经、史、子、集、易、医、星、卜……样样精通，是一位奇才，亦是一位怪杰。

这天，因为郑观应提到了神仙之学，莫同就此话题和他聊了起来。也许还有存心要试一试郑观应胸中才学的意思。而郑观应虽然这些年专攻科考，但是他喜欢读书，家中自曾祖父、祖父以至于父亲，都藏了一些三教九流的书籍。尤其道家之学，神仙传奇，可以说应有尽有，包罗万象。郑观应侃侃谈来，听得莫同不住点头。

而金大少在边上，一句话都插不上，甚至根本听不懂二人在谈什么，真是如坐针毡。

好容易，莫菲青来通知说，可以开饭了，莫同请郑观应和金大少入席，由莫菲青作陪。

酒席摆在后花园的凉亭中，地方不大，却是池沼假山，花草树木，一应尽有。

入席之后，莫菲青对郑观应热情之极，一会儿给夹这个菜，一会儿给夹那个菜，而对金大少却冷漠以对。莫同对这个女儿显然也很头痛，拿她没办法，只能亲自招呼金大少。

金大少似乎赌气一般，一会儿就把自己灌得酩酊大醉，然后摇晃着站起来，大着舌头说：

"莫……莫小姐……我知道你不喜欢我……看上了这个小白脸……但我实话告诉你……我才是这次考试的头名……谁让我爹是县令呢？我还告诉你，我不但要定了这个头名，而且也要定了你。哼，只要在这香山县，就没有我要不到的东西！"

他这番疯言疯语，气得莫菲青满脸通红。莫同当着郑观应的面，也有些下不来台。

"金公子，你喝醉了，我叫人送你回去吧！"

"不……我没醉……岳父大人,我知道不但莫小姐看不上我,你这个岳父大人,也在心里看我不起……但没办法,谁让我爹当年收留了你呢?如果没有我爹,你这十年来吃什么、喝什么?若非我爹替你说好话,你早被抓去吃牢饭了……"

他这么肆无忌惮地说着,莫同的脸却沉了下来。"金公子,再不住口,莫某人要下逐客令了!"

"什么叫逐客令?"金大少傻乎乎地问。

"就是把你给赶出去,以后不准你再登我家的门!"莫菲青大声道。她早就气坏了。

"什么?你们……你们敢赶我走?"金大少更加疯疯癫癫,"在香山县,还没有人敢对本少爷如此无礼!你们好大的胆子,我这就回去告诉我爹……"

他刚挣扎着走出两步,忽然脚下一软,"扑通"一声,整个人重重地摔在了地上。

莫同大惊,连忙上去搀扶他起来,却听得鼾声大作,他竟然在地上睡了过去,足见醉得不轻。

"来人呀!"莫同一声吩咐,叫来两条壮汉道,"将这位金公子扶上车子,送回县衙去!"

"是!"

两人费了好大的力气,才将金大少给弄走了。莫同不放心,又亲自出去,以防有什么意外。

这边,眼见金大少如此骄横无状,郑观应摇头不已,暗自为莫菲青担心。现在已经是这样,将来莫菲青真的过了门,成为这个金大少的夫人,哪里还会有好日子过?

而莫菲青呢,本来要请郑观应吃饭,答谢郑观应救命之恩,却无端来了个金大少,一通胡搅蛮缠,将她的好心情冲得七零八落,坐在那里,竟然"吧嗒、吧嗒"掉下了泪。

她这么一哭,郑观应岂能无动于衷,连忙安慰她:"青青,这种人,不值得和他生气。"

却不料，他这一劝，莫菲青竟然"哇"的一声哭了起来。"郑大哥，你以为我是气他？我是气我自己！恨我为什么是个女儿身，不像郑大哥一样，是堂堂男子，否则，我早离开这个家，去和郑大哥一起做济世救人的事业去了！"

"青青，话不能这么说！刚才金大少一番话，我也听出来大概。你父亲将你许给金大少，一定有他迫不得已的苦衷！以你这样一朵鲜花，插在金大少那样的一堆牛粪上，他自然不配！但是为人子女，孝字当先！古代尚且有缇萦救父的故事，何以反而今天，你我不能做到呢？"

"你……你也要我嫁给金大少？"

"不，这只是缓兵之计罢了。"郑观应略一沉吟，"青青，我记得你说，你父亲做金知县的钱粮、刑名，手上掌握着他们家不少的证据。再加上这一次考试，他们父子徇私舞弊。我想，不如将这两件事情合并在一起，我们去广州总督府告上一状！"

"啊？"莫菲青大惊，"郑大哥，你想扳倒金家父子，让他们永远无法再恃强凌弱？"

"正是！"郑观应点头道，"这等昏庸骄横的官员，留着不过是鱼肉百姓，祸害一方。如果能够将他们父子扳倒，不但可以给你们父女出口恶气，更是为百姓除一大害！"

他这番话，顿时燃起了莫菲青的希望，但她也知道，这件事情非同小可。

"郑大哥，你这个计划，的确是个好计划。但你不了解我爹……我和他谈谈试试吧？"

"那好，那我就先告辞了，今天还要赶回雍陌去，否则家里人该为我担心了。"郑观应也知道，自己这个计划过于激烈，像莫菲青这样的姑娘家，未免有些惊骇之感。而莫菲青的父亲莫同，以他的性格之懦弱，以及人生之迟暮，怕也未必有此决心！

他站起身来，正好莫同也回来了，挽留他再坐一会儿，郑观应坚持要走，莫菲青送他出来。

在门口，二人还有些依依不舍之意。于是约定：等放榜之日，郑观应再来,莫菲青陪他去看榜!

从莫家告辞之后,郑观应立即返回客栈收拾东西,踏上归程。

返回雍陌之后,郑观应心绪如潮,一刻都不能安定下来。转眼到了放榜之日,他早早来到县城。

莫菲青果然如约已经在等他了。二人来到县衙之前,只见人头攒动,考生们都在挤着寻找自己的名字。

郑观应和莫菲青也挤上去,只见榜单上第一名赫然三个大字"金大定",就是那个金大少,郑观应顿时有一种怒火中烧的感觉。再一个个名字看下去,越看心越凉!

不要说预期中的第一名,或者前几名,一直看到最后,也没有自己的名字"郑观应"。

一瞬间,胸口如同被大锤重击一般,人生中的第一次打击来得如此迅猛,如此剧烈!

"郑大哥,没关系……"莫菲青见他神色不对,连忙上来扶住他,"这一次不中,下次再考!"

"不……不可能……"郑观应艰涩地道,"一定是金家父子搞的鬼,故意要我好看!不,我不能就这么让他们的阴谋诡计得逞!我要将他们徇私舞弊的丑行揭露出来!青青,我在这里召集大伙儿,你回去让你爹将证据都拿出来,咱们这就去总督府告状!"

"郑大哥,千万别冲动,冷静一点!"莫菲青劝阻道,"就算金大少考试作弊,你可有证据?到总督府告状,可有必胜的把握?"

"我……"郑观应愣了一下,"就算考试作弊的事情不追究,你爹手上的证据,也足够扳倒他们。"

"此话不假,可问题是我爹并不想这么做,也不会将证据交出来。"莫菲青的话如兜头一盆凉水,将郑观应彻底浇醒了。

"啊?为什么?"

"为什么?"莫菲青苦苦一笑,"我不是说过吗?你不了解我爹!我是他的女儿,太了解他是一个什么样的人了!如果他真的有勇气去和金家父子斗上一斗,有胆量去和这屈辱不公的命运抗争一番,那么当年他就不会丢弃澳门和他的子民……不会这十年来一直承受着良心的煎熬……郑大哥，你就别指望他能做什么了！他不是你想的那种人。"

"那……就这么算了？"郑观应心里是一千个不愿，一万个不甘，但却无可奈何！

"算了吧，郑大哥，这就是命。其实我早就认命了。"莫菲青安慰着他，和他一道从人群中挤出来。忽然，她似乎想到了什么，提醒他道："对了，郑大哥，还记得你和徐润大哥在天后娘娘前说的那番话吗？也许，是该你去上海找他的时候了！"

"去上海？"郑观应却还一下子没有从失意中挣脱出来，"青青，你觉得我应该去上海？"

"去上海，和徐润大哥一样学做陶朱公，也胜过再将大好的光阴，白白耗费在这莫名其妙的考试上！"莫菲青跟随父亲，见过太多官场中的脏脏、龌龊的丑陋交易，因此也就了解一些更多不为人知的内幕。"你只知道这个金大少，是怎么得来的第一名，却不知道在这张堂而皇之的榜单上，还有多少的背后交易，多少的利益纠葛。常言道：三年清知府，十万雪花银。做官发财，古来皆然。郑大哥，你不是说过要济世救人吗？在官场上，你的志向恐怕很难实现，不如去上海学习经商，将来像陶朱公一样富可敌国，只怕那些王公贵族，巴结你还来不及！那时候，你的命运才真正操纵在自己手上，想要做什么事情，尽管去做就是！"

这一席话，真是字字惊雷，一语惊醒梦中人！郑观应激动地拉住莫菲青的手："谢谢你，青青！我想明白了，就算我们真的扳倒了金家父子，也不过是踩死一只蚂蚁、捏死一只臭虫而已！天下之大，从县里到府里再到省里，以至于朝廷，这样的事情何止千千万万，我们管不了那么多，也没有能力去管！与其听由他们摆布，将命运交在他们手上，还不如另外走一条道路，去另开一片天地，独立创造出一番事业来！"

"正是如此。"莫菲青点头道，"郑大哥，你是个聪明人，也是个顶天立地的男子汉、大丈夫，小小的香山不足以让你成就事业，去上海吧！也许冥冥中命运早有安排，那里才真正有一番事业在等着你去做呢！"

"那就这么定了！我回去和我爹道一声，然后立即动身。"郑观应下了决心，顿时一身轻松。科举失利的小小痛楚，也就不算什么了。但是有一点，他还是不能放心，就是关于莫菲青的未来命运。

"青青，你呢？你怎么办？我去了上海之后，你真的要嫁给金大少？"

"郑大哥，你不用替我担心，我说过，我早认命了。"莫菲青叹息一声，"你去上海，这是你的命运；我留在这里，这是我的命运。也许我可以跟你一起去，但我不能。因为我要留下来，为了我爹。郑大哥，你说过的，为人子女，孝字当先。我不敢说比得上缇萦，为了救父不顾一切，但是我至少可以让金家不为难我爹，让我爹以后的人生，平安顺遂，不要再有波折，他已经经不起任何的风浪了……"

泪水在眼眶里打转，但是她忍住了。她不想让郑观应为自己担心、难过，她必须坚强。

正当二人说话时候，忽然只听众声喧哗，只见金大少被众人簇拥，披红挂彩而来。在他身边，早有人准备好了长长的鞭炮，一下子点起来，噼里啪啦，红色的纸屑飞满一地。金大少也的确是大少作风，身后左右跟了十多个随从，一听有人贺喜，就漫天铺洒红包。人们疯狂地向前挤，争抢红包。

眼见这一幕，郑观应的心里更加冰凉。原来这就是人生，这就是芸芸众生！没有谁会去关心金大少的头名是怎么来的，是凭自己的真才实学，还是作弊，所谓成者王侯败者贼，人们只愿意去向胜利者献上欢呼，献上自己的谄媚，以换取眼前或者以后的利益。这就是世态、人心……

正当郑观应沉思出神，莫菲青已经悄悄擦干了泪水，过来安慰郑观应："郑大哥，你别看他现在神气得很，以后早晚会有落魄潦倒的一天。正所谓天道报应，从来不爽！"

"你以为我会觉得他很神气，不，我反倒觉得他很可怜！"郑观应却另有所思，"青青，你知道我这会儿在想什么吗？我忽然觉得，应该谢谢这个金大少才对！"

"啊？谢他？"

"是啊，谢谢他千方百计，争去了这个头名，否则，换了是我，如这样被人们众星捧月,吹得天花乱坠,我也会骄傲自大,得意忘形。而老子有言:'金玉满堂,莫之能守。'任凭你是什么人,一旦沾染上了这个'骄'字,那么这一生也许就完了。"

"郑大哥,我真佩服你。"莫菲青由衷地道,"此时此刻,居然尚且能思虑得这么远!"

"也许是你帮助我做了决定,放弃了科举这座独木桥吧,我忽然觉得好轻松,心里好清静。所以再回过头来看,就觉得这一切都像在演戏一样了。"

两人一边说着话,不知不觉,已经出了城。

"青青,已经出城了,别送了,我们就在这里分别吧!"

"那……你去了上海以后,还会回来看我吗?我们以后还有见面的机会吗?"

"我会回来的。如果有缘,我们一定会再见面的。"

"那么,我有个小小的请求……郑大哥,我可以像一个妹妹抱兄长那样抱你一下吗?"

"当然可以。"

于是,莫菲青就上来和他轻轻地拥抱在了一起。一瞬间,二人身体都是剧烈一震。

"郑大哥,我想最后问你一句话……"莫菲青哽咽着,在他耳边小声问,"你喜欢过我吗?"

"喜欢。"郑观应第一次和一个女孩子这么近距离接触。尤其她那洋溢着蓬勃的青春气息的身体,给他带来的震撼无与伦比。他觉得自己的呼吸都要为之窒息了。

"我也喜欢你,郑大哥!虽然我和你今生无缘,但我可以向你保证:我的人留在这里,我的心是和你在一起的!今生今世,我这颗心永远只属于你一个!"

"谢谢你,青青。我永远不会忘了你……"

斯时斯景,二人都有些情不自禁。最后,还是莫菲青自己离开了郑观应的怀抱,一脸泪水,却努力绽放出一个灿烂的笑容:"郑大哥,祝你在上海一切顺利,祝你早日梦想成真!"

"青青,也祝你幸福快乐……"

郑观应亦强作笑容,和莫菲青道别。二人各自背转身去,然而一刹那,二人却不约而同地泪水滂沱,一任情感奔流成河,恣意地泛滥开去……

第二章

沪上谋生

一、洋人的厉害之处有二：一是科学，二是民主

飘扬着大英帝国"米"字旗的轮船已经在海上行驶了十天，明天就要抵达吴淞口了。

郑观应是十天前离开雍陌，在澳门登上这艘英国轮船的。十天的旅程，委实令他思绪万千。

这并不是郑观应第一次坐轮船。十岁刚出头的时候，他就跟随自己的叔父郑廷江乘坐轮船，到过南洋一带游历。第一次登上这种庞然大物的新鲜与惊骇之情，可想而知。轮船上的空间之巨大，超出想象。而每一层的客房、舱位，无不整洁异常。服务人员深着笔挺的制服，戴着雪白的手套，一个个训练有素，而又那样地彬彬有礼，嘘寒问暖，无微不至。当然了，最令郑观应印象深刻的，自然还是在甲板上纵情奔跑，去扶着栏杆，看轮船如何在茫茫无际的大海上劈开波浪，如一条雄壮健硕的大鱼一样逐浪嬉戏，呼啸向前。那是一种怎样如梦如幻、令人心醉的感觉：头顶是无边无际的湛蓝天空，周围是一望无垠的辽阔海面，白云从头顶飘过，金色的阳光洒在朵朵的浪花间。船尾的甲板上，人们纷纷将手中的食物抛向空中，引来一批白羽红足的海鸥，争相下来抢夺食物。而在船身的两边，偶尔会有被发动机的轰鸣声吸引来的海豚，不时地跃出水面，和轮船在海上展开一段你追我赶的速度竞赛……

少年时代乘坐轮船的经历，时时萦回梦中，直到几年后他又登上了

轮船。

然而今番乘坐轮船,却全然没有了当时的心境。轮船还是那么庞大、整洁,服务人员还是带着职业性的微笑,甲板上也依旧是一派的醉人风光。然而郑观应却已经无心去欣赏这一切。几天来,他虽然每天也都到甲板上来,却总在默默地想心事。

其实,连他自己都说不清楚,到底在想什么。他一会儿想到自己的家乡,想到自己无忧无虑的童年时代、玩伴,想到父母、家人、亲戚、朋友,这时候他的嘴角就会不自觉地挂上笑容;一会儿,他又想到自己刚刚经历的科考失利,想到自己十年寒窗苦读,却不如金大少只通过轻松作弊,就堂而皇之地摘取了头名,而自己却连最后一名的资格都被剥夺了。这时候,他的脸上肌肉就会抽动,眉头紧锁起来……

往事已矣!过去的都已经过去了,他也已经启程远航,离开了那片土地。现在他更多考虑的,是自己的未来。是自己到了上海以后,该如何展开自己的人生?

上海会是一片怎样的天地呢?那会是一个适合自己施展拳脚的精彩舞台吗?那儿会提供机会,让自己实现梦想、成就事业吗?那儿有自己的好友徐润,有自己的叔父郑廷江,还有自己的姻亲曾寄圃,所有的人际关系,父亲郑文瑞都已经给他详细解说,并且在行囊里揣上了几封亲笔书信,要他到了上海去一一上门拜访。能够给予他提供照顾的人很多,但是帮助归帮助,别人即使给你提供再好的条件,你的人生始终还是你自己的,人生之路还要靠自己迈出脚步,一步步去走。

不知不觉,轮船抵达了吴淞口。这里是长江和吴淞江交汇之处,本来只是一个小渔村,聚集着一群以捕鱼为生的人家。后来开了几家零星的酒家,渐渐形成一个渔货交易的小市场,然而规模一直不大。真正迎来大的发展机会有两次。第一次是清康熙年间,海禁大开,这里以其江海相连、独特便利的地理位置,迅速发展成为一个大码头,获得了"重洋门户""七省锁钥"之称,一时间"舳舻相衔,帆樯比栉"。而第二次的发展机会,则是随着鸦片战争结束,上海开埠,吴淞港的地位骤然提升,由国内而国际,成为国际上远东航线的必经之地。

郑观应在吴淞码头上了岸，因为此前有书信到上海，叔父郑廷江已经派人在这里迎接。

叔父郑廷江供职的新德洋行，坐落于英租界内英国领事馆南边，一条马路之隔就是江水浩荡的黄浦江。别看这条马路如今十八米宽，可以容纳双向六辆车子并排行驶，当年，它可只是一条黄浦江上的纤夫拉纤所踩出来的泥泞小道。这个地方如今是洋楼林立、风光旖旎的外滩，当年却只是一片芦花飘飞的荒滩，在阡陌沟渠之间，散布着星星点点的茅舍。那些祖祖辈辈在此耕种、拉纤的农人，做梦也没有想到，这里会成为外国人登临上海第一眼相中的膏腴之地。本来英国只拥有在黄浦江江面上划定"下锚地段"的权利，后来通过《上海土地章程》，把外滩以西的830亩土地，一股脑统统划为了英租界。而之所以选择这片区域，一个主要的原因就是这片区域正好是英国停靠在黄浦江江面上的轮船大炮可以炮火覆盖的地方。一旦有事，英国就可以动用武力镇压；如果事情大了，炮火也不济事了，就可以跳上轮船，在第一时间迅速撤入海上，逃窜回英国去。这便是英国佬选择了将外滩这片地方作为自己的租界，在此建立英国领事馆的根本理由。

随着英国领事馆的建成，围绕着这个英租界内的地标建筑，迅速出现了一批外国洋行、银行，沿着黄浦江边的纤道所改造而成的新马路，一字排开，例如沙逊洋行、宝顺洋行、太古洋行、旗昌洋行……郑观应的叔父郑廷江所供职的新德洋行，名气并不如以上洋行响亮，一栋灰色的二层小楼夹杂在其他洋行的高大、豪华的洋楼群中，也并不特别显眼。但是，郑廷江在这个洋行里的地位却是最高的。他是新德洋行的总买办，除了洋行的英国老板，他就是一人之下、万人之上了。

郑廷江的住处坐落于英租界一处稍微偏僻的地方，他在上海打拼数年，颇有积蓄，在这里买了地皮，自己盖起了花园式洋房，也是一栋二层的小楼。叔父的家里除了自己一家人，还雇用了佣人、厨子、杂役，大约十多个下人。郑观应从雍陌那样的小村子里刚走出来，一下子来到上海的英租界，只见叔父家中处处透着洋派：地上铺着厚厚的地毯，墙壁上挂着洋画，从天花板上吊下来水晶的吊灯，桌子上铺着雪白的餐布，所有的餐具都是银的，闪闪发光。一时之间，郑观应真有些手足无措的感觉。幸而叔父郑廷江还是老样子，长袍马褂，半秃脑门，拖着一条长辫子，口中一天到晚、片刻不离叼着一根大铜烟袋。一看到郑观应，脸上就堆满笑容，眼睛眯成了一条缝："官仔啊，你可来了！我和你婶娘正唠叨你呢，好小子，几年的工夫没见，都长成这么一个大小伙子了！"

"给秀山叔请安！"郑观应虽然自小得到这位秀山叔的疼爱，但是长幼有序，还是认真地跪下来，给叔父磕了三个头，叔父连忙将他拉了起来。

"不必拘礼，到了这里，就跟自己家里一样。"

正说话间，婶娘也出来了，于是郑观应又给婶娘见礼。婶娘拉着郑观应，一通问长问短。

然后，婶娘去吩咐厨房开饭，叔父就带郑观应去看他的房间："你的事情，我在信里都知道了。一接到信，我就让你婶娘给你收拾好了房间，以后你就住在这里。如果觉得不好，让你婶娘再给你换一间。"

"不用了，我一个人住，有个地方睡觉就行了。"郑观应对于叔父替自己这么热心考虑，内心充满了感激之情。旅途之上对未来的种种焦虑、担忧，一扫而光。

晚饭是夹杂着上海和广东两种风味的。郑廷江虽然来上海多年，却还是保持着纯正的广东口味，吃不惯上海这边的洋菜。但是为了招待郑观应，又特地给他做了几道洋菜：煎了纯正的法国小牛排，外焦里嫩，看着令人食欲大动，然而用起刀叉来却那么别扭，郑观应早肚子饿得咕咕叫了，真恨不得用手上去扯下一块来大快朵颐。不过，叔父却很认真地教他如何使用刀叉，以及一些基本的餐桌礼仪，这显然是为了让郑观应尽快地适应上海这边的洋派生活，郑观应只好一板一眼地学着做。

一顿饭足足吃了一个多时辰，饭后，郑廷江惬意地抽着烟袋，一边吞云吐雾，一边听郑观应讲家乡的有趣的人和事。尤其听郑观应详细讲了科举失利的经过，很是替郑观应不平。但他毕竟饱经沧桑，老于世故，知道这样徇私舞弊、上下其手的事情，在官场上可谓屡见不鲜，所谓清平世界，朗朗乾坤，本来就只是一种自欺欺人。否则，真如朝廷所鼓吹的那样一片花团锦簇，就不会内有太平天国的起事，外有英法等国的强辱了。因此，他并没有加评论，只是安慰侄子说道："算了，别再去想这件事情了，你还年轻，受点挫折算不了什么。其实，如果不是你父亲非要一门心思要你考什么科举，依照我的意思，早让你到上海来了。现在的年轻人，哪还有去白首穷经、当什么老学究的？正儿八经学习洋人的西学，以后才有用武之地！"

"我也是这么想。"郑观应道，"与其在官场混迹，不如学做陶朱公，也好做一番济世救人的事业。"

"好小子，你有这么大的志向，我很高兴。这么说你已经想好以后人生的道路怎么走了？"

"想好了。"郑观应点了点头，忽然想到一件事情。"对了，秀山叔，我有个问题，在来的路上就想好了，一定要当面向你请教。"

"哦？什么问题？"

"秀山叔，你来上海，大约也有七八年了吧？这些年你每天都和洋人打交道，一定了解他们的底细。你说，洋人凭什么欺侮我们中国人？他们是真的强大，还是虚张声势？"

"官仔，你这个问题问得好。"郑廷江赞赏地道，"我还以为你被你父亲逼着一心读圣贤书，作八股文，脑子都被糊住了呢！你能问这个问题，足见你是个有心人！"

他停了一会儿，狠狠地吸了一口烟，在肚腹间萦回一圈，吐出来一个大大的眼圈。烟雾袅袅中，他说道："说实话，这么多年来，我一直为洋人做事情，也一直被家乡的很多人看不起，他们看我赚了不少钱，表面上对我毕恭毕敬，可是背地里说什么风凉话的都有，这些我都有听说，但是我不在乎。因为我很清楚，自己在做一件什么样的事情。"

"官仔，你还记得吧？五年之前，你父亲曾经来过上海一趟，在这边短暂待过一段时间。他和你一样，来这里后，见了我，第一个问题就问我：'依照你看，洋人真的那么厉害吗？'当时，我给他的回答是洋人厉害，不过厉害在枪炮轮船等机器生产方面，用他们自己的话来说，这叫作'科学'，但是在我们东方人的眼里，不过是'器物'罢了。孔夫子曾经说过：'君子不器。'我们中国人是不屑于这些奇技淫巧的。"

"不错。"郑观应点头道，"当日我爹回去后，也曾经跟我提起过。说洋人徒有器物之利，不足为惧！而且他们和我们一再交战，所贪图的也不过是开放通商口岸，争取贸易地位，并不会对我天朝大国构成实质性的威胁。倒是长毛厉害得紧，长毛起于天朝之内，譬如人有疾在胸腹之间，倘若不急谋疗治，则旦暮之间，就会蔓延开来，其从一僻远之广西，由西南而东北，不过两三年间，已经攻取人文荟萃之金陵。此乃王气笼罩、帝业兴起之地，倘若不立即加以扑灭，则我天朝大国，垂垂危矣！"

"是啊。"郑廷江又抽了一阵子烟，然后说道，"你父亲和我等当日的确是持此论调，因此才集资助饷，向朝廷输送了白银十万两，以对抗长毛。但那是五年之前的事情了，而且当时我来上海做事情未久，并不真正了解洋人。后来我日益得到洋人重用，和他们交往愈多，了解愈透，我才知道洋人最厉害的地方，原来还不是他们的枪炮轮船，不是被我们鄙夷为'器物'的'科学'，而更在于他们的政治制度——'民主'，用我们东方的话来说，就是'道'了。"

"啊？"郑观应吃惊地问，"西方人也有'道'？"

"你以为西方人是什么人？都是些野蛮人、未开化之人？都是些生吃人肉、喝人血的魔鬼？"郑廷江摇了摇头道，"错了，大大地错了！事实上，西方人对于天地宇宙的认识，并不比我们的古代先哲差多少！当我们中国产生了孔夫子的时代，西方也产生了苏格拉底这样的大哲。苏格拉底和我们的孔夫子大约是同一类型的人：孔夫子是周游列国，和各个国家的君主谈话，而苏格拉底是在广场上，街道上，和他所遇到的每个人谈话。虽然所谈论的对象不同，但是他们的理想却惊人的一致：那就是通过自己的深邃智慧，和不懈的努力，来唤醒世人，力争在这个现实的人间之世建立一个安定和乐的、秩序井然的理想统治。孔夫子的最高理想可以用一个字来概括，就是'仁'，所谓'克己复礼'，'天下归仁'，只要每个人都遵循自己的本性，从仁爱之心出发去关心别人，天下就会一片和谐，同归于仁。同样，苏格拉底的最高理想也可以用一个字来概括，就是'善'。苏格拉底认为，知善必能行善。然而如何做到知善？这就必须具有正确的知识。一个人真正能做到拥有正确的知识，这就叫作智慧了。如果天下的每个人都拥有了智慧，也就等于人人做到知善，自然也就能行善，那就会人人快乐了。"

"听起来，这个苏格拉底所说的'善'，和我们的夫子所说的'仁'，倒的确有几分相像哩！"

"还有呢！"郑廷江不慌不忙地道，"这个苏格拉底，后来因为宣扬新神和毒害青年人的思想而被逮捕，然而他却放弃了逃走的机会，甘愿就死，在法庭上经过审判之后，服毒而死。他的弟子中一个最杰出叫作柏拉图的，将这场审讯内容记录了下来，写成一本书叫《自辩》。这本书，和我们的孔夫子留下的那本书《论语》，是不是很像？都是在他们去世后由弟子整理留下来的。"

"的确。《论语》听说是孔夫子的得意门生子贡，在给夫子守丧的岁月中组织大家整理而成的。"

"可惜，孔门三大弟子：颜回早丧，子路死于战乱，只有一个子贡，最有希望继承夫子衣钵的，最后却选择了经商货殖，以此终老。孔夫子一生历练而集大成的一套学问，可以说并无传人啊！"郑廷江叹息一声，道，"但是苏格拉底这个家伙就幸运多了，他有一个好弟子就是柏拉图。柏拉图不但继承了苏格拉底的衣钵，而且成立了一个学校，广收弟子，进一步将苏格拉底的思想发扬光大。柏拉图有一本书叫《理想国》，他认为这个国家应该由最有智慧的哲人来治理。他用人的身体来做比喻。你看，我们的身体由三部分组成：头、胸、腹。柏拉图说，头具有一种叫作'理性'的能力，胸部具一种叫作'意志'的能力，而腹部则有一种叫作'欲望'的东西。这些都各有其追求自我实现的本能，就叫作'理想'。'理性'所追求的是'智慧'，'意志'所追求的是'勇气'，'欲望'则必须要加以遏制、阻止，只有这三部分协调运作，和谐一致，个人才会达到'美德'的境界。生而为人，从童年到成年，就是克制自己的欲望、培养自己的勇气，最后用理性来达成智慧的过程。官仔，关于这个比喻你能听懂吧？"

"这倒很像我们的先哲所说的'存天理，灭人欲'！"郑观应若有所思地道。

"正是。"郑廷江赞许地点了点头,"柏拉图以此比喻,认为一个理想的国家,也应该像人体一样,有三个组成部分,即统治者、战士、工匠或者农夫。他的对应关系是这样的:身体好比是一个国家,头部的理性是这个国家的统治者,而胸部的意志是坚强的战士,至于腹部则是欲望则象征着工匠和农夫。每一个位置上的人都扮演好自己相应的角色,这就是'理想国'了。"

"嗯,这一点我们在管仲那里就提出来了,'国有四维',就是士、农、工、商。四维不张,国家必亡。我们可比柏拉图早得多了!"

"不错,如果柏拉图一生只写了这么一部《理想国》,那么西方和东方就不会有后来的分野了。可是等他到了自己的晚年,却发现理想中的真、善、美并不存在。他一生之中,所见到的人都是自私的、贪婪的,这让柏拉图意识到,必须对这种贪婪和自私加以律法的约束,于是他又写了一部《律法篇》。在这部书中,他提出了一个比'理想之国'的层次要低一些、然而也更容易实现的政治蓝图——'宪法之国'。就是要通过各种法律来约束人们的行为。"

"从性善论转向性恶论,这有点像我们的荀子啊?"

"正是如此。在柏拉图晚年写下《律法篇》之后,他的一个杰出的弟子亚里士多德,进一步阐述了以'法治'来取代'人治'而建立法律国家的思想。他提出了三种治理国家的方法:一是君主制,也就是一个国家只有一个元首。但这种制度还是传统意义上的贤人统治,而在柏拉图那里,就已经肯定了人的自私、贪婪的本性,如果寄希望于统治者不为自己谋取私利、一心为共,这是不可能的。所以亚里士多德又提出了第二种制度:贵族制。就是国家由一群受过良好教育的人来群体治理。但是这种制度还是有一个问题,就是很容易流落成为寡头政治,成为一个或者几个集团之间利益博弈的牺牲品。最后,亚里士多德提出了'平民共和制',就是所有的人都享有参与国家治理的平等权利,以大多数人的意志作为最终的国家意志。"

"我明白了,原来西方人的'民主'是从亚里士多德演变而来的。"

郑观应这才恍然大悟。

"'民主'是从亚里士多德那里发源的，但是也是经过了长期的演变，有着各种形态，一时也说不完。总之，一个是'民主'，一个是'科学'，这两者加在一起，就是西人强盛的根本之道。"

郑廷江一袋烟抽完了，将烟袋里的灰烬磕出来，打了一个长长的哈欠。"好了，我累了，今天先给你说到这里。你刚来上海，有得是时间去接触洋人，洋人究竟和我们有什么不同，自己慢慢留心观察吧！"

他站起身，伸了个懒腰，郑观应恭恭敬敬地送他出去了。回身将门关上后，一个人和衣躺在床榻之上，虽然夜色已深，又赶了一天的路，郑观应却一点疲惫的感觉都没有。相反，他的精神前所未有的亢奋，脑子里仿佛有各种声音在"嗡嗡"地交响着。叔父给他讲的一通话，仿佛在他面前推开了一扇大门，让他得以窥见在大门那边一个闻所未闻、见所未见的新世界。而这个新世界显然是自己在广东香山的雍陌乡下所无法想象的。只有来到上海，来到这个当今中国和西方交流最紧密、最前沿的地方，才能真正一窥那个新世界的奥秘。看来，自己来上海，这一决定真正是做对了！他已经开始在憧憬一种全新的生活了……

二、结识了一位盖世奇才：从美国耶鲁大学毕业归来的容闳

第二天，郑观应早早起来，洗漱完毕，吃过一顿丰盛的早餐，就跟随叔父来到其工作的新德洋行。

外滩的早晨喧嚣而忙碌。黄浦江上笼罩的薄薄的雾气还没有散去，影影绰绰中，汽笛轰鸣，一艘接一艘的轮船开来，在一个个码头前面停泊下来，放下船板。早已等候在那里的一群群工人立即冲上去，将各种各样的货物卸下来，码放整齐，经过清点，登记造册之后迅即搬进仓库。除了货轮，还有大大小小的客船，来自五湖四海、四面八方，穿着各色服装，操着各种语言的人们，从船上下来，上岸之后，纷纷登上一辆辆早已等候在那里的人力黄包车，转眼之间，就消失在熙熙攘攘的人流之

中。这些人有的将成就一番惊天动地的事业，成为上海声名显赫的人物；但也有的人在这里始终无法出人头地，最后客死异乡。

这就是上海，一个冒险家的乐园，一个可能令你梦想成真但也可能黯然心碎的梦想之地。不管成功还是失败，不管是成为传奇还是淹没于夕阳衰草之中，不可否认，正是这些心怀梦想的人们的到来，给这座新开埠不久的城市带来了蓬勃的活力。而现在，郑观应也加入了这个梦想者的队列。

和那些步履匆忙的初来乍到者相比，郑廷江则是一派的从容悠闲，一边沿着江边踱步，一边给郑观应介绍。

"看，那就是英国领事馆！旁边是沙逊洋行，还有旗昌洋行、宝顺洋行……"

"啊？那就是宝顺洋行？"郑观应的目光被宝顺洋行吸引了，这座洋行装饰豪华精美，气象别具一格。"徐润大哥和我说，他就在那里做事情。还有徐钰亭伯伯、曾寄圃曾伯伯，都在那里做事呢！"

"不错，他们都在那里做事情，而且说过不止一次，要我也过去呢。"郑廷江道，"不过都被我拒绝了。"

"哦？为什么？"

"官仔，你可知道，这个宝顺洋行的老板是什么人？"

"不知道。"

"那么，颠地这个名字，你可曾听说过？"

"颠地？"郑观应愣了一下。他忽然想起来一件事情。"我想起来了，当年林则徐林大人在广州销毁鸦片，好像第一个抗拒不从的就是一个叫作颠地的大鸦片贩子……"

"不错，就是此人！"郑廷江点了点头，说道，"其实早在林大人到广州之前，就知道这几个贩卖鸦片的罪魁祸首底细了。所以林大人一到广州，立即命令这个几个人交出全部的鸦片，所谓擒贼先擒王，不想这几个家伙狡猾的紧，一开始只肯交出全部鸦片的零头，后来看林大人动了真格的，实在拖延不过，就勉强交出了一半。最后不得不将大部分的鸦片交出来，却又不甘心，几个家伙回到伦敦后，竟然肆意诬蔑林大人和中国官员,大肆夸张他们在这边遇到的不公正待遇。结果,后来的事情你也知道了,英国人的坚船利炮抵达了广州,给咱们霸王硬上弓了!"

"这个颠地,还真是个坏家伙啊!"

"是啊,商人图利,无利不起早。他们在广州那片损失了大笔生意,就要在上海这边找回来。你看,他们现在门面堂皇,不照样还在从事鸦片贩卖的生意?而且益发嚣张,成了公开、合法的了。倘若林宫保林大人在天有灵,看这些家伙在上海仍然肆无忌惮地毒害中国人,不知作何感想?"

"那……那为什么徐钰亭、曾寄圃伯伯,还有徐润大哥,他们还要给颠地做事情?他们不知道这一点吗?"

"他们不做,别的人也会去做的。"郑廷江叹息一声,"这也是无可奈何的事情。洋人势大,大清政府尚且斗不过他们,何况我等升斗小民?与其掩耳盗铃,无视他们的存在;不若因势利导,帮助他们多做点对中国人有利的事情,少做点伤天害理的生意。这就是你徐钰亭伯伯,还有曾寄圃伯伯,在那边做的事情。至于我嘛,我自问没有他们那样的才华,也没有那么大的志向,所以退而求其次,在新德做点小事情算了。"

二人这么一路说着,便来到了新德洋行的门口。别看郑廷江嘴上说得轻巧,说是胸无大志,做点小事情。只有进了新德洋行的大门以后,才知道他在这里一人之下、万人之上的那份风光。

只见他一进门后,所遇到的不管是中国雇员,还是外国雇员,无不对他点头哈腰,恭恭敬敬问早。

接下来,郑廷江领着郑观应进了自己的买办间。只见在这间宽敞、明亮的大屋子里,足足摆了十多张桌子。每张桌子上都有一到两个人在那里紧张忙碌地办公,总共近三十人,都是他的手下。

郑廷江在自己的宽大的办公桌后面一坐下来,立即便有各种人等抱着各样的文件、各式的账本,过来找他签字、汇报,请示某一件事情下面如何做、某一笔款子放了多少,收回利息多少。

这么一通忙碌,郑廷江竟然连抽烟的工夫都没有。而郑观应在对面的沙发上坐着,却闲得无聊。

这么忙碌了约一个时辰，郑廷江总算稍微歇息了下来，早有仆役过来，给他端上一杯刚泡好的咖啡。

郑观应面前也摆上了一杯咖啡，他将杯子端起来，用纯银制作的精美的小勺子搅拌着，小口吮吸。

"官仔，从今天起，你就在这里帮我做事情吧？"

"好！就是不知道我能做什么？"

"不要着急，慢慢来，你先从送信、跑腿这样的小事情做起，慢慢熟悉了这里的情况，就会做好了。"

"好。"

"还有，从现在开始，你要抓紧学习英语。在这里做事情，懂英语是顶要紧的。你先跟我学些基本的单词，等过段时间，我给你报一个晚上的英语班，这样你白天做事情，晚上学英语，两不耽误。"

"好，全听叔父安排！"

就这样，郑观应在叔父的这个大买办间里，有了一处属于自己的办公地方。他最初的工作很简单，帮助叔父收信、读信，然后根据叔父的口述，回复一些简单的、基本的信件。有时候，也要出去送信。这时候就有机会见识上海的大街小巷，了解上海的风俗人情。工作之余，他就将叔父教给自己的英语单词，记录在一个小本子上，不管走到什么地方，都要掏出来看看，口中念念有词。

他做事勤快，为人又好学，而且吃得苦，耐得劳，郑廷江对自己这个侄子很满意，对他更加照顾。

这天，是礼拜日，按照洋行的规矩，是休息的日子。因为洋人都信奉基督教，要去教堂做礼拜。而在中国的雇工中，也大约有一半以上的人受了洗礼，也都要赶去教堂，所以放假一天。

趁着这个难得的空隙，徐润在"桂花楼"摆了一桌丰盛的宴席，给郑观应来到上海接风洗尘。

也许是为了显示他在上海混得不错，所以虽然只有两个人，徐润却一口气点了十多道菜，什么蚌肉、虾肉、什么咖喱饭、狮子头，还有荷叶鸡、盐水鸭……满满当当的一桌大餐，琳琅满目。

"阿润哥，今天一共请了多少人？"

"什么多少人，就只有你和我而已。"

"只有我们两个人？哪里吃得了这么多？"

"阿应，你这就不懂了。你现在是来到上海了。在上海混，就是要'海派'，要有'面子'！来，吃！"

徐润一会儿夹这个菜，一会儿夹那个菜，将郑观应给忙得不亦乐乎，一通大吃大嚼，肚子立刻鼓了起来。

"吃不下了！"他捧着滚圆的肚子，带着遗憾地看着这一桌子菜。"剩下这些就白白浪费了，多可惜！"

"这算什么？这还只是今天的第一个节目呢！走，我带你去一个好玩的地方，今天保你玩得高兴！"

徐润带着郑观应离开了"桂花楼"，叫了两辆黄包车，在车夫的耳边小声说了一句什么。车夫会心一笑，答应一声，立即拉上车子开始走街串巷，七弯八拐地来到了一处地方，在一处院子门口停下来。

"到了！"

"这是什么地方？"

"进去就知道了。"

郑观应跟着徐润进了院子，就听见一阵丝竹之声。接着迎上来两个花枝招展的女子，显然和徐润很熟悉，和他亲热地打着招呼，将徐润和郑观应二人领到厅堂上面去，郑观应心下明白了几分。

果然，一进到里面屋子坐定，顿时一个满身披金戴玉、花枝招展的老鸨满脸堆笑过来招呼：

"哟，徐大爷，可是有几天没来我们这里了，我们的小金翠呀，都快为你得了相思病了！"

"别乱说，这位是我的好兄弟，姓郑。他可是刚来上海，找你们这里最好的姑娘来陪他玩玩。"

"哟，原来是郑大爷！"老鸨笑逐颜开，上来问郑观应，"您是喜欢高的还是矮的，胖的还是瘦的呀？"

"我……"郑观应无论如何没有想到，徐润会将他领到这种地方来，顿时闹了一个大红脸，手足无措。

"阿应，有什么不好意思的？男子汉大丈夫嘛，牡丹花下死，做鬼也风流！既然来了，就挑一个！"又对老鸨道，"将你们这里的姑娘都叫来！"

"是，大爷！"老鸨答应一声，转身高喊，"姑娘们，都来呀！"

顿时，从外面涌进来二三十个花枝招展的女子，一个个眉目传情，秋波暗渡。

郑观应哪里见过这等脂粉阵？早慌得满头都是汗水，顾不得什么，一下子站起身来："阿润哥，我先走了……"

"急什么？"

"我还有事情，先回去了，改天见！"

郑观应拔腿就向外面跑，似乎在身后有什么野兽在追他一样。

来到外面，他也不辨方向，慌里慌张一通乱走，自己也不知道到了什么地方。

约莫是下午三四点钟的光景，时间还早，他就一个人沿着马路两边闲逛起来。

经过一家店铺门外，只见这里簇拥着一群人。原来是这家公司因为经营不善，已经倒闭，正在拍卖大大小小的各种物什。郑观应反正闲来无事，也挤去人群中看热闹。然而不巧的是，在他身前，是一个身材高大的外国人，一头乱发，身材魁梧如同铁塔相似。郑观应只能从他胳膊下面的缝隙里向里张望。

门口的台阶上，一个又瘦又矮的汉子，尖着嗓门，正在高声喊叫："三斗檀木书桌一张，起拍价两元！"

"我出三元！"

"我出四元！"

人们竞相出价，热闹异常。然而郑观应身前的这个洋人，却似乎对热闹场面并不感兴趣。他不知道从哪里弄来一把棉花，正在将棉花搓成无数的小球，一个一个系在前面一个中国人的发辫上。

那个人显然察觉到了什么，回过头来。只见他个头不算太高，然而面目白皙，鼻梁上还架了一副金丝眼镜。

"先生，请将这些棉花球解去！"

他说话很客气，一点没有动怒的意思。可是那个洋人却两手叉于胸前，根本不将他看在眼里。

那个中国人以为这位洋人没有听懂他的话，于是又用英语重复了一遍。他的英语之流畅，令洋人略吃一惊。

郑观应此时已经通晓简单的英语对话，听二人叽里咕噜一阵，似乎洋人理屈词穷，说不过那个中国人，竟然蛮横起来，率先动手，一拳打向中国人的脸颊。这一拳，将他的眼镜打飞去地上，脸颊也肿了起来。

眼见那个中国人弯下腰去，默默地将眼镜拾起来，重新戴好。众人以为他必定忍气吞声，就此离开。

可是，没有想到，他却没有任何征兆地，忽然飞出一拳，正好击中了那人的鼻子。那洋人吃痛之下，一时没有反应过来，顿时鼻血喷涌，鲜血流了一脸一身。

"臭小子！"

他毕竟身材高大，伸出两只铁钳一样的大手，一下子将那个中国青年的胳膊给拿住了，反剪过来。

眼见情势不妙，这个中国人要吃大亏，郑观应在后面，不知道怎么，忽然一阵热血上涌，也顾不得那么多了，飞起一脚，从洋人后面胯下踢上去，正中他的下阴。那个洋人全神贯注，正在对付前面的中国青年，不料却从后面遭了这一暗算，顿时撒了前面之人，双手抱住下阴，缓缓蹲下。

"这位大哥，快走！"

郑观应趁其他人还没有反应过来，一把拉住那个青年人，"跟我来！"

他拉着那个人，一通穿街过巷，很快跑出许远。

"行了，没事了！"

在一家茶庄门口，他和那人停下来，喘息一阵。正好从茶庄里飘出阵阵诱人的茶香，二人遂进去落座。

"这位大哥,我叫郑观应,你呢?"

"哦,我姓容,叫容闳。"

"听容大哥的口音,也是广东人?"

"我是香山南屏人。"

"那就更近了,我是香山雍陌人。"郑观应仗义出手,却误打误撞,救了一个老乡,心里别提多高兴了。"容大哥,你刚才那一拳,打得可真过瘾!我来上海也有些日子了,可是净见洋人欺负中国人,中国人敢还手的,我看见你是第一个!"

"这算什么?我不过是正当自卫罢了。是他先动手打的我,然后我才打的他。就是闹到英国领事馆去,我也不怕他。"

"什么叫'正当自卫',我怎么从来没有听说过?"

"这是一种天赋人权,用我们中国的话来说,就是'人不犯我,我不犯人;人若犯我,我必犯人'!"容闳解释道,"洋人对于公权、私权看得极重,一旦权利遇到伤害,一定会奋起反击。然而他们来到中国,却喧宾夺主,肆意欺负我国人,不知道我们中国人生性柔和,忍让谦和,不与他们计较,还以为我们怕他们?我就是要让他们知道,倘若逼人太甚,兔子急了也会咬人!"

"对了,容大哥,你怎么会对洋人这么了解?"

"说来话长。"容闳啜了一口茶,慢慢讲道,"你不知道,我从七岁起,就读的是洋人所开设的西塾。"

"哦?"

"我的父母虽然只是寻常百姓,但也知道,将来的世界势必是中西混合,通商往来不可阻挡。因此不将我送去学习八股文章,而学西塾,就是要我先着人先,将来出人头地,可以做个翻译什么的,以此谋生。"

"令尊令堂此举,可谓极有见识!"

"可是我那时候只是一个七岁的小孩子,懂得什么?而且我所读的西塾,本来只是一个女塾,是由一名叫作古特拉富的夫人所开设的,后来才招收男生。我来到学校后,因为年龄太小,便被古特拉富夫人特别优待,将我和男童隔开,而和女生在一起生活起居,为的是怕我受欺负。"

容闳饶有兴味地回忆起自己早年就读西塾的一番情景。"然而,我当时又怎么能理会古特拉富夫人的一番苦心?反而觉得男生可以在楼下的院子里自由玩耍,而我只能和女生在楼上的露台稍微活动,因此心生不满,每天总要偷偷跑下去几回,和男生玩耍。再加上男生可以外出到街市上去,而女生则一律不准,因此,我就想如何逃跑,后来和几个女生一商量,找到六个作为同谋,一起制定了详细的逃跑计划。第二天,刚吃过早饭,趁着古特拉富夫人外出,我就和六个女生溜出学校,然后到了码头,雇了一艘小船奋力划向对岸。我的计划是让她们先到我家住几天,然后再各自回家去。不想我们刚到半途,后面古特拉富夫人亲自带人追了上来。而且她的船要快许多,一下子追上了我们,将我们给带回学校,在全校巡行作检查,这还不算,又让我们站在高高的桌子上,每人头戴尖顶纸帽,胸前挂一块木牌子,上书'逃徒'两个大字。又故意将好吃的橙子等水果买了来分给众人,让我们几个只能看不能吃。"

"哈,这个古特拉富夫人,倒有趣得紧!"

"是啊,别看她平日里总板着脸,严肃得很,恶作剧起来,简直比孩子有过之而无不及!那次过后,再无人敢逃跑了。"

"那后来呢?"

"后来,可惜古特拉富夫人回美国去了,西塾因此停办,我也不幸遇上父亲去世,只好回家一边守丧,一边谋生。"

"可那时候你年龄也不大吧?"

"也就是不到十岁的光景。开始我每天去糖果铺子领了糖果,然后去大街小巷叫卖,早晨寅时即起,不到酉时不归。后来糖果铺子关了门,我又去田间地头,从事劳作。可是我个头太小,做不了什么农活。不过好在我学过西文,农人从未听过西文,纷纷让我作洋人语。我遂提出,要我学洋人说话也不难,但是他们必须付给我报酬,于是有一人答应给我柴火十捆,我给他们背诵了二十六个英文字母,结果实实在在得了十捆柴火,和姐姐运了好几趟才完事。"

"以英语换柴火,如果让那位古特拉富夫人知道了,真不知道要气成什么样子?"郑观应笑了起来。

"可那位古特拉富夫人的确是好心人！她走之前，叮嘱一位叫霍白生医生的人，一定要找到我，让我到新开设的玛礼孙学堂去读书！就这样，霍白生医生找到了我，苦苦劝说，我就又到玛礼孙学校读书，一读就是六年。后来，正好赶上校长勃朗先生因病要返回美国医治，我和其他几人就跟随一道到了美国。在美国读了两年预备学校，然后就进入了耶鲁大学读书。在那里又读了四年，最后顺利毕业。以中国人的身份而在美国第一流之大学毕业，我算是第一人了！"

"容大哥，你真了不起！"郑观应冲他一竖大拇指，"你可算狠狠地替中国人争了光。那后来呢？"

"后来，我就面临一个选择：是留在美国呢？还是回到中国来？其实我在读书的时候，就已经有一个想法：要将我所受的教育，所学的知识，带回到中国来，希望可以帮助中国富强、文明。所以，毕业之后，尽管我已经有了很好的条件，可以留在美国工作，但我还是回来了。"

"回来之后几年，我给一个叫派克的美国博士当过翻译，然后又去了香港学习法律，可是却遭到香港律师界的一致抵制，所以后来又离开了香港，到上海来，在海关谋取了一个翻译的职位。"

"哦？容大哥现在是海关翻译？"

"不，我已经辞职了。"

"辞职？"郑观应一愣，"为什么？"

"海关的情形，起初我也不知道。后来混迹其间，才知道海关之人，与船上商人多有勾结，种种不法之事，令人恶心欲呕。我实在看不惯这种肮脏交易，所以就找了个借口，辞职出来了。再后来，我找了一家专门从事丝茶贸易的店铺，却只干了半年，公司就倒闭了。"

"那么，容大哥下一步作何打算？"

"打算？具体的打算我还没有，不过，我初步想，自己开一家教授英语的夜校。我自问我的英语水平，如果在上海认第二，那么就没有人敢认第一。暂且以此糊口谋生吧，将来再等待机会。"

"容大哥要开英语学校？太好了，那我第一个报名！"郑观应正愁找不到合适的英语学校上，一听简直心里乐开了花。他将自己身上的钱都拿了出来,"这些算我的学费,其他的我回去拿!"

"不,我还没有混到这么悲惨的地步。再说,我开设学校,为的是培养人才,而不是为了牟取利润。"容闳却出人意料地拒绝了,将郑观应的钱都还给他,"阿应,你是我的第一个学生,我一定会教给你最好的英语,我希望你将来可以用我教给你的英语,好好替中国做一番事情!"

"一定,一定!"

郑观应听容闳以第一个中国人的身份毕业于美国耶鲁大学,替中国人争了光,已经深为佩服;如今又见他这么洁身自好,光明磊落,一心只要为中国的富强、文明而培养人才,而竭尽自己的才智,如此堂堂丈夫,实在令人钦佩,因此连声道:"请容大哥放心,我一定不会让你失望的!"

三、容闳告诉郑观应,他已经选择了一条道路:教育救国

容闳所开设的英语学校,是在一家不大的地下旅馆里。只有一间屋子,除了教学,还兼作住处。

地方虽然不大,但是容闳对于自己以教育来改造国民、最终促进中国的富强和文明却很有信心。

和容闳在一起谈话,郑观应觉得自己知道得简直是太少了,他现在几乎晚上一吃过饭就跑来找容闳,一边跟随容闳学习英语,一边利用闲暇时间,向他询问西方人富强、文明的真实情况是怎样的。

"具体怎么样,我也不不好一句话讲清楚。不过,我可以告诉你八个字,你听了就会有大致印象了。"

"哦,哪八个字?"

"人尽其才,物尽其用。"容闳解释道,"这是我在美国多年,最深刻的一个体会。本来初登行程,见轮船之奇,沧海之阔,我以为西学所精,不过是在技术方面而已。等真的到了美国,尤其是在耶鲁大学,接触到最纯粹的美国教育,才知道美国教育和我们中国教育,差距之远,何止

千里万里。我们在这里学习的还是一成不变的老八股，寻章摘句，皓首穷经，可是人家却已经在学习拉丁、希腊文化和数学、生理、心理、哲学等课程了。我在那里，简直仿佛一个在海边游戏的孩子，偶尔登上一艘远行的航船而步入了一个新世界。每天我都学习到半夜，沉浸在微积分的纯粹理性的思考中，以及化学实验仪器下面的不可思议的精细世界里。还有古雅典的民主政治，让我知道除了中国的孔圣人之外，原来在西方也有苏格拉底这样的一代大哲。"

"苏格拉底我知道。"郑观应兴奋地接过去道，"我还知道他的一句名言：'我唯一知道的就是我的无知'。"

"很好。"容闳点头赞许道，"你既然知道苏格拉底，应该也知道柏拉图和亚里士多德了？"

"略知一二。"

"只要你对这三个人加以深刻了解，就会把握整个西方的精神。这个精神的核心就是'民主'二字。"容闳说道，"你不是问我，西方富强和文明的真正原因是什么吗？让我来告诉你，'民主'是第一位的，也是最重要的一个因素。只有本着'民主'的精神去从事教育，才能培养出一流的、符合现代世界潮流的人才，否则，一切都是背道而驰，你在经书中下得工夫越多，就会被这个世界抛弃得越远。阿应，你知道，我立志回国从事教育，传授我在西方所学，以培育中国未来之人才，但最令我触动心弦的一件事情是什么？"

"是什么？"郑观应问道。

"就是我从美国回中国之后，在粤中居住。一边替一个叫富文的传教士做事情，一边重新学习汉文。在我和富文君居住的附近，有一个刑场。当时我从窗子里望出去，每天都可以看到有二三百人被用绳子串着，成队成队地押赴刑场，每日如此，竟然无一人幸免回来。一次我忽发奇想，何不到刑场去看一看？结果到了那里一看，只见一大片空旷地上，横尸累累，连最基本的泥土覆盖都没有。旧的尸体有的已经腐烂，露出了白骨；而新的尸体就倒在上面，血渍干涸，上面爬满了蠕动的红色的蛆。因为天气过分炎热，血水蒸发升腾起来，凝成半空中一片薄薄的红雾。

大大小小的苍蝇蚊虫之类的嗡嗡作响,将这里当作饕餮之地。"

"我从刑场回来后,一连几天吃不下饭去。更可恨的是,我打听说,所死的人,倒有一半是普通百姓,与暴动无关,更与长毛没有任何关系,只是附近的居民,因为无法向官吏提供勒索之钱财,所以就被强诬为匪,稀里糊涂被押到刑场,死在了那里。而这些居然被两江总督叶名琛引为功绩。不过后来他也遭了报应,被英国人囚于印度边塞荒凉无人之处,生不如死。"

"是啊!"郑观应一声长叹,"满人以异族而入主我中华,骄横无状,子孙益发自大自满,京师庙堂,尚且公开买官、卖官,人人都一门心思升官发财;广东之地,天高皇帝远,叶名琛之流更是一手遮天。我以前也不相信满人政府腐败到了这等不堪的地步,这次亲自参加科举考试,见识了种种黑暗之处,才知道真正是'政以贿成',不管是庙堂之高,还是江湖之远,只要是有官吏存在的地方,就一定有贿赂。无贿不成事,无金不办事。人人只想着捞取黄金白银,满足声色犬马的欲望,而将老百姓都视作敲诈勒索的对象,除了愚弄百姓,敲骨吸髓,其他的什么都不会,从上到下,到处都充满了欺诈行为,你说,它还会有希望吗?"

"要一个病入膏肓的人,自己输送新鲜血液以拯救自己,自然不可能。唯一的办法就是体外输血。"容闳道。

"你这个比喻很对!"

"起初我一怒之下,真想干脆也去做长毛算了,后来想了想,还是从教育入手,慢慢改造不迟。"

"什么?容大哥,你要去做长毛?"

"哈哈,我只是那么一想罢了。不过,以后有机会,我倒想真的去长毛军中看看。倘若洪秀全氏真能成就大事,是英雄豪杰之辈,如我汉之刘邦,明之朱元璋,我倒愿意出谋献策,作陈平、张良、刘伯温。"

"容大哥好大志向!"郑观应不由叹服,"以容大哥之才,不愁得不到赏识之人,只是时间早晚而已。"

"我自己也这么想,男子汉大丈夫,堂堂七尺之躯,立于天地之间,不能为国竭尽才智,为天下众生谋福利,岂非枉来这个世界上走一遭?

我相信,只要永不放弃,处处留心,机会一定会有的!"

"对了,容大哥有没有想过,要到洋行做事情?我现在所供职的新德洋行,庙小容不下大神。不过我可以向宝顺洋行推荐你,我有两个姻亲徐钰亭伯伯和曾寄圃伯伯,都在那里做事情,说话很管用的。"

"曾寄圃?他是你的姻亲?"

"对呀。"

"我和曾寄圃先生两年前就认识了,是很好的朋友呢。"

"哦,是吗?"

郑观应没有想到,容闳和自己家的亲戚曾寄圃竟然也是好朋友,感情上因此更亲近了一层。

"是这样的,"容闳说道,"那是两年前的事情了。当时宝顺的行主比理士先生突然因病去世。商界中人哀痛不已,写了一篇长篇诔文,欲聘二人翻译为英文。一人为英国领事馆的书记官,另外一人就是我。当时来找的就是曾寄圃先生,他此前找我翻译过几本书,这次因为将这篇诔文看得极重,因此在英国书记官之外又找了我。不料我翻译出来之后,文笔较之英国人更为优胜,遂入选为墓志铭,勒为碑石。"

"还有一次,黄河决口,江苏北部发了大水,百姓成千上万,纷纷来上海就食。曾寄圃先生欲援救灾民,请我写了一个西文募捐启示,向旅沪洋人募捐,居然几天之内,就得了两万元,大大解了燃眉之急。"

"哎呀,真想不到,容大哥和我曾伯伯交情这么深厚。既然如此,容大哥为什么没有想到去宝顺做事情,而要在一个不起眼的小商栈做事情呢?"郑观应不解地问。

"阿应,你有所不知。其实,曾寄圃先生早就邀请过我许多次了。我之所以不去宝顺,理由有三。"容闳道,"一是我这个人,天生傲骨,所谓买办,听起来好听,薪俸也不错,其实说到底,不过是洋行中奴隶之首领。我毕竟是从耶鲁大学毕业出来的,倘若做了买办,岂非有辱我母校之声誉,亦令我昔日同窗,将会不知道如何看我?这是我的第一个理由。其二,虽然人有时候困于经济,不得不做一些卑贱之事。但是我还没有窘困到那个程度,所以还不至于为稻粱谋。其三,也是最重要的一点，就是宝顺洋行的底子不清不白，他们的老板颠地在广州就以鸦片贸易起家，不知道害了我多少同胞；来到上海，还是从事鸦片贸易，眼见被他毒害的人有增无减，我恨都恨不过来，一直苦思，有什么良计可以毁灭鸦片这种毒害人的东西，怎么会去给他这种人工作呢？"

"容大哥说得对。"郑观应一拍大腿，"这种人只顾赚钱，不顾我们中国人死活，心子太黑！不能给他们做事情。"

"阿应，明天我准备组织几个班上的同学，一起上街宣传吸食鸦片的害处，倡议禁烟禁毒。你也一起来吧。"

"好！"

第二天是礼拜天，洋行休息一天。郑观应和叔父道了一声别，就匆忙出来到了容闳的住处。容闳已经和几个班上的同学，制作好了旗子、标语什么的，在旅馆的门口整装待发了。郑观应将旗子接过来，扛在自己的肩头，和众人一道，往街道上走去。

他们这一行人一出现在街道上，立即吸引了一大批的人围观。于是容闳带头先喊起了口号：

"鸦片有害，拒绝吸食！禁烟禁毒，强我同胞！"

他带头喊一声，郑观应等人就大声跟着喊一声，开始只有他们几个喊，后来就有一些青年人跟随在后面，加入他们的行列。队伍渐渐壮大起来，于是一边行进，一边开始散发宣传材料。

最后，来到上海县衙的衙门前空地上，大家站住了，一边喊口号，一边发传单。容闳站在一块大石头上，开始对众人高声发表演讲：

"亲爱的同胞们：我叫容闳，是从美国耶鲁大学归来的留洋生。你们也许听说过我的名字，也许有人不知道我。但我要告诉你们，依照我在美国多年的学习，还有我在欧洲各国的见闻，我得出一个结论：我们中国现在是落后了，但是只要我们自强不息，迎头赶上，只要我们努力学习，就没有什么是困难的事情。我们一样可以和美国、英国一样，建设成为一个富强、文明的国家。我个人有一个梦想，希望可以把我在美国所受的教育，介绍到中国来，可以帮助我们的同胞，让所有人都接受最好的教育。但是不管怎样，我们都必须先有一个强健的体魄。我们绝不能让自己受到鸦片的毒害，绝不能未等建成富强、文明的国家，就先把自己的身体弄垮掉。我们要强健自己的灵魂，就一定要先强健我们的身体。所以我呼吁你们，一定不可以吸食鸦片。我在美国，在英国，就看不到他们的国民吸食鸦片，那么他们为什么要把鸦片贩卖到中国来？为什么要强逼或者诱惑我们的同胞吸食？就是怕我们强健起来，超越他们！大伙儿一定不要上他们的当，受他们毒害！"

"说得好！"

人们听了容闳的演讲，纷纷鼓掌。还有的人冲上去，亲自现身说法，向众人控诉自己抽鸦片烟的危害。

正在群情鼎沸之际，县衙里却冲出来一群衙役。这些衙役也不像传统的衙役，手持刀枪棍棒等，而是清一色的手持洋枪，显然都是从洋人那里购买的。只见衙役们排着整齐的队形上来，将枪口对准了众人。

"立即散开，否则格杀勿论！"

容闳等人其实也只是要制造声势，并不想惹事，于是喊了几句口号之后，众人便离开这里，转入另一条街道。

可是，刚转入这条街道，却忽然冲上来一群人。这群人也不知道是什么来历，一个个都如凶神恶煞，上来就对众人拳打脚踢。容闳等人哪里是这些人的对手，很快旗帜被扯烂了，宣传材料也都被抢去了。容闳被几个人打倒在地，郑观应等人死命上去保护，也都被打得鼻青脸肿。

无奈，郑观应等只能搀扶容闳，回到住处。容闳苦笑着安慰大伙："我不要紧，大家都回去吧。"

"容大哥，要不要给你请个医生来？"

"我不碍事，不过是点皮肉之伤，歇息个一两天也就好了。"容闳道，"不过，这些人是专门冲我们来的，一定是各大烟栈的打手。你们都和他们照过了面，回去的时候要小心，最好结伴走。"

郑观应等答应着，从容闳处告辞出来。郑观应和众人在街口分了手，刚要回家，却忽然听到有人喊他：

"阿应！"

郑观应一回头，却发现叫自己的不是别人，正是徐润。他吃了一惊：

"阿润哥,你怎么会在这里?"

"还不是在等你?"

"等我?"

"这里不是说话的地方,走,找个地方喝茶,边喝边说。"

徐润叫了一辆车子,拉着他和郑观应直奔一家茶楼。茶楼很大,他们找了一个清静的地方坐了下来。

"阿应,你可知道自己都干了什么?"

"干了什么?"

"你和那些家伙怎么回事?为什么会跟着上街闹事?你们把这里当什么地方了,还以为是广州吗?"

"我不明白你在说什么?"

"你们宣传禁烟,可是你知道这里是英租界吗?贩卖和销售烟土都是正当合法的生意,这是洋人从满清政府那里要来的特权。不但我们宝顺在做,其他的洋行也都在做鸦片生意。你说,你跟着那帮家伙胡来,嚷着什么要禁烟,拒食鸦片,这是什么意思?你是故意和我们作对吗?"

"不……我不是针对你……"

"可你知道,这么一来,我们的鸦片生意就会受到影响吗?"

"徐大哥,在我来上海之前,你并没有告诉我,你在上海做的是鸦片生意啊?你说是做丝茶的?"

"不错,我的确只管丝茶事项。负责鸦片生意的都是洋人自己在做,根本不让中国人插手。"徐润解释道,"但是我告诉你,洋人对于你们这种不理智的举动非常不满,包括我们的后台大老板颠地先生,连当年林则徐林大人捧着皇帝亲赐的尚方宝剑,以钦差大臣的身份,挟风雷之威到广州,都没能奈何得他;你想,以你们几个人的单薄力量,能和颠地先生对抗吗?刚才那些来自各大烟栈的打手,仅仅是个警告而已;你们再闹下去,只怕就会有杀身之祸了!"

"啊?"

"所以,我劝你不要和那个姓容的家伙走得太近。这个人很危险,在洋人那里很知名,不过声名并不好。你要离他远一点。"

"可我不觉得他有多么危险呀？"郑观应有些不解地道，"容大哥也是香山人，我们很投机，他对我也很照顾。再说，我跟他只是学英语而已……"

他刚说到这里，就被徐润打断了。"阿应，我跟你说，他在洋人那里是不受欢迎的人物。也许你和他交往时间尚短，对于他的底细不清楚，对于他是一个什么样的人，也还没有深入了解。我只是要提醒你一点，你来到上海，是做什么的？你难道忘记了自己当初在天后娘娘前的誓言？"

"誓言？"郑观应一惊，他这段时间忙忙碌碌，几乎将那件发生不久的事情忘记了。经过徐润这么一提醒，他默默回想了一下，点了点头："不错，我要做一番事业，从经济之道入手，富强国家，进而复兴汉唐雄风。"

"亏你还记得。"徐润冷笑一声，问道，"从经济之道入手，你知道最关键的是什么？"

"什么？"

"以你来上海这一段时间的观察、思考，你觉得呢？"

"我……不知道……"

"我就知道你跟那个姓容的家伙没有学到什么正儿八经的东西。"徐润轻蔑地摇了一下头。

本来，郑观应想要告诉徐润，容闳不是庸庸碌碌之辈，他要以教育来唤醒国人，富强国家，为此甚至放弃了在美国多少人梦寐以求的工作机会。可是他没有把这话告诉徐润，因为这个时候不管说什么，徐润都是听不进去的。他想：等以后再说吧，以后会有机会解释清楚的！

因此，他没有强言争辩，只是问徐润："那么，徐大哥有何高见？"

"也不是什么高见，而是人人都显而易见的一个道理。"徐润一针见血地给出了答案，"洋人！"

"洋人？"

"不错。"徐润点了点头，"你知道我和徐钰亭伯伯，还有曾寄圃伯伯，我们为什么明明知道颠地是个大鸦片贩子，宝顺是专门做鸦片生意的，我们还要给他们做事情？就是因为我们知道，宝顺是所有的洋行里第一流的，拥有第一流的资本，拥有第一流的人才，更重要的，宝顺拥有第一流的商业经营之道。可以这么说，如果任何人想要做生意，都希望宝顺是自己的合作伙伴，而没有谁希望宝顺是自己的竞争对手。所以，我们选择宝顺，就是希望从这里学到最优秀的经营之道。只有将这些经验、本领学到手上，才是任何人都抢不去、夺不走的。等将来有一天，我们羽翼丰满了，可以离开宝顺了，就去开一家自己的公司，和宝顺做同样的事情，在同样的业务、同一个市场上展开竞争，不就可以将宝顺打败了吗？这就叫作'以彼之道，还施彼身'。"

"妙啊！"郑观应听了激动不已，"徐大哥，原来你和徐伯伯、曾伯伯有这么好的计划，为什么不早告诉我？"

"这么大的事情，是能随便拿来乱说的吗？"徐润道，"如今在我们宝顺当家的，是曾继圃曾伯伯。他知道你来了上海，早在等着你去上门拜访他了。他有好多东西要教你呢。可是你倒好，来了一个多月，连他的门都还没有登。"

"哎呀，都怪我。"郑观应一拍脑门，"我的箱子里还有我爹写给徐伯伯和曾伯伯的信哪，一天到晚晕头转向的，还没有顾上拿出来呢！徐大哥，你回去帮我转告一声，就说我三天之内，一定去二位老人家的门上登门拜访！无论如何不能再拖了。"

"这才像话嘛！"徐润总算将郑观应说服，长长出了一口气，站起身来。"那我先走了。"

"好。"

"等你去看过徐伯伯和曾伯伯，就到我家里吃晚饭。你嫂子也一直念叨着你呢。"

"知道了。"

郑观应答应一声，虽然不知道徐润说的是真是假，不过仔细想了想，他的话的确有道理。看来，自己仅仅因为觉得宝顺是颠地的，又是从事鸦片生意的，就对在宝顺做事情的徐钰亭、曾继圃等人心生偏见，这的确是不对的；毕竟那不关他们的事情，他们所做的事情，所费的苦心，也许一般人不了解，但如果自己都不去试图了解他们，不肯去上门探望、聆听他们的教诲，的确有点说不过去。是时候去拜见他们了！

四、分别拜访徐钰亭和曾继圃，让郑观应看到了不同的两种人生

第二天傍晚，在新德洋行下班后，郑观应就怀揣着父亲的亲笔书信，拎着家乡土特产，径直来拜访徐钰亭。

徐钰亭是当时广东人在上海公认的成功代表，也是公推的商界领袖。他早年在澳门经商，因为才能卓著和为人忠厚，做事干练，而受到一个英国商人叫必理士的信任，将自己的雄厚资金提供给他，让他尽情去搏击商海，施展自己的才华。后来必理士入股宝顺洋行，与颠地合作，就将徐钰亭调到了上海，将宝顺洋行交给他掌管。徐钰亭的主要特长在经营丝、茶，他来到上海后，将丝、茶业务迅速做大，十年之间，宝顺洋行的丝、茶业务一直雄踞上海，是这个行业里的佼佼者。

正因为徐钰亭在上海打出了一片天地，以自己商帮泰斗的身份，带领众多的广东商人一起做事情，才会有当年郑观应的父亲郑文瑞来到上海，跟随徐钰亭登高一呼，从者云集，而有筹款十余万帮助满清政府镇压太平天国的惊人之举。也正是在他的照顾下，他的弟弟徐荣村等人才会来到上海，一起从事丝、茶经营，因其才能出众，竟然做出了一件令世界震撼不已的壮举：

那是咸丰元年，也就是公元1851年，在英国的伦敦召开了世界博览会，英国女王以东道主的身份，邀请世界各国参与盛会。当然主要还是欧洲各国来参加展览，而中国虽然也受到了邀请，但是中国的满清政府对此不屑一顾，在中国的英国外交部门遭到政府婉拒，于是转而寻求动员中国商人参会，在宝顺洋行的徐荣村得知其事，立即一口答应了下来。

当即，徐荣村将自己经营的南浔七里丝精选了十二包，盖上自己独特的标记"荣记湖丝"，然后派人专程送到了伦敦。

伦敦世博会在一座富丽堂皇的"水晶之宫"中正式拉开大幕，唱主

角的无疑都是欧美各国的工业产品。会议一直热热闹闹地开了五个月，评委们对于所有的展品都给出了自己的评判，各种奖项花落谁家，基本上也都有定论了。可是最后，会议即将结束的时候，却突然有一天，一个库房的管理人员从角落里发现了被老鼠啃开的一个麻包，从老鼠咬开的大洞里，露出来白花花的、亮晶晶的东西。这是什么？结果十二个麻包都打开来，竟然是从中国来参展的"荣记湖丝"。

当几乎被遗忘的这十二包中国"荣记湖丝"摆到评委们的面前，评委一个个目瞪口呆。因为这来自中国的"荣记湖丝"，不但颜色洁白无瑕，而且柔软无比，富有弹性，真正是刚柔并济。经过与其他参展的洋丝绸反复比较，最后专家评委不得不一致确认："荣记湖丝"在所有参展的丝绸中，质量最佳，决定颁发金奖，由英国的维多利亚女王亲自颁发奖牌、奖状。

当"荣记湖丝"从英国伦敦载誉而归，徐荣村带人敲锣打鼓，在码头上迎接奖牌、奖状，旋即组织人在上海的大街小巷夸游三天。经过这一宣传，人人都知道"荣记湖丝"独魁伦敦的故事了。

本着"货则上品，售之则上价"的高端理念，徐荣村在上海很快风生水起，后来他事业太大，做不过来，就把侄子徐润也从家乡带到了上海帮忙。

关于徐氏一族在上海发家致富的故事，尽管郑观应在雍陌乡下，足不出户，却也是耳熟能详。

在他以为，以徐钰亭商界泰斗的地位，所居住的地方一定豪奢无比。可是等他来到这里，才发现只是一座普通的二层小楼。从大门进来，是一个布局精巧、修饰整齐的小花园。走过花园，来到厅堂，只见厅堂上一应摆设，都是纯然的中式风格：家具、古玩瓷器，墙壁上悬挂着名人字画……郑观应一时也看不了那么多。他被引着径直来到了徐钰亭的书房里。

虽然是以商立身，徐钰亭却是一个饱学之士。这从他书房里一柜柜、一架架的书就可以看出来。平日里，徐钰亭在这里忙碌会客，会客之余就把玩诗书，写字作文，会客为动，读书为静，一动一静之间，那么挥洒自如。以商界泰斗的尊崇地位而能有如此悠然的心境，的确难得。

当郑观应进来的时候，徐钰亭手上正捧着一本书，时而展卷读上几行，时而闭目沉思默想。

郑观应来到这位长辈面前，大气也不敢喘一下，一进门就恭恭敬敬地跪倒磕头："小侄给大伯请安！"

他"咚咚咚"磕了三个头，徐钰亭早放下书卷，上来将他搀扶起来："官仔，快起来，让我看看。"

他将郑观应上上下下，仔细打量了一番。"嗯，个头长高了不少，精神也很不错。听说你来上海一个多月了，怎么现在才来找我？"

"是，主要是在我秀山叔那里学习些基本的本领，腾不出空来。"郑观应一边说，一边将父亲的亲笔书信从怀里掏出来。"大伯，这是我父亲写给您的信。"将信交给徐钰亭，又将土特品奉上。"这些都是小侄从家乡带来的，请大伯品尝。东西不算贵重，不过倒是地道的家乡味道。"

"家乡味道好呀，我不知道怎么的，近来一闭上眼睛，就梦见又回到了乡下老家。唉，真是人老思乡啊！"

他感慨着，吩咐给郑观应倒了茶，自己则取出老花镜，展开郑观应的父亲郑文瑞的书信，在灯下看起来。郑观应轻轻啜了一口茶，一边借这个机会，仔细打量着徐钰亭。这位徐钰亭伯伯今年还不到六十岁，不过看起来，已经很苍老了。他的头发已经白了一大半，脸上的皮肤虽然因为保养得法，看上去没有那么多的皱纹，不过却明显地长出了一些老年斑点。他的眼睛里流露出平和而略带疲惫的目光，不复再有当年率领众人捐资募款、在上海商界一呼百应的那种气象。

这是一个即将老去、一个即将告别自己的时代的老人。他平静地看完了郑文瑞的信，小心地收起来。

"官仔，你在乡下参加考试不第的情形，你父亲在信里都说了。他让你到上海来学商，以后以商安身立命。官仔，说说看，你是怎么打算的？来上海是你自己的意思，还是你父亲的意思？"

"主要是我自己的意思。"郑观应回答道，"现在的年轻人，哪里还有死读八股文章的？其实我早想来上海了。"

"死读八股，的确有些不合时宜。但是孔孟之道，圣贤文章，这是中国人的道德根基，也是立足所在。虽然你不准备再回头走读书中举的道路了，但我希望你切不可丢弃读书作文，即使将来你在上海站稳了，在事业上发达了，我也希望你在读书作文上能够持之以恒，最后有所成就！"

"是！"

"官仔，让我告诉你一个我这么多年来的体会。"徐钰亭语重心长地道，"和经商致富比较起来，读书作文这件事情看上去没有什么利益，而且要有所成就，所需时日甚长，绝非一年两年、三年五载所能达成。因此，很多人一尝到经商致富的甜头，就会放弃读书作文，将老祖宗的这些玩意儿都丢了。可是他们忘记了，'义利相生'这个最基本的、也是先哲一再阐发的最古老的道理。利者，义之和也。只有在不违背义的前提下，去追逐得到的利才是值得追求的。反之，如孔夫子所说的，'不义而富'，一味只是求利，不择手段地聚集财富，那么钱再多又能如何呢？这样的人说到底不过是'利益动物'而已，又与禽兽何异？如果这样的'利益动物'越来越多，而追求'义'的人越来越少，那么整个天下就会陷入危险之中了。"

"伯父的意思是说，经商致富是'利'，读书作文是'义'，这二者相辅相成，缺一不可，二者俱不可偏废？"

"对啊，官仔，我今天和你说这番话，就是希望你以后别一心沉醉经商致富，而忘记了读书作文。那样你可能会一时暴富，但是你以后的人生道路会愈走愈难。这番话，我只对两个人说过。"

"哦？"

"一个是润仔，一个就是你官仔。可惜润仔听不进我的话，我和他说了多少遍也没有用，唉！"

"徐伯伯，您放心，我一定不会让您失望的！我之所以不喜欢八股文，是因为其无关于世，而我又不愿意做一个皓首穷经的老学究罢了！但是先贤教诲，作文要经世致用，文章即是道德，道德即是人心，文章之道，不外是'世道人心'四个字，我一定会在这四个字上下苦功夫的。"

"好孩子，真是个好孩子！"

徐钰亭也是早看出郑观应这孩子与众不同，对其从小就嘉许不已。如今看他来了上海，依旧赤子本色，不曾被上海的乌烟瘴气所污染，因此更加迫切地希望将自己的多年心得体会传授给他。

"读书作文的好处，咱们且不去说它。单说这本书，你看过没有？"徐钰亭将此前郑观应进来时，自己正在看的书拿起来，递给郑观应看。

"《易经》？"

郑观应接过来一看，原来是一本道家的《易经》。他少年好道，对这本道家经典自然不会陌生。

"看过啊！"

"看过是看过，但我只怕你未必从中看出什么真东西来。"徐钰亭将书又拿了回去，在手里抚摸不已。"官仔，你也知道，当年孔夫子晚年学易，以至于有'韦编三绝'之说。你可知道，孔夫子何以会这么痴迷？他肯定不是在晚年才接触此书，但何以到了晚年忽然对此书情有独钟？"

"这个……我不知道……"

"就因为这本书智慧深邃，不是过来之人，不用自己的一生去加以印证，就无法领会其中的妙处。"

"请伯父指点一二。"

"譬如说，你可从《易经》中读到过这个字？"

徐钰亭随手拿起笔来，蘸了蘸墨，在一张纸上写了一个大字，递给郑观应。郑观应接过来一看，是一个"位"字。

"这是什么意思？"郑观应茫然地问道。

"《易经》的每一卦都有六爻，你知道吧？这六爻，其实就代表了我们的一生中，所处于的六种位置。"

"第一爻是初爻，所以叫'潜'位。'潜'位，就是我们的少年时代，读书，求学，就是孔夫子所说的，十五而有志于学。这个时候的我们，就好比是深渊中的龙，只可以潜藏，静修自己的道德，以期将来有所作为。学习的时候，专心致志，而不可以被功利所惑，因此才能道德精进。"

"第二爻是'誉'位。从'潜'位上升到了'誉'位,就是指我们结束了求学状态,开始谋求事业。潜藏在深渊中的龙来到了地面上,因为其德行修养功夫纯厚,因而受到人们的广泛称誉,很快就会确立自己的事业。这就好比当年孔夫子开始收徒,讲学,连君主都听到他的名声了。"

"至于第三爻,是'凶'位。为什么开始'凶'了?因为你的声名已经很大,你的本领已经被人们所熟知,于是你会成为别人眼中的有'用'的人才了。就像孔夫子当年那样,就有阳虎那样的人开始来拉拢他,引为自己的私党,希望借助他的声名,来实现自己一些不可告人的目的。这时候如果一个选择不当,就会陷入漩涡之中,所以叫作'凶'。当我们处在'凶'位上的时候,一定要做到日夜警惕,每天临睡的时候提醒自己一次,早晨起来的时候提醒自己一次,中午和晚饭吃饭之前,各提醒一次,只有这样内心永远保持警惕,才能逢凶化吉。"

"第四爻,叫'惧'位。在地面上出现的龙在这个时候要一飞冲天了,如果一飞成功,固然可喜;但是也要小心有重新坠回地面的危险。那么,在这里'惧'什么?畏惧天。因为你已经来到了一人之下、万人之上的位置,天威难测,正所谓'伴君如伴虎',如果有一点点的闪失,就会将自己的身家性命搭进去。孔夫子从五十五岁出仕,到五十九岁被迫出走鲁国,开始周游列国,可以说每天都是在一个'惧'字中度过的。"

"第五爻,叫'功'位。此乃飞龙在天之象,是我们一生事业的顶点,也是我们从这里走向衰落的开始。人在处于这个位置的时候,最重要的一点就是做到'耳顺',要能容纳来自四面八方的不同声音。赞扬也好,批评也好,都能听进去。尤其要摆出一个谦恭向下的姿态。因为功高必遭嫉,功高而骄,那么就一定会招来灾祸,因此必须考虑为将来做准备了。"

"第六爻,叫'危'位,也叫'悔'位。为什么'危'?因为你抢占了天的位置,去和天争斗了,能有什么好结果,所以结果只能是'悔'。孔夫子说:从心所欲不逾矩,听着是很潇洒,可是仔细一想,却也有着深深的悲凉？什么叫'不逾矩'，就是有心无力，想做任何事情都不可能了。"

"官仔，我给你说的这'人生六位'，不知道你听懂了没有？我们每个人的一生，都逃不脱这六个位置的变化。对于我们来说，最重要的是弄清楚自己在什么时候，处在什么位置，然后根据对自己的位置的判断，做出相应的行动。如果行动符合自己的位置，就会成功；反之就会失败。"

听了徐钰亭的这一番关于"位"的论述，郑观应不住点头。"大伯，经过您这么一说，我还真领悟了不少！"

"这算什么？"徐钰亭道，"这还仅仅只是入门的功夫，易之道，博大精深，人生要有所成就，事业要有所发展，所有关于我们所能遇到的一切问题，《易经》都早给出了我们解决之道。唉，官仔，可惜你来上海太晚，我没有时间给你讲太多了。你不过刚刚来，我却要准备离开了。"

"离开？"郑观应大吃一惊，"大伯要去哪里？"

"自然是回乡下老家喽！"徐钰亭显然早已下了决心。"我来上海，一转眼也快二十年了，虽然没有什么大的成就，但总算也做了些事情，对得起当初我的朋友必理士邀请我来的情意了。我是为了他才来上海的，如今他已经不在了，我一个人留在这里又有什么意思？不过徒增伤感罢了。实个相瞒，我从去年就已经在开始着手处理各类的业务，出售房产，为回乡下老家做打算了。"

"这真不巧，我还想多多向大伯请教呢！"

"没什么。其实我也没有什么可以教你的。我今天给你讲了这一套'人生六位'的道理，只要你自己多加揣摩，当进位时则进，当退位时候则退，知进知退，就不会出现大的问题。人生、事业，都是如此。官仔，我相信你只要在事业上勇猛精进，再加上一点悟性，一定会早日成功！"

"多谢大伯！"

郑观应看看时候已经不早，便起身告辞。从徐钰亭这里离开后，他在回去的路上还在感慨：原来人生如此短暂，忽忽数十载，一个曾经叱咤风云的青年才俊、英雄人物，到头来也终究敌不过时间，终会有人生老去、英雄迟暮的一天，什么光荣与梦想，终究不过一场梦幻罢了！

回去稍做歇息，第二天下班后，郑观应又带上父亲的书信，以及家乡的土特产来拜访曾继圃。

曾继圃与郑观应家的关系，不像徐钰亭那么近，但毕竟是姻亲，曾继圃又读书读得很好，写得一手漂亮文章，因此，郑文瑞嘱咐郑观应，到了上海后，一定多去向曾继圃伯伯请教，增益学问。

可是，当这天晚上来到曾继圃住的地方，郑观应才发现，这里一条街道几乎都被各种车子给塞满了。车水马龙，人来人往，打扮入时的一应达官贵人、太太小姐，还有金发碧眼的洋人，都往同一户人家的大门里走进去。郑观应还以为自己来错了地方，可是一问，这里千真万确是曾继圃家。

他进了大门以后，里面到处张灯结彩，原来曾继圃在举行一个家庭舞会，规模不大，却邀请了上海不少的头面人物到场。不但是洋人的领事馆、海关的官员悉数到场，连上海地方大员也都来到了。

而郑观应见到曾继圃后，发现他的打扮也是一身新潮：西装革履，领带笔挺，头发上抹了油，汪着光亮。他是今天的主人，要招呼这么多客人，因此和郑观应只匆忙招呼了几句，就先忙碌去了。

一会儿，舞会开始了。一支小小的乐队奏响了优美的音乐。曾继圃作为今天的主人，下场跳第一支舞。他邀请了英国领事馆的夫人，一位身材发胖、个头不高的金发女子。虽然长相不算秀美，然而令郑观应吃惊的是，她的舞步却那么轻盈。她身材肥胖，而曾继圃身材瘦高，这一对奇特组合的配合，居然非常默契。只见二人跟随着节奏明快的音乐，脚下仿佛装了一对轮子一般，飞快地旋转，令从未看过西洋舞蹈的郑观应眼花缭乱。

一曲舞毕，人人无不为曾继圃和领事夫人的精湛舞技所折服，齐声喝彩，二人优雅地致谢。

乐曲再次响起来，这一次，男女成双成对，纷纷步入场地，缓缓起舞。郑观应看着这一对对、一双双，看着原本彼此陌生的男女，转眼间就勾肩搭背，面对面跳起了舞，而且离得这么近，彼此可以言语交谈，也可以用眼神无声交流，他忽然间后背冷汗直流：不得了，不得了！我华夏男女之大防，男女授受不亲，当日仅仅为了"嫂子溺水，救是不救"，就产生了那么大的争论，可是如今，这西洋男女这么公然地手拉手，面贴面，成何体统？倘若这股风潮流行开来，那么中国的男女大防，不是一下子就被冲溃了堤坝？男女之防一旦被突破，那么道德的根基不也就动摇了吗？一个几千年以道德立国的大国，没有了根基，将来以何安身立命？

他正在呆呆地胡思乱想，忽然有个人轻轻地拍了一下他的肩头："喂，阿应？"

郑观应抬头一看，颇为吃惊："阿润哥，你也在这里？我没有看到你啊？"

"我有点事情来晚了，刚来。"徐润道，"怎么一个人在这里待坐着？你不去邀请女士跳舞，这可是很失礼的啊！"

"跳舞？我不会呀！"

"那有什么难的？注意，你看，这是最简单的步伐，只要这样，一手勾在后背，一手和对方的手贴在一起就行了。这样，一会儿你跟着我，看我怎么做，你就怎么做。总之一定要勇敢点。"

"我……"

郑观应正要推辞，忽然又一支曲子响起，徐润一把拉着郑观应离开座位，来到邻近座位上的两位女士跟前。徐润一弯腰，做了一个手势，对方女士立即将手伸出来，他拉着对方下了场地。

郑观应尴尬无比，然而已经站在女士面前，不能失礼，他也只能学着弯了弯腰，做了个邀请的手势。

幸而对方那位女士很配合，伸出了手，郑观应拉着对方，也来到场地中，笨拙地将手搭上了对方后背。

这是一位年纪在四十岁左右的中年女士，看出来郑观应有些紧张、笨拙，轻轻地安慰他："没关系，没关系。"

这样一来，倒不是郑观应在带着对方跳舞，而是对方带着他跳。幸而是极其简单的舞步，郑观应很快就学会了。饶是如此，一曲下来，他还是重重地踩了对方的脚几下。

结束之后，郑观应下来坐着，大口喘气，狠狠地喝了一大杯水才回过神来。徐润过来问他："怎么样？"

"阿润哥，你简直要害死我啦！"

"第一次嘛，以后就学会啦！回去我教你，和洋人打交道，跳舞是基本功。很多生意都是在这种场合谈成的。"

"真的吗？"

"那还用说？好了，你自己在这里坐会儿，注意，好好看我是怎么跳的。"

徐润说着，又去邀请下一位女士跳舞。郑观应定神看他，才发现他的舞技果然非凡，并不在曾继圃之下。而且因为是年轻人，所以更能跳一些难度大的舞蹈。他和一位年轻的西班牙女郎跳了一曲探戈，动作夸张，舞姿奔放，引来了满场喝彩，连郑观应也看得血脉贲张，拼命鼓起掌来。

舞会大约进行了两个小时，然后众人散去。郑观应这才有机会单独和曾继圃在一起待一会儿。

"官仔，怎么样，请女士跳舞了没有？"

"跳了一支……"

"是第一次吧？没关系，以后习惯了就好了。"曾继圃道，"记住，这里是上海，不是广州。要学会和洋人打交道，就要放弃我们中国人的那一套，在内心把自己当作一个洋人。一定要尽快融入这一切。你刚来上海，时间上还来得及。如果头半年之内，能入乡随俗，就能改变过来。"

"我……我真的能适应这里的一切吗？"

"一定能！"曾继圃安慰他，"你还年轻，年轻就是本钱！将来上海的天下，一定是你和润仔的，好好努力吧！"

"谢谢曾伯伯！"

从曾继圃这里告辞出来，郑观应感受到的是和徐钰亭那儿截然不同的气息：徐钰亭是垂垂老矣，而曾继圃虽然也是英雄暮年，却还有老骥伏枥、志在千里的那种感觉，人与人真是不一样！再想想自己和徐润，都是一起从小长大的兄弟，他能做到的事情，自己为什么不能做？尤其曾继圃最后那一番话让郑观应燃起了希望：他和徐钰亭他们这一代人的时代已经结束了，未来的时代将是属于徐润和郑观应的，徐润显然已经做好了准备，要迎接这个崭新的时代到来了，那么自己呢？自己是不是也要马上努力，争取早日做好准备，以迎接崭新的时代呢？

五、一只小小的蚊子，引发了一场"投毒案"

一转眼，郑观应来到上海已经三个多月了。从最初的惊愕、不适到后来的接受、熟稔，现在已经游刃有余了。

迄今为止，郑观应都还没有正面和洋人打过交道，他始终是在观察，以一个旁观者的身份在看。

洋人似乎并不如传说中那么可怕，相反一个个都衣冠楚楚，彬彬有礼。怎么看，郑观应也无法将这些洋人和在广州贩运鸦片、引起了罪恶的鸦片战争、触犯中国人众怒的那些罪恶商人联系起来。

但是，洋人毕竟还是无法完全掩饰他们的嘴脸。这不，很快一件小小的事情，让郑观应见识了洋人的真面目。

这件事情说来难以置信。那是在一天夜里，郑观应学习英语到很晚，大概深夜两点多钟的时候，他刚放下英语课本要睡去，忽然，被一阵急促的敲门声更惊醒了。谁会这么深更半夜来敲门？

他披衣起身，外面，门房已经跑出去开了门，就听外面来人一迭连声地催促："威尔逊先生请郑秀山先生立即去行里！"

"什么事情？"

郑廷江也早起身，穿好了衣服，走出来问道。

"具体什么事情不清楚，只是威尔逊先生似乎很生气，要求郑秀山先生务必在第一时间赶过去。"

"哦？"

郑廷江听了，皱了皱眉头，但是却无可奈何。他正要出门，郑观应从自己的房间里也出来了。

"叔父，我和你一起去。"

"阿应，你睡吧，我一个人去就可以。"

"我睡不着，让我和你一起去吧？有什么事情，也好有个照应。"

"那好吧。"

于是郑廷江和郑观应二人来到外面，坐上洋行的车子，车夫拉着车子深一脚、浅一脚地直奔洋行。

这是六月初的上海，天气十分地炎热。即使在凌晨时分，空气里也还是有溽热的感觉。没有月亮，只有黯淡的几颗星星，在疲惫地眨着眼睛。郑廷江和郑观应都不知道出了什么事情，一路上二人都很紧张，一句话都没有说。

很快，车子在新德洋行的门口停住。郑廷江不等车子停稳就跳下来，大步向里面走去。

郑观应在后面紧紧跟上，进了洋行一看，只见在走廊上，所有负责在洋行打杂的佣人们都被叫起来了，在走廊上站成长长的一排，人人都一副睡眼惺忪的模样，很多人都一脸茫然，不知道发生了什么。

里面，在洋行老板威尔逊先生的房间门口，站着一个"西崽"，是一个不到二十岁的小伙子，因为肤色干净、长相俊美而被郑廷江看中，雇用来作为威尔逊先生打扫房间。现在，他正垂头丧气，一脸沮丧地站在那里，低着头，不安地将自己的脚尖在地面上转来转去，紧张极了。

郑廷江顾不得去问他发生了什么，因为房门大开，威尔逊先生穿着睡衣，正在那里生气地踱来踱去。

"威尔逊先生，出了什么事？"

"买办，你来得正好！"威尔逊先生一见郑廷江来到，立即上来一把拉住他的手，将他拉到自己床前。"你看，这是什么？"

"什么？"

郑廷江茫然地打量着他的床铺，除了凌乱的床单、薄毯，其他并没有什么特别值得关注之处。

"买办，看这里，这是什么？"

威尔逊将手在蚊帐上面一指，郑廷江老眼昏花，来的时候又匆忙，没有戴老花镜，根本不知道他在指什么。

"究竟有什么？"

"买办，难道你没有看清楚吗？蚊子，一只大大的蚊子！"威尔逊咆哮道，"我的蚊帐里竟然有蚊子！"

经过他这么一指点，郑廷江才总算看清楚：原来在蚊帐靠近墙壁的一侧，有一只大大的黑色蚊子。

蚊子在这个季节很普遍。尤其外滩这一带，本来就是河汊纵横的芦苇荡，是蚊子滋生的天然绝佳场所。虽然后来改造成了城区，不过一到夏天，还是蚊虫横飞，肆虐成灾。

闹了半天，半夜将郑廷江从家里给叫了来，本以为怎样惊天动地的大事，却是为了一只蚊子！

不过，郑廷江却知道威尔逊先生发火的真正原因：是那个西崽太过粗心大意，做事情不细致，而且更重要的是，他们这些下人，都受雇于郑廷江而不是威尔逊，所以只听郑廷江本人的。

因此，郑廷江二话没说，直接来到门口，将那个"西崽"叫了过来，"噼里啪啦"给了他几个耳光。

"说，为什么威尔逊先生的蚊帐里会有蚊子？"

"我……今天忘记赶蚊子了……"

"我的规矩是什么？"

"一次过错，扣除一个月的薪水；两次过错，立即开除走人！"

"好，念在这是你第一次过错，先扣除你这一个月的薪水；再犯一次错误，立即给我滚蛋！"

"是！"

"还不快给威尔逊先生道歉？"

"对不起，威尔逊先生……我……我以后一定小心，绝不会再让蚊子出现在您的蚊帐里！"

"哼，不用多说了。现在，马上把这只蚊子给我处理掉，我要休息了。明天还有很多的工作呢！"

"是！"

"西崽"答应一声，手脚敏捷地去蚊帐里一下将蚊子捉住，然后捧着去了外面，捏死丢去了地上。

接着，威尔逊先生关了门睡觉了，而郑廷江却在走廊里将众人全部训斥了一顿，重申了严格的纪律。

等这一通折腾完毕，已经天快亮了。郑廷江和郑观应睡意全无，二人干脆出去沿着江边溜达一会，吃早点去了。

"叔父，这样的事情经常发生吗？太气人了！"郑观应从头到尾目睹了整个经过，很是为叔父鸣不平。"洋人也太不把我们当人看了！您为他们做了这么多年，可是为了一只蚊子，竟然半夜三更将您叫来，这算什么？"

"官仔，犯不着将这件小事情放在心上。"郑廷江却很淡然，显然诸如此类的事情不知道遇过多少。"小不忍则乱大谋，给洋人做事情，忍字头上一把刀啊！受这点气不算什么，算了吧！"

见叔父这么逆来顺受，郑观应本来还想大骂洋人一通，如今也只好将到口的话又咽回肚子里。

可是，这件事情并没有到此为止，而是继续发酵。不久之后，又发生了一件真正的大事情：

这天，威尔逊先生因为要宴请几个外国朋友，特地嘱咐厨子做了几个拿手的中国菜。可是，这么精美的菜肴，端上去后，威尔逊先生和几个外国朋友只吃了几口，就一个个倒在地上，口吐白沫，人事不省。

幸而，他们被发现得及时，立即送去了最好的英国医院。医生及时做了抢救，才保住了几条性命。

当骑着高头大马的英国巡捕将新德洋行团团包围，很多人还不知道发生了什么。从里面一盘盘的精美菜肴被端出来，送去化验，很快结果就出来了：菜肴里有砒霜！这是明目张胆的投毒！

立即，新德洋行的所有人都被控制起来。厨子是最大的嫌疑犯，然后是杂役，最后连买办郑廷江也被带走了。

郑观应和郑廷江被关押在一起，他怎么也没想到，自己和叔父会成为阶下囚，稀里糊涂进了班房。

"叔父，咱们不会有事吧？"

"不会的。"郑廷江安慰他，"洋人的法律是讲证据的，只要拿不出来证据，就不会判我们有罪！"

"可是如果整件事情，他们都找不到证据呢？是谁在酒菜里下毒？又为什么要毒害威尔逊先生？"

"我也不知道。不过我相信，他们一定会揪出来真正的凶手。"

郑廷江的相信不是没有道理。果然，第二天一早，凶手就被揪出来了：就是那个因为一只蚊子没抓，而被扣除一个月薪水的"西崽"，他怀恨在心，就偷偷买了砒霜，在威尔逊先生菜里下了毒。

事情查明了，众人都长长出了一口气。当天，郑观应等人就被释放了，可是郑廷江却还被关押着。

"怎么回事，为什么不放我叔叔一起走？"

"威尔逊先生有交代，说郑秀山先生是买办，根据你们中国人不成文的规矩，买办买办，负责一切！"

"哼，不错，人是我秀山叔雇的，可是谁也不能保证，一个大活人做什么事情都出自我秀山叔授意啊！"

"算了，官仔，不要和他们争，你先回去吧！"郑廷江道，"先回去让你婶娘和大家伙放心，我没事的。"

"好吧。"

郑观应回来以后，将情况一说，果然婶娘等人都很着急，毕竟牵扯进投毒杀人案不是件小事情。最后，还是郑观应想出来一个办法："婶娘，您和大伙儿不用着急。我有一个朋友叫容闳，在香港的时候学过法律，对于洋人的事情，他比谁都了解。我去请他来解决这件事情，一定没问题。"

"那你快去。"

于是，郑观应就马不停蹄，立即来找容闳。容闳听了郑观应说明情况，立即安慰道："你放心，你叔父没事的。"

"真的吗？"

"当然是真的。在法律里，有一个很重要的原则，叫作'有限责任原则'。你叔父和新德洋行所签订的合同，就是'有限责任原则'。他虽然总管所有的一切事情，但是在法律上却并不必要为任何一件事情所产生的后果负责。事实上，也没有人能够为所有的事情负责，这在道义上或许可以，在法律上则根本行不通。因此，你叔父对于'西崽'报复投毒一事，是没有责任的。第一，他不知道投毒之事。第二，他本人没有参与投毒之事。所以，他是完全无罪的！"

"那么，容大哥，你可以为我叔父辩护吗？"

"我没有律师执业证书，但是我可以给你推荐一个朋友。只要按照我说的去打这场官司，就一定赢！"

事情果然如容闳所说的那样，在法庭上，所有的人都认为，按照中国的法律和习惯，郑廷江是买办，是他雇用的厨师和杂役，所以他应该对投毒案负有完全的责任，即使他丝毫不知情，也应该被定罪，跟随一起受到处罚。但是，郑廷江的律师按照英国的法律，明确提出了"有限责任原则"，并且出示了郑廷江和新德洋行所签订的合同，里面的确并没有要求郑廷江对所有事宜一应负责的条文。根据"有限责任"而不是"无限责任"的原则，郑廷江被宣判无罪。

而颇令人意外的是，当天晚上，威尔逊先生就亲自安排，在最好的饭店为郑廷江设宴压惊。

"买办，对不起，让你受委屈了！"

"不，是我选人不严，没有对下人严格约束。因为我的工作失误，险些给威尔逊先生带来更大的伤害。"

"哈哈，都过去了。买办，希望以后我们还是像从前一样精诚合作，希望我们的生意不要受影响。"

"不会的。"

二人握手言欢，看得在旁边的郑观应纳罕不已。回去的路上，他还在悄声问郑廷江："叔父，就这么算了？"

"还能怎么样？威尔逊不是赔礼道歉了？"

"可是……"

"官仔,我知道你心里有些想不开,这很正常。你是站在我这边的,觉得我受了委屈;可是如果你站在威尔逊那边想一想,他可是差点丢了性命。所以在这件事情上,没有赢家,握手言和吧!"

"那您以后,还在威尔逊这里做下去吗?"

"为什么不?我们的合同不是还在吗?一切按合同办事,这就是生意场上的规矩。只要生意在,就什么都在。"

"叔父,我倒真有些佩服您了!"郑观应由衷地道,"我要做到像您一样,看来还需要经历很多事情啊!"

"官仔,叔父年纪大了,经不起大风大浪了。你还年轻,还会经历很多事情,记住,凡事一定要冷静,要多想一想。你这次想到去请容先生的朋友来,这就很好。以后你一定会成大事的。"

此后,虽然郑廷江忍气吞声,继续在新德洋行工作,可是郑观应却不愿意再留在这个无情无义的地方。因为出了这件投毒案之后,威尔逊先生一天到晚提防这个那个的,将每个人都当作不端之人看。在这种不被信任的氛围里做事情,难受程度可想而知。郑观应最终还是决定离开了。

这一年的年底,郑观应离开了新德洋行,经过曾继圃的介绍,进入到了宝顺洋行,成为一名杂役。

六、跟随容闳去购茶,却撞上了太平军。到金陵面谒干王,容闳向洪仁玕献上"富强七策"

令郑观应意想不到的是,他前脚刚到宝顺洋行,容闳后脚也来到了。原来是宝顺洋行的老板韦伯,久仰容闳大名,正好宝顺洋行想要在日本的长崎开一家分行,想请容闳去日本主持。容闳一身傲骨嶙峋,自然不肯答应给宝顺洋行做奴隶头儿,不过,拗不过韦伯先生的一再邀请,最后容闳自己提出,可以作为宝顺洋行的商务代表,前往内地收买丝、茶,由宝顺给予一定费用。

说定之后，容闳就来到宝顺，负责从事产茶各区域的调查。而宝顺给容闳指派的跟从，便是郑观应。

对郑观应来说，这个差事真是再好不过。他早早做了准备，三月十一日一大早，就和容闳乘坐一只"无锡快"小艇，离开了上海。"无锡快"是一种快艇的名字，因在运河流域中无锡县所创造出来，因此得名。无锡离苏州很近，当地居民往来，都乘坐这种小艇，又快又舒适、安全。

他们所雇佣的这只"无锡快"，船主是一个二十来岁的青年后生，叫水生。据他说，自己是在船上出生，这条船就是他从父母手里接过来的。而他的本领也真了得，顺风时候扯起帆，又快又稳。逆风的时候，将帆落下来，站在船尾，摇橹以进，小船亦如被水中什么怪兽推动一样，凌波而进。对于他的这种本领，容闳和郑观应都交口称赞不绝。二人在装饰一新的整洁船舱中，对面而坐，小桌子上摆了几道小菜，一壶小酒，二人一边浅饮、闲谈，一边眺望河面之上两边的风光，在江南三月的草长莺飞、朦胧烟树的别致之美中，真有一种今夕何夕的感觉！

不过，途中也有令人气闷的地方，就是那种航行于河湖之上的外国人的轮船，仗着体态庞大，速率又大，根本不将这些民间的小船放在眼里，经常肆无忌惮地呼啸而过，令小船纷纷闪避。

"哼，都是这些外国佬的鬼玩意儿，将我的生意不知道抢去多少！"水生冲轮船的背影狠吐一口口水。

"水生，你是两条胳膊摇橹，人家是蒸汽机在提供动力，仿佛十几匹马一齐拉动一般，你说，你一个人能抵得上十几匹马？"容闳笑问他。

"我自然抵不过他们，可是他们这么横行霸道，将我们的生意都抢了。我们以后靠什么生活？"

"是啊。"郑观应也感叹，"靠山吃山，靠水吃水，这里的人们祖祖辈辈，都在水上讨生活。这么一来，以后真的就没法过活了。那怎么办？水生，你想过没有，将来有一天改行去做别的？"

"唉，我除了水上的营生，还能做什么？"水生苦笑，"当一天和尚撞一天钟，以后的事再说罢！"

见郑观应紧蹙双眉，显然颇为担心，容闳安慰他："阿应，这没有什么稀奇！我在美国的时候，美国最早往来东印度、中国的货物运输，也都是民船在做，但后来邮轮一出，占据海面，就再也没有民船参与竞争了。这是很正常的，机器取代人，就是因为机器的效率更高，利益更大。"

"机器吃人，这样的事情若非亲眼所见，真是让人难以置信啊！"

"这还仅仅是开始，以后在各个领域，都会出现机器吃人的现象，所以，我才要兴办教育，让大家更新知识，以应对这个日新月异的世界！否则，中国没有人才，整个中国都会被机器这个怪物吞噬掉！"

"那真是太可怕了！"郑观应听了更加忧心忡忡，"这听起来可比洋人用枪和炮来打我们厉害多了！"

"是呀，这就叫作商业战争。"

"商业战争？"

"不错。传统的战争打的是资源消耗，而商业战争打的是资本，是技术，归根到底是人才。商业战争比起传统战争来甚至更可怕，因为它是无形的，是无声无息的。当你明白过来，只怕你的资金、技术、人才都已经被人家牢牢控制了，除了沦落为别人的奴隶，根本没有其他的选择。"

"就像宝顺、旗昌、怡和这些洋行进入中国一样？这么说这场战争早已经开始了，而我们还不自知？"

"比这更早，实际上当东印度公司设立的时候，第一场正式意义上的商业战争就开始了。东印度公司你听说过吗？它最早是由一群纯粹的伦敦商人发起的，从女王伊丽莎白一世那里得到了皇家特许状，垄断在印度的贸易。在印度大规模从事鸦片种植、烟草和食盐的贸易交易。你知道输入我们中国的鸦片是从哪里来的？就是东印度公司在印度组织当地人种植，然后运到我们中国来销售。此前，从唐宋以来，一直是我们的茶叶、丝绸和瓷器远销欧洲，为我们带回了一船船的黄金和白银，整个世界的经济大权都操控在我们中国人的手里。可是，东印度公司用鸦片贸易改变了这一切，用鸦片打败了我们的丝绸、茶叶和瓷器，我们的白银就像决了堤坝的洪水一样，滚滚流向他们的口袋，以至于我们不得不在林则徐林大人的带领下禁烟，然后就有了和英国人的开战，鸦片战争爆发，我们一败涂地，香港租出去了，上海也开埠了。"

"原来这一系列的过程是这样子的。"郑观应经过容闳这么一解释，才知道原来中国和英国这些年来围绕鸦片一再发生冲突，几次兵戎相见，背景却这么复杂。

从容闳口中，他第一次知道了"商业战争"的存在，从此将这几个字牢牢地记在了心底。

在杭州上岸以后，他和容闳颇有闲暇，先去游玩了西湖，又游玩了西湖周围的山川名胜，饱览秀色。然后，他们又来到钱塘江，考察了钱塘江沿岸的码头、商埠。这时候汉口、九江、芜湖、镇江，都还没有开辟为通商口岸，因此这里很少见到洋人的汽船，仍旧是一派传统的民船运输的繁忙景象。经常在江面上帆樯林立，千船竞发。到了浅滩，就有纤夫在河边上拉船而行，口中喊着号子，一条条汉子光着膀子，在烈日下奋力拉着纤绳，那种景象真是蔚为壮观。

一路行来，时而坐船，时而上岸，走走停停，最后来到了此行的最后一站：湘潭。湘潭是一个大的货物集散地。从外国运来的货物，在广东上岸以后，都要集中到湘潭来，再从湘潭分散运往全国各地。而中国的国内货物，也必须都来到湘潭集中，然后运送到广东，出海放洋。

来到湘潭之后，容闳和郑观应立即忙碌起来，分头去各处收购生丝、生茶，以备集中运往上海。

在湘潭忙碌了将近半个月，此行的所有工作总算完成了。于是容闳和郑观应二人收拾行装，开始踏上返程。

回程途中，经过汉口，他们又来到一个叫作聂家市的产茶区域调查。然而汉口经过太平军占领，已经是一片焦土。虽然用了三四年的时间，还是没有完全恢复。容闳沿途目睹劫后新生之景象，对郑观应断言："此如美国之芝加哥、圣路易也，将来商业发达，居民繁盛，大有商机！"

此一番考察，历经五个月，容闳和郑观应满载茶叶、生丝返回上海，得到韦伯先生的亲自宴请。

这一年的冬天，郑观应接到宝顺洋行派给他的一个任务：到天津去考察商务。

天津当时尚未开埠，然而洋人早已盯上了这块"肥肉"。尤其是英国人，早在公元1793年，使臣马戈尔尼及其随从，来到中国祝贺乾隆皇帝的八十大寿，一路坐船北上，就详细考察了天津的水陆交通情况。当他们抵达三岔河口，目睹这里的繁华景象，一个洋人的官员就写下了报告："一条从京城附近流来的河流，一条同其他边远地区相连接的河流，这样两条通航河流的汇合，在中国成为统一帝国的初期起，必然会使天津成为一个热闹的地方。"等马戈尔尼来到热河避暑山庄，觐见乾隆皇帝时，果然就提出了一个大胆的要求，也是此行的真正目的：请求将天津开辟为通商口岸，进行贸易往来。可是，众所周知，这次英国人的觐见并不成功。乾隆皇帝自诩"十全老人"，认为中华帝国已经十全十美，实在不需要从英国人的贸易往来中赚取什么，因此一口拒绝了，说："我泱泱大清，地大物博，何必与你外来番邦进行贸易往来？"

马尔戈尼要求开辟天津为通商口岸的计划没有实现，不过他沿途考察，得出的结论却让英国人信心大增：天津水陆交通俱佳，与华北各地联系往来十分密切，是一个大有发展的地方。所以，时隔二十三年之后，英国人又派出了一个以阿美士德、翻译马礼逊等人组成的使团，来到中国。这一次的目的是如此明显，直奔天津，以至于嘉庆皇帝都看出来他们的意图，"该国贡船来往经过浙洋并未寄碇，其意似专欲来天津贸易，以遂其垄断之谋"，再次明确拒绝了将天津开辟为通商口岸的要求。英国人意识到，外交已经不足以得到天津，必须武力解决！

于是，在《天津条约》的基础上，英国和法国联军，连续发动两次大沽口战役，似乎不把天津变为第二个上海或者广州，他们就不会停止自己的脚步，一直到实现野心为止。

正是在英、法联军的炮火隆隆之下，郑观应等一行人从上海启程，乘坐一艘轮船来到了天津。

他们到来的时节，正是隆冬。来到天津之后的第二天，一场大风雪就降临了，大雪漫天，一下就是一天一夜。对于郑观应这些从南方来的人来说，能够目睹如此壮观的雪景真是兴奋莫名。但是还有一个现实的问题，就是他们来的时候，并没有预计到天津的北方天气会这么寒冷，因此，每个人并没有带厚棉衣。

洋人还好说，立即出去，到洋人开设的商店里去购买了从俄国贩来的毛皮大衣，一经上身，什么样的严寒都能抵御。

可是，郑观应等人就苦了。他们只不过是跟从，自己手上并没有几个钱，不要说购买洋人的毛皮大衣，就是购买一套崭新的棉衣棉裤，也是勉为其难。不过郑观应自有办法，他找到了附近的一处当铺，从当铺里购买了一套半新不旧的棉袍，虽然不能十分抵御严寒，不过也可以将就了。

风雪虽大，然而他们是来考察的，不能躲避在旅馆里。每天一大早，郑观应等人吃了饭就出来，分头一条街一条街地走过去，去看看哪个地方有什么样的市场，主要卖什么货物，交通状况如何，等等。这一天下来，一个人走五六十里路是寻常事情。幸而郑观应等年轻，尽可以挨下来。

这么顶风冒雪跑了一个多月，将天津的每一处市场都走遍了。在一阵"噼里啪啦"的鞭炮声中，中国人一年一度的大年夜来到了。除夕这天，郑观应等难得有了一个假期，每个人发了几两碎银子，出去买了一些吃的。当天晚上，几个青年人就守着炉火，围坐在一起兴高采烈地守了一夜岁。

刚过完年，他们就从天津返回了上海。回来后，洋人给此去的每个中国人都写了评语，其中以对郑观应的评价最高，认为他"勤奋刻苦，善于开动脑筋，尤其能吃苦耐劳，实为难得"。

事实上，这也是对郑观应正式进入宝顺洋行、升任为买办的一次"考试"。考试合格之后，他就得到了曾继圃、徐钰亭的担保，给他写了一份保单：

"立保单人曾继圃、徐钰亭：
担保侄郑观应为大英宝顺洋行当买办之职。以侄郑观应买卖事款尽皆熟悉，且一片忠诚，千金可托。唯是己则公心，人难笃信，倘若有火烛、偷窃和不可预料事故，与担保人无涉；倘若有怀私走骗，为行内造成一切经济损失，俱由曾继圃、徐钰亭负责。然而金额亦不得超过一万为限。特立此保单一张，交执存照。

咸丰十年三月一日手书。"

在这份曾继圃、徐钰亭二人亲笔写的保单旁边，还附有英文保单，此保单还要交领事馆签字。

总而言之，郑观应和宝顺洋行签了协议，他现在是一名正式的宝顺洋行的买办了。因为他和容闳一起调查过丝、茶的产地，熟悉这一业务，因此最初交给他负责的还是丝、茶的相关业务。

也是上天有意考验于他，这天，他来到一家茶肆，正在喝茶，忽然听到几个茶商在议论，说在安徽太平县有一批绿茶，价值数百万，本来已经装了箱，不料那里正在闹长毛，整个太平县都落入长毛之手。如果有人胆子大，敢于去长毛的地盘上将这批绿茶运出来，一定可以大发一笔！

郑观应无意中得知这个消息，大为兴奋，立即赶回去和曾继圃商量。不料，在曾继圃那里，却意外遇到了一个人。

这个人正是容闳，原来他也听说了太平县大批绿茶被困之事，来找曾继圃，主动要求去太平县购茶。

"阿应，你来得正好！"容闳对于郑观应这个年轻同乡极是欣赏。"我正要单枪匹马去闯荡一番呢，怎么样，你可有勇气和我一起去？"

"有何不敢？小弟唯容大哥马首是瞻！"

郑观应和容闳肝胆相照，二人性情中都有一股豪侠之气，因此，根本不去考虑太平军那边危险几何。

"好，既然你们两个英雄所见略同，都肯去走一趟，我就去和韦伯先生商量，给你们调集一笔款项。"

这件事情就这么定了下来。接着二人便仔细商量，如何去太平县。一条路是由芜湖直达，这是最快捷的，然而风险颇大；另外一条路是由陆地取大通再到太平,沿途有官军把守,可是一路关卡重重,如果一个个关卡打点过去,费用不说,就是时间的耽误也来不及。于是决定取道芜湖。

他们是一行四人出发的。在他二人之外,又加入了两个向导,都是太平县人,因家乡战乱而避祸上海。

这一行人出发之后,一路上颇为顺利。然而所见却令人恻然:只见所经之处,田园荒芜,屋舍倒塌,很多地方都是荒草萋萋,即使经过一些昔日的繁华市镇,也是十室九空,鬼火点点。

很快抵达了太平县,居然一切颇为顺利。于是找了一户大户人家的屋子作为办公地点,四出收茶,调查结果更加出乎意料:整个太平县全境,足有茶叶一百五十万箱,一箱可装茶六十磅。如果将这批茶叶全部运出去,真可以说是一笔巨额生意。容闳等人将第一批茶叶一万五千箱运到了芜湖。

然而,最令人担心的事情还是发生了。这天晚上泊舟芜湖,忽然一阵呼哨之声,接着灯笼火把一齐亮起,周围一片黑压压的人群压上来,将容闳、郑观应等人包围了个严严实实,火光中,只见每个人都是红巾包头,一双双眸子里闪动着凶狠的光芒,似乎要将容闳等人生生吞噬。

"糟糕,是长毛来了!"

"不要慌!"

毕竟是容闳,目睹此阵势,知道反抗无益,于是嘱咐了众人一声,然后自己挺身而出,和对方首领答话。

"请问,你们的头领是哪一位?"

"哼,找我们大哥做什么?"

"在下容闳,和你们的干王洪仁玕昔日在香港的时候,曾经有过密约:将来金陵相见,一起辅佐天王。请你们头领出来,带容某去金陵一行。至于这里的银两、茶叶,并非容某所有,只是受人之托,忠人之事,我等绝不会为区区几万两银子而流血牺牲,但请等容某金陵回来,再作处置。"

"这个……"

眼见他不卑不亢,言辞凿凿,提到和自己干王的关系。虽然不可全信,但是也似乎不可不信。于是,几个太平军一商量,很快去请来了一个身材高大、一身红衣的胖将领。

"你叫什么?"

"容闳。"

"你认识我们干王?"

"是的,在香港的时候我们是好朋友。"

"那么,你要去天京见他?"

"不错。我们当日有过约定,日后金陵相见。"

"是你一人前往,还是另有其他人?"

"还有我。"郑观应担心容闳一个人出事,忽然鼓起勇气喊了一声。"我叫阿应,是容先生的仆人。"

"那好,你二人跟我来!"胖军官将他二人叫过来,又嘱咐手下:"你们好生看管,没有我的命令,不许乱来!"

安排了这边的事情之后,胖军官亲自一路护送容闳、郑观应二人,风尘仆仆来到了南京。此刻,南京城中,干王洪仁玕早得到了消息,听说是香港旧友容闳来访,派了一个叫劳白芝的教士来迎接。

安顿妥当之后,休息一夜,第二天一早,容闳和郑观应被带去见干王。干王洪仁玕一见容闳,连声道:"欢迎,欢迎!"又迫不及待地问,"这一路可见我军盛威?观感如何?可是来襄助我共成大业?"

"这个我暂时还没有想过,不过是来探视故人,晦明风雨,聊解数年相思之苦罢了。"容闳巧妙地道。

分宾主坐定之后,洪仁玕又一次问容闳:"贤弟,我知道你是当世第一奇才。你此番前来,必定有所教我。"

"有所指教谈不上,不过我倒觉得,有几件事情,干王应该立即付诸实施。"容闳在来的路上,已经思忖了一套面见洪仁玕的说辞。因此,不假思索,侃侃而谈,"我有'富强七策',想要献给干王,不知道可能为干王之事业尽力一二与否?"

"'富强七策'?好,快快讲来。"

"干王久居在外，对于欧洲各国富强之道，想必亦有所闻，这七策其实也并没有什么新鲜。第一、依正当之军事制度，组织一良好军队。第二、设立武备学校，以养成多数有学识军官。第三、建设海军学校。第四、建设善良政府，聘用富有经验之人才。第五、创立银行制度，及厘定度量衡标准。第六、颁定各级学校教育制度，以耶稣教圣经列为主课。第七、设立各种实业学校……"

他一口气将"富强七策"讲了出来，然后道："我之所说，都是大略。至于如何实行，如果干王肯采纳我的建议，则我愿意为马前走卒，将这些方案一一付诸实施，绝无虚言！"

听了他的这一番话，洪仁玕不住点头："贤弟之言，句句中的。我果然没有看错你，你来得正好！"

当下，洪仁玕就容闳所事，展开讨论。对于每一件事情的论述，都能阐发容闳话语中未尽之意。

旁边，郑观应聚精会神，听着洪仁玕和容闳的谈话，深觉这二人论才华、论见识，都不知道比自己高明多少。自己在广东香山的时候，自觉不做第二人想；来到上海以后，对于所遇到之人，除了容闳，也没有一个能够看上眼。今日见了洪仁玕这等栋梁之材，确实满腹锦绣，方深知天外有天，人外有人。此人能够被洪秀全委以重任，封为一人之下、万人之上的"开朝精忠军师，顶天扶朝干王"，的确绝非凭借姻亲关系。因此，郑观应心里暗暗告诫自己："郑观应啊郑观应，从今以后，你不可以小觑任何人。须知我堂堂中华，卧虎藏龙，不知道有多少英雄豪杰。不要以为只有你自己读了几天书，须知天下的俊杰奇才，能人异士多了去了！"

当天的晤谈结束以后，洪仁玕特地安排了宴席，宴请容闳和郑观应。不过可能是为了照顾容闳，所以陪伴一起吃饭的，并没有太平军中的重要将领，而是几个从香港过来的传教士，席间所谈论的，也都是什么耶稣基督，什么新约、旧约的教义，听得郑观应这个门外汉一头雾水。

这一夜，他们被安排在一个宽大而整洁的所在。郑观应忍不住，要问容闳关于向洪仁玕所献"富强七策"，可是有真心为太平军效力之意。

不料容闳不等他张口，就阻止了他，然后用茶水在桌子上写了四个字。郑观应一看，只见是"隔墙有耳"四个字，恍然大悟。

他暗暗责怪自己，实在太粗心大意了。这是什么地方？这是龙潭虎穴啊，一有出言不慎，立即性命不保。

第二天，洪仁玕没有召见二人，却给容闳送来一个小包袱。容闳打开一看，竟然是一个小印章，长四英寸，宽一英寸，上书容闳之印四个字。又有黄缎子一副，上面写了一个大大的"义"字。

"咦？这是什么意思？"

容闳心下诧异，因为太平天国的官职，王是一等爵，义是四等爵。这是授给自己官职了吗？

可是容闳并没有在此逗留的意思。他和郑观应一商量，不能在此久留，于是主动提出，要去见干王。

一直到下午，二人才被带去干王府上。见面之后，容闳首先道了感谢，然后道出离别之意。

"与故人一番晤谈，知故人无恙，心愿已足。不论何时，只要君决意实行我提出的富强七策，则我一定前来效力。现在我有要事，必须先走一步。如果君念故人之情，请给我颁发一个护照，让我可以在太平军势力范围之内，来去自由，不受约束，以为护身之符，我就感激不尽了。"

"区区小事，有何难为？"

于是，洪仁玕当即给他颁发了一个护照，又给他和郑观应安排了粮食马匹，派人沿途护送。

临别，洪仁玕亲自拉着容闳的手，又将自己写的《资政新篇》给他和郑观应一人一本，依依话别。

不几日，返回芜湖，这边众人还在被太平军围困。等见容闳安然归来，而且得到干王亲自颁发的护照，众人无不大喜。太平军对于容闳的话再无怀疑，胖将官甚至过来派人邀请容闳过去喝酒。

不过，容闳却知道夜长梦多，他一边利用自己和干王的关系，在太平军那边应酬，上上下下厚贿各级军官，一边命令这边郑观应等人，拿着护照，加紧去太平县各个地方大举收茶。

前前后后，一共装了四五十船，总共购得茶叶六万五千箱。然而因为往南京一来一往，耽误了最佳时机。再加上打点太平军将士，又额外增加了一笔支出，摊在茶叶价格里，已经几无利润。

最终，容闳还是放弃了继续收购茶叶，和郑观应等人踏上返回上海的归程。

只有在这时候，他才真正地放了心。在波涛滚滚的江面上，他和郑观应一边喝酒，一边抒发胸臆：

"唉，阿应，本来我对太平军还抱着莫大希望，以为中国改天换地，非经此革命不能成大功。谁知此次南京一行，令我颇为失望。你知道我本来对他们最寄予希望的是哪一点吗？"

"哪一点？是洪秀全吗？"

"不，洪秀全这个人，我虽然没有亲见，不过此次我听劳白芝教士讲，其实他并非真正的耶稣教徒。他不过是应试落第之后，神智昏聩，构成幻想，然后自信为真，遂从宗教上得了勇敢之精神。正是仗着这股勇敢精神，他才能开革命事业之幕于中国，若真言信仰宗教则未必。"

"容大哥，你的意思是说，其实洪秀全自己也不信上帝。他只是以此作为迷惑大伙的幌子？"

"阿应，你听说过埃及有双面石人吗？洪秀全就是这样的双面石人，表面上信仰天主，守安息日，实则骨子里并无宗教之精神。倘若他真能传布宗教，真心信仰耶稣，以耶稣之教，传布三军，那么，太平军或许真有可能推翻这个腐朽的满清政府，另开中国之新局面，譬如《二十四史》上之汤武革命，如历代英雄豪杰之起，创立不世伟业。可惜啊可惜，他得到了一星半点的宗教精神，更多地却是以宗教为名义，而行非宗教之事。我真替洪仁玕兄的才华感到惋惜啊！"

他叹息着，望着外面的江水陷入了沉思。郑观应则将洪仁玕的那部还散发着油墨香味的《资政新篇》又拿了出来。

这几天来，他已经将这部书读了几遍，初步了解了其中的四大思想："用人察失类"，即主张团结奋斗的行政纲领；"风风类"，即移风易俗，改变传统中国不思进取、庸庸碌碌生活方式的主张；"法法类"，即"以法法之,其事大关世道人心,如纲常伦纪,教养大典,则以立法以为准焉";"刑刑类",即惩治顽民,严肃法制……这些内容,郑观应还看不太懂,因为其中很多都有来自《圣经》中的思想和教义,不过他还是看得津津有味,自觉颇受启发。

"容大哥,你说,倘若洪仁玕先生的这四大主张,都能得到很好的贯彻,太平军局面会怎么样?"

"不可能。即使洪秀全完全支持《资政新篇》,也是没有法子实施的。"容闳斩钉截铁地道。

"哦?为什么?"

"为什么?就因为这一个多月,我在太平军中所见所闻。你知道下面的军队都在做什么?整日里闲极无聊,唯有赌博嬉戏而已。这些人原来都是无业游民,为社会中最无知、最好闲之徒。他们既没有军人纪律,也谈不上宗教信仰。峻法严刑,亦不足以禁止其烧杀抢掠,祸害百姓。你再看看太平军占领的都是什么地方?金陵自古繁华,就不说了,其他苏州、扬州、杭州,哪一个不是鱼米丰饶之乡,财货肥美之都?在这样的地方金钱美色,只能消磨斗志。对于这样一支军队,我认为从根本上来说,已经丧失了最初革命之精神,所以再好的变法,也不过画饼而已。"

"可是我听容大哥你讲给干王的那富强七策,的确句句在理,是富强之妙术、治国之奇策啊!"

"那又如何?"容闳一声长叹,"滚滚长江东逝水,浪花淘尽英雄!古往今来,有几个英雄豪杰,能真的实现自己的雄壮之梦?我一心所希冀的教育救国之梦,真不知道何时能实现啊!"

他这般黯然自叹,郑观应也受了感染,对着永无止歇的滚滚江水发起呆来……

第三章

初涉商战

一、郑观应告诉龙五爷：倘真有大志，就开一家中国人自己的轮船公司，把洋人赶出去

容闳一回到上海就病倒了。这是他第一次也是最后一次尝试以致富而施行救世之计划。不久因病辞职。

和容闳一道出生入死，贩了几个月的茶叶，却没有赚到一分钱，这件事情对郑观应的打击也不小。他这才真正意识到，所谓做生意，并非仅仅凭着一腔热血，和天不怕、地不怕的豪情就可以做到的。相反，在这一段时间，自己的好兄弟徐润，却在不知不觉中投资房地产，又和曾继圃合开了茶栈，已经无声无息地将资产翻了一番还多。这真是令郑观应汗颜不已！

还好，毕竟是自家兄弟，徐润对郑观应还是很照顾的。因此，这天徐润特地将郑观应叫了去。

"阿应，我这里有一个好差使，要派给你。"

"什么差使？"

"我想让你接手轮船揽载这一块业务。"

"揽载？"

"是啊。本来咱们的轮船业务开展得好好的，可是不知道怎么，怡和洋行也加入了竞争，办起了航运。而且很奇怪，他们一加入进来，原来给咱们揽载的那些个揽载行，忽然都跟怡和合作，不和咱们往来了。这几个月，咱们的轮船无货可载，基本上都是在空驶，不要说利润，本钱都快赔光了。颠地先生已经发了好几回火，曾伯伯也试着找了几个人来接手，都没有人敢接这个烫手山芋。阿应，你觉得怎么样？我倒觉得你有办法，和怡和洋行斗上一斗，你有信心吗？"

"有没有信心谈不上。不过怡和洋行我是听说过的，不就是那个叫林钦的人在那里当买办吗？"

"是啊。这个林钦，我们大家都熟悉。他并没有什么了不得的地方，是个平庸之才。可是这一次不知道怎么，忽然在航运这一块上杀出来，而且招招凶狠，杀得我们丢盔弃甲。我正在纳闷呢！"

"阿润哥，你放心，那就让我来会一会他！"

郑观应的性格，素来是知难而上。本来他对揽载这一行并不熟悉，但是听说怡和与宝顺大搞竞争，而且怡和不知道暗里使用了什么方法，令宝顺大受挫折，郑观应不服输的劲头顿时上来了。

见他答应，徐润就将这件事情汇报给了曾继圃，曾继圃反正找不到人，死马当活马医，也就点了头。

揽载，就是帮助行驶于江面上往来的轮船招揽生意。当时的轮船，一般分为载客和运货两种。所得的钱，叫作"水脚"。这一类的费用，通常是帮助招揽生意的人得一成，轮船上的坐船买办、经理等人，得二到三成，其余的利润所得，全部交给公司。这其中，负责揽载的人虽然所得不多，然而却关系甚大。如果诚心诚意帮助你揽载，则客人多，货源足，保证你轮船到了这里，立即载客、装货，根本不需要停留，即来即走，这样就省约了时间，加快了周转。

当时，负责开揽载行的，都是各个码头上有头有脸的人物，因为揽载需要仓库、人手，彼此之间的竞争又十分激烈。如果不是资金雄厚、在地方上势力大到可以独霸一方，是很难生存的。

这天，郑观应受命之后，不敢怠慢，立即来到十六铺码头。"十六铺"原来并非一个地名，而是因为这里商铺林立，官府为了管理方便，规划了从头铺、二铺一直排列下去的铺号，要求商铺与商铺之间实行联保，每一铺为一个管辖单位，这样就一直排列到了十六铺。其中十六铺又是所有的分片区域里最大的一块，因此声名渐渐就传了开去，真正的地名反而没有人叫了。

郑观应来到十六铺码头，远远就看见宝顺洋行的大轮船"总督号"那高高耸立的大烟筒。本来以为近前一定是一副人头攒动的景象：准备乘坐轮船的客人排列成长队，负责装运货物的工人们，将一个个一二百斤重的大麻袋扛在肩头上，踩着韵律一致的脚步，鱼贯将麻袋扛上船去。

可是等郑观应穿过熙熙攘攘的人群，来到码头上，却吃了一惊。

为什么？原来"总督号"轮船虽然早已经停靠码头，却是一片的冷清景象：只有寥寥无几的几个客人在等候登船。至于装运货物的工人，竟然都懒洋洋地在码头上席地而坐，有的在抽烟，有的在打瞌睡，甚至有的人将自己身上的衣衫脱了下来，在那里百无聊赖地捉起了虱子。

这一幕令郑观应惊诧不已。正在暗暗纳闷，想要找人问个究竟，这时只见从"总督号"轮船上下来一个人，这个人身材高大，一身的健壮肌肉，满脸的络腮胡子，一双眼睛如同野兽一样闪着凶光。这个人郑观应认识，是"总督号"上的轮船经理麦奎因。只见他气呼呼地从轮船上下来，大步来到码头上，将腰间的皮带解下来，冲着那些个工人没头没脸地抽过去：

"猪猡，都给我起来，快点装货！"

他凶神恶煞一样，工人们看势头不对，纷纷闪避，可是仍旧没有一个人肯去将货物装上轮船。

眼见麦奎因暴跳如雷，皮带抽得越来越狠，将几个工人脸上都打开了花。郑观应正要上前阻拦。这时候，就听一阵汽笛声响起来，从远处，另外一艘洋轮过来了。这却正是宝顺的竞争对手怡和的"罗纳号"进港了。

一见"罗纳号"进港，本来慵懒闲散的工人们，忽然一个个紧张地行动起来，立即去渡口整齐地排成一排。

当怡和的"罗纳号"刚刚靠上用木头搭起来的浮动码头，放下船板，工人们立即跑步上岸，将船上的货物一包包地卸下来。又从码头的仓库里将早已堆积在那里的货物扛出来，装运上船。

这一来，郑观应终于明白了：原来这些工人都早得到了怡和的好处，被怡和收买了，所以不肯给宝顺干活。

而宝顺的轮船经理麦奎因是个火爆脾气，怎么能咽下这口气？他一腔怒火无处发泄，就揪住了一个腿脚稍慢的工人，连用皮带抽，带拳打脚踢，顿时将那个工人打倒在地，眼看要出人命。

"住手！"

郑观应看情形不对，知道自己必须上去阻止麦奎因了。他大步过去，大声喝住麦奎因："快住手！"

"谁敢叫我住手？"

麦奎因大怒，抬起头来，将一双被怒火烧得通红的眼睛瞪着郑观应。他因为大部分时间都跟随轮船行驶各处，在洋行的时间倒不多，所以他并不认识郑观应，还以为这个人要多管闲事。

"麦奎因先生，我是宝顺的买办阿应，是曾继圃先生让我来负责揽载这一块的。你先住手，有话好说！"

郑观应用英语介绍了自己，麦奎因听说他是自己的同事，这才收了手。郑观应告诉他让他先回船上去，这边的事情让自己来解决。麦奎因其实也知道，自己这么一闹，以后的事情只会更加难办，因此，听郑观应这么一劝，也就收了手，骂骂咧咧地回到船上一个人喝酒去了。

这边，郑观应将地上被打的工人搀扶起来，只见他身上衣服都被扯烂了，脸上被麦奎因打得全是血污。

"这位大哥，你没事吧？"

"我没事……"

"这里不是说话的地方，你住在什么地方？我送你回去。"

"不……我今天的活儿还没干……"

"都这个样子了，还干什么？这样吧，我先送你回去，给你请大夫看看伤势有没有大碍。耽误的工钱，由我来给你补上。"

"啊？真的？"

"我骗你干什么？走，先回去吧！"

见郑观应不像开玩笑，那人这才相信了。于是郑观应先去给他弄了条毛巾，打来一盆清水，擦了擦脸上的血迹。然后，郑观应叫了一辆人力车，将他搀扶上车子，自己随后也上了车。

"去王家村。"

在路上，这个工人告诉郑观应，他叫王老实，是王家村人。在码头上做苦力，已经有七八年了。

"王大哥，我叫阿应，在宝顺洋行做事情。你这几天的误工费和医疗费用都包在我身上，以后有什么事情，尽管找我。"

"阿应，你人真好。我给宝顺装货、卸货也做了三四年了，还从来没有见过你这样的好心人。"

二人一路唠着，很快来到了王家村。王老实的女人刚浆洗了一大堆的衣服，正在家里给人家做缝缝补补的活儿，孩子小虎子已经是个五六岁的半大孩子了，正在一堆衣服下面钻来钻去地玩耍。

"哎呀，老王，你这是怎么了？"

王老实的女人是典型的上海本地女人，个头不高，皮肤白皙，一张嘴说起话来快人快语。"你莫不是又和人打架了？我跟你说过多少次，做人要老实，不要总和别人发生冲突，更不能动手。就你这身子骨，能打得过别人？万一有个三长两短，叫我们娘儿两个怎么过呀？唉，我真命苦……"

她刚发了这一通牢骚，被郑观应打断了。"王大嫂，不是这样的。王大哥是在码头上运货的时候，不小心摔了一跤，才弄成这个样子的。"

"啊呀？这位是——？"

"哦，我姓郑，你叫我阿应就行了。我是宝顺新来的买办，负责码头上揽载这一块。王大哥这几天的误工费、医疗费，我都给包了。"

听他这么一说，王大嫂立即换上了一副笑脸："哎呀，这位兄弟真了不起啊，这么年纪轻轻就当上了这么大洋行的买办，啧啧，真了不起。老王，你领这么重要的客人到家里来，怎么不派人先来招呼一声，我也好收拾收拾，这样子教人怎么落下去脚？真是的，快，快请进来坐！"

她手忙脚乱地将郑观应让进来，又连忙将丈夫扶去了床上躺下来。王老实此前也是硬挨着，此刻一回到家里，精神放松了下来，还真觉得

第三章 ⊙ 初涉商战

117

有些吃不消，妻子一碰到他的伤处，他就"哎哟"连声！

"大嫂，王大哥这一跤摔得可不轻，必须马上去请个大夫来。我这里有十两银子，你先拿去！"

"这怎么好意思？"

"别这么说，王大哥是给我们做工受伤的，就算工伤。一应费用，都算在我的头上，你快去吧！"

"那我不客气了。"

王大嫂将十两沉甸甸的银子接过来，立即出门去请大夫了。这边，郑观应仔细查看王老实的伤情，幸好没有什么大碍。小虎子在门口探头探脑，郑观应将他叫过来，给了他点零花钱叫他去买吃的。

"阿应，你对我真好！"王老实平日里和人交往并不多，人人都当他是个好欺负的，没事还要嘲弄上几句，谁真正把他当作一个男人看待过？今天却得到郑观应如此照顾，不由流下了泪。

"王大哥，本来就是我们宝顺的不对！那个麦奎因无缘无故地打伤了你，我代他来照顾你是应该的。"

"唉，话是这么说！"王老实叹了一口气，"我们这些在码头上做苦力的，哪天不被人家打骂？"

一会儿工夫，王大嫂请了大夫来，而且顺手捎回了两条鲜鱼，一壶烧酒。很快，大夫诊断完毕，王老实只是受了皮肉之伤，并无大碍，开了点药就走了。王大嫂子让小虎子去拿药，自己在厨下一通忙活，烧好了一盘子鱼，又炒了两个青菜，摆在桌子上红的红，绿的绿，煞是好看。

"王大嫂好手艺。"

"哪里，不过是家常便饭，倒委屈了贵客。"

中午这一顿饭，郑观应就在这里吃了，是地道的农家风味，王大嫂子的手艺着实不坏。再加上王大嫂子殷勤相劝，本来不怎么喝酒的郑观应，也喝了足有半斤多，剩下王老实都喝了。

"阿应，我知道你心里有一件事情，一定想问我，对不对？"王老实酒一下肚，说话就有些大舌头。不过，他的神智显然十分清醒，知道郑观应不会这么无缘无故对自己这么好，因此先提了出来。

"不错。"郑观应也坦然承认,"本来我想不急在这一时,等王大哥养好了身体我再问你的。"

"不,我也没有什么可以报答你的。如果我提供的情况能对你有帮助,就算我没有白和你结识一场。"

"那就请你告诉我,为什么你们给怡和卸货、装货,而不肯和我们宝顺做生意。是怡和给了你们好处吗?"

"阿应,你此前大概从来没有接触过揽载这一行吧?"

"没有。"

"那么你也没有听说过龙五爷的名头了?"

"龙五爷?没听说过。"

"阿应,在十六铺码头上,要是有谁没有听说过龙五爷的名头,那么这个人不是聋子,就是傻子。"王老实道,"龙五爷在十六铺码头,那可是说一不二的人物。他一跺脚,地面也得颤三颤。"

"这么厉害?"

"是呀,这个码头上的大小事情,都是他老人家一个人说了算。我们这些人,其实都在他手下讨饭吃。"

"这么说,我应该先去拜访这位龙五爷了?"

"那是自然。实话告诉你,你要想做好揽载这一行的生意,就非得过龙五爷这一关不可。龙五爷说和你们宝顺做,就和你们宝顺做;说和怡和做,就和怡和做。告诉你一个消息,我也是听说啊,本来呢,龙五爷一直和你们宝顺的关系不错,可是不知道怎么,怡和最近来了一个新人,是个厉害人物,和龙五爷谈了一次以后,龙五爷忽然风向大变,来了个大转舵,丢弃你们宝顺,转而和怡和合作了。所以,我们奉龙五爷的命令,只做怡和的活,其他的一概不能接!"

"我说呢,原来背后这一切,都是龙五爷在定夺!那么,我要怎么才能去见到这位龙五爷呢?"

"龙五爷可不是随便谁想见就能见的。"王老实压低了声音,"你知道这位龙五爷是何来历?"

"是何来历?"

"听说几年前小刀会起事,这位龙五爷是跟随刘丽川刘大元帅的,使一把鬼头大刀,神鬼莫敌。后来保着刘大元帅突围失败,这位龙五爷身上不知道中了多少刀伤、箭伤,最后居然从死人堆里爬了出来,实在是大难不死!后来小刀会失散的兄弟就都聚拢来到他身边,推他为主。"

"小刀会起事,我倒是听说过。那位刘丽川刘大元帅,还是我们广东香山的老乡呢!"郑观应道。

"真的吗?"王老实眼睛一亮,但随即又摇了摇头。"唉,就算你和刘大元帅沾亲带故,但是你想要拜见龙五爷,还是得按照规矩来。"

"什么规矩?"

"就是天地会的规矩啊!"

"怎么又成了天地会?"

"小刀会就是天地会,这二者是二而一的关系。小刀会中的规矩,都是天地会那一套。不过外人根本不会晓得。"

"那怎么办?"

"阿应,你一定要见龙五爷?"

"一定要见。"

"这样吧,我给你指一条路子。"王老实觉得郑观应是真心对自己好的人,可以倾心结交,因此道,"实不相瞒,我的妻弟王大胆,是天地会里的人,对于这些规矩一清二楚。不过他肯不肯帮你,我却不知道了。如果他肯帮你,就能带你去见龙五爷;如果不肯,那就没办法了。"

"一笔写不出两个王字,他又是你的妻弟,怎么会拂你老哥的面子?我看这个忙他一定帮的。"

郑观应一听关键人物是王老实的妻弟,顿时有了主意。他将王大嫂子叫过来:"大嫂,来,我敬你三杯!"

一连敬了三杯,将王大嫂子捧得天花乱坠,称赞她厨艺如何了得。又从怀里掏出来一张五十两银子的银票。"这是王大哥这几天的误工费,我恐怕没有时间天天来照顾王大哥,有劳大嫂了!"

王大嫂毕竟是女人家,又是给人家做苦力惯了的,哪里见过这么大一笔钱?顿时笑逐颜开:

"啊呀，郑先生太客气了！"

"不要叫我郑先生，叫我阿应好了。其实论年龄，我也和大嫂的亲弟弟差不多。你就把我当弟弟吧！"

"哎呀，我那个不成材料的弟弟，一天到晚在外面鬼混，不做正经事情。他要有你这么一丁点儿本领，我就知足了。"

"话不能这么说！三百六十行，行行出状元！令弟说不定以后也能混成一个龙五爷那样威震一方的大人物！"

"你也知道龙五爷？"

"唉，我久闻龙五爷大名，有心去拜访，却苦于无人引荐。我倒真羡慕令弟，可以经常见到龙五爷。"

"什么经常见到？他也十天半月见不上龙五爷一面。不过，如果你想去见龙五爷，我倒可以叫他想想法子。"

"那就多谢大嫂了！"

郑观应不费吹灰之力，就请动了王大嫂子。王大嫂子一出面，他的弟弟王大胆焉有不答应的道理？

第二天，郑观应早早来到王老实家，只见一个二十出头的青年人已经在那里喝着闲酒、吃着花生等着他了。他就是王大胆，一见到郑观应就不客气地问："怎么？你要见我们龙五爷？"

"不错。"

"有什么事情吗？"

"也没有什么，就是我久仰他老人家大名，想要去拜访一下。"

"没那么简单吧？如果是那样，我劝你别去了，龙五爷不会见你的。"

"那……如果是代表宝顺洋行，去和他谈一笔生意上的事情呢？"

"要谈生意，那倒可以。不过我……"

"哦，这个我懂得。你是介绍人，自然要有一笔介绍费。我已经准备好了，这是一百两银子。"

郑观应早有准备，立即掏出来一张一百两的银票递上去。王大胆见他这么识趣，顿时态度大变。

"哈哈，我姐姐说郑先生是个识时务的，果然不假。走吧，跟我来！"

　　他带着郑观应离开了姐姐、姐夫家。郑观应以为他这就要带自己去见龙五爷了，不料王大胆却先带他去了一家赌坊，在那里赌了一上午。中午二人在一家颇为豪奢的酒店吃饭、喝酒，听王大胆讲他在江湖上的一番作为。吃完之后，又去了青楼，王大虎找了个相好的，就进去了。

　　郑观应一个人在外面闲极无聊，足足等了一整个下午，天色将暗的时候，王大胆终于出来了。

　　"走吧，时候差不多了！"

　　他带着郑观应这次才是真去见龙五爷。不过令郑观应没有想到的是，他竟然带着自己径直来到城隍庙。

　　热闹了一天的城隍庙此刻刚刚寂静下来，在朦胧的月色的照耀下，影影绰绰，看不真切，平添了几分神秘。

　　王大胆显然对这里很熟悉，领着郑观应七弯八拐，很快来到一个不大的院子门外，在门口停下。

　　整整一天都嬉皮笑脸的王大胆，此刻却神色异常严肃。只见他仔细地蹲下去，查看地上的什么东西。

　　郑观应也跟着看过去，月光下隐约看到，那是三堆沙子，一字排开。如果不细心留意，根本不会发觉有异。

　　只见王大虎在沙堆前站好以后，伸出自己的左脚，将中间的沙堆脚踢开，然后，朗声吟出一诗：

　　　　"人皇脚下两堆沙，东门头上草生花。
　　　　丝线穿针十一口，羊羔美酒是我家。"

　　他吟的这首诗不伦不类，但是郑观应知道，这里面一定隐藏着"暗口"，用的都是"隐语"。

　　果然，他刚吟完，就听院子里门后面，有人咳嗽一声，然后低声问道："来干什么的？"

　　"投奔梁山。"

"投奔梁山做什么？"

"结仁，结义。"

"是别人劝你，还是自愿来的？"

"自愿。"

"有咒无咒？"

"有咒。"

一番"隐语"对答之后，一阵沉默，旋即，院子门"吱呀"一声开了。郑观应向里面望去，只见门口站着两条大汉，一人手里擎着一把寒光闪闪的鬼头刀。见了郑观应等二人，也不说话，只是将刀一架，架成了一个交叉的形状。王大胆在前面带路，率先从刀下走了过去，郑观应紧随其后。

进门以后，院子里又有一对兄弟，也是将刀架在了一起，冷冷地看着王大胆、郑观应从刀下钻过。

来到里面的一间屋子的门口，这里又是一对兄弟，将刀架着，只要王大胆和郑观应稍有迟疑，就会做了刀下之鬼。

再进了这个门，却进门就见地上摆着两双草鞋。王大胆先换上了草鞋，郑观应也跟着换上了。

然后，就见厅堂正中，高高地挂着一块匾额，上面龙飞凤舞地写着三个大字："兴义堂"。下面香烟缭绕，供着一座关云长的金身塑像。王大胆立即上去，在关老爷的神像前磕头，郑观应也磕头。

磕头完毕，二人起身在旁边的长桌旁坐下来。桌子上早已摆上了茶、烟。王大胆伸出手，用三指将烟拿起来，然后放下。又同样用三根手指将茶水端起来，送到嘴边轻轻喝了一口，又放回去。

只听他又吟诗道：

"洪水漂流泛天下，三千结拜李桃红。
木立斗世天下知，洪水结拜皆一同。"

这一首诗吟完，他就坐在那里一动不动了。郑观应知道关键人物就要出来了，连大气也不敢出一声。

只见人影晃动，也不知道从什么地方，忽然闪出来四条高大的人影，一个个垂手肃立，面无表情。

紧接着，就听得一阵苍老的咳嗽声，然后是拐杖点地的声音，一个老者不慌不忙地踱步出来。

"咳，咳。"他不住地咳嗽，似乎身体并不怎么好，可是他那双眼睛，却如冷电一样扫了过来。

"小子王大胆，叩见龙五爷！"

王大胆早站了起来，一等龙五爷在镶金雕龙的椅子上坐下来，立即上去跪在他的脚下，"咚咚咚"磕了三个响头。

"王大胆，你胆子当真不小啊，敢带外人到我这里来！"

"不，龙五爷，这位郑观应郑先生不是外人，他是宝顺洋行的，与徐钰亭、曾继圃都是一家人。"

"正是。"郑观应在来的时候，已经得到过王大胆的指点，因此连忙上前跪倒，介绍自己。"小子郑观应，是香山雍陌人。家父郑文瑞咸丰三年曾经来上海客游，如今宝顺的徐钰亭、曾继圃，都是我们家的至交亲朋。我能够到宝顺洋行做事情，全仰仗前辈们的提拔，才有今日。"

"既然你和徐钰亭、曾继圃都是亲戚，那的确不是外人，起来吧。"龙五爷示意郑观应起来，等他落了座，给他解释说道；"你也知道，我是跟随刘元帅起事的。刘元帅是你们广东香山人，来上海之初，曾经得到过徐、曾二位的帮助，因此彼此还算交情不错。不过，说句实在话，徐、曾二位这几年是飞黄腾达，仗着洋人主子的恩宠，可不怎么和我们这些穷兄弟往来啊！"

他这句话中，分明有责备的意思。郑观应见机，立即说道："龙五爷有所不知，其实我刚一来上海，徐伯伯、曾伯伯就给我讲到过当年刘元帅大闹上海，创立大明政权，号称'大明国统理政教天下招讨大元帅'的那一段轰轰烈烈的传奇故事，刘元帅那时候可着实威风呢！徐伯伯、曾伯伯说，刘元帅给我们香山人狠狠地争了一口气，让我将来有机会，一定要结交刘元帅的兄弟们呢！"

"此话当真？"本来龙五爷对徐、曾颇有不满，如今听了郑观应的话，顿时态度大为改观，有了笑脸。

"那还有假？唉，只可惜徐伯伯萌生退意，一心要告老还乡，曾伯伯又忙于应酬，根本没有时间。我初来乍到上海，人生地不熟，又没有人肯给我引路，所以直到今天，才来拜访龙五爷，还请恕罪！"

"哈哈，好说。我这个地方是不太好找，不过你能找到这里来，足见你不是一般人，必有过人之处。"

"龙五爷过奖了！"

"王大胆，你每次做事情都是大胆妄为，净给我添麻烦，不过这次却是立了一个大功，我要赏你！"

"不敢。"王大胆连忙道，"我所以敢带这位郑先生来，也是因为他为人仗义，济危扶困，正是我辈中人！"

于是，他将郑观应如何从洋人手里救了自己的姐夫王老实，如何对王老实无微不至地照顾，说了一遍。

"哦，原来你们是这么认识的。阿应，你为了一个苦力竟然敢去得罪洋人，不简单啊！"龙五爷赞道。

"什么得罪不得罪，我就是看不惯洋人那股子蛮横劲儿，在我们中国人的地盘上，还这么横行霸道。哼，他们在广东被林则徐林大人教训了一顿，混不下去了，就跑到上海来。如果我像林则徐林大人那样，得到皇上钦赐的尚方宝剑，我就再烧一回他们的鸦片，给他们点颜色看看！"

"年轻人有骨气，有胆量，了不起啊！"龙五爷将龙头拐杖在地下狠狠一戳。"本来我们家世世代代，就是在码头上靠着一条木板船维持生计。可是洋人一来，就生生用轮船把我们的生意都抢跑了。这还不算，还不准我们的木板船和他们一样载货、载客。这不是不让我们活了吗？我就是气愤不过，纠集几个兄弟偷偷摸摸爬上洋人的轮船，放了一把火，才被捉住关进了监狱。可恨上海道吴健彰那个狗官，怕洋人怕得要死，不问青红皂白，就判了我们死刑，打入死牢。若非天可怜见，正好赶上刘大元帅起事，抢了吴健彰那狗官的四十万两银子，砸了监狱，放我等出来，我就稀里糊涂地送了性命。后来我等兄弟就都跟了刘大元帅，轰轰烈烈干了起来。虽然后来没有如刘元帅所说的反清复明，成就大事，但好歹也痛快了一场，哈哈！"

"刘大元帅自然是天纵奇才！他要建立大明国，反清复明，这都是惊天动地的大事情，非大丈夫不能为！"郑观应先是将刘丽川率领小刀会起事的壮举捧了一番，然后话锋一转，"可是，刘大元帅当日行事，也有值得商榷的地方，我就以为他在处置和洋人的关系上，考虑有欠周详！"

"哦？"

他这话一出口，空气顿时为之凝固。龙五爷的目光如利剑一样刺过来，其他几条大汉则一齐变色。

"龙五爷请听我讲。"郑观应要的就是这个效果。他振振有词地辩解道："我听说，刘元帅在起事前，曾经在香港呆过，也在洋人的洋行干过，可以说对于洋人，他是比较了解的。到了上海之后，他也没有断绝和洋人的来往，对不对？那么对于洋人的底细，他应该比谁都清楚。"

"这倒不假。"

"既然如此，那么刘大元帅当知道一点，他起事所要反对的，并不是洋人，而是这个腐朽的满清政府。他要建立大明国，要恢复汉家天下，做汉之刘邦、明之朱元璋做过的事业，那么，洋人就只可以引为援助，而绝不可以与之抗衡。如果联络太平军，再请洋人作为援助，那么大事必成！"

"阿应，你说得不错！我们刘大元帅当初起事的时候，的确是这么策划的。你简直亲眼见到一般。"

"那么后来，他又为什么改变了计划？为什么和洋人翻了脸，以至于有洋人围城，兵临城下之危？"

"刘元帅深知洋人底细，所以一起事成功，就下令保护教士、教堂，和洋人各个领事馆打了招呼，承诺通商不变，贸易依旧，他还答应说要率领三千兄弟一起加入天主教，以此换得洋人支持。"龙五爷说到这里，叹息一声，"唉，只可惜，除了刘元帅有此见识，其他几位首领，都是见识浅陋之辈，见刘元帅这么对洋人照顾有加，还以为他谄媚洋人，从骨子里怕了洋人呢！于是就有人开始不服从刘元帅的领导，要另外推举首领,福建人陈阿林、林阿福呼声最高,陈阿林那个家伙迫不及待,甚至和刘元帅兵戎相见,动上了手。我当时就要杀掉这个家伙,被刘元帅阻止了。不过经过这么一闹,兄弟们都寒了心。林阿福出走,陈阿林也离开了。"

"原来是这样!"

"就是在这次冲突中,陈阿林故意杀死了几个洋人,才导致洋人后来翻了脸。再加上他们一心要得好处,而刘元帅已经没有能力兑现对他们的诺言,所以洋人就帮着官兵来对付我们了。"

"可惜呀,可惜!"郑观应扼腕而叹,"刘元帅空有一腔抱负,满腹英雄之志,奈何天不相助啊!"

二人这么谈论着当年之事,不觉越来越投机。龙五爷非常喜欢郑观应这个青年后生,觉得在年轻人中,难得有他这么见识超群的。因此,有意要帮助他一把,遂将话题转向了正题:"阿应,现在我们说一点正事儿。其实你为什么来找我,我心知肚明,光棍眼里不揉沙子,说吧,你要我做什么?"

"痛快!"郑观应一翘大拇指,"龙五爷快人快语,那我也就不隐瞒了!不错,我的确是为了宝顺的轮船揽载一事而来。我不知道怡和请了什么厉害人物,和龙五爷谈了什么优厚条件,以至于龙五爷放弃和我们宝顺合作,转而投向了怡和。这些我都不想知道,我只想请问一声龙五爷,我们宝顺还有没有机会?如果你不和我们合作了,我们的揽载一事又该找谁合作呢?"

"阿应,我和你一见如故,拿你当自家兄弟,所以告诉你实话。"龙五爷道,"不错,原来我一直和你们宝顺合作,而且合作得还算顺利。但是,怡和最近的确请来了一个厉害人物,而且他还和你一样,也是你们广东香山人。此人精明强干,能力是我龙五平生所仅见。在他身上,我竟然隐约看到了当年刘元帅的影子。所以,他提出和我合作,我才一口答应,不惜和你们宝顺撕约。"

"啊?天下竟然有这么厉害的人物?而且也是我们香山人?"

"不错,所以你虽然也很令我欣赏,但毕竟晚来了一步。关于揽载一事，我答应只和他一家合作，不再找第二人了。"

"既然你们已经订约，我也不勉强了。不过，我还是要请问龙五爷一句：你口口声声说那个人厉害无比，那么请问他的志向如何？他为怡和做事情，和我为宝顺做事情，又有什么分别？"

"这个……我倒没有细问……"

"那么，龙五爷可知道我为何要投身宝顺？又知道我将来的志向如何？"

"正要请教。"

"我投身宝顺，是因为我要到第一流的洋行，跟洋人学习如何做生意。洋人以商法秘术而富强，非独依靠坚船利炮，机器之利，更因为他们有科学和民主，有一整套培育人才之完美计划。我就是要跟随在洋人身边，跟他们学习这些东西。将来等我学会了，我就要用这些东西反过来对付洋人。这叫作'以彼之道还施彼身'，洋人可以开公司，我也可以自己开公司，而且要将洋人的公司全部打败。洋人的轮船可以欺负我们，我也开一家自己的轮船公司，非将洋人都从我们的河湖和海面上赶出去不可！我要教洋人知道，他们能做到的，中国人一样能做到！"

"怎么？你要和洋人进行商业竞争？"

"不错，洋人有坚船利炮，我们打不过他们；但是商业竞争拼的是头脑，我们自古就有陶朱公、端木子贡，我就不信在商业上竞争不过他们。龙五爷，你也是吃过洋人的大亏的，你说，我要做这样的事情对不对？如果我请求你支持我，和我一起做，你肯不肯？我只要你一句话！"

"肯！"

龙五爷没有丝毫的犹豫，立即点了点头，从椅子上站了起来，拐杖也丢到一边去了。"年轻人，自从跟随刘元帅起事失败以后，我好久都没有这种热血沸腾的感觉了。今天听了你这一番话，我觉得自己又年轻了十岁。你说得不错，洋人有什么可怕的？干，和他们干！我支持你！说吧，你要我做什么？不但是我，以后我身边的这一帮兄弟，个个都听你的调遣。来呀，你们都叫一声'爷叔'！"

"是！"那四条大汉齐齐答应一声，来到郑观应跟前，排列整齐，一齐躬身抱拳，叫了声：

"爷叔！"

"不敢当！"

郑观应虽然不知道自己这个"爷叔"是什么辈分，但是也看得出，在天地会中一定是一人之下、万人之上。

"龙五爷——"他刚叫了一声，要说什么，却被龙五爷打断了。"怎么，你还叫我五爷？"

"那……我叫什么？"

"叫我五哥。"

龙五爷不愧是江湖中人，做人做事，讲的就是一个趣味相投，对了脾性，立即就认了兄弟。

"我们会中的那一套规矩，烦死人，我也知道你是个不愿意被束缚的人。所以，你我今日就口头订交，一应繁文缛节全免了。"

"那我就恭敬不如从命了。"郑观应也知道他不喜欢客套，因此点头答应，"五哥，那我就高攀了。请问五哥，我下一步究竟要如何做，才能不让五哥你失了信用，我又能得到五哥的帮助？"

"这个简单。"龙五爷不愧见多识广，顷刻之间已经有了主意。"这样吧，自家生意自家做。你也不用打我的招牌，自己开一家揽载行不就得了。到时候我在背后支持你，谁也说不出什么。"

"什么？自己开揽载行？"

"对呀。"

"可是我……我哪里来的本钱？"

"我的傻兄弟，有我在这里，还需要你什么本钱？这样吧，我先给你拿出来五千两银子，够用了吧？"

"这怎么行？"

"怎么不行，何况这五千两银子也不是我借给你的，而是我入的股份。我占一半，你占一半。"

"不，五哥你占六，我占四。"

"一人一半，就这么说定了。"龙五爷真诚地拉住了郑观应的手。"兄弟，我这个当哥哥的已经老了，以后的天下是你们年轻人的。别看我现在帮你，其实是在自己，以后还要跟你沾光呢！"

"五哥，既然是自家兄弟，那我也不多说什么了。"郑观应感动得不知道怎样才好，只能拍着胸脯向龙五爷保证，"五哥，请你记住兄弟今日的这一番话：不出五年之内，我一定让你看到，中国人自己开的第一家轮船公司！我一定会让洋人领教咱们中国人的厉害，再不敢欺负中国人！"

"好兄弟，我相信你！"龙五爷激动得紧紧拉着他的手，"我龙五这双眼睛，看人从来没有看错过！"

他亲自将郑观应送出了门，一直到大门口。临别又想起来什么，小声提醒他："对了，你要小心你那个广东香山老乡。你要成就大事，就一定要与此人联合。不过我不能给你透露太多了。"

"我明白。"郑观应道，"浅水藏不住蛟龙，像他这样的厉害人物，要藏也藏不住！我很快会找到他的！"

二、原来在林钦背后操盘的是另一位商业奇才：唐廷枢

正当郑观应在龙五爷的暗中支持下，紧锣密鼓筹备自己的第一家揽载行，却忽然传来了一个噩耗：宝顺洋行的副总买办、在上海名动一时、被称为不可多得的才俊之士曾继圃去世了。

这个消息传来，对郑观应真有点晴天霹雳的味道！他无论如何也没有想到，那么温文尔雅、那么饱学风流的曾伯伯，竟然会正在事业最高峰的时候，忽然撒手人寰，就这么去了。

他立即放弃手头的一切事务，赶到曾继圃的家中。只见曾府门前依旧是一派的车水马龙，然而却一片的死寂。从每一辆车子上下来的人，都身着或黑或白的衣服，脸上挂满了哀痛之情。

令人吃惊的是，曾继圃的死不但惊动了在上海的所有广东人，而且也惊动了其他各界人士，以及各国的洋人。

各国驻上海的领事馆的领事都亲自来登门吊唁、慰问，献上了花圈和挽联，多到灵堂里都摆不下了。

但是所有人中，最引人注目的还是上海两大洋行的当家人：宝顺洋行的老板颠地先生和怡和洋行的老板渣甸先生。这也是很多人在公开场合第一次见到这两家财力雄厚的大洋行的掌门人。

郑观应已经进入宝顺洋行一年多了，但也是第一次有机会见到颠地。只见这位在广州曾经兴风作浪、和林则徐围绕着鸦片的走私与销毁展开过一场"猫鼠游戏"的颠地先生，的确引人注目。他身材高大，一头金色的头发如同一团火焰在燃烧一样，脸庞瘦削，一双眼睛不大，然而却射出鹰隼一样锐利的光芒。他的鼻子尤其大，乍一看上去仿佛鹰喙一样。而他整个人给人的感觉，的确就是一只高高翱翔在天空中的雄鹰，利爪深藏，随时准备扑向地面的猎物。

虽然颠地一身黑西装，全身上下都被裹在凝重的黑色里。但是他出入风浪、亲自率领"飞剪船"（专门用来运输鸦片的水上快速帆船，船身长，吃水浅，篷帆多，船舷面平，顺风逆风都能行驶）纵横于黄浦江上，仗着船上的炮火凶猛，甚至敢和大清国的海上水师公开叫板，那股桀骜不驯、无所畏惧的狂野气质，还是无法掩饰。从在广州小受挫折，到在上海重新崛起，志得意满、益发骄横的颠地，已经是披着一身的光芒站在高高云端里的典型成功者形象。

颠地还是当年那个叱咤风云的颠地，然而怡和洋行的渣甸，却已经不是在广州大名鼎鼎的"铁头老鼠"威廉·渣甸了。威廉·渣甸是当时广州和颠地兄弟一道最大的鸦片走私贩子。林则徐当年一到广州，接到的鸦片走私贩子名单中，排列在前两位的就是颠地和威廉·渣甸。当慑于林则徐的声名和决心，颠地、渣甸等人不得不屈服，交出了一部分鸦片后离开，威廉·渣甸就回到了英国，提出了一个著名的"渣甸计划"。这个"渣甸计划"的核心，就是要求英国出动军队，对中国发动战争。后来英国接受了"渣甸计划"，于是便发生了第一次鸦片战争。

威廉·渣甸因为在军事、外交等方面给予国家的"帮助"而成为国会议员，两年之后去世。他在亚洲的另外一个合伙人马地臣回到英国接替了他在国会的空缺，于是怡和交给了威廉·渣甸的两个侄子：大卫·渣甸和罗伯特·渣甸共同接管。今天来参加葬礼的正是大卫·渣甸。

这个大卫·渣甸先生看上去大约三四十岁的样子，一张脸孔俊美而苍白，一双蓝眼睛里写满了忧郁。他看上去似乎更像是一个诗人，一个充满天才灵感的艺术家，而不是怡和洋行的掌门人。

怡和和宝顺在广州的时候就展开了激烈的竞争，一直是面和心不和。但今天怡和的掌门人居然亲自来参加曾继圃的葬礼，足见曾继圃做人多么谦逊、正直，他的才华如何为众人所公认。

前来吊唁、慰问的人络绎不绝，从早到晚，灵堂里始终人来人往，直到傍晚吃饭时分才安静下来。

郑观应却没有任何心情去吃饭。众人都去吃饭了，他就主动留下来，一个人给曾继圃守灵。

直到这时候，他还不能真的相信，曾继圃伯伯真的就这么去了。那个在自己初来上海的时候，给予自己谆谆教导，期许自己和徐润一道成为新时代的佼佼者的曾伯伯，那个后来帮助自己进入宝顺做事情，给予自己和容闳大施拳脚机会的曾伯伯，那个不知道扶持了多少青年才俊，虽然人在洋行，却一心怀着济世之梦的曾伯伯，就这么真的去了。

这亦是郑观应在自己的人生里，第一次这么近距离、这么清晰地直面一个人的死亡。看着悬挂在灵堂正中上方那张大大的照片，照片里的曾继圃面带微笑，自信而从容，透出一股难以言说的儒雅和慈祥，真有种斯人犹在的感觉。仿佛他就在面前，和往常一样不紧不慢地聊着天。

正当郑观应一个人瞧着曾继圃的遗像，在那里呆呆地出神，不知道什么时候，徐润进来了，在他身边坐下。

"阿应，想什么呢？"

"阿润哥，我在想，上天为什么这么不公平？曾伯伯为人这么好，又这么有才华，为什么上天就把他带走了？"

"阿应，你没有听说过，天命有定。一个人的一生，能活多长时间，是一生下来就注定的。到了你要离开的时候，上天不会多给你一分一秒的时间。上天对任何人都是公平的，绝对不会有偏心。"

"可我总觉得曾伯伯不应该就这么走了……"

"不是应不应该,而是命数已终。其实曾伯伯自己,倒也没有什么遗憾了。他的事业做得怎么样,你我有目共睹。今天连颠地先生和渣甸先生都来给他送行了,你说曾伯伯是不是很成功?"

"成功自然成功,可是……"

"阿应,一个人来到这个世界上,能够如曾伯伯这样度过一生,已经是上天莫大的恩赐了。我们还能指望什么呢?很多人甚至根本没有机会去实现自己哪怕最微不足道、渺小到不能再渺小的梦想呢!曾伯伯这一生所做的事情,足以抵得上寻常之人活三五辈子,他已经赚得够多了。"徐润劝他道,"阿应,你和我也一样,将来也会有这么一天,走到自己人生的终点。如果到时候我们能够和曾伯伯一样,能够有他这样的成就,那么我们也就不辜负曾伯伯对我们的期许和教诲了。阿应,你知道吗?曾伯伯在所有人中,最看好的就只有我们两个人呢!"

"我倒是听他说起过。"郑观应点了点头,"他说他和徐伯伯已经老了,将来上海的天下,一定是你和我的。我一直以为他在开玩笑,像他正当事业鼎盛之时,怎么会说出这样的话来呢?现在想来,也许那时候他就有一种预感,似乎知道自己的时间不多了吧!唉,我真是愚钝。"

"曾伯伯去了,徐伯伯也处置完了所有的房产、生意,马上要离开上海回澳门老家去了。"徐润叹息一声,"阿应,我现在倒真有些担心,我们兄弟两个,真的能撑起来上海的这一片局面吗?"

"阿润哥,事在人为。"看徐润似乎有些消沉,郑观应反而振作起来。"你不是一直在说天命吗?如果天命有定,一定要我们兄弟在上海做出一番事情来,那么,不管发生什么,我们都不会畏惧、退缩,更不会放弃的,对不对?当年徐伯伯、曾伯伯来到上海,不也是赤手空拳,打下了这一片天吗?何况我们今天已经有了这么好的条件,我们一定会成功的,阿润哥你说呢?"

"对,我们一定会成功的!"徐润拉着他的手,在曾继圃的灵位前跪下来。"来,我们兄弟在曾伯伯灵前起誓:请曾伯伯放心,不管发生什么,只要我们兄弟同心协力,就一定能闯过难关!"

"曾伯伯，您在天之灵安息吧！以后的事情，就交给我们兄弟了！我们一定不会让您失望的！"

郑观应和徐润在曾继圃的灵位前发了誓，磕了头，起身后，二人陡然之间感觉到肩头沉甸甸的……

一番忙碌，曾继圃的丧事总算是料理完了。之后，徐润和郑观应却没有时间沉浸在伤痛中。

先是徐润升了总买办，接替了曾继圃留下的空缺。以二十四岁的年龄而接掌宝顺洋行，这在上海可是轰动一时的大新闻。来祝贺的人自然络绎不绝，徐润少不得大摆宴席，以作答谢。

接着，是郑观应在龙五爷的支持下，开出了自己的第一家揽载行。以十九岁的年龄而在上海开创出自己独立的第一份事业，这也算得上一个不大不小的新闻了，因此来祝贺的人也着实不少。

表面上热闹的背后，却是宝顺的生意一落千丈。徐润刚接手总买办，千头万绪，不知道从何下手。而郑观应虽然开了自己的揽载行，暂时解了燃眉之急，却也是杯水车薪。毕竟轮船在长江上航行，沿途要经过各大口岸。而在这些口岸上，所有的揽载行都被怡和夺了过去，一家独大。

因此，徐润很快又将郑观应叫来商量："阿应，我要你不惜一切代价，一定查出来怡和背后谁在搞鬼！"

"怎么查？"

"你放下一切事务，交给美国人晏尔吉去办。你给我专门盯住了那个林钦，将他的一举一动都盯紧了。"

"好。"

于是郑观应开始暗中出入，专门去盯怡和洋行的买办林钦。而他很快发现，这个林钦的行踪的确可疑。此刻正当怡和与宝顺展开全力竞争之时，这位怡和的大买办却悠闲得紧：白天一早到洋行上班，处理事务；中午到桂花楼和生意伙伴、朋友吃饭，下午到自己开设的"福隆兴"茶栈打点生意。然后到了下班时分，却不回家，而是出了门直奔灯红酒绿之地，去和一个叫"九岁红"的姑娘打得火热。一直缠绵到半夜时分，才从"九岁红"那里出来，返回家中。

一连几天，林钦的行动都是这样，极有规律，这就让郑观应奇怪："照他这个样子看，似乎并不是他在负责怡和的轮船事务，而是另有其人。那么，究竟是谁在帮助他背后和宝顺作对呢？"

为了调查清楚，郑观应做出了一个大胆的决定：去接近"九岁红"，从"九岁红"那里套出情报！

为此，郑观应特地经过一番打扮，西装革履，将自己打扮一个衣着入时的光鲜公子哥儿，然后，来到了"九岁红"所在的"怡红坊"。进门之后，他满口洋文，叽里咕噜，伸手就拍出一百两银子的银票。

眼见这位阔少一表人才，又出手大方，"怡红坊"的老鸨自然要亲自出来接待。郑观应开门见山："听说你们这里有一位'九岁红'姑娘，人长得好，曲儿也唱得好，叫她出来陪我！"

"哎呀，真不巧，我们姑娘名花有主了！"

"什么意思？"

"有一位林老爷将我们姑娘包了，一个月三百两银子……"

刚说到这里，郑观应掏出一张银票，往桌子上一拍。"这是五百两，从今天起，'九岁红'姑娘归我了！"

"啊呀，这位爷有才又有财，那位林老爷一把年纪，哪里配得上我们姑娘？我早说姑娘一朵鲜花，插在牛粪上，今天我们姑娘可算遇到有情有义的好郎君了！您这就请跟我去姑娘房里吧！"

老鸨亲自将郑观应领到"九岁红"的房间。房间里布置精巧、雅致，"九岁红"身材娇小，肤色白皙，是那种典型的苏州女子，一看到老鸨领着郑观应进来，将眉头一皱："阿妈，我不是说了吗？除了林老爷，我谁也不想见。请这位客人到别的姑娘房间里去吧。"

"哎呀，我的傻姑娘。"老鸨给他介绍郑观应道，"这位少爷可是指名道姓，一定要你陪才行！林老爷一个糟老头子，怎么配得上姑娘的花容月貌？正要这位少爷英俊潇洒，和姑娘才般配呢！"

听她这么一说，"九岁红"似乎也有些动心，将眼睛飞快地在郑观应身上扫了一眼。"这位爷贵姓？"

"我姓郑。"郑观应从容地在椅子上坐下来，从怀里掏出来一对晶莹剔透的玉镯,"这对镯子,是我送给姑娘的见面礼,一点小小的意思,不成敬意,还请姑娘不要嫌弃。"

他口上说得轻描淡写,可是"九岁红"是什么人,只一看那对玉镯,就知道是上等货,价值怎么也在五百两以上。这样的大手笔,可远非林钦那样的抠门鬼所能比拟的。

一瞬间,她眼睛里闪出亮光,对郑观应的态度,也来了个一百八十度大拐弯。毕竟是风月场中的女子,有得是手段。只见她并不自己去拿镯子,而是将自己的袖管挽起,将两截赛藕欺雪的嫩臂递给郑观应。一双眸子里秋波闪闪,脉脉含情。郑观应会意,一只手捉住她的葱翠玉臂,另外一只手将玉镯拿起来,给她轻轻套上臂弯。如此两只镯子都戴上,果然俏丽无比。

"红粉赠佳人,宝剑赠英雄。"郑观应故意道,"我这对镯子保存了这么多年,总算送对了人。"

"怎么?这对镯子是郑爷心爱之物?"

"是啊,这是我家传的宝贝,是我娘在我来上海的时候给我的,说让我将来有了心爱的姑娘,就送给她。"

"那么郑爷一直没有碰到心爱的姑娘?"

"没有。我从一来上海,就听说'九岁红'姑娘的大名,日思夜想,就是能见上姑娘一面,今天总算见到了。"

"郑爷可真会说话!"女人都喜欢被奉承,尽管"九岁红"也知道郑观应的话不可当真,不过还是心里甜滋滋的。她亲自去给郑观应端来了点心、茶水,将果子削成块状送到他的嘴里。

"郑爷来这里,不是只为了和我见见面、说说话吧?"

"姑娘何出此言?"

"郑爷不是在宝顺洋行做事情吗?我可听说,宝顺洋行和怡和洋行是死对头,你怕是为了林老爷的事情来的吧?"

"哈哈,姑娘果然冰雪聪明!"郑观应点了点头,"那么,姑娘都知道些什么?"

"我知道的可多着呢!""九岁红"猜到了郑观应的来意,却卖起关子来。"我从六岁被我那狠心的后爹给卖到了这暗无天日之地,就知道若想在这里活下去,就必须学会察言观色,见人说人话,见鬼说鬼话。我知道,如果想要出人头地,就必须学会一套伺候男人的本领。我还知道你们男人都是色急鬼,表面上谈风谈月的,其实满脑子里想的,都是一回事……"

"好了,这样吧,我来问,你来答。"郑观应打断了她,从怀里掏出来一沓银票,抽出一张放在桌子上。

"那个林钦是不是每天都来你这里?"

"是!"

"他有没有告诉你,怡和与宝顺最近在轮船业务上竞争得很激烈?"

"说了。"

"那么,他有没有告诉你,他请了什么人在帮助他做事情?是谁在替他操盘怡和的轮船业务?"

"他的确说了有一个厉害的人物在帮助他,不过没有说具体是什么人……啊呀,让我想想,他提到那个人叫……"

"叫什么?"

"我忘记了……"

郑观应何尝不知,她是在待价而沽。因此,将手上的银票一下子全部丢在了桌子上。"这些钱足够姑娘后半生的开销用度了。姑娘放心,今天的事情,我绝不会对外吐露一个字。以后我也不会再来了!"

"郑爷真是痛快!""九岁红"贪婪地将银票收进自己怀里,小声道:"我想起来了,那个人叫'阿星',听林老爷说,他好像是一家叫'修华'棉花店的老板。我就知道这么多了!"

"多谢,告辞!"

郑观应总算得到了关于怡和那个背后厉害人物的准确消息,立即从"九岁红"这里告辞出来。

当即,他返回宝顺,将自己从"九岁红"那里探知的消息告诉了徐润。徐润一听就惊叫起来:

"啊?是他?"

"怎么？阿润哥，你知道这个人？"

"我当然知道。你说他叫阿星，又是'修华'棉花店的老板，除了他还有谁？"

"他究竟是谁？"

"别急，让我来告诉你。他姓唐，叫唐廷枢，字景星。和你、我一样，也是香山人。"徐润显然早就听说过这个叫作"阿星"的大名，对他的情形耳熟能详。因此一听说和宝顺竞争的劲强对手是此人，脸上不由露出担忧的神色。"阿应，我们这次可是遇上真正的对手了。你不是一直很推崇容闳，认为容闳的才华数一数二吗？那么我告诉你，这个人和容闳在香港的玛礼孙学校，就是同班同学，而且是班上最好的两个学生之一。后来容闳不是去了美国吗？这位唐廷枢就在香港留了下来，独立开创自己的事业。他做过拍卖师、当过翻译，自己开过当铺。后来来了上海，在海关担任'大写'翻译。他的英文水平，绝不在容闳之下，简直就是一个英国人。"

"真的吗？我一直以为容闳大哥的才华举世无双，难道这位唐廷枢竟然可以和容闳大哥相提并论？"

"岂止相提并论？若以教育程度而言，容闳是从耶鲁大学毕业的，唐廷枢自然不如他；但是若论商业才华，我认为十个容闳，也比不上一个唐廷枢。这次你也领教了他的手段厉害，以后，他还不知道会施展出什么更令人匪夷所思的手段来呢！总之，如果此人被怡和网罗过去，那么对我们是祸不是福。我们一定要想办法，在他没有正式进入怡和前将他给彻底击败！"

"怎么个击败法？"

"他不是开设有一家'修华'棉花店吗？他是独力经营，资本金一定不会太雄厚。阿应，你假装成一个做棉花生意的，去和他做生意，争取能够找到他们的破绽，一下子将他们置于死地！"

"这……"郑观应没有想到徐润会出这样的招数，有些不太情愿。"这有些不够正大光明吧？"

"正大光明？哼，他躲在林钦的背后，偷偷摸摸对付我们宝顺，就是正大光明了？阿应，这是生意场，生意场上不是比谁是正人君子，而是比谁的手腕高明，手段厉害，这叫作'胜者为王，败者为寇'。只要我们能阻止唐廷枢进入怡和，那么，我们使点手段又有什么见不得人的？"

"也是。"郑观应点了点头，"那我就去'修华'棉花店探听一下虚实。"

三、想要计赚唐廷枢，却发现唐廷枢堂堂正正，是位真君子

探明了在林钦的背后暗中搞鬼的是"修华"棉花店的老板唐廷枢以后，郑观应决定先亲自上门，一探虚实。

这天，郑观应经过精心筹划，来到了唐廷枢的"修华"棉花店。

"修华"棉花店坐落在一排各式各样的商号中，在整条街道上并不如何起眼。棉花店的店面也不是很大，只有两间不大不小的屋子，不过倒是窗明几净。里面有两三个伙计：一个是账房，一个是坐店经理，还有一个是负责洒扫杂役的小伙子。郑观应一进门，经理立即上来招呼。

"哟，这位先生来啦，快请坐！"

郑观应此前已经听徐润大致描述过唐廷枢的模样，因此进门一打量，就知道唐廷枢不在店中。他大马金刀地坐下来，那位经理很热情，给他端上了茶水，还摆设了几样精美的点心、果子。

"你们这里谁是老板？"郑观应问。

"老板不在，不过有什么事情，和我说就可以了。"

"哦，是吗？"郑观应不慌不忙地端起茶杯来喝了一口，道，"我这可是一笔大生意，你做得了主吗？"

"做得了主，做得了主。"

"那好。"郑观应开始亮明自己的身份。"我是新德洋行的总买办郑秀山先生派来的，要跟你们合作，让你们帮忙收一批棉花，总数是一万包。怎么样，这生意你们能做吗？你能做主吗？"

"一万包棉花，一包九两五钱银子，一共是九万五千两银子。这在我

们这里,并不是多大的数目。"

"哦?你们这么一家区区小店,能做多大的生意?"

"先生有所不知。别看我们店面小,实际上我们主要是和怡和洋行在做生意。怡和洋行你知道吧?它们全部的棉花生意,都是我们这一家店在代理。仅仅去年一年,我们就给怡和代买了二十万包棉花。所以,先生你说的一万包棉花,没有问题,完全包在我们身上,绝不会有差错。"

听他这么一介绍,郑观应心里更有底了。怪不得唐廷枢要暗地里帮助怡和洋行出谋划策,对付宝顺,原来怡和给了唐廷枢的"修华"这么大一笔好处。仅仅棉花代理收购这一项,唐廷枢一年就最少可以赚到将近三十万两银子。于情于理,他都不会对怡和和宝顺的竞争袖手旁观。

"好,既然你们和怡和的棉花生意做得这么大,那我就相信你们。我先给你交一万两银子的定金。"

郑观应从怀里掏出来一张一万两银子的银票,递给经理。经理将银票拿去交给账房,验明了银票的真伪,给郑观应开出来一张龙飞凤舞的字据。经理将字据小心翼翼地拿过来,交给郑观应。

"先生放心,以三个月为期,到时候,保证不会少您一斤一两棉花。"

"那就这么说定了。三个月以后,我带着银票来取棉花。一万包棉花,一手付钱,一手交货。"

"得嘞!"

这笔生意就这么谈定了。郑观应带着字据出了门,经理客气地给他叫了一辆人力车,送他上车。

而这只是郑观应通盘设计的计划中的第一步。首先和"修华"棉花店建立了基本的生意伙伴关系。然后,郑观应开始留心市面上的棉花行情变化。尤其利用宝顺洋行在伦敦的本部消息灵通的优势,得到一个关键的商讯:因为美国正在爆发南北战争,很多农民都被强行征兵去打仗了。农田里人手不够,结果这一年的棉花种植面积大为减少。而好容易到了收获季节,却忽然又遭遇了极端天气,先是大旱,继而大涝。这一旱一涝,棉花最后的收成不到五成。美国那边糟糕的棉花收成,直接影响了英国和印度的棉花市场。没有足够的棉花,大大小小的棉纺厂都遭遇了歇业危机，大批的机器被迫停下来。没有办法，英国和印度的商人都只好转而将目光投向中国，委托在中国的代理机构大量收购棉花。宝顺本部就指示上海的洋行，暂停其他一切业务，将全部的力量都投入棉花收购中来，力争在此次棉花收购战中捷足先登。

郑观应得到消息之后，又来到"修华"棉花店，将原来订购的一万包棉花一下子提高到了五万包。

而此时上海的棉花市价，并没有开始大的浮动。郑观应的这一反常举动，终于引起了"修华"老板唐廷枢的注意。

当郑观应第三次来到"修华"棉花店的时候，已经有一个身材不高、面色白皙，鼻梁上架着一副金丝眼镜，一身西装革履的男子在等着他了。郑观应立即意识到：他就是唐廷枢！

果然，他一进门，前两次和他打交道的经理立即上来介绍："郑先生，我们唐老板亲自在等您哪！"

"哦？"郑观应装出吃惊的样子，将目光投向唐廷枢，上下仔细地打量着。唐廷枢也站起身来。

"这位就是郑先生？听说你在新德洋行郑秀山先生那里做事情？"

"不错。"郑观应点了点头，"承蒙秀山叔照顾，我帮助他做一些跑腿、打杂的事情，混口饭吃罢了。"

"郑秀山先生我认识，和他有几年的交情了。郑秀山先生有一个侄子我也认识，叫郑思齐，在宝顺洋行做事情。"

"实不相瞒，郑思齐便是家兄！"郑观应道。

"这么说，你就是郑思齐的那个弟弟，曾经帮助容闳和洋人打架，后来又闹着要去烧鸦片的？"唐廷枢似乎对他很是了解，听过他一些传闻。

"你怎么知道？"

"哈哈，这些事情怎么瞒得过我？你大概也知道，我和容闳在香港的时候，就在一个学校读书。我们之间那可真是无话不谈。他不止一次对我提起过你，说你有志救世，是英雄志士一类的人物呢！"

"不敢当，不敢当！"

"既然大家都是香山同乡，又都和容闳有这么一段兄弟情谊，那么，我们就来好好谈一谈这笔生意。"唐廷枢客客气气地和他拉了这么半天家常，此刻却突然面色一肃。"郑先生，首先我要问你一个问题，你是真心来和我做这笔生意吗？"

"自然是真心。"

"那么你想必也得了消息，美国那边南北正在打仗，棉花歉收，今年的棉化行情，一定看涨。所以，你先前和我的经理谈的一万包棉化，九两五钱一包，这个价钱我认了。不过，你后面追加的这四万包，实话告诉你，我要涨价。否则我担心到时候市面变化太快，我给你供不了货。"

"哦？是吗？涨多少？"

"涨一倍！"

"涨一倍？那就是十九两银子一包！"郑观应大吃一惊，"可是现在全上海也没有这么高的价钱呀！"

"既然大家合作做生意，不放敞开襟怀，让我来告诉你我的预测。"唐廷枢胸有成竹地道，"十九两银子一包，还只是我的保守估计。我敢打赌，不出三个月，上海的棉花会涨到二十五到三十两银子一包！"

"啊？真的？"

"郑先生，你我都是做生意的，当知道做生意靠什么赚钱。靠的就是眼光。我一向对自己的眼光很有信心。郑先生，说实话，十九两银子一包的价格，还是我看在郑秀山先生是商界前辈的面子上，以及你和容闳的这一段情谊。如果你觉得高了，不妨另外去找别的棉花行号，不过，到时候他们能不能如期交货，我可就不能担保了。而在我这里做这单生意，不管出现什么情况，我都保证你万无一失。"唐廷枢不愧是生意场上的老手，几句话将利害都剖析给了郑观应。

"好，那后面的四万包棉花就按照十九两银子一包。"郑观应也很爽快，毕竟不能在气概上输给唐廷枢。

他早有准备，从身上掏出来十张五千两银子一张的银票给了唐廷枢。唐廷枢也很大方，从中抽出来一张递给郑观应：

"郑兄弟，这是给你的！"

"不，我不能要……"

"别客气,你虽然是在帮助你秀山叔做事情,和自家的事情一样,但是年轻人要在上海立足,毕竟还是离不开钱。我和郑兄弟你虽然是第一次见面,但我听容闳多次提起你,知道你早晚要做一番大事情的。这笔钱虽然不足以帮助你成大事,不过拿去存起来,早晚有一天用得着!"

"那……多谢了!"

郑观应虽然不至于为了区区五千两银子,就被唐廷枢收买,但是对现在的他来说,这的确是一笔大钱。他来上海快两年了,虽然现在在宝顺做得也还算顺利,但是一个月的薪俸也不过三四十两银子而已。对于五千两银子这么一笔大钱,几乎是他十年的收入了。如今一下子摆在面前,怎么令他不动心?所以,他略一思索,将这张银票接了过来。"那这笔生意就这么定了!"

"好!"唐廷枢对于自己的判断充满了信心,"郑兄弟,你就等着看我的预言吧,三个月内,必然成真!"

唐廷枢这话还真不是吹牛。就在两三天之后,上海市面上的棉花价格就开始波动,从九两五钱银子涨到了十两、十一两、十二两,不到十天的工夫,竟然已经涨到了十九两银子一包!

这正是郑观应和唐廷枢签订的价格。而棉花价格在上海市面上的棉花一售而尽之后,并没有停下上涨的脚步。附近松江、太仓一带的棉花行号,听说上海市面棉花价格奇高,纷纷抛出大宗的货物。据说一天之中,就有近十万包棉花涌入上海,如此持续半月,可是仍供不应求!

于是就有人开始想歪主意了:先是有人往棉花里面注入生水,一包棉花涨成两包;后来更有人想出来坏点子,开始往棉花里注入热水,一包棉花涨成了四包。据说最离谱的时候,一包棉花净重六十斤,其中掺水超过三十斤,甚至达到了四十斤。这样一来可想而知,这样的棉花根本不能长久保存,一装上船就开始发生霉变,等经过长途航行抵达欧洲各国,全都烂掉了!

一片险恶之中,唐廷枢居然不为所动,到了缴货的日期,按照十九两银子一包的价格,稳稳当当给郑观应准备好了四万包棉花,这可是质量上乘、一点水分都没有掺的纯净棉花。"修华"棉花店店面太小,摆不下这么一大批货,唐廷枢就让人将一包包的棉花摆在了街道上,堆得如小山一样。

他这么一做,简直就是活广告,人人无不为"修华"棉花店这种老老实实做生意的态度所折服!

郑观应将这以十九两银子一包收购的棉花脱手,每一包的纯利都在十两银子以上,一转手就是四十万两银子的利润!这笔生意的名义是用的叔父郑秀山的新德洋行,其实主要还是宝顺在做。因为这笔生意的巨大成功,徐润代表宝顺给予了郑观应重奖,分了一万五千两银子的红利。

通过此次合作,郑观应真正了解到唐廷枢的为人:堂堂正正,是个正人君子,将来必有一番大作为!

然而这样一来,郑观应对徐润许诺的,要找到唐廷枢的弱点,将其击败,而阻止其与怡和的进一步合作,却也成为泡影。显然,仅仅以生意场上的手段而言,郑观应还远非唐廷枢对手。

计赚唐廷枢不成,郑观应回去和徐润一商量,只能暂且放弃原来的计划,全心全意转向去各地开设揽载行。经过一番努力,郑观应在九江、汉口等地方又开设了数家揽载行,虽然已经落后怡和一步,不过,郑观应等人全力经营,在"水脚"方面给予了极大的优惠,总算主动吸引了一些小揽载行加入进来。而怡和呢,尽管将各地的大揽载行都拉拢了过去,但毕竟进入这个行业时日未久,不像宝顺那么根基稳固。加上宝顺祭出了"价格战"这一最原始也最有效的竞争武器,怡和也不敢过分逼迫宝顺,这么一来,此消彼长,双方就斗了个不输不赢。

这一年的年底,郑观应接到父亲郑文瑞从家里寄来的书信,让他务必回家过年。郑观应此时已来上海三年,经商小有所成。他当初立下的誓言兑现了,总算可以衣锦还乡,告慰列祖列宗了。

四、父亲语重心长地告诉儿子:先成家,后立业,自古皆然

郑观应采办了一应新奇之物,满满地装了几大箱子,一路风尘仆仆,

总算在腊月底赶回了雍陌。

为了迎接儿子的归来，郑文瑞早早作了准备，将屋子粉饰一新。又去请来了一个戏班子，给乡亲们大唱三天。那个架势，仿佛儿子不是去上海经商，而是做了大官一样。

郑观应在澳门下了船，码头上和他三年前离开的时候一样，依旧是人来人往，喧嚣不已。有的人是和他一样，从外面经商赚了钱归来，衣着光鲜，满面红光，见了什么人都笑嘻嘻的，掩饰不住满心的得意。而有的人则不同，在外面做生意亏了本钱，或者遇到了什么不顺心的事情，一脸的暗淡之色，将头低着，深锁在脖领里，一下船就匆匆走开，根本不和任何人搭讪。

这是归来的人们，而还有一些人是准备离开家乡外出的。如果不是为生活所迫，实在挨不下去，谁会愿意在这个除夕将至的时分，背井离乡外出呢？只见他们一个个愁容满面，背着小小的行李卷，一双双眼睛里全是茫然和迷惘，不知道未来是什么样子，外面又是怎样的世界？

只不过，郑观应还没有仔细地看清楚这一切，就听有人在大声叫道："二哥！"边叫边跑上来。

原来是郑观应的大弟弟郑思贤，自从接到哥哥的书信，就再也坐不住了。他每天都在扳着指头数日子，这天更是天还没有亮就来到了码头上，在这里等了足足一上午了。

"二哥，你可算回来了！"

"三弟，让我看看！嘀，你都长这么高的个子了，比我都快高出半个头了！嗯，精神也不错！"

"二哥，你也比去上海的时候胖了！不，不是胖了，是'发福'了！瞧我这张嘴，老不会说话！"

"三弟，你小子什么时候，也学得这么油嘴滑舌！什么'发福'不'发福'，你当我是官老爷？"

"二哥，你现在不是官老爷，也和官老爷差不多。大家都知道，你在上海发了大财，做的都是大事情。"

"什么做大事情，还不就是给洋人做工，挣一点辛苦钱。你知道容闳容大哥怎么说？"

"谁？容闳？"

"哦，你不认识，就是我们的一个老乡，从美国耶鲁大学毕业归来的。他把买办叫'奴隶头儿'。"

"'奴隶头儿'？"郑思贤先是一愣，接着摇了摇头，"二哥，你们都做到了这个地步，自然可以互相开玩笑了。可是你知道吗？在咱们雍陌、香山，不知道有多少人羡慕你们这些'奴隶头儿'，大家都希望可以像你们一样去上海给洋人做工呢！对了，二哥，你这次回来，走的时候，可一定要把我带上啊！我也要去上海，我已经十八岁了，可不想再在乡下虚度光阴了。"

"什么叫虚度光阴？我不是说过吗？我走了之后，你就是家里的男子汉，你要照顾好弟弟、妹妹，还要孝敬爹和娘，帮助爹和娘将这个家撑起来，你肩头上的担子一点都不轻。你按我说的做了吗？"

"二哥你放心，你交给我的事情，我一定会做好！"郑思贤道，"不信，你回去问爹和娘，我做得怎么样？"

"那还用问，我相信你就是。"郑观应拍了拍他的肩头，"不过，你要跟我去上海的事情，我得回去先和爹、娘商量。如果爹、娘答应，我就带你去；如果爹、娘不答应，那你就继续留下来。"

"那当然了。"郑思贤也知道这么大的事情，不是自己和二哥两个人可以拍板的，"我一切全听二哥安排。"

二人一边说着，郑思贤一边帮助二哥将一个个沉甸甸的箱子拎到了一边，将全部的行李都从船上卸下来以后，叫了两辆车子，一辆拉着行李，一辆拉着兄弟二人，一路风光无限地奔回家去。

一路上，郑思贤不停地追问二哥在上海的情形。郑观应只捡了大略讲给他听，已经听得他咋舌不已。

刚一抵达雍陌村的村口，就见村口已经围拢了一大堆的孩子。听说郑家的二公子从上海回来了，特地等在这里，要讨一个"彩头"的。因为按照惯例，出门归来的人一定要带礼物的。

一见到郑观应的车子过来，孩子们立即蜂拥而上，口中齐声唱道：

"做大官，发大财。

　　娶个美娇娘，

　　　抱个胖娃娃。"

郑观应也不知道他们口中的这番话是谁教的，不过听在心里，委实受用不已。他立即将早已准备好的一个精美的盒子打开，从里面取出来一块块包装精美的巧克力糖，给每人分一大块。

"拿去吃吧，一点点咬，小心弄脏了衣服！"

孩子们得到了从未见过的新鲜糖果，一个个如获至宝，有的迫不及待就去剥开糖纸，一下子塞进嘴里。

在孩子们的簇拥下，车子来到郑家门口。那里早挂上了两大串鞭炮，远远看见车子过来，郑文瑞立即吩咐点燃了鞭炮。

"噼里啪啦"的响声中，郑观应的车子停下来。郑观应看到父亲站在门口，笑盈盈地望着他。

"爹，不孝儿回来了！"

郑观应眼眶一湿，喉头哽咽。他顾不得自己一身的西装革履，上前就跪倒在地，给父亲磕头。

"官仔，快起来！"

郑文瑞连忙将儿子搀扶起来。"让爹看看，这三年有什么变化？嗯，爹日夜替你担心，你信里又总说得这么好，那么好，一个人出门在外，哪里会事事顺遂？如今见了面，我总算安心了。"

"爹，我也不是一个人在上海？还有秀山叔照顾我呢。还有徐伯伯，曾伯伯……"一说到曾继圃，他一下子声音低沉了下来。"唉，曾伯伯对我那么好，可是他老人家却……"

"算了，人死不能复生，何况人各有命，他的事业能做到那么大，也不枉了这一生了。"郑文瑞道，"我接到信，本来要去上海的，却不知道当时怎么了，两条腿忽然疼得厉害，一步路也走不了……"

"啊？您在信里并没有告诉我呀。"郑观应一听，连忙关切地问，"那您的腿现在好了吗？"

"没有什么，不过是风湿疼痛而已，吃了药就好了。"郑文瑞不愿意多谈自己，拉着儿子的手往屋子里走，"走，先进去给爹讲一讲，你在上海这三年的情况，爹要知道你究竟干得怎么样。"

"好。"

郑观应答应着，跟随爹进了家。其他的弟弟妹妹也都迎接上来，郑观应忙着将自己带回来的礼物一一分发给他们，都是些西洋玩意儿，新奇而精巧，弟弟妹妹一个个高兴不已。

不消说，他给父亲郑文瑞和继母也带了礼物：给父亲所带的是最高级的印度雪茄和最上等的西洋参。给继母则带了从上海最好的绸缎庄购买的几匹绸缎以及从英国贩运过来的化妆盒。

一家人都沉浸在郑观应归来的喜悦中。父亲迫不及待地点上了印度雪茄，一边享受那种腾云驾雾的感觉，一边听郑观应将他在上海的发展情况。

郑观应将自己如何在叔父郑秀山那里做事、后来如何离开新德洋行到了宝顺、如何当上了买办，去做揽载生意，如何和怡和洋行竞争，又如何结识唐廷枢等经过，原原本本地讲了一遍。

当听说郑秀山在新德洋行被牵扯进"投毒案"，进了班房，几乎为此吃了官司，郑文瑞不由大怒："这些洋人真不是东西，狼心狗肺，你叔叔给他们挣了多少钱，为这么点小事就翻脸不认人了？"

当听说郑观应进了宝顺，负责揽载一事，和怡和展开激烈的竞争，郑观应如何去说服龙五爷，开了自己的第一家揽载行，郑文瑞赞赏不已："官仔，你这一招真漂亮啊！以后你的事业就算起步了！"

至于听说最后在怡和的背后出谋划策的是唐廷枢，郑文瑞眉头一皱："这个人我知道，他可是个厉害角色！和他斗，你只怕还嫩了点儿！"

"是呀，本来我想设计他的，不料却被他一下子识破了。"于是郑观应又讲了自己和唐廷枢的"修华"棉花店合作的事情。

当听说唐廷枢的四万包棉花如期供货，而且没有掺杂一点水分，郑文瑞也不由啧啧称奇："难得，真是难得！在这么纷乱的局面下，他居然能够不被诱惑，货真价实地做生意，不赚无妄之财，真是了不起啊！官仔，以后你可要跟这个人多学习，这才是真正做大事情的人哪！"

讲完了自己在上海的这三年来的经历，郑观应从怀里逃出来一张银票，恭恭敬敬地递给父亲：

"爹，这是我在上海三年来所挣的钱，您老人家收着，补贴一下家用。"

"官仔，你刚在上海立住脚跟，要花钱的地方多着呢，自己留着用吧。"

"不，我自己的钱够用了，这是我特地孝敬爹爹您的。弟弟妹妹都长大了，家里用钱的地方多着呢！"

"那好，我收着了。"

郑文瑞将银票接过去，目光在上面扫了一下。当他看到"一万两"三个大字，他一下子惊呆了。

"啊？这么多？……官仔，你在上海那边，没有做什么……什么歪门邪道的生意吧？"

"爹，您放心。我不是说和'修华'棉花店合作，大赚了一笔吗？这是宝顺的洋老板特地批给我的分红。"

"真的？"

"自然是真的。"郑观应肯定地点了点头，"爹，您一直教导我，做人要堂堂正正，要做事情，先做人。您放心，我一定不会去赚来路不正的钱。我所挣来的每一两银子，一定都是干干净净的。"

"那就好。"郑文瑞将银票收了起来，"官仔，以后你一个人在外面，做事情都要靠自己。一定要稳扎稳打，凡事三思而行。爹相信你，只要你踏实做人，勤恳做事，一定会成大事的。至于这笔钱——"

他其实在郑观应回来的时候，早已经和夫人商量，做好了打算。现在就给儿子讲了出来。"本来，爹和你娘就商量好了，这次你回来，就将你的婚事办了。这笔钱正好给你来操办婚事之用。"

"什么？我的婚事？"

"是呀，你已经二十岁了。和你一样年纪的村子里的年轻人，都结了婚，孩子都已经有了。"郑文瑞道，"你不知道，看着人家做父母的一个个都抱上了孙子，我这心里就急得不行。无论如何，传宗接代这件大事不能再拖了。我和你娘已经给你物色了两三户人家的姑娘，你明天就去相亲。"

"可是我……"

郑观应其实也隐约预感到，父母会为自己的婚事操心。可是他心里另有打算，如今却不等说出来，就被父母给安排好了，他岂能不急？可是一下子却又不知道如何告诉父母自己的打算才好。

"就这么说定了。"父亲却不管他心里在想什么，语重心长地道，"先成家，后立业，自古皆然。你结了婚，媳妇娶进了门，给家里留下个男半女的，郑家的香火就算后继有人了。到时候，你在外边怎么去发展自己的事业，家里的事情都不用你操心。我和你娘也算有了天伦之乐。这比你给我们多少银子都要强得多。如果你真有心孝敬我们，就先办了这件大事再说！"

"那……好吧……"

郑观应还能说什么呢？"不孝有三，无后为大"，当年徐润不也是为了这件大事，被父母从上海叫回来的？

这天晚上，为了迎接郑观应归来，家里操办了一桌丰盛的宴席。郑氏族里的亲近的长辈都被请来了。席间郑观应一一给各位长辈敬酒，被众口一声地称赞为大有"出息"。可是郑观应却根本听不到心里去，因为他心里正在暗暗盘算，关于自己的终身大事，他在作出一个重大决定。

晚上临入睡的时候，他悄悄地将弟弟郑思贤叫到了自己跟前："三弟，你想要跟我去上海，真的吗？"

"那还有假。"

"那好，我答应你。"

"太好了！"

"不过，我有一件事情，要你帮助我去做。如果你做得好，我就带你去；你做得不好，我就不带你去了。"

"什么事情呀，快说！"

郑观应附在弟弟的耳朵上,小声地讲出了自己的打算。郑思贤一听,差点惊叫了起来。

"什么?"

"嘘,小声点……"原来郑观应在弟弟耳边小声说的,是让他明天一早,代替自己去父亲安排的人家相亲。这件事情也太过匪夷所思,难怪弟弟一听几乎嚷起来。可是郑观应自有打算。"三弟,实话告诉你,明天我有一件很重要的事情,必须去县城走一趟,一刻也耽误不得。"

"那也不能耽误了相亲啊?"

"相亲只是走个过场罢了,反正爹安排的婚事,我是不会同意的。"

"啊?怎么?"郑思贤心思一转,似乎明白了什么。"我明白了,哥哥在上海那边已经有了心上人?"

"你就别多问了,总之明天这件事情,对我来说很重要。我就要你一句话:你到底肯不肯帮我?"

"帮。"郑思贤知道自己再多问,哥哥也不会多说什么。因此,他一口答应了下来。不管发生什么,总之哥哥的这个忙,他是帮定了。不过他也没有忘记提醒哥哥:"那我去上海的事情……"

"咱们就这么说定了,你帮我做好这件事情,我回上海的时候,一定带上你一起走!爹和娘那里我去说!"

"好,拉钩!"

"拉钩!"

兄弟二人的手指,又像小时候经常做过的那样拉在了一起,表示他们已经就某事达成了不变的约定。

第二天一早,郑观应穿戴停当,就要出门。父亲还在嘱咐他一些事情,可是他却根本听不进耳朵里。

作为哥哥陪伴的郑思贤,今天也打扮得格外精神。不过这是重大场合,他穿得隆重一些也没什么奇怪。

从家里出来之后,刚出村子不远,郑观应就和弟弟分开了,他最后叮嘱弟弟:"你去了之后,能少说话就少说话,把自己当作木头人一个。吃完了饭不要急着回来,自己找个地方逛逛。"

"好。"

二人约定之后匆忙分了手,郑观应此刻一番心思,早飞到了县城,一路上都在想着见到莫大小姐的情景。

他的心里始终只有莫菲青一个人。自从三年之前,在落榜之后,分手之时,二人彼此剖明心迹,郑观应就一直在想着自己将来衣锦还乡的一天。到时候,他要八抬大轿,郑重其事地娶莫菲青过门,让她风风光光地成为自己的妻子。相信这也是莫菲青埋藏在少女心底的一个梦想。

可是,三年过去了,三年的时间毕竟不算短,这期间会发生什么呢?想想自己到上海去的这三年,中间发生了多少故事,那么莫菲青在县城,一定也会经历同样的风风雨雨。尤其她和金大少之间,有那么多的纠葛,金大少早就扬言,一定要娶莫菲青过门的,莫菲青怎么办?她能顶得住来自金家的巨大压力吗?她父亲会允许她一直拖着和金家的婚事吗?……

一想到这些,郑观应心里一阵紧似一阵。越离县城近了,离莫菲青的家近了,他就越紧张起来。

终于,他来到了莫菲青的家门口。他曾经作为贵宾被邀请来到莫家,因此对于这条路记忆犹新。

还是那条熟悉的路,还是那座宅院,还是那紧紧关着的红漆木门。唯一不同的就是大门上的漆已经脱落了,而且其他人家新午将近,门上都早贴出了大红的对联,可是莫家的门上却连个简单的"福"字都没有。目睹这冷清、甚至略微显得凄凉的情景,郑观应忽然心中一紧。

他深吸了几口气,平息了纷乱的心潮,然后上前去,用手拿起铜环来,轻轻地叩击了两下。

没有人应答,没有任何的动静。郑观应的心揪得更加紧了。青儿啊青儿,你可千万不要有什么事啊!

他又拿起来铜环,这次叩击的力道重了许多,如果里面有人,一定可以清楚地听到。果然,里面传出来一个声音问:

"谁呀?"

郑观应一听那声音,悦耳仿佛风中的铜铃一样,呼吸顿时为之窒息。

没错，是青儿的声音。

细微的脚步声来到跟前，门轻轻地开了，一张略显苍白、然而俏丽依旧的面孔出现在了郑观应面前。

"啊？"

莫菲青根本没有任何的思想准备，怎么也没有想到，自己朝思暮想的心上人会突然出现在面前。她曾经无数次地梦想，心上人会骑着白马，从云彩里走下来，来到她的跟前与她相会。但那都是在梦里，那么短暂，那么虚无缥缈，没有一丝一毫的真实感。而且在梦里，心上人的面目总是那么模糊，她拼命地想看清楚，却怎么也看不清。

一次次从梦里惊醒，一次次午夜梦回，泪湿孤枕，她的心一次次沉入冰冷的深渊，渐渐地，她就对自己的未来人生不抱什么希望了。她甚至不敢相信，郑观应还会如原来约定的来到她面前。

"青青，你——？"

郑观应也有些难以相信自己的眼睛。只见莫菲青容颜未改，青春依旧。可是她却穿了一身白色孝服，在她的鬓角处，还插上了一朵黑色的小小布花。

"郑大哥，真的是你？"

"青青，出了什么事？你这是……？"

"说来话长，快进来坐。"

莫菲青三年来日思夜想的一幕终于变成了现实。她真想上去一头扑在心上人的怀里，放声痛哭一场。可是她克制住了自己，在前面将郑观应引入屋子里坐下。郑观应发觉这里和自己当年来的时候一样，不但摆设未变，而且那种整洁光亮、纤尘不染的洁净、朴素也丝毫未变。

等他坐下来，莫菲青给他端来了茶水，他却没有去喝，而是迫不及待地问莫菲青："青青，到底出了什么事情？快告诉我！"

"你先坐在这里等一会儿。"

莫菲青却没有马上回答他，而是自己去了里面的屋子。一转眼的工夫，她从里面出来了，郑观应眼前一亮。只见她将白色的孝服除去了，换了一身鲜艳的裙裤，头上的黑色小花也不见了，取而代之的是一个艳

153

丽的、大大的蝴蝶发卡。她的脸上也匆忙扑了粉，加上因为见到心上人而激动，红扑扑的，顷刻之间，和刚才出现在郑观应面前的那个莫菲青完全不同，仿佛换了一个人。

"郑大哥，你看我……穿这身衣服好看吗？"

"好看。"

"那你还记得……我什么时候穿过这身衣服吗？"

"这个……"

"不记得了？"莫菲青有些失望，提醒道，"你忘记了三年前你从科场出来，我在外面等你？"

"对了，我想起来了，那天你就是这样一身装束，怪不得我觉得眼熟呢。"郑观应终于想起来了。

"郑大哥，你一定很奇怪，为什么我刚才会穿那样的衣服？你也一定想不到，我在为谁守孝吧？"

"是啊，为谁？"

"金大少。"

"什么？金大少？"郑观应一惊。他无论如何也想不到，莫菲青竟然是在为金大少服丧！

"怎么，他死了吗？可你和他并没有什么关系呀？他就是死了，也用不着你为他守丧戴孝呀？"

"唉，这个说来话长！"莫菲青叹息一声，如果不是郑观应问起来，她真的不愿意再揭开这段伤痛的记忆。"郑大哥，你还记得当日我和金大少有过婚约，金大少也说过，非我不娶吗？"

"是有这么回事。"

"唉，郑大哥你不知道。自从你走了之后，那个金大少就天天来到我们家，逼着我履行婚约，早日和他完婚。我是死活不同意，他甚至威胁我爹说，如果再逼我，我就死了算了。郑大哥，你也知道，我的心里只有你，我是说什么也不愿意嫁给金大少那种人的。可是我爹也没有办法，因为金家放出话来，要想解除婚约，除非我爹将此前收的三千两银子的彩礼退回去。可是我爹早将这笔钱花掉了，哪里能够拿出来？于是金家就定下了日子，说定了花轿登门的日期。"

"到了那天，我知道再也逃不过去了，一咬牙，心里做了最坏的打算。我在早上起来穿戴好以后，就将一把剪刀揣在了怀里，心想等我到了金家以后，拜堂成亲的时候，我就给自己的脖子上来这么一下。我是宁可一死，也要保留自己的清白之身，绝不能让金大少那种人玷污。"

"你真傻，青青！"郑观应听到这里，紧张得手心里都是汗。"你就是不愿意嫁给金大少，也不用这么做呀？"

"郑大哥，你说我一个弱女子，除了这么做，还能做什么？"莫菲青苦笑一声，"父母之命，媒妁之言，金家那么无法无天，我爹又是那么懦弱无能的一个男人，你说我能怎么样？"

"唉……"

"郑大哥，还记得在你去上海之前，我对你说过吗？我认命了，我知道这就是我的命运，我必须接受的命运。所以，如果就这么死了，我也不会有任何的遗憾。郑大哥，对不起，请原谅我，在我决定要这么做的时候，我真的没有想过你，我真的不敢奢望，我们还有再相会的一天。"

"青青……"

"郑大哥，也许你不会相信，那天我就是那么抱定了必死之心，穿戴整齐，一直在那里坐着，等待莫家的花轿上门。可是说也奇怪，从早晨一直等到了晌午，还是没有一点动静。又从晌午等到了下午，后来，金家的人倒是来了，却不是来接新娘子，而是来报丧的。说是昨天夜里，金大少不知道从哪里喝了酒回来，喝得太多，一回到家里就倒在了床上，呼呼大睡。结果，第二天早上当家里人叫他起来的时候，却发现早已经全身僵硬，不知道什么时候，人已经死了。金家上下一片痛哭，忙着处理金大少的后事，直到下午才想起来要迎娶新娘子这回事，就派了一个人来告诉我们，金大少人是不在了，但我是他未过门的媳妇，名分上是早已定了的。所以按照规矩，我必须要为金大少守丧戴孝三年。"

"哼，这是什么规矩？"郑观应听了大怒，"如果不是他们金家一味蛮横霸道，也不会遭了天谴！难道金大少的死，还不是他们作孽的报应吗？"

"唉，要怪就怪我们没有钱退还人家的彩礼金。这口气我也只能忍了。"莫菲青叹道。

"那有什么,不就是三千两银子吗?"郑观应来的时候,早有准备,从怀里掏出来一张银票。"青青,这是我在上海挣的钱。三千两银子的彩礼金,我这就去退还给他们金家,你等着我。"

"算了,郑大哥,反正这三年的时间,还差两个月就满了。"莫菲青道。

"两个月?不,这样的日子我一天都不能让你再过了。"郑观应立即站起身来,"你等着我,我马上就回来!"

五、为了说服县太爷金万斗,郑观应别出心裁编了一个故事

他不顾莫菲青的阻拦,从屋子里出来,大步流星,飞快地来到县衙门口。那里两个衙役正在站班,旁边摆着一面大鼓,平日里有人有什么冤屈,就可以来这里击鼓鸣冤。县太爷听到击鼓,就要升堂。

不过,郑观应不是来办公事的,因此也就不去击鼓,只是上前对二位衙役道:"劳烦哪位大哥去通报一声,在下郑观应,要见金大人。"

"你要见金大人?"一个衙役上上下下将他打量了一番,见他一身洋装,派头不凡,也不敢大意。

"哦,我是从上海来的,在宝顺洋行做事情。"郑观应也知道,对付这些官场上的人,提起洋大人的名头来,比什么都好使。他故意将"宝顺洋行"四个字咬得很重,又从怀里掏出来一锭十两的银子,递了上去。"两位大哥辛苦!我这里另外有一点心意,要孝敬金大人,嘿嘿!"

真是"有钱能使鬼推磨",一见了白花花的银子,两位衙役态度大变。尤其听说他要孝敬金大人,那自然是私事而非公事了。这等上门来送银子来的,可不能阻拦,因此二人一对视,点了点头,一人接过银子,一人立即进去通报。顷刻之间从里面出来了:"这位先生,大人有请!"

"多谢!"

郑观应进了大门,在衙役的带领下,没有去公堂,而是绕过公堂,

来到后面的衙署。这里便是金大人的住处了。

衙役让郑观应站在门外，自己进去通报一声，然后出来对郑观应小声道："大人午睡刚起来，快进去吧。"

郑观应道了声谢，径直进到里面。只见这位金大人的书房里，摆设富丽堂皇，到处都是古玩字画。也不知道这位大人是真懂得收藏，还是附庸风雅。金大人就坐在一张舒适的大椅子上，一个身材娇小的漂亮美婢刚服侍他抽完一袋大烟，空气中还弥漫着令人心醉神迷的香味。

"唔，你就是那个从上海什么洋行来的？"

"上海宝顺洋行，小人叫郑观应，是宝顺洋行的买办。"

"什么叫买办？"

"就是经理。"郑观应尽量给他介绍得通俗一些，"就是专门负责具体一个方面的所有事务。小人是负责航运这一块的，洋行的轮船航行所经之地，揽货载货，载客运客，都归小人一手负责。"

"哦，我懂了，这么说，你的权力还不小。"金大人和三年前比起来，人是明显地老了。加之经历了丧子之痛的打击，所以精神大不如前。不过，因为刚抽足了鸦片，一双眼睛还是炯炯有神。"你说的宝顺洋行，是哪一国的洋人开的？我跟洋人素来不打交道，你来找我有何贵干？"

"金大人虽然不和洋人打交道，不过我们这位宝顺洋行的老板，金大人一定听过他的大名。"

"哦？叫什么？"

"颠地。"

"颠地？"金大人费力地念出来这个名字，在脑子里飞快地思索着。"这个名字倒真在哪里听过。"

"大人可还记得二十年前，林则徐林大人在广州禁烟，当时有两个英国商人，一个叫渣甸，另外一个叫……"

"另外那个就是颠地，对，我想起来了！"金大人经过他一提醒，顿时也想起了当年的旧事。"哎呀，我以为这个大烟贩子早回英国去了，怎么，他又到了上海了吗？你就在他手下做事情？"

"他不但到了上海，而且在上海的事业做得很大。宝顺洋行在上海所有的洋行中,那可是首屈一指。"郑观应故意要将颠地夸得很厉害,不过颠地在上海风光无限,这也的确是实情。"如果将来金大人到上海去,想要见一见颠地先生,我可以帮忙代为引见一下。不过,颠地先生很忙,每天等候排队见他的人,不知道有多少,连上海道见他一面也要经过预约才行呢!"

"贵人多忙事,我知道。不过,你能在他手下做事情,也说明你很有本领,年轻人不简单哪!"

金大人经过这一番谈话,对于郑观应刮目相看。至于这个年轻人,根本就是当年科考落第的那个郑观应,他对此已经没有一点的印象。毕竟现在的郑观应在一般人眼里,已经是洋派十足了。

"对了,你还没有说,来找我做什么?"

"哦,是这样。"郑观应道,"我这次回来,也是奉了家父之命,回来料理一些家中的小事情。但我想,金大人是一县之父母官,小人回来理应先来拜访,顺便询问一下大人,可有用得着小人的地方?小人在上海虽然不敢说呼风唤雨,但是宝顺洋行做不了的生意,也可以说没有。"

"你这么一说,倒提醒我了。"金大人忽然想起来一事。"我这里正要托人去上海购买一批洋人的枪支,只是没有人在上海那边找得到门路,所以一下子还没定下来。本来过了年要再派人去的,这下好了,这件事情就拜托你们宝顺洋行怎么样?"

"小事一桩。"郑观应立即答应下来,又压低了声音问,"我们宝顺还在做烟土的老本行,大人喜欢这一口,要不要我给你顺便弄一点纯正的印度货色来?"

"那太好了!"金大人一听,喜上眉梢,这个提议可谓正中下怀。"一会儿我就给你把银子带上。"

"这点小小的事情,还需要什么银子?就当我个人孝敬大人的好了。"郑观应轻描淡写地道。

"痛快,哎呀,现在的年轻人真了不得,做事情果然漂亮,不像我们这些老朽,做事情拖拖拉拉的。"

"哪里。"郑观应看哄得金大人差不多了,于是话题一转。"大人的事情,小人自当全力相助。不过,小人也有一件小小的事情,想要大人成全!"

"哦?尽管说来!"

"是这样。"郑观应故意编了一个故事。"小人这次回来,经过县城一个人家,偶然看见一个姑娘,一身孝装,正在从家里出来。不瞒大人,小人有一个毛病,就喜欢寡妇,一看到寡妇就走不动路。小人见了那个寡妇,自觉一生之中,从未见过如此姿色的寡妇,因此动了心思。不料去左右一打听,才知道此寡妇姓莫,据说是大人的未过门的儿媳妇,尚在为金家守丧。小人不敢造次,因此特地来询问大人,究竟此事是真是假?倘若能蒙大人成全,小人感激不尽!"

"你说的是莫菲青?"金大人这才知道他拐弯抹角,原来是为了这件事情而来。"不错,他的确是我未过门的儿媳妇。"

"那她在为什么人守丧?"

"唉,是我那个不争气的儿子。本来我指望他光宗耀祖,给他弄了个状元郎当,可是他一天到晚只知道花天酒地,最后也不知道怎么的,第二天要洞房花烛了,竟然前一晚上喝酒喝死了!"

"啊,这真是不幸啊!"郑观应装出一副哀悼的样子,"以令郎状元之才,将来前途不可限量,居然会出这样的事情,实在是太可惜了!对了,大人有没有找人代为禳解,可是有什么妖邪作祟?"

"法事我倒是做了几天,妖邪什么的谈不上,要怪只能怪我那个儿子没有福气!"

"那个姓莫的姑娘呢?大人可曾找人看过她的八字?"

"看什么八字?我那个儿子一早就看上了她,一天到晚嚷着非她不娶,我还哪里有心思看八字?"

"哎呀,这就是了,一定是八字不合,那女子的命必然是个克夫的,人未过门,先把夫婿克死了。将来只怕克死夫婿还没有完,还要克尽夫婿家里的男人。谁如果娶了这样的女人,那可是煞星进门哪!"

"什么?她还要克尽夫家的男人?"金大人一听,吓得全身冷汗直流。"那……那怎么办?"

"这就需要请高人来禳解了。"郑观应煞有介事地道,"小人年少之时,曾经在罗浮山学过道术。但凡这一类命里克夫的女子，一定是前世冤孽缠身。要禳解这些冤孽，必须广撒钱财，普度十方。每年拿出三五千两银子来做善事，做个十年八年的，冤孽消除，自然煞气就尽除了。"

"每年三五千银子，要做十年八年？"

"是呀。如果大人自己喜欢那个姑娘，不妨就按照我说的去做，不过是否真的灵验，我也不敢保证。"

"罢了，罢了，这样的姑娘，哪个男人敢要？年轻人，如果你真的看上了她，又懂得禳解之法，那你就娶了吧。"

"那她和你家的婚约……？"

"婚约作罢，本来我一直拖着不解除婚约，是想要回我那三千两银子的彩礼金，可是她们家也实在太穷……"

"三千两银子？那算什么？"郑观应等的就是这句话，立即从自己怀里掏出来一张银票。"我这里正好有三千两，这就替她们家还给大人。至于利息嘛，大人不是要去上海购买枪支吗？那笔钱也算在我的头上好了。我们做生意的，最讲究公平买卖，总之绝对不能让大人吃亏就是！"

"哎呀，怪不得连洋人颠地都重用你，小兄弟果然不简单哪！好吧，就这么说定了！"金大人连本带利，狠狠地赚了一笔。对于郑观应为什么非要娶莫菲青，也就知趣地不再多问了。

事情办完，郑观应立即起身告辞。金大人亲自将他送到衙署门口："小兄弟，上海的事情拜托了！"

"好说，好说！"

郑观应虽然花了点钱，但是干脆利落地了结了关于莫菲青和金家的这一段恩怨纠葛，心里亦充满了得意。

六、郑观应一番话惊醒梦中人：洋人狼子野心，欲壑难填，岂是一个小小的澳门所能满足？

等他春风满面地回到莫菲青家，只见不但莫菲青在等他，连莫菲青的父亲莫同也在那里等着他了。

莫同亦不是三年之前的那个莫同了。和金家的联姻失败，显然对他的打击更大。他原本就不怎么挺直的腰背，更加佝偻下去。一头头发倒有一半变成了灰白色，脸上更是一点血色都没有，精、气、神全然皆无。

"伯父在上，请受小生一拜！"

郑观应一见到莫同，立即就要跪下磕头，莫同连忙起身拦住了他："不须多礼，快说，你见到金大人了吗？他有没有故意为难你？关于青儿的事情，他怎么说？"

"伯父请放心，我和金大人见过了，也谈得很好。关于解除你们两家婚约的事情，他也答应了。"

"啊？真的？"

莫菲青听了，忍不住全身剧烈一震。她似乎还不敢相信，将疑惑的目光投向郑观应。莫同也催促道：

"快说，究竟怎么回事？"

"是这样的……"于是郑观应将自己见金大人的整个过程说了一遍。他略去了自己给金大人编的那个故事，只说自己透露是上海宝顺洋行来的，金大人正巧要在上海购买一批枪支，需要自己帮忙。自己就顺口提了莫菲青的事情，不料金大人就真的一口答应了。当然，他也不忘加上一句，关于那三千两银子的彩礼金，他已经代替莫家退给了金家，现在两家的关系彻底撇清了。

"郑大哥，谢谢你！"

听完之后，莫菲青再也控制不住自己的情绪，两行泪水滚滚而下。她被金家纠缠了这么久，为了一个死去的金大少而守活寡，三年来不知道受了人们多少的讥讽和白眼，吞咽下去多少的痛苦和委屈。如今，这一切终于结束了。耻辱而苦难的日子终于过去，她等来了期待已久的春天。

泪水在脸上尽情地奔流，但这却是喜悦的泪水，是生命在历尽风霜严寒之后的尽情喷涌和释放！

她哭得一塌糊涂，这边莫同也擦了擦自己的眼睛，拉着郑观应的手，半晌不知道说什么好。

"咳,这个……郑先生……"

"您别这么客气,叫我阿应就好了……"

"阿应,你为我们家做了这么多事情,我真的不知道如何感谢你……你先是救了我女儿,如今又替我们退还了金家的三千两银子的彩礼钱。这笔钱,只怕将我这把老骨头卖了,也还不起你……"

"什么还不还的?伯父您这么说就见外了。"郑观应连忙道,"其实,我这么做都是为了莫姑娘……"

"我知道,你的心意我完全明白。从你一开始来我们家,我就知道你是为什么而来的。我还没有老糊涂……"

"我不是那个意思……"

"窈窕淑女,君子好逑!你喜欢青儿,有什么不好意思说出口的!你喜欢她,她也喜欢你!以前都怪我,总觉得亏欠金家,想要通过将青儿嫁给金大少来报答金大人对我的援手之恩。其实后来我也想明白了,我自己做过的事情,要由自己来承担责任。青儿的人生和幸福,是她自己的,我有什么资格去安排女儿的人生,去剥夺女儿的幸福?我这个当爹爹的,实在太不合格了。"

"爹,您别这么说。"莫菲青听了父亲的话,停止哭泣,安慰父亲道,"女儿知道爹爹心里一直自苦。做女儿的不能替爹爹分担什么,但是如果女儿牺牲一点小小的个人幸福,能换取爹爹原谅自己,平静地度过晚年,那么,女儿真的愿意这么去做。缇萦为了救父,性命都能豁出去,我不过是嫁给金大少而已,根本不能和缇萦相提并论。我真的从来没有怪罪过爹爹啊!"

"青儿,你有这份孝心,爹爹就更加觉得对不住你了。"莫同眼圈红红的,声音也有些哽咽,"幸而上天可怜,被你的这份孝心感动,才让那个金大少突然死去,保住了你的清白之身。这三年来,你委屈是委屈了一些,但是爹爹知道,你一直在等着阿应从上海回来。如今阿应真的回来了,他为了你肯做这么多的事情,足见他对你是真心的。青儿,这一次爹绝不会再阻拦你什么,你要做出怎样的决定,选择去做什么事情,爹都支持你，你提怎样的要求，爹都答应你！"

"谢谢爹！"莫菲青上去轻轻地扑进父亲的怀里。"爹，女儿只有一个要求：请您别再为当年发生的事情自责了，好吗？"

"是呀。"郑观应在旁边也趁机劝道，"当年在澳门发生的事情，青青都告诉我了。其实当时的情势，绝不是伯父您所能挽回的。就是您不离开，坚持留在那里也没有用。洋人想要做的事情，绝非仅仅占领一个澳门那么简单，他们背后所隐藏的阴谋，是要打开我们整个国家的庞大市场。伯父您知道吗？我现在正在宝顺洋行做事情，宝顺的老板颠地，就是当年在广州差一点儿被林则徐林大人砍了头的那个英国商人。可是他到了上海以后，照样干贩卖烟土的老本行，而且发了大财。所有的外国人都一样，他们提出这样那样的要求，最后无非为了进入中国这个大市场，在这个大市场里捞一笔。所以，伯父您想一想，洋人狼子野心，欲壑难填，岂是占领我们一个小小的澳门所能满足的？您一个人的力量，又怎么能对抗他们的坚船利炮？您离开或者不离开，并不能改变什么。既然如此，您又有什么可以责备自己的呢？"

"你说得对！"莫同点了点头，"这些年来，我无数次地想过这件事情，但都没有你这一番话给我讲得透彻。我实在太不了解洋人，也太不了解现在外面世界的情形了。唉，当初青青说支持你去上海做事情，我还很反对，觉得你去给洋人做工，是给我们老祖宗丢脸。现在想来，我真是大错特错了！若非你去上海，开阔眼界，能有如此见识、思想，能有今日如此成就吗？"

"其实也谈不上什么见识、思想，我也没有做成多大的事情，不过和洋人接近，更容易看清楚他们。"

"我们国家现在最需要的，就是能够看清楚洋人的花花肠子，能够和他们正经八百打交道的人才！"莫同道，"只可惜我认识到这一点太晚了，否则当年我就会着手培养一批像你这样的青年人，说不定今天，这些人才就能够为我们国家真正做点事情。还好，你们已经自觉意识到了这一点，而且已经在上海那边闯出了一片天地，我能够在有生之年看到这一点，已经很欣慰了。"

"爹爹，这么说，你的心结已经解开了？"莫菲青高兴地问，"你已经在心里真正原谅自己了？"

"人生在世，譬如朝露，生死都是一瞬间的事情，还有什么是萦绕于怀，不能看开、丢下的？"莫同宛如一个大彻大悟的出家人一样，对女儿和郑观应说道："这个世界的发展和变化太快，我老了，再也跟不上这个世界的脚步了！我已经想好了，等青儿的终身大事了结之后，我就一个人云游天下去！名山大川多得是，深山古刹也多得是，说不定走到哪里，我就在那里停下了，从此青灯古佛，终老此生。青儿，我不准你去找我，我也不想被任何世俗之人打扰。"

"爹，您……不要青儿了吗？青儿以后还要给你养老送终呢，青儿答应过娘……"

"傻孩子，爹太累了，想要一个人好好地静一静，你明白吗？爹看到青儿长大成人，而且等到你出嫁那一天，爹能够亲眼看到青儿穿嫁衣，上花轿，爹就已经很高兴了。爹这一生，经历的事情太多了，爹对这个尘世早已经厌倦了。你就让爹按照自己的心愿，去过几天清静日子吧！"

"爹……"

莫菲青还要说什么，却被郑观应劝住了。"青青，答应伯父，让伯父按照自己的意愿去做吧！"

"可是……"

"你放心，伯父其实早已经做了决定。他之所以没有早这么做，是因为放不下你。如今他将你托付给我，心事一了百了，他是完全地放下了。你应该为伯父感到高兴才对，是不是伯父？"

"是啊，一了百了。过去发生的所有事情，我总觉得仿佛在做梦，现在是到了梦醒的时候了。"莫同多年的心结终于解开来，整个人似乎一下子放轻松了。"阿应，说说看，你怎么打算？"

"伯父，我在上海那边，还有很多的事情要做。所以我打算半个月以后，就来接青青过门！"

"那好，就这么定了！"

这么一件终身大事，就这么定下来了，莫菲青和郑观应心心相印，更加相契！

而郑观应做事情也的确漂亮。当即，他就从怀里掏出来一张银票递给莫同："伯父，这是我的一点心意，请您收下。"

"怎么？你还叫我伯父？"

"哦，岳父大人。"

"哈哈。"莫同听了郑观应改口以后，很是得意。可是一看到银票上的数目，却不由脸色大变。

"什么？这么多？"

莫菲青见父亲神色有异，也将目光去银票上扫了一眼。一看到清清楚楚的"六千两"三个大字，她也吓坏了。

"郑大哥，你不是刚帮助我们退还了金家三千两银子的彩礼金？怎么还会有这么多的银子？你……"

"放心，我在上海这三年，虽然没有做什么大事情，不过也还是做成了一些生意。我帮助宝顺和修华棉花店做的一笔生意，就赚了四十万两。这些银子，是宝顺的洋人老板特地给我的分红。"

"阿应，没想到你这么能干，以后将青儿交给你，我是完全地放心了。"莫同听他这么说，也就放了心，将银票收起来。"行了，有了这笔钱，我就可以给青儿置办一份像样的嫁妆了！"

"岳父，青儿，如果没有其他的事情，我这就马上赶回雍陌去了。"郑观应看时间不早，起身告辞。

"这么急？"莫同有些意外，"今天你就在这里住下来，和青儿好好说一说话，明天再回去不迟。"

"不了！"

尽管看到莫菲青的眼神也很期待，但是郑观应还是拒绝了。他不好说自己是背着家里来县城的，还大胆地让自己的弟弟去替自己相亲了。他只能找了个借口："迎娶青青这么大的事情，我可不敢马虎，必须马上回去和家里商量如何准备，到时候一定要风风光光，可不敢委屈了青青！"

"那……让青儿送送你吧！"

"好。"

郑观应答应一声，告辞出来。莫菲青一直将他送到了县城的城门口，一路上二人似乎有很多的话要说，却不知道从何说起。毕竟二人的关系，在这短短的时间内已经发生了变化。他们曾经彼此梦想，有朝一日能够结成夫妻，比翼双飞。但如今真的订下了婚约，半个月之后就要举行婚礼了，二人反而一下子不太适应这种亲密关系，彼此不自觉地保持了距离。

等来到城门口，郑观应即将离去，莫菲青再也忍不住了，泪水滚滚而下。郑观应安慰她："好了，青青，别哭了！我们这一次又不是长相离别，不过是十多天的光景，以后我们就可以天天在一起了！"

"郑大哥，我不是在做梦吧？不知道为什么，我到现在也不相信，总觉得这一切只是一个梦……我真的害怕像从前一样，梦中的光景是那么美好，可是等一觉醒来，什么都没有了，什么都没有改变……"

"不，青青，这不是梦，这一次是真的！"郑观应上来将她轻轻地搂在自己怀里。"青青，我知道，你经历过的事情太多了。你已经对自己的人生产生了怀疑，不敢对未来抱有期望了。但我向你保证，从今以后，这一切都不会像从前一样了。从前你一直是一个人，孤零零的一个人，但以后就是我们两个人了。我们两个在一起，从此一起承担风雨，一起分享欢乐，一起哭，一起笑……青青，你知道我现在最想对你说的一句话是什么吗？我不敢保证自己的事业能做多成功，不敢保证将来我能给你提供什么样的生活，但我会一直爱你，我向你保证：只要有我在你身边一天，我就不会让你再回到从前那样的日子！"

"谢谢你，郑大哥！"莫菲青的全身都被他的浓浓情意融化了，依偎在他的怀里，喃喃地道："谢谢你，又给了我希望，给了我一个崭新的人生，给了我一个这么美好的未来，谢谢你！"

情到深处，她似乎再也不能控制自己，忽然仰起脸来，踮起脚尖，将自己的芳唇凑向郑观应的唇边。郑观应也似乎感觉到了某种吸引，几乎是本能地去迎接她那鲜艳而湿润的双唇，一经接触，二人的身子都是一颤。那种灼热而甜蜜的感觉从唇舌之间迅速蔓延开来，湮没了二人……

七、洞房花烛夜，妻子在他耳边吐气若兰：知道我要怎么报答你吗？我要给你生一群孩子！

半个月后。

这天是郑家大办喜事的日子。一大早，雍陌村的人们就被阵阵鞭炮声给吵醒了。郑家门口，身着新郎官服装，胸前挂着大红花的郑观应，已经登鞍上马，跟随轿子准备去县城迎接新娘子了。

郑文瑞为了这一天，已经等得太久。本来他这次叫儿子回来，就是想要给儿子操办这件大事。但他没有想到，这件事情会这么顺利，这么快儿子就要举行婚礼了。而且更令他惊奇的，儿子所看中的姑娘，居然不是自己替他所相中的几户人家，而是在县城里一户素未谋面的人家。

不过，儿子大了，在婚姻大事上，有自己的眼光，自己的主张，做父母的也不好过分干涉。

现在，郑文瑞是充分地相信儿子。儿子去上海这三年，从立住脚跟到发展事业，所取得的成就已经远远超出了他的预期。现在的郑文瑞，已经完全认可了郑观应在家中当家做主的地位。本来郑观应只是次子，但是长子郑思齐已经过继了出去，所以郑观应就是家中的长子了。长子继承家业，继承父亲一家之主的地位，是顺理成章的事情。郑文瑞从内心里，已经接受了这样一个显而易见的事实：儿子可以挑起家族的重担了，自己操劳了一辈子，如今终于可以卸下肩头上的担子，只要安度晚年，耐心地等待抱大胖孙子，享受天伦之乐就行了！

因此，这天的郑文瑞，一再叮嘱儿子，路上千万不可耽搁，误了吉时！

"爹，放心吧！"

郑观应此时，也不再是那个毛头毛脚的大男孩，而是一个真正成熟、稳重的男人了。他自信满满，那是一种对未来胸有成竹的自信。曾经高大而威严的父亲，如今在郑观应的眼里，形象也发生了改变。似乎二人之间不仅是父子关系，更是两个纯粹的男人相佩服的关系了。

鞭炮声停了，唢呐响起，这支迎亲队伍要上路了。因为到县城路途遥远，所以那花轿是一辆两匹高头大马拉的马车。马车装饰得自然漂亮，两匹马也是经过精心挑选的，个头雄健，四肢修长，一黑一白，身上都没有一丝的杂色。每匹马的脖子上也都系了一朵大红绸花，煞是好看。

这支队伍一出了村子，立即向县城疾驰。等他们一路风尘仆仆来到县城，在莫家的大门外停下来，只见门户大开，从庭院一直到门外，停了几辆大车，车子上堆满莫同给女儿所置办的嫁妆。

鞭炮轰鸣，左邻右舍都来道贺。在热烈的气氛中，莫同亲自拉着女儿的手从里面送了出来。

莫菲青从早晨起来就梳妆打扮，足足用了两个时辰，淡描浓抹，穿戴一新。当大红的盖头罩上以后，外面的世界一下子被隔开了，她就只能在那里静静地坐着，默默想着心事。一直到外面鞭炮响起，迎接新娘子的队伍来到了门口，唢呐阵阵，锣鼓喧天，一切都在催促她：该上路了！

她是个坚强的姑娘，曾经经历过那么多的痛苦和磨难，那么多难以想象的波折，都没有能够令她伤心落泪。可是，这一刻，就在即将动身的一刻，她却忽然感觉到伤心难抑，不由泪落如雨。

是啊，这是自己的家，这是自己相依为命的亲人，可是这一切转眼就要告别了，就要踏上一段未知的人生旅程。她不知道未来等待自己的会是什么，可她知道，一经出了这个门，就再不能回头了！

因此之故，她觉得自己的脚步是那么沉重，她多么希望这一刻时间停止，自己能多停留片刻。

可是外面已经在催促了。父亲莫同显然也知道女儿的心情，作为父亲，他也同样舍不得女儿。

"青儿，别哭，我知道你舍不得走，爹也舍不得你，可是哪个做女人的，也要早晚上花轿的啊！"

"爹，我知道，可是我就是想哭！我就是不愿意离开您，离开这个家！我知道我这一走，这个家就再也没有了！我以后就是想回来看看您，您也不在这里了！爹，没有了您，这里还叫家吗？"

"傻女儿，你嫁了人，以后那边才是你的家。你要为人妻，为人母，要组建一个新的家庭。有女人才有家。爹很感谢你，陪伴了爹这么多年。以后爹会四海为家，你不必再为爹操心了。"

"那么，女儿还能听到爹的消息吗？"

"不一定。也许有一天我厌倦了山野之间的寂寞生活，又会回到尘世中来，到时候我会去看你们的。"

"真的吗？"

"真的。"

"那我们说定了。说不定等爹爹来看我们的时候，您已经有了外孙、外孙女。到时候就您就别走了，留下来和我们一起生活，让女儿好好照顾您，让您无忧无虑，尽情享受天伦之乐！"

"那好呀！"

莫同其实早已坚定了出世之心，一旦离开，怎么还会再回到红尘中来？只是他不愿意拂了女儿的心意，也不想在这个大喜的日子里，让女儿太过伤心，所以只能假装答应了，以安慰女儿。

他亲自将女儿送到了大门口，那边，郑观应容光焕发，笔直地站立着，已经在那里等着了。

莫同拉着女儿的手上前，郑重其事地将她的手交到郑观应的手里："阿应，我把青儿交给你了。"

"请岳父大人放心！"郑观应将莫菲青的小手紧紧地握在自己的手心里。"我一定会照顾好青青的。"

"时候不早了，去吧！"

"怎么，岳父大人不和我们一起走吗？"

"哈哈，我就不去了。我会在这里为你们遥遥祝福的。还有，以后你们也不要再回来这个地方了。"

他指的是当地的女子出嫁三天后的"回门"风俗。他已经迫不及待要离开，自然就不让女儿回来了。

"这么说，岳父大人已经决定了？"

"是的，决定了！"

"那我和青青就早晚三炷香，给岳父大人祝福，祝福您身体健康，快活自在！"郑观应道。

"哈哈，好，好一个快活自在！我在这个尘世早呆得厌倦了，现在，我要去过神仙的逍遥日子了！"

莫菲青又哭了起来，虽然没有哭出声音，可是全身都在轻微地颤抖。

"青青，我们该走了！"

郑观应知道这么待下去，徒增伤感。因此他拉着莫菲青给莫同跪下来，两人恭恭敬敬地磕了三个头。

"爹，我走了！"

"岳父大人，我们走了！"

"好，走吧！"

莫同还是强装笑颜，目送郑观应搀扶着莫菲青上了车子。当轿帘落下，马鞭扬起，一声"驾"，车子远去，莫同再也无法控制自己的情感，泪水模糊了视线……

虽然在莫家耽搁了一些时间，不过一路上快马加鞭，这支迎亲队伍还是赶在中午之前返回了雍陌村。

一讲村口，鞭炮齐鸣，锣鼓喧天，男女老少早等候在这里了，一齐嚷着要见新娘子。莫菲青将轿帘掀起来，将大把的糖果撒出去，孩子们你争我夺，阵阵欢乐的笑声将这个日子点缀得愈发喜庆。

来到郑家门口，车子停下，郑观应将新娘子从车上搀扶下来，早有人递上来丈二大红绸缎，中间系着一朵斗大的大红花。郑观应将一头交在莫菲青手上，一头握在自己手上，拉着莫菲青进了家门。

厅堂之上，人头攒动，亲朋好友济济一堂。丰盛的宴席从厅堂里一直摆到了院子里，加上后面花园，整整齐齐二十桌。

郑观应牵着莫菲青来到堂上，父亲郑文瑞和继母早已在那里端坐。吉时已到，司仪一声高喝：

"新郎新娘拜天地！"

郑观应和莫菲青站好了，按照司仪的指挥，履行传统拜天地的程序：

"一拜天地……"

"二拜高堂……"

当郑观应和莫菲青在郑文瑞跟前跪下来，一瞬间郑文瑞竟然情感汹涌，泪水如决堤般夺眶而出……

"夫妻对拜……"

"送入洞房……"

喧嚣的婚礼从中午一直持续到晚上，郑观应穿梭在亲朋好友中间，接受众人的祝福，直到半夜，才进入洞房。

一进入这个小小的二人世界，所有的喧嚣和嘈杂都远去了。仿佛整个世界一下子缩小了，只剩下这个专属于二人的、温馨而甜蜜的小天地。

八根大红的蜡烛，毕剥地烧着，照得一片光亮。

郑观应来到床沿前，新娘子已经在那里一动不动坐了很久，就等他进来掀起盖头的那一个瞬间。

郑观应用一柄如意伸过去，轻轻挑起她的红盖头。在那下面，是一张怎样俏丽动人的面孔啊！白皙的肤色被烛光映照，涂抹上了一层淡淡的红晕。她的目光和他交接，半是羞涩，半是期待。

郑观应久久地停留在这惊艳的一刻，似乎第一次见到新娘子，第一次被她的美丽如雷霆般击中。

"看够了吗？"

"看不够，就这么看，一辈子也看不够。"

郑观应一边说，一边从自己的怀里掏出来一个精美的首饰盒子递过去。"瞧，这是我特地从上海给你带回来的。"

"是什么？"

莫菲青接过盒子来，刚一打开，顿时一片夺目的光亮倾泻而出。原来是一条闪烁着银色光泽的项链。在项链的顶端，是一颗大大的钻石。钻石呈现出完整的心的形状，显然经过精心打磨。

"来，我给你戴上！"

郑观应亲自将项链戴到了莫菲青的脖子上，经过这项链的一装点，新娘子更加光华闪闪，妩媚动人。

"青青，你真漂亮！"

在这种时刻，没有人会不动情。郑观应将莫菲青搂在怀里，莫菲青小鸟依人，紧紧地将脸贴在他的胸膛上。

"青青，还记得我们三年前，在妈阁庙的天后娘娘神像下面过的那一夜吗？那时候，你和我也离得这么近。我那时候真的好想和现在一样，将你搂在怀里，就这么一生一世搂着你，但是我不敢……"

"哼，如果你那时候敢对我动手动脚，我就不理你了。正因为你是个正人君子，我才会喜欢你。"

"做正人君子有什么好？青青，你知道吗？我去上海这三年，所见过真正称得上正人君子的，也不过二三人而已，而且大都活得不怎么如意。倒是那些不是正人君子的，囤积居奇、投机钻营，一个个混得很不错，要风得风，要雨得雨。有时候我真的很想问自己一句：为什么不能和他们一样，为什么头脑里、心里有这么多的条条框框，有这么多的道义、规矩？"

"别人要不要做正人君子我不管，我只要我的男人堂堂正正，是个顶天立地的男子汉、大丈夫！"

"好，你喜欢我做正人君子，我就听你的，做一辈子正人君子！可是正人君子洞房花烛夜，只怕也不老实！"

"等等……"

莫菲青刚说了这么一句，已经被郑观应将她的嘴唇堵上了……

一番缠绵过后，莫菲青在丈夫的耳边，轻轻地咬着他的耳朵道："相公，你知道吗？你说三年前，我们在妈阁庙过的那一夜，你那时候只想把我搂在怀里，你知道我当时在想什么吗？"

"想什么？"

"本来我永远不想告诉你的，可是我现在改变主意了。不过，我说出来，你可不准嘲笑我。"

"一定不会。你说吧。"

"我……我当时的想法是，你救了我，是我的救命恩人。可是你的这份大恩大德，我该怎么报答呢？"

"是啊，怎么报答呢？"郑观应开玩笑地道。

"受人滴水之恩，自当涌泉相报！我记得以前在戏文里，说遇到这种情况，英雄救美，被救的美女通常十有八九，都是以身相许。所以，我当时想，我要报答你，就只有一种方法，那就是把我整个人都交给你……"

"给我干什么？"

"给你……给你生一大群孩子……"

莫菲青最后的这几个字吐出来，简直细如蚊蝇。不过郑观应却听得清清楚楚，明明白白。

"什么？青青，你当时真这么想？"

"真的……你答应过我，不嘲笑我的！"

"不，我不是嘲笑，而是感动。"郑观应将她在怀里搂得更紧。"青青，我真的想不到，你会对我这么好，从那时候，就想到了以后这么久远的事情。我当时真是太傻了……早知如此，我也不去什么上海了……我们早应该在一起的，我早一点懂得你的心意，也不会让你受这三年之苦！"

"不，这不怪你，是我自己心甘情愿的……"莫菲青连忙道，"我其实心里也很害怕，不敢说出来。我一个大姑娘，第一次见面就爱上人家，然后心里想着给人家生一群孩子，也不知道人家喜欢不喜欢，我是不是很傻？我如果当时对你说了我的真实想法，你会不会吓得掉头就跑？"

"那还真不好说，不过你知道我现在在想什么吗？"

"想什么？"

"想让你的心愿马上变成现实……"郑观应说着，"扑"地吹灭了灯火……

大地笼罩在无边无际的黑暗中……

第四章
龙争虎斗

一、李秀成兵临上海，重重围困之际，一个叫金能亨的美国人却嗅到了商机：发大财的机会来了

正当郑观应在乡下沉浸于温柔之乡，却忽然从上海传来一个惊天消息：太平军围城了！

这已经是太平军第三次进逼上海了。第一次是在咸丰三年，太平军在起事两年后攻下南京，定都于此，号称天京。此时太平军兵锋正盛，派一支大军东进扬州，上海亦遭到威胁。但事实上，太平天国并没有当真进入上海的意思。因为上海有英国和法国人，是洋人的集中居住地。太平天国认为自己信奉基督，和洋人是同一个天主，所以大家彼此是教友而非敌人。洋人以英国驻上海领事密迪乐为代表，派人去和太平军接触，得知太平军和洋人所要建立的无非是一种商务往来关系而已。不过，当时令太平天国和洋人都没有想到的，是上海县城内突然爆发了小刀会起事。小刀会的领袖刘丽川显然错误地判断了形势，以为太平天国的战略意图在于占领上海，而小刀会此时倘若与太平天国里应外合，则上海旦夕可下。

太平天国的军队尚在远方，而小刀会起事却给上海的普通人们带来了深重灾难。不明真相的人们，根本不知道小刀会与太平天国的区别。加上小刀会也用了太平天国的旗号，以至于人们信以为真。传说太平天国的人状如妖魔，奸淫烧杀，无恶不作。于是就出现了商人纷纷逃跑，有的人家举家自裁，妇女上吊……一时间门户关闭，河道之中浮尸不绝……这些惨案就发生在当时在上海的郑文瑞眼皮子底下。郑文瑞自然将这一切归咎于太平军，于是和徐钰亭、曾寄圃等商界翘楚一道，募款助饷，以协助镇压"太平军"，实际是小刀会的暴乱之众。

小刀会最终未能和太平天国实现联合，烈焰被一扑而灭。不过这笔账还是算在了太平天国头上。

等到太平军第二次兵临上海，已经是七年之后了。这一次太平军可是真的冲着上海来的了。

原来，太平天国在经历了天京事变之后，崛起了一个中兴的关键人物：李秀成。这个李秀成是一个军事天才。他是广西人，自幼家贫，和母亲相依为命。二十六岁加入拜上帝教，二十八岁加入太平军。从一名普通战士迅速晋升为出色的青年将领。在杨秀清、石达开麾下，他都有着极其出色的表现。他成名于镇江之战，出奇制胜，一战成名。而他最辉煌的战绩，还在于袭破满清的江南大营。他因此而得到洪秀全的重用，成为天京事变后，洪秀全所依赖的新的领导核心之一。然而李秀成过高地估计了自己在洪秀全心目中的地位，对自己的才华过于自信。他向洪秀全提出了一系列的政治主张，例如"择才而用，定制恤民，申严法令，肃正朝纲，明正赏罚……"犯颜直谏的结果，是被洪秀全认为他野心勃勃，一举将他罢官。后来经过李秀成和在朝文武的据理力争，洪秀全才又恢复了李秀成的职务。之后，满清对天京再一次合围，李秀成得以有了展示才华的机会。他亲自主持天京的解围之战，却不料因为受到满清的招降而被洪秀全误解，再次解除了他的兵权。李秀成孤军奋战，大破清军。洪秀全被他的忠义所感动，亲自写了"万古忠义"四个大字送给李秀成，封为"忠王"。

得到晋封后的李秀成进入了自己最辉煌的时期，他第二次出奇兵攻破了江南大营，大破清军。太平天国出现了一片中兴气象。洪秀全受到鼓舞，接受干王洪仁玕的建议，制定了雄心万丈的"东征"与"西征"计划。而李秀成对于洪仁玕以一介书生，一来到太平天国就被封为"干王"，总理政务、军事，地位尚且在自己之上，大为不平。他不甘心受干王节制，于是在领命"东征"的时候，内心就打定了如意算盘：一旦拿下江浙富庶之地，就拥兵自重，不再离开。

李秀成就是在这么一个背景之下，带领大兵一路攻丹阳，占常州，克苏州，来到了上海城外。此时镇守上海的最高官员江苏巡抚薛焕，手下全部人马不过四千人。对李秀成来说，对这四千人简直视若无物。李秀成之所以对上海迟迟不发起进攻，除了他想要保全上海这片膏腴之地，制定了先扫除外围，最后再进入上海县城的既定战略，还有一个更重要的因素，那就是他有些吃不准，对于自己进攻上海，在上海利益甚重的英国人、法国人等洋人究竟会持一种什么样的立场。若从情理上来讲，洋人和太平天国共同信奉一个上帝基督，英法联军又因为《天津条约》的换约地点问题，此时正一路北上天津，和清军在天津大沽一带交战，直捣北京。因此，英国和法国等应该站在太平天国一边。

可是，这只能是太平天国的一厢情愿。事实上，英国和法国人显然更相信上海的满清地方官员，而不信任太平天国。他们当太平军一逼近，就应江苏巡抚薛焕、苏松太道吴煦、上海知县刘郇膏请求，由英国公使普鲁斯、法国公使布尔布隆连衔具名，发布了通告，表示将以武力保护上海租界和县城。旋即，次日，法军200人进驻城外董家渡，英军则保卫城西和通往苏州的大路。苏州失守后，英国全权代表额尔金、法国全权代表葛罗，又下令法军300人驻扎上海县城中城隍庙，协防东门、北门，另派25人驻城外徐家汇，以保护法国人建立的徐家汇天主堂；英军900人则守卫上海西门、南门，全军1200余人，包括法国海、陆军，英国皇家陆战队和锡克雇佣兵，由英国军官卡恩尼克统一指挥。此外，黄浦江上还有英国"红隼"号炮舰、法国"香港"号兵轮和几艘炮艇巡弋。英、法两国联合守城，摆出一副严防死守姿态。

与之形成鲜明对比的，是英、法等国对于太平军种种友好表示一概不予理睬，甚至连干王、忠王派信使专程送来的信函，也不许拆阅。英国驻上海领事密迪乐就因拆阅忠王来函，遭到公使普鲁斯的训斥。

洋人在上海这片地方的势力根深蒂固，影响如此巨大，以至于民间的普通人士也看出了端倪，知道洋人的厉害，要保住上海，非倚靠洋人不可。一个叫王韬的文人,原籍苏州府长洲县甫里村人,正在伦敦会传教士麦都思主持的墨海书馆当翻译,每天一字一句翻译《圣经》。然而他并不甘心长久从事这份枯燥乏味的工作。这位十八岁就以乡试第一名中秀才的不凡书生,平生之志是"为天下画奇计,成不世功"。因此他虽然寄寓上海,委身在洋人的翻译书馆里,却时刻关心天下大事。当太平军一起事,他就认为自己的机会到了,曾经慷慨激昂地写下一首诗以明志:

"男儿生不必封万户侯,死不必崇千尺邱。
但愿杀贼誓报国,上纾当宁南顾忧。
丈夫拔剑誓杀贼,迳持寸铁奔狼群。
手枭贼头掷账上,功成却赏名甘沦。"

这位自命丈夫、诗文中也确有虎虎生气的王韬,还真不是吹牛,他立即上书当道,提出了"和戎平贼"的大战略。他认为,洋人是"戎",所以千里迢迢来到中国,无非是因为利益驱动,洋人是来争利而不是来占领的,更没有吞并中华的野心。相反,太平天国是"贼",是根本上要推翻大清,在华夏神州的故土上重新建立一个以汉人统治、以基督教为信仰的全新王朝。由此来说,戎不足惧,而贼必先灭!正因为始终留心太平天国的一举一动,因此,当太平军在李秀成的率领下,开始东征,拿下苏州,王韬立即及时地制定了一个击破太平天国的计划。这一计划,简而言之,与太平天国反其道而行之,力争天时、地利、人和,同时派一大员总督军马,兵分三路:一路由上海收复嘉、青、太、昆,进而一举收复苏州。第二路由宁波联络湖郡,保障杭垣。进扼嘉兴、广德等地,令太平军无法过浙东西一步。第三路,也是最主要的一路军队,由安庆以克芜湖诸要害,直抵金陵。三路大军同时并进,令其首尾不顾,太平天国势必孤而力必尽,其亡必矣!这一战略,以后被曾国藩采用,果然平定了太平天国。

除了给曾国藩等大员上书,王韬更给上海的吴煦上书,提出保卫上海的基本方针,即"以西人为领队官,教授火器,名曰洋枪队"。这一建议被吴熙采纳。上海地方官员早在咸丰三年镇压小刀会起义，就曾经"借师助剿"，这一次同样轻车熟路。此事具体交给了上海第一富商、候补道杨坊负责。杨坊是怡和的老买办，又是四明公所董事，自己开设经营有多家钱庄。上次借师助剿，他就曾经出过力，深知洋人军队作战，战斗力胜过满清十倍百倍，因此一口答应。

这天，杨坊一早起来，就动身来到码头上。这里停泊着中外数十艘大船，每条船上的外国水手，都在二三百人。几十艘船上的水手加在一起，足有五六千人。杨坊的打算，就是从这五六千水手中挑选勇武过人者，组建一支外国雇佣军。又所谓千军易得，一将难求。他尤其需要的是一名懂得军事、领导能力卓越的外国水手头目，来做"洋枪队"首领。

他来到码头上，远远就被泊在港口的一艘"孔夫子"号甲板上人头攒动的局面所吸引。他上了船，在人群的外围找了一个高处，站定望去。原来在人们围起来的圈子中间，是两个人正在搏击。搏击的一方是一个身材高大、一身肥肉的白人水手，足有两米高下，三四百斤重。和他一比，对手不过是一个身高一米七十出头、体态略瘦，身上肌肉块块凸起的汉子。那汉子一头印第安人的浓密黑发，眼睛是深褐色的，他正用冷电一样的目光扫视着巨人对手。

"下注了，快下注了！"有人在高喊着，几个水手托着盘子在人群里穿梭，接受每个人下注。

显然大家都看好巨人水手赢，下注呈现一片倒的局面。不过，杨坊却不知道怎么心思一动，忽然做出了一个大胆的举动。他轻描淡写地从怀里掏出来一张银票，一下子掷到了下赌的盘子里。

"我赌那位先生赢！"

他用手一指那个瘦子水手，操着一口流利而纯正的英语大声说："我要在他身上押一百两银子！"

"啊？"

他的这一番豪赌举动，立即引起人们的一片哗然。众多的外国水手都是做苦力的，每人不过押三两二两的银子，赢点钱喝酒而已。像杨坊这样的大赌客，不消说是从来没有出现过的。因此，人们纷纷用惊诧的目光看着杨坊，猜测着这位面色白净、身材矮胖的中国人身份来历。

"这位杨先生，一百两银子押弗雷德里克·唐森特·华尔赢！"

随着庄家大声宣布，人群中发出一片惊叹之声。连在场中凝神备战的华尔，也不由看了杨坊一眼。

一个水手提着一面铜锣，在场子中间"当——当——当"连敲了三下，大声宣布："弗雷德里克·唐森特·华尔，对爱德华·约翰，比赛开始！"

他声音刚落，叫约翰的巨人胖子水手早已等不及，一下子扑向华尔，一把将华尔抓住，如同老鹰捉小鸡一样，轻而易举就将华尔举过了头顶，旋转几个圈子，一下子扔了出去。

众人惊呼声中，华尔被扔到了桅杆上。他像一只灵巧的猴子，从桅杆上一跃而下，又回到了圈子里。

胖子约翰再想故伎重演，抓住华尔，可就不那么容易了。华尔灵巧地闪避着，甚至从约翰的胯下钻过去，不失时机地来了一个"猴子摘桃"，狠狠地在约翰的裆下捏了一把。约翰吃痛，吼声如雷。

这是一场看上去没有任何悬念的争斗。华尔尽管四处游走，却没有任何的能力反击约翰。约翰只要抓住一个机会，将华尔捉在手里，轻轻一用力，就会把华尔的骨头捏碎。

终于，约翰一步步将华尔逼迫到了甲板的尽头。华尔退无可退，要么跳下海去，要么被约翰抓住。

只见华尔将目光飞速地一扫，将身子纵身跳出去，死死地抓住了船舷。约翰从里面隔着栏杆，想要将他推下海去，却始终够不着他。约翰累得气喘吁吁，大怒，忽然从甲板上提起来一大捆缆绳，发疯一样将绳子抡起来，向华尔扫去。华尔这一来再也无法立足，情急之下，一把抓住了绳子。随即将身子一荡，利用这一荡之势，将双脚并拢，用力踹开一个窗户，撞了进去。

正当众人以为华尔胆怯，畏缩不敢再出来时候，华尔却又从船舱下面上来了。而且他的手上，还抱着一个圆圆的木桶。他将木桶往甲板上一放，大马金刀地坐在了上面，从口袋里掏出来一个打火机，玩了起来。

众人不明所以，约翰也不知道他在玩什么鬼把戏。约翰眼里射出凶光，一步步向华尔逼迫了过来。

他距离华尔已经不足一米，一伸手就可以捉到华尔了。华尔却没有起身再跑，而是用打火机点着了木桶上的一根导火索。

导火索嗤地一下燃着了，与此同时，约翰一下子将华尔死死地抱住了。

正当约翰自以为得计，拿出全身的力气准备制服华尔，却忽然有人觉得不对，大声喊了一声："火药，那是一桶黑火药！"

"啊？"

"这小子莫非活得不耐烦了，要同归于尽？"

人群呼啦一下子散开去，约翰也害怕了，一下子将华尔松开。华尔却不跑了，反而一下子抱住了他。

"别跑呀，爱德华，咱们玩一个勇敢者的游戏，看谁先吓得尿裤子！"

华尔哈哈大笑。他抱住约翰不放，眼瞅着导火索嗤嗤地燃烧着，很快就要烧到火药桶的桶口了。

"我的妈呀，我不比了，我认输了！"

约翰本来就胆小，如今生死关头，早吓得尿了裤子。他一阵屁滚尿流，哭爹喊娘跑了开去。

华尔就在他跑开的一瞬间，冲上前去将火药桶一下子抱起来，竭尽全身之力，向海面上扔了过去。

"轰隆！"

一声巨响，火药桶还没有落到水面，就爆炸了。一团火光闪处，黑烟冲天。"孔夫子"号巨大的船身，亦微微一颤。

华尔在顷刻之间，已经前往鬼门关走了一遭。人人都被他这种亡命徒一般的赌博举动所震慑。可是华尔自己，却似乎根本不觉自己刚才的处境是多么危险。他面带微笑，上前来到约翰面前：

"来呀，胖子，再来比呀！"

"不，我不比了……我认输……"

约翰心有余悸。如果刚才不是他挣脱得快，被华尔死死抱住，那么二人就一块被炸成碎片了。

"这么快就认输了，真没劲。我才刚玩上点兴致来呢。"华尔失望地摇了摇头。

负责组织下注的庄家，上来将华尔的手一下子举起来："弗雷德里克·唐森特·华尔胜！"

下注在约翰身上的众水手纷纷傻了眼，有的诅咒，有的破口大骂，有的喃喃自语。只有杨坊眼睛中大放亮光，死死地盯着华尔。

庄家带着华尔，亲自来到杨坊面前："这位杨先生，押一百两银子赌你胜，你应该好好感谢他！"

又有人托着盘子过来，将杨坊的一百两银票和另外的一百两白花花的银子奉上。杨坊只取了自己的银票："本钱我收回了。这一百两银子的彩头嘛，我就不拿了，赏给船上的兄弟们喝酒吧！"

他这番举动，比刚才更加令人难以相信。本来气色沮丧的众水手，听了之后无不振奋，欢声雷动。

华尔这时候也在心里认定，杨坊一定是位非同小可的大人物。因此他收起狂傲之态，恭恭敬敬地对杨坊说："谢谢你，杨先生，你真是有眼光。这么多人中，你是唯一支持我的一个。"

"哈哈，华尔先生，我一眼就看出，你不是个会输的人。"杨坊笑着道，"我这双眼睛，从未看错人。"

"哦？真的吗？"

"那还有假？哈哈，华尔先生，这里不是说话的地方。走，我请你上岸去，好好地喝两杯！"

"好。"

"请！"

于是，杨坊将华尔从船上请到岸上来，在一家酒吧里坐下来，点了酒，二人边喝边聊。

"华尔先生，你是哪里人？"

"美国人。"

第四章 ⊙ 龙争虎斗

"那怎么来到了中国？"

"说来话长。本来我在美国待着也不错。我出生在马萨诸塞州，在那里一直长到了十五岁。我父亲有一艘十五吨重的'活泼'号，我从小就在这艘轮船上跑来跑去，所有关于海上航行的知识，都是从我父亲那里学来。可是有一天，我忽然发现自己再也受不了父亲的独断专行和呵斥打骂，于是我就离开了家，跑去墨西哥参加了战争。在克什米亚，我屡立战功，很快从普通战士晋升为中尉。可我的好运到头了，我接下来在一次行动中指挥失误，部下损失殆尽，我也负了伤。我躺在担架上被抬了下来，打着绷带，挂着拐杖在一群伤兵的队伍里返回美国。"

说到这里，似乎伤心的往事又如同钉子般刺在华尔的心上。他"咕咚""咕咚"地喝了几大口酒。"我没有成为一个想象中的英雄。曾经梦想的荣耀、触手可得的一切都离我远去了。我酗酒、赌博，很快将战争抚恤金挥霍一空，还欠下了一大笔赌债。为了还债，我甚至和几个人一道，去抢劫了邮车。结果为了一点可怜的钱，我却差一点儿杀了人。我被美国政府列入通缉名单，成为臭名昭著的抢劫犯。我对他妈的美国再也没有一丁点的流连了，就胡乱在港口上了一艘船。我根本不知道这艘船开往什么地方，直到有一天船到了岸，我才知道到了中国。"

"真没想到，华尔先生，你年纪轻轻，却有如此丰富传奇的人生经历。"杨坊道，"怪不得我一看到你，就觉得你不同凡响。"

"其实也没什么。我一直渴望成为英雄，渴望冒险，渴望获得荣誉和成功，可是却一直没有机会。"

"不，你现在就有一个机会。"

"哦？"

"不瞒你说，华尔先生，我受我们地方父母官的委托，正要组建一支洋枪队，去和长毛作战。我希望，由你来当这支洋枪队的队长，你需要招募什么样的士兵，就自己去挑选。钱不是问题。"

"真的吗？"华尔的眼睛里一下子射出炽热的光芒。

"当然是真的。"杨坊从自己的怀里一下子掏出来一大沓子银票。"这里一共是三千两银子，我可以先付给你。"

"那太好了。"华尔贪婪地盯着这些银票。"我一直梦想建功立业，没想到在中国却得到了机会！"

"去吧，华尔先生，拿着这笔钱去招募士兵，我要你在三天之内，给我拉起来一支队伍！"

"没问题！"华尔一下子站起来，"走吧，杨先生，你和我一起去，我让你看看我是怎么挑选士兵的！"

华尔果然不是吹牛。他和杨坊回到了船上，先让人去买来大箱大箱的香槟，摆在甲板上，随意供人取饮。将众人吸引过来后，华尔立即贴出了一纸招兵告示，以月薪三百两银子的天价招募士兵。告示一出，应征者如云。华尔测试士兵的方法也很简单，连设三关：第一关，将一个一百五十斤的大铁锚放在那里，能把铁锚举起来者过关。第二关，在高高的桅杆上悬挂一面小旗帜，能在十分钟内爬上去摘下小旗帜者过关。第三关，由华尔亲自主持面试。华尔如凶恶的野狼样死死盯住对方，忽然之间，大喝一声，上去就冲对方拳打脚踢。能够不胆怯者过关。

如此一来，仅仅一天工夫，华尔就在船上招募了各国水手，合格者一共二百名，队伍组建起来了。

接下来，第二天，杨坊亲自带着华尔去见吴熙。吴熙对华尔大加赞赏，亲口许诺他：只要华尔率领的洋枪队能够攻下太平军所占领的一座城镇，最低的赏赐是三万两银子。

当时的三万两银子，相当于美国的十三万美元。一仗就可以成为富翁，对华尔来说岂非天上掉馅饼？

就这样，匆匆购买了武器装备之后，华尔带着这支临时凑起来的乌合之众的"洋枪队"上阵了。

然而结果并没有想象中美好。第一次和太平军作战，华尔的洋枪队就损失了三分之二，几乎全军覆没。

华尔是个不甘心认输的人。他从杨坊那里又要了一大笔钱，这一次他不再招募没有经验的水手，而是专门招收从英国和法国的军队里受了处分，逃出来的士兵。华尔以每月五百两银子的天价薪水邀请他们加入自己的队伍。同时，华尔对重新组建的五百人的洋枪队进行了严格训练。

第二次上阵，华尔率领洋枪队一举攻克太平军占领的松江。一千太平军在洋枪队暴风骤雨一样的攻击下溃败而去。洋枪队第一次展示了自己的威力，并且立即就得到了清政府的三万两银子。

白花花的银子大大地刺激了华尔的洋枪队。他们迫不及待地就将下一个进攻目标对准了青浦。

但青浦有一万太平军在此驻守。而且李秀成对于松江失守大为恼火，在青浦安排了同样是洋人萨维治作为守将。萨维治原为英国皇家步兵团上尉。一交火，华尔的洋枪队再次遭受重创，华尔也被一颗子弹从下颚打入，从右脸穿出，使他连话都无法说出，满脸是血。他无法再坚持指挥战斗，被迫退下了战场。

之后华尔的人生再次出现戏剧性的一幕：他回到上海治伤，却被英租界以骗子和海盗的罪名逮捕。华尔在杨坊的帮助下，加入中国国籍，成为大清归化子民。

英租界和华尔最终在杨坊等中国商人和官员的调解下达成协议：华尔写下保证书，不再引诱英国军队中的逃兵加入洋枪队。英国方面则向华尔出售精良的来复枪1000支，5000支世界最先进的短枪，以及数十门威力巨大的野战炮。华尔得以重建洋枪队，人数由洋人和中国人组成，达到了破天荒的12000人。而且华尔还配备了一支内河大型运输船队，一支工兵队，两个兵工厂，一个军医院。另外还拥有作战用的机动设备：野战桥、野战炮架、铁甲汽轮。就这样，在上海以"欺世盗名的无赖汉"闻名的华尔，最终变成了"常胜军"的将领。华尔不但被杨坊招为了乘龙快婿，而且得到了大清帝国御赐副将，四品的官职。这是后话。

单说李秀成，对洋人是否参战犹豫不决之际，已经丧失了最好的时机：在北京，英国和法国的联合军队横冲直撞，甚至烧毁了被誉为"万园之园"的圆明园。腐朽无能的清王室终于认识到，自己才是真正的纸老虎，不得不再次启动谈判，和英、法等签订了更加耻辱的《北京条约》。

《北京条约》的签订，让上海的英国人和法国人有了堂而皇之将这座膏腴之城纳入自己保护之下的借口。"中国人具有普通人的肌肉和体魄，但是他们除能辨别银洋的叮当之声外，仅仅具备儿童的智能罢了。我们只能把他们当作儿童看待，因而必须保护受大法律监护的'未成年人'，经办他们的事务、管理他们的资财，这是强加在我们身上的一种严肃而神圣的信托。"

为了保护"儿童"，英国和法国人对同样信奉基督的太平天国下手了。当李秀成刚一进入上海，英国和法国的守卫军队立即焚烧了大片的民居，将东门、北门、西门等城门之外都变成了一片火海。同时，停泊在黄浦江上的外国炮舰，集中了大小火炮，一齐向太平军猛烈开炮。

李秀成正在指挥战斗，忽然一发炮弹落来，正在李秀成不远处炸响。弹片将李秀成的耳朵削去一片，鲜血如注。李秀成眼见洋人炮火厉害，自知不敌，当机立断下令撤退，离开了上海。

正所谓乱世出英雄，当李秀成和洋人以及满清政府三方面鼎足而立、拉锯作战的时候，一个洋人却从这纠缠不清的局面中嗅出了金钱的味道。他叫金能亨，是美商上海旗昌洋行的合伙人，兼美国政府委任的驻沪副领事，以及首届工部局董事。他早在1842年，只有19岁的时候，就来到了槟榔林立的黄浦滩。1846年12月，23岁的年纪，他便承全体租地人推举，成为英租界道路码头委员会三人组成员，指点市政，征款收费，代表美国和英国人锱铢必较。到了1960年，太平军来攻打上海时候，金能亨已经是一个不折不扣的中国通。这个精明得被上海人惊呼"头子拎得清"的生意人，早将目光投向了素有黄金水道之称的长江航运水域。

当时的长江水域，是由太平军和清军分片而治。太平军控制西迄安庆、芜湖，东至镇江、江阴一片，而清军控制另一片，形成对峙之势。双方的船只，都无法通过对方的封锁区域。因此，原来一直航行在黄金水道上的货运船只，都受到了严格的限制措施，大量商品被禁运，唯恐为对方所用。一时间，熙来攘往的黄金水道一片沉寂，江面上几乎看不到一艘航运的船只。

此时此刻，在上海的十六铺一带，仓库货栈，被来自欧亚的洋布、呢绒等塞得满满的，几乎连容一个人落脚的地方都没有；而同时，在江南各大商埠的码头上，也都堆积满了生丝和茶叶。几乎各个地方的商家都在眼巴巴地望着长江水道,巴望着能有一艘船忽然出现在水道上。

金能亨是大胆的,他和几个人共同出资,租下了一条名叫"威廉麦特"号的商船。这艘船载重达到了370吨,船身坚固,安全可靠。金能亨将"威廉麦特"视为自己发财致富的希望之号,他在上海码头给大船上狠狠地装满了洋布、呢绒,然后,在船桅上高高扯起一面美国国旗,就亲自押着这艘船,从上海出发,向汉口而去。这是一次冒险,一次试探,但更是一次赌博。

他成功了。清政府没有为难他,太平军也没有阻拦他。一切都因为船头上那杆美国的国旗。

他从汉口满载而回,将一船洋布和呢绒变成了茶叶和生丝。这一船茶叶和生丝,让金能亨大赚特赚。

事实上,金能亨不但有赌徒的勇气,还有着赌徒所没有的理性。他冒险赚了一万两银子之后,并没有继续再去冒险,而是选择了寻求更为稳妥的合作。他去找了美国驻东印度舰队司令兼驻华代办史柏龄,从史柏龄那里得知,对方刚刚率"哈特福德"号等三艘军舰完成了对长江的远征。而史柏龄在南京期间的一大收获,就是已得到了太平天国南京方面的允诺,双方议定:今后凡是悬挂美国国旗、持有美国护照的船只经过长江水道,将不会受到太平军的阻挠。

这一消息对金能亨来说,简直仿佛眼前出现了一座金灿灿、亮闪闪的财富宝山。他已经不满足于仅凭单枪匹马在长江航道上赚一点小钱,他要组建一家轮船公司,专门从事航运生意。

为此,金能亨制定了一个雄心勃勃的计划,呈交给了自己合伙的旗昌公司。他满心以为旗昌的大老板小德拉诺会立即批准他的计划。不料,小德拉诺将他的计划看完后就随手丢进了垃圾筐。小德拉诺是一个纯粹的生意人,做生意讲究稳扎稳打,对于金能亨这样投机取巧式的发财致富方式根本看不上。他认为,做生意要做长久的生意,而不能只盯着眼前的一时之利。

金能亨的热情被浇上了一瓢冷水。然而金能亨就是金能亨,他被公司拒绝后,却做出了一个更加疯狂的决定:他要自己组建一家轮船公司！这在当时的上海滩，还是绝无仅有的一件事情！

金能亨将自己的全部家底整理了一下，估计了一个价格，大约在十五万两银子左右。这在当时已经称得上一个有钱人了。但金能亨并不满足于当一个有钱人，他要当的是大富翁，是大老板。因此金能亨毫不犹豫地将自己的十五万两银子全部拿了出来。他的计划是筹集一百万的资本来做股本，因此他又继续游说他的外国朋友，从他们那里筹集了大约二十万到三十万元。

可是这还不到一百万的一半，怎么办？金能亨来上海近二十年的丰富阅历和深厚人脉，在这时候起了作用。他想到了一个最好的合作群体：上海的中国商人。他认识一大批怡和、宝顺、旗昌等洋行的老买办。这些老买办自己都是生意人，都有着几十万上百万的殷实家底。因此，金能亨决定将这些华商作为自己的投资客加以游说。不用说，他的想法立刻得到了支持。

二、徐润要郑观应入股旗昌轮船公司，郑观应却一口拒绝了：这不是个人小事，而是关乎民族大义

当李秀成第三次兵临上海，准备将上海一掠而下，郑观应携妻、弟回到了上海。

虽然一路上所见太平军兵势汹汹，然而进入上海，却发现这里依旧是纸醉金迷。人们对于太平军的到来并不如何惊恐。因为此时上海不但增加了清廷的驻扎军队，而且英国和法国都增派了军队。更重要的是，英国、法国、美国等已经公然宣布将上海置于自己的保护之下。以英法美等国的船坚炮利，上海的人们相信：太平军是不可能占得任何便宜的。

所以，上海的市面照旧喧嚣活跃，人们所谈论的依旧是如何赚钱，如何寻觅发大财的机会。

郑观应在桂香楼摆了一桌上好的酒席，请来亲朋好友，将自己的妻子莫菲青和弟弟郑思贤介绍给大家。

这也是莫菲青和郑思贤第一次来上海，见识郑观应口中所谓的花花世界。本来听郑观应讲的时候，他们总是将信将疑，认为郑观应未免有些夸大，言过其实。等真的来到了上海，才知道郑观应所讲的，还不够完全。别的不说，就是这么一个普通的宴会，他们所见到的诸位人物，郑观应在宝顺洋行的买办同事，一个个已经是衣着光鲜、派头十足，看起来精明不凡。而他们所谈论的内容，更是除了"生意"还是"生意"，似乎在他们眼里，人活着只有一件事情：赚钱。

这不，徐润从一开始就在鼓动大家，一起入股金能亨的旗昌轮船公司。他告诉大伙儿："你们还不知道吧，旗昌这一回可不是说着玩儿的，是动真格的。这在上海可是开天辟地头一遭。据我所知，旗昌这次所采用的招募股本的方式叫作'股份制'，在欧洲也不过才流行十多年。"

"徐大哥，什么叫'股份制'？给我们讲讲。"

"股份制，就是将成立公司所需要的资本，拆分成股，每多少两银子为一股。例如旗昌轮船公司，这一次计划募集资本为一百万两，就拆成了一千股，每股为一千两。不管你是什么人，只要你出得起这一千两银子，你就可以成为旗昌轮船公司的股东。"

"只要出一千两银子就可以？"

"对。只要你购买一股，你就可以成为股东。当然你要有钱，可以买十股、一百股，买得最多的人，就成为公司的大股东。其他的人成为小股东。不管大股东还是小股东，都必须参加股东大会。股东大会是公司的最高权力机构，负责决定公司的一切重要事项。例如建造或者购买船只，增加或者减少航运基地，扩大或者减少航运业务，乃至每年的船舶修缮、码头扩建……不管大事小事，都必须拿到股东大会上表决。如果超过三分之二的股东不同意，那么公司无权做任何决定。"

"真的吗？就是说我们只要购买一股，也可以到股东大会上去投票，参与公司的经营决策了？"

"是呀。要不怎么叫股份制呢！一切都是股民自己当家做主！你要为自己这一股的资本收益负责，自然就会关心公司的经营决策、大事小情。众人都发挥自己的智慧，就能保证公司的健康、快速发展。每一年的收益,都将用来分红。公司的发展越好,你这一股所分得利润越大。"

"妙呀!这样一来,全体股东劲往一处使,心往一齐靠,就没有什么过不去的火焰山,那还不稳赚不赔!"

"还有呢!"徐润继续讲道,"你手里如果继续有了多余的钱,还可以从别人手里收购股票。你占有的股权最大,就成为公司的大股东。大股东可以直接介入公司的日常经营决策。只要你能取得足够多的股权,就可以成为公司的最高负责人。这也是股份制最有诱惑力的地方。"

"徐大哥,听你这么一说,我们还这有些心动了。你再给我们说说这家旗昌轮船公司的事情吧。"

"好。"徐润不慌不忙地喝了一口酒。"旗昌我就不用给大家介绍了,你们对它都很熟悉。我只给你们说说这个金能亨。我和金能亨认识,算起来也有五六年了。我认为,这是我见过的最聪明的外国人。别的不说,就说他有一项特殊的本领,就是不管什么人,只要介绍给他,他一定是过目不忘。三年两年,偶然在一个社交场合见面,他也能准确地叫出你的名字来。因此在所有上海的外国人中,他认识的中国朋友之多,是排在第一位的。除此之外,这个金能亨还有一点过人之处,就是胆子非常大。两年前,他自己买了一条船,进入长江水道,单枪匹马去汉口走了一个来回。赚了一大笔钱不说,更让他产生了利用这几年长毛和清军对峙的机会,大发一笔横财的想法。他的朋友海军司令史柏龄,和长毛签订了一个协议:只要是美国船只,长毛一律不予为难。这就是金能亨急于组建旗昌轮船公司,大举招资募股的原因。"

"可是这么好的生意,为什么旗昌自己不做呢?以旗昌洋行的实力,自己开一家轮船公司绰绰有余啊!"有人问。

"问题就在这里。"徐润摇了摇头。"这明摆着是天上掉馅饼的机会,可是旗昌的美国老板小德拉诺,却觉得太冒险了。在长毛和清军对峙的战争期间组建轮船公司,一旦有失,将会血本无归。美国老板不愿意冒这个险,金能亨又不愿意错过这个发大财的机会,所以就自己干了。"

"原来这样。"众人纷纷点头。又有人问徐润:"徐大哥,那你这次准备购买旗昌多少股份?"

徐润伸出了五个手指头。

"五股？"

"不，是五十股。"

众人听徐润一说五十股，都不由惊呼了一声。一股一千两，五十股就是五万两。徐润真好大手笔！

"徐大哥，我们知道你这几年做生意赚了大钱，却不知道你已经这么有钱了。可别忘了提携我们呀！"

"我自己购买五十股，希望你们加在一起，能购买另外的五十股。"徐润道，"我们合在一起，以一百股的数目入股旗昌，虽然不是很大的数目，但也占据了十分之一。据我所知，金能亨自己也不过才一百五十股。我们先在旗昌站稳脚跟，以后再慢慢吃进，相信不久就会超过金能亨。等我们拥有了足够的股权，成为旗昌的大股东。到时候这个轮船公司，就等于是我们的了。"

"徐大哥，你真有远见！"众人佩服得五体投地，"我们华商还从来没有拥有过一家自己的轮船公司呢。"

就这样，一席酒变成了生意会。不过这是寻常事。郑观应等人在一起，平日里也是这么七嘴八舌，议论如何做事情。在他们习以为常，在莫菲青和郑思贤看来，就新鲜得不得了。

晚上，回到郑观应在上海的住处。他已经从叔父郑廷江那里搬出来，在徐润所买下的地皮上，花钱买了一座房子。这里地处上海郊外，周围还没有多少人烟，只是一片荒滩。然而徐润却气魄颇大，一下子在这里买了几百亩地。然后，徐润就在这地皮上，盖起了一排排的房子。房子是那种洋房花园式的，充满了异域格调。虽然地理位置偏僻了一些，但因为价格低廉，因此来看房、买房的人还是络绎不绝。不过买房人大都是作为投资之用，真正在这里居住的并不多。因此，虽然白天人流熙熙攘攘，热闹非凡，可一到了晚上，就人迹稀少，一片萧瑟了。

郑观应将家安在这里，虽然偏僻了一些，可毕竟在上海有了一个属于自己的立足之地。莫菲青和郑思贤晚上跟着郑观应回来，尚且不知道周围的情形。第二天一早起来，眼见周围是一大片工地。大型的挖土机吼叫着，将荒芜的盐碱滩变成了又硬又平的土地。周围有几十座洋房花园都在施工。仿佛变戏法一样，从芦苇丛和盐碱滩上，崛起了一排排的现代化建筑。二人目瞪口呆。

第二天，郑观应带着莫菲青去徐润的家里专程拜访。这就更令莫菲青大开眼界。徐润的洋房花园在当时的上海也是数得着的。三层高的楼房，带着一个大大的花园，二十多个房间，每个房间分别装饰不同的欧洲国家风格。全家里里外外，用了将近二十个仆人，各司其职，丝毫不乱。

徐润的夫人吴氏，四年前还是翠微乡下人家的千金闺秀，如今已经俨然是一个标准的上海式贵妇了。她看上去微微发福，富态了许多。头发盘了起来，上面插着翠玉的钗子，漂亮的耳垂上悬挂着金灿灿的耳环。脖子上戴着金项链，胳膊上戴着青色的玉环，举手投足之间，耀人眼目。

不过她还保留了一点，就是家乡的口音。因此和莫菲青说起话来，格外亲近。二人很快拉着手，去吴氏的卧室里说知心话去了。

客厅里只留下徐润和郑观应。徐润亲手泡了一壶茶，和郑观应对坐品茗。

"正翔。"他叫着郑观应的字，"恭喜你呀，和莫小姐有情人终成眷属。愚兄是由衷为你们高兴呀！"

"雨之哥。"郑观应也叫着徐润的字，"我也没有想到，事情会这么顺利。本来我以为我和青青，这一生都不会再有缘分走到一起了。可是没想到，我抱着试试看的态度去找青青，得知和她订立婚约的金大少早已死去了。我只用了三千两银子，就轻而易举地换取金家解除了婚约。青青的父亲本来不赞同我们在一起，现在也满口答应。一切真是太顺利了。"

"这就叫精诚所至，金石为开。"徐润道，"正翔，你和青青的这份感情，我可以做一个见证。你们是真心实意，一个有情，一个有意，彼此对对方都是一片真心，所以感动了上天，玉成此事。"

"是。我以前不相信命运，可是在我和青青这件事情上，我是真的相信：我们是前世注定的。"

"你和青青三生有缘，这是毫无疑问的。"徐润点了点头，"但你想过没有，正翔，为什么你这次回去，办任何事情都这么顺利？"

"是呀，我还真没有想过这个问题。为什么呢？"

"其实很简单，就因为你这三年，在上海的发展势头很好，而且已经开始有了一份自己的事业。"徐润一语道破，"你在宝顺洋行做事情，这么年轻就成了宝顺的买办。又开了自己的揽载行，自己当了老板。你自己或许不觉得，可是你在别人的眼里，这形象就不一样了。你已经是一个一言一行都受人关注的人物了。这就像你当了官，掌了印，有了权力一样；你现在虽然不是当官，可是你发了财，至少在别人眼中看来是这样，因此，他们就认为你有了钱。而有了钱，这东西说俗就俗，说不俗就不俗。金钱和权力一样，都是一种无形的力量，这力量在你或许不太觉得怎么样，可是在别人那里的感受却是真真切切的。"

"雨之哥，你这么一说，我倒觉得，的确是这样。"郑观应点了点头，"难怪我父亲，还有青青的父亲，以及金知县，都对我客客气气的，对我的话都听得那么认真，原来是错把我当成了有钱人。"

"不，他们没有错。你就是个有钱人。"

"雨之哥，别开玩笑了。我有没有钱，你还不知道。我买你的房子，还欠着你一大笔钱呢！我这次回去办事，差不多将来上海这三年的积蓄都用光了。我不怕实话告诉你，我现在就是个穷光蛋。"

"你现在是个穷光蛋也不要紧，因为你已经学会了赚钱的本领。就算你去要饭，不出几年，你也会仍然成为一个有钱人。因为你已经尝过了金钱的滋味。你已经知道，只要你有足够的钱，就可以呼风唤雨，可以无所不能。你就可以在这个世界上任意横行，自由来去。没有人能够阻挡你，甚至你成了富可敌国的大富翁，连皇帝老儿让你坐金銮殿，你也不会去了。"

"我倒没有那么大的野心，不过要我再过从前的穷苦日子，清贫生活，我的确是过不来。"郑观应如实说道。

"哈哈。"

二人都笑了起来。

徐润将一壶茶倒掉，又换了新茶。茶水沏好后，二人一边品茗，一边切入正题。

"正翔，说说看，你这次准备购买多少旗昌轮船公司的股票？"

"这个……我还没有想好呢……"

"钱的问题，你不用担心。你和青青结婚，我还没有给你们送红包呢。这样吧，我给你五千两，就当我祝贺你和青青新婚之喜。另外，我还可以借给你一笔钱，一万两万都可以，而且不要利息。"

"啊？"

"怎么，嫌少？"

"不，是太多了。"郑观应连忙推辞道，"五千两银子的红包，太大了。我不敢笑纳。一千两银子足够了。至于跟你借钱入股旗昌轮船公司，实话说，我还没有考虑好。"

"哦？"徐润愣了一下。"你是咱们宝顺轮船经营方面的大行家，我要你入股，是为了将来我们全体华商的股份，联合起来成了旗昌轮船公司的大股东，我想请你来出任公司的董事长。你不是一直想开一家中国人自己的轮船公司吗？我觉得这就是最好的机会，可能也是唯一的机会。"

"雨之哥，谢谢你对我的信任和支持。"郑观应感动不已，"你不愧是我最好的兄弟，最懂得我的心。我这一生能够有你这么一个兄弟，可以说死而无憾了。"

"这么说，你答应了？"

"不！"

郑观应的这一回答，大出徐润的意料。他疑惑地看着郑观应，静静地等郑观应做出解释。

"首先我要声明一点：旗昌轮船公司成立的时机，金能亨的商业之才，和他为旗昌轮船公司所设计的经营战略，我认为都是没有问题的。所以，雨之哥，你和大伙儿投资旗昌，我认为一点问题没有。"

徐润没有说话，点了点头。

"如果纯粹从赚钱的角度看，这绝对没有问题。可是旗昌的美国老板小德拉诺为什么没有答应金能亨的投资计划？就因为小德拉诺看到，金能亨的整个商业设计，是建立在太平军和清军作战，长江水道不得通行的基础上。利用美国政府和太平军达成的协议，来钻这样一个空子。这样也许一时可以赚得大钱，但也存在着三大风险：一、太平军随时可能撕毁协议。二、清军可能会没收航运物资。三、太平军和清军的战争，随时可能停止，长江水道恢复正常。以上这三大因素的任何一点，都足以令建立在投机基础上的轮船公司，陷入无法自拔之境。"

"你说的这些，我都想过。"徐润道，"但我做事情和你不一样，这就像我做房地产一样，靠的是什么？就是胆量。别人看不到的机会，你看到了；别人看到了机会而不敢做的事情，你先做了。我不觉得投机有什么不好。我们做生意嘛，就是要敢于抓住机会。像太平军和清军作战，这样的机会不是经常有的。而且这场战争也不需要持续太久，有个三年五年，旗昌足以赚得盆满钵满。等战争结束以后，如果其他的轮船公司纷纷投入竞争，航运利润大幅度降低。到时候，将公司的轮船资产卖掉就可以了。只用几年的时间，就可以大赚特赚一笔，何乐而不为？"

"做投机生意的风险大，利润大，这个我知道。"郑观应点了点头。"不过，这并不是我不肯入股旗昌的最重要原因。"

"哦？还有更重要的原因？"徐润有些意外。

"对。"郑观应认真地道，"刚才你也说过，你懂得我的心思，知道我最大的心愿，就是开一家中国人自己的轮船公司，将外国人的轮船都从长江水道上赶出去。你说利用旗昌，或许可以帮助我完成心愿。但是我想说的是，如果旗昌轮船公司真的顺利成立了，那么它势必会在短短的一两年中，崛起为长江水道上最大的轮船公司。等三年五年过去，战争结束，旗昌也会积攒一大笔雄厚的资本。到时候，就算其他的轮船公司加入竞争，也不一定会是它的对手。只要经营得当，旗昌或许会成为一家几十年、上百年常青不败的老牌轮船公司。如果我们现在拿出钱来，去入股旗昌，帮助金能亨成立轮船公司，那不就等于是养虎遗患吗？自己给自己培养了一个强有力的竞争对手，将来我们中国人自己开轮船公司，就更难获胜了。所以说，这不是关乎个人投资获利的小事情，而是关系到民族大义的大事情,我坚决不能做。"

"正翔,照你这么说,我在这个时候投资旗昌,岂非就成了投机获利的奸商,是不顾民族大义的了?"徐润不悦地道。

"不,雨之哥,你言重了。"郑观应连忙道,"正所谓'殊途而同归',我的志向是将来成立一家完全由中国人自己投资、组建的轮船公司,不过这个梦想太过遥远,连我自己都不知道,是否有可能成为现实的一天。而你是想通过入股旗昌,最终成为旗昌的大股东,借助外国人的这个'壳',实现以中国人而入主旗昌的梦想,这一招'喧宾夺主',如果成功了,那么中国人也就等于拥有了自己的轮船公司。我们两个不管是谁,其实都是为了中国人能扬眉吐气,自强自立。"

"正翔,谢谢你能这么说。真正能懂得我心思的,恐怕也只有你了。"徐润听了他的话,也激动不已。"那我们就说定了:你为你的梦想去努力,我按我的计划去行事。不管将来会是什么样的结果,只要咱们每个人都尽了自己最大努力,就没白活。"

"对,没白活!"郑观应道,"雨之,我其实也是支持你去旗昌的。因为你加入旗昌,就等于代表中国人,在旗昌打下了一枚坚实的楔子。到以后,我要组建中国人自己的轮船公司,和旗昌展开竞争,到时候你就会成为最可靠的内应。你我兄弟联手,旗昌就是想不倒下去都难。"

"哈哈。"徐润大笑起来,"正翔,真没想到,你才到上海三年,竟然下手这么狠。你这样的商业奇才,幸亏是我的好兄弟,而不是可怕的竞争对手。"

"哈哈。"

郑观应也笑起来。

也许,他们兄弟二人自己也想不到,就在这个上海的普通夜晚,在这番看似开玩笑的谈话中,他们已经切切实实为旗昌将来的覆灭埋下了种子。旗昌轮船公司在不久后成立,正如郑观应所预言的,很快崛起成为长江水道上的巨无霸,依靠和太平军达成的协议,在两三年的工夫里大发横财。但最后,旗昌轮船公司也正是遭遇了郑观应这个最可怕的对手,一败再败。最后,金能亨等发起人不得不狼狈退出,旗昌轮船公司也不得不以低价卖给了郑观应所入主的中国人自己的轮船公司——轮船招商局。一切的一切，都在许多年前的这个夜晚已经注定……

三、面对旗昌的步步紧逼，琼记洋行顶不住了，来向宝顺求救。郑观应自作主张答应，徐润却告诉他：钱都被我挪用做房地产了

被李秀成重重围困下的上海，终于感受到了巨大的压力。在英国领事馆很快召开了"中外会防会议"。

这天，英国领事馆门前一早就人头攒动。各种式样的汽车，以及中国特色的轿子，在门前川流不息。

在富丽堂皇的会议室里，英国第九任驻沪领事麦华多正在主持会议。

"尊敬的各位先生，非常欢迎大家来出席今天这个特别会议。"麦华多曾经是登陆上海的第一个英国人巴福尔的翻译官，因此不但英语纯正地道，还能说一口标准的中国话。他今天主持会议，英文和中文两种语言交替使用。"我想你们都清楚，我们为什么要聚集在这里，开这么一个特别的会议。上海虽然现在并没有受到实质性的威胁，但是形势却不容乐观……"

他将上海处于太平军李秀成包围之下的情形大致一讲，然后问众人："不知道诸位先生有何高见？"

他话音刚落，一个满脸胡子、身材高大，身穿海军制服的将领就发了言。他正是英国驻华海军司令赫伯。赫伯说话是军人式的，干脆利落，声音铿锵有力："我不认为这件事情有什么好商量的。长毛逆贼要打过来，我们就在海上用炮火猛轰他们就行。他们根本不可能靠前一步。"

另外一位军人、英租界义勇军司令韦伯也说话了："就是。我们的军队已经很久没有打过一场像样的战争了。而且据我所知，我们和长毛逆贼还从来没有真正交过手。上一次长毛逆贼来攻打县城，在城门下面摆出要攻击的架势。我们向他们开火，可是他们连一发子弹的还击都没有。我认为他们绝非单纯是出于对我们的客气和尊敬，而是他们根本不敢和我们硬碰硬较量。"

紧接着,风度翩翩的法国领事艾汤也发言了:"用大炮来发言,我认为再恰当不过。听说长毛逆贼也信奉上帝,可是我敢肯定,他们所信奉的上帝,不是我们所熟知的那个上帝。否则,上帝早就会给他们以启示,告诉他们的首领李秀成,攻打上海根本就是一个愚蠢之极的错误。"

几个洋人大佬都不把太平军当一回事,麦华多又将目光投向了中国参加会议的代表:以上海道台吴煦为代表的政府官员,以豪绅杨坊为代表的地方商人等:"诸位先生,你们的意见是什么?"

上海道台吴熙咳嗽了一声,清了清嗓子,打着官腔说道:"长毛逆贼此番突然挥师前来,虽然突兀,可是我们早已做好了准备。目前上海的守军有一万三千多人,人数不及长毛的三分之一,但是我们是守,他们是攻,我们有大炮、洋枪,长毛只有长矛和大刀。所以胜负之数,尚在未知。另外,我已经上报朝廷,朝廷正在从周围几个地方调集兵力,会战上海,争取一战而歼灭逆贼李秀成部。不但一举击溃长毛,还要趁机一鼓作气,收复宁波、夺取苏州,最后乘势攻打长毛的老巢天京。总之,这一次,我们绝不是给他们一点颜色看看那么简单。"

"说得对!"杨坊在诸位代表中身份和地位最低,可是在防守上海方面,所做工作最多,出力气最大。因此他早迫不及待地道:"请诸位放心,我已经筹集了足够的资金,不管各位洋大人调集多少军队,所有军饷,一律由我们上海的商民来负责解决。另外,我要报告大家一个好消息,我们所支持的洋枪队,在华尔先生的精心训练下,目前已经招募到了一万两千人,拥有最先进的大炮、火枪,拥有最先进的战略战术和严明纪律、勇武精神。所以,我恳请诸位洋大人,能不能让我的洋枪队先去打头阵,给长毛逆贼来一个下马威!我相信一定会马到成功的!"

"让洋枪队去打头阵,测试一下长毛的战斗力,我看可以。"麦华多将目光投向海军司令赫伯,"赫伯先生,你最了解华尔先生和他的洋枪队,请你说说看。"

"华尔是一位真正的战士,他的不屈不挠的战斗意志和无所畏惧的战斗精神,让我感到钦佩。从某种意义上来说,我认为他是上帝派来拯救东方的使者。"赫伯瓮声瓮气地说,"我们给洋枪队装备的一千门炮,五千支来复枪,都是当今世界上第一流的装备。我们给洋枪队派出了五十名作战训练官,带去的都是最先进的作战理念和最完备的战略战术。经过整整一年的训练,我认为洋枪队现在是到了一显身手的时候了!"

其他几位洋人大佬也都点了点头。如果洋枪队能一举击溃太平军,那么他们就不用费心费力了。

"那好。"麦华多最后道,"下面我们就慢慢商量一个具体会防上海的方案出来。同时,我们不妨让洋枪队先去试探一下逆贼的虚实。"

"好!"

于是,当英法等国积极准备"会防之战"的时候,华尔接到命令,洋枪队先去和太平军作战。

华尔对于能充当"急先锋"自然兴奋异常,因为这意味着:他和他的洋枪队又有银子可赚了!

很快,中外会防会议结束后半个月,经过精心谋划,洋枪队在华尔的率领下,偷袭了上海附近一处叫作"广富林"的太平军据点。

这是一个月黑风高的夜晚,华尔早已买通了太平军中的内应,掌握了太平军广富林据点的详细地形图。因此,趁着黑夜,华尔将上百门的野战炮悄悄地运送到了阵地上。当天色刚蒙蒙亮,太平军的营地刚露出一个轮廓,华尔早已迫不及待地下达了命令:"开火!"

顿时,一片惊天动地的炮火声响起。太平军营中大部分的士兵都还在酣睡,几百人顷刻之间作了枉死鬼。

太平军经过一阵慌乱后,很快组织起了反击。这时候,华尔却不给对方机会,而是亲自率领一千敢死队,向太平军的营地发起了攻击。在后面炮火的支持下,这一千人突入太平军营地,人人都长枪、短枪配备俱全,还有可以在近距离投掷的火药弹,杀伤力巨大,太平军根本抵挡不住,不知道来的偷袭之敌有多少兵马。仓皇之间,七千太平军大败而去,留下一地尸体。

华尔首战告捷,杨坊也不含糊,立即在后面带着三万两银子跟了过来。就在太平军的中军大帐里,华尔清点作战情形:杀死太平军战士

1000人，洋枪队阵亡18人。以18人换取太平军1000人阵亡，以1000人大败太平军8000人，这一胜利在洋枪队的历史上也算一次奇迹了。

华尔当即下令：阵亡者每人抚恤金500两银子，剩下的银子，华尔自己留下3000两，其他的银子，给所有的人平分，每个人从这一战中捞取到了可观的利益。而这还不算打下太平军营地，从太平军那里缴获的物品和军饷。这令华尔和他的洋枪队更加变得贪婪、疯狂。

仅仅二十多天后，华尔和他的洋枪队又参加了对高桥的太平军之战。这一战是以洋枪队为先锋，以英法联军1000人作为后军主力部队。结果可想而知，太平军5000人战死，而洋枪队仅阵亡7人，英军死1人，法军一个没死。随后，华尔率领洋枪队单独进攻距上海60里的萧塘，以阵亡10人的代价，歼灭太平军800人，生擒400人。滚滚银元将洋枪队的腰包塞得鼓鼓的。

当时，上海人民对洋枪队又是怎样的一番评价呢？这是当时流行在上海商民中的一首民谣：

"上海洋枪小队来，
澧溪胜仗出奇哉。
官兵率队西兵合，
炮打飞花落地开。"

就在一片隆隆的炮火声中，3月27日这一天，在上海的旗昌洋行大厦门口，却一片彩旗飘舞，鞭炮齐鸣。原来这天是旗昌轮船公司成立的大好日子。金能亨经过一年多的紧张筹备，终于通过自己的努力，将这件看似不可能的大事情做成了。100万的股本已经全部到位，其中一部分用来购买轮船，从美国的旧金山购买而来的总吨位456吨的"惊异号"、1086吨的"江西号"和1339吨的"湖广号"，以及一艘241吨的海军退役小型舰艇"彭布罗克号"，四艘轮船都已经停泊在黄浦江的江面上，每一艘轮船都披红挂彩，里里外外装饰一新。而这还不是金能亨计划的全部。他的计划是建立5艘江轮和5艘海轮的"巨无霸"船队。仅仅船队运输获利一项，一年的利润收入就是50万两。这还不包括与航运业务有关的仓库体系。作为旗昌仓库体系建设的第一步，旗昌已经先行一步在紧靠华人商业区的地方建立了金利源码头。这码头从一开始建设，规模和建设标准在上海就是首屈一指的，足见旗昌雄心。

金能亨无疑是今天整个上海最风光的人。他一改往日里潇洒、随意的牛仔装束，而是特地换上了一身毛料西装，系上了一根中国寓意吉祥如意的红色领带。他的脸上还是一成不变的、招牌式的微笑，和来参加股东大会的英、美、中三个国家的股东代表不停地打着招呼，忙得不亦乐乎。

英、美方面，除了金能亨自己出资15万两，是最大的股东；其次是旗昌洋行的股东，包括乔治·泰森和格鲁以及F·B·福士等人，一共认股30万两。还有一些洋人小股东，是外国的中小公司，投资的计有：英商的义记洋行、泰和洋行、公易洋行及美商的同孚洋行，德商的禅臣洋行等15家。还有个人入股的，包括赫德等两名美国人也入了股。此外的股东就是华商了。华商中最大的股东有两人：一人是陈竹坪，认股13万两；另外一人是顾丰昌，认股15万两。这两个人都是旗昌洋行的大买办。其他洋行中的买办，包括有徐润、陈舆昌、胡记、隆昌、王永益和阿游等，这些人中，大部分都和徐润一样，认股一万两万，三万五万不等。

这天，英、美、中三国股东大会隆重召开，制定了公司章程。根据章程规定：一、指定旗昌洋行为旗昌轮船公司的永久性代理人和司库，旗昌轮船公司的经营管理全由旗昌洋行代理，每年提取佣金（业务兴旺时每年可净赚10万两，为该行总收入的5%）。上海旗昌洋行的经理即是旗昌轮船公司的总经理。二、根据旗昌轮船公司章程规定，成立三人董事会，但至少有另一人是旗昌洋行的成员担任董事。因此旗昌轮船公司成为旗昌洋行控制之下的附属企业。

旗昌轮船公司的成立，在上海引起了巨大的轰动。因为太平军围城而近乎崩溃的市面，顿时打了一针强心剂。各大商家争着将自己的货物给旗昌乖乖地送上门去。旗昌因此大赚而特赚。

与此同时，华尔也在率领洋枪队继续大捞横财。

然而，李秀成却被洋人给激怒了。一直对洋人的咄咄逼人采取克制姿态的他，决定狠狠教训一下洋人。洋枪队自然成为李秀成的第一个教训的对象。因此，当青浦之战，华尔率领洋枪队照旧冲锋在前，一马当先杀入太平军的大营，却突然发现这是一座空营。只有遍地旗帜，不见一人。华尔意识到不妙，连忙大声下令："快撤！"可是已经晚了，太平军从四面八方杀上来，也不知道有多少人，铺天盖地，犹如潮水卷来一样。华尔死战逃出生天，到城外清点人马，几百人不知去向，连洋枪队的副领队法尔斯德，也在此战中被李秀成给生擒活捉。

此后，李秀成对洋人不再留情。洋人再也占不到便宜，双方半斤八两，只能媾和。于是李秀成的数万大军与上海的洋人达成协议：太平军不进攻上海市区，英法联军不出市区攻击太平军；太平军尊重三十英里线，英法方面禁止官兵越出三十英里线。洋人唯求自保，太平军想要全取上海的勃勃雄心也因此而成泡影。李秀成眼见将上海收入囊中已经不可能，而此时清军的一位厉害人物，曾国藩的头号弟子李鸿章，正率领装备精良的淮军来救上海，李秀成遂下令撤军。

太平军此次与洋人在上海会战，是双方第一次真正硬碰硬地较量，也是最后一次。此后太平军没有再图谋上海，上海的洋人也乐得固守这片膏腴之地。

只有一个例外，就是发战争财红了眼的洋枪队。华尔这时候已经入了中国籍，是杨坊的乘龙快婿，又是大清朝廷御封的四品将领，自称将军。他才不肯停下靠打仗捞取钱财的脚步。他先是用一百万发子弹和十箱上好的鸦片将老伙计法尔斯德赎回来，然后，率军踏出上海。9月20日，洋枪队攻克余姚。而后，等不及杨坊送来赏赐银子三万两，华尔又一路率领洋枪队追击太平军至慈溪。在慈溪城下，华尔仍旧像从前一样，身先士卒，顶着枪林弹雨，亲自挥舞着藤杖，口中叼一支吕宋烟，指挥士兵进攻。当队伍逼近城下，忽然太平军的"九子炮"（内装钢、铁、铅等九种金属丸，射程不远，但有一定的杀伤力）从城头上一齐开火，一粒子弹飞来，击中了华尔。华尔大叫一声："我中弹了！"然后右手捂住下腹，缓慢地倒了下去。法尔斯德赶到，将华尔救回英"恩康脱号"军舰上，随后即被送到宁波江北租界里的一家英教会医院，取出子弹。华尔在那里"八小时后，一个风雨之夜，东方泛白之前死去了"。临终之时，华尔还不忘记写下遗嘱，让他远在美国的老父亲来华代替他向杨坊索要那三万两银子的赏赐，真是人为财死！

但说在上海，太平军一去，沉寂的市面顿时喧嚣起来。上海的各大商家早已等不及了，于是，以琼记洋行为首，立即打响了和旗昌轮船公司争夺长江航线的第一枪。琼记洋行本来是长江航道第一个"试水"的外商。咸丰八年，"天津条约"签订开放长江通商口岸后，咸丰九年，上海的琼记洋行即着手计划订购船只进入长江航运。同年十月十五日，琼记洋行的掌门人何德发出订单，向纽约约翰逊造船厂订造了一艘载重678吨的木壳明轮"火箭号"，以小奥古斯丁·何德的名义登记，资金10万美元，分为20股，每股5000美元，何德家族占有13股。咸丰十一年二月初十日，"火箭号"到香港，三月初一日抵达上海后，随即由上海开往汉口，又由汉口返回，于咸丰十一年三月初到达上海，总航程500英里，费时一个月。这是外商驶入长江的第一艘商船。到同治元年，"火箭号"由于安全可靠，在长江航运中已获厚利，当年结账时，该轮净利达14.8万美元。另外，琼记洋行还代理经营与华商共有的"山东号"，净赚3.7万美元，再加上这艘船所获取的佣金，琼记洋行从经营轮船运输方面获利达20万美元。同时，琼记洋行又增加945吨"江龙号"船舶一艘，这样一来，琼记洋行在长江航线上拥有的船只，就达到了3艘。

面对旗昌的横空杀出，琼记洋行自然不肯示弱。他们使出了最具有杀伤力的一招：降价。琼记将运费从原来的每吨货物5两银子降到了4两，接着旗昌轮船公司将价格降到了3两。琼记洋行又降到了2两。旗昌无法在运费上再作文章，于是又使出了另外一招：凡旗昌轮船公司载运的货物，可享受免费储存和码头服务的优待；托运人（或代理人）还可得到所付运费1%的"回扣"。这一招果然厉害，比琼记洋行单纯打"价格战"，旗昌的"组合拳"高明多了。

很快，琼记洋行就在和旗昌的竞争中败下阵来。琼记洋行的何德不甘心，转而向宝顺洋行求助。

这天，在外滩一间充斥着欧洲情调的饭店里，何德和宝顺洋行的轮船经理麦奎因见了面。

一见面，麦奎因就将自己身边一个年轻人介绍给何德先生："奥古斯丁先生，这位是我们宝顺的买办，也是轮船公司揽载行的经理郑观应先生。我们宝顺的轮船业务，主要靠他。"

"哦？原来是郑先生，失敬，失敬。"

何德连忙和郑观应握手。以前，大名鼎鼎的何德家族，是不会和郑观应这种买办打交道的。可是现在何德被旗昌的金能亨逼迫得走投无路，不得不主动放下身段，对每一个能帮助他的人笑脸相迎。

"奥古斯丁先生，久仰，久仰。"

郑观应倒不是说客气话，他早闻琼记洋行这位当家人的大名，对于何德家族，他亦略谙一二。

双方入座之后，先不谈生意。由何德先生安排的这场宴请，尽管只有他们三个人，却是一丝不苟。按照英国贵族的规矩，即使只宴请一个客人，也按照完整的礼仪，有乐队给予伴奏，有餐前酒，有各种各样的点心，然后才是正餐。吃完了地道的英国菜之后，接下来又是餐后酒。

对于这些外国贵族的礼仪，如果郑观应是初来乍到上海，一定会手足无措。可是现在他却应对自如。不但对于每一道菜都少不了称赞有加，对于乐队演奏乐曲，他居然也能会心地点头微笑。

他这一番入乡随俗式的表示，给何德留下了良好的印象。因此一顿饭吃下来，何德对他相当满意。

接下来，开始进入正题了。何德问麦奎因："麦奎因先生，你觉得我们琼记和旗昌的这次竞争，谁会赢？"

"那还用说，自然是旗昌。"

"旗昌资本雄厚，以我们琼记一家，根本不是旗昌的对手。可是，如果我们联合起来呢？我们琼记有'火箭号''山东号''江龙号'3艘轮船，加上你们宝顺有1艘'飞似海马号'，吠礼查洋行有1艘'慕容号'，怡和洋行有2艘'罗纳号'和'快捷号'，广隆洋行有2艘'爆仗号'和'快也坚号'，还有同孚洋行有船3艘：'鄱阳号''大江号'和'九江号'……

如果我们所有这些联合在一起,那么不管在数量上还是吨位上,都足可以和旗昌公司抗衡,到时候谁胜谁败,只怕还不一定吧?我们如果就这么被旗昌各个击破,不是太可惜了吗?"

"奥古斯丁先生,我很佩服你这种不屈不挠的精神,但我们在商言商,还是应该以和为贵吧?"麦奎因也给出了自己的看法,"现在旗昌和琼记大打价格战,已经把长江航道上运输的利润,压到了历史最低水平。旗昌还采取了仓库储存货物免费的做法,这就更加降低了利润。照这么做下去,我们已经快没法子生存了。如果我们不尽快结束争斗,而是联合在一起,和旗昌死拼到底。那么,恐怕我们不会把旗昌打垮,而是会和旗昌一起完蛋,两败俱伤。"

听了麦奎因的话,何德点了点头。其实他也知道,和旗昌的争斗固然令琼记伤筋动骨,而对整个长江航道的运输业,也已经造成了打击。不过他还保留一线希望,就是击败旗昌以后,可以垄断长江航运,将定价权掌握在自己的手里。到时候将价格再抬高上去,还可以弥补回来。

他将目光投向了一直倾听、不说话的郑观应:"郑先生,请问你对旗昌和琼记的这场战争,有什么看法?"

郑观应其实一直在暗中关注旗昌和琼记之争,此时听何德问到他,他立即申明了自己的看法:"奥古斯丁先生,我和麦奎因的看法不一样。我是站在琼记这一边的,我认为奥古斯丁先生说得对,琼记不应该单枪匹马挑战旗昌,而应该联合其他的轮船公司,合力抗衡旗昌。"

"哦?"何德眼睛一亮,"请你说得详细些。"

"奥古斯丁先生,可能你也熟悉一些我们中国的文化。在我们中国的文化里,有三种竞争天下的'道术'。第一种道术叫作'霸道',这是最简单的,也是最下等的。'霸道'简单来说,就是赤裸裸地使用武力,依靠比任何人都强大的武力,去粗暴蛮横地征服一切。这种办法在短时期内,可能会取得成功,但是正所谓'其兴也勃,其亡也忽'。靠武力打下来的局面,是没有办法长久维持的。而现在旗昌所使用的竞争方法,就是最明显不过的'霸道',因此,它的失败也是注定的。"

"你说得太好了,郑先生。"何德兴致勃勃,麦奎因也来了兴趣。"那其他的两种竞争道术呢？"

"第二种道术叫作'王道'，就是跳出自我利益的小圈子，将天下人的利益放在第一位。以天下百姓之心为心，以天下百姓疾苦为疾苦，所看重的是天下归心，将天下人心都收归己有，那么，整个天下的利益顺理成章，也就是你的了。这更多强调的是'德'的力量，而不是'武'的力量。兴文偃武，天下归心，这样得来的天下，才能长治久安。"

"那具体到我们和旗昌的对抗，要怎么做呢？"

"很简单，只要我们联合旗昌之外的轮船公司，将大伙的利益绑在一起，然后我们逼迫旗昌坐下来谈判，签订一个'齐价合同'，约定在长江水面上利益均分，谁都不允许一家独大，搞垄断行为，这样大家就可以共同生存下去了。这就是以众人的利益为利益，就是'王道'了。"

"对呀，这也正是我所想的。"何德兴奋不已。"那么，请问郑先生，还有第三种竞争之术，是什么？"

"第三种道术，也是最高级的道术，叫作'师道'。就是主动承认自己德行和能力都有欠缺，然后请一位比自己更高明的人来当老师。一旦你找到了这样的老师，就要对老师完全地信任，然后对待老师，要像儿子对待自己的父亲那样，做到绝对的恭敬和顺从。老师会利用他的谋略和才干帮助你取得天下，然后就会隐退而去。只可惜这样的师道已经湮灭很久了。"

"是啊，这样的老师，其实就是圣人。圣人不常有，所以'师道'恐怕也难得有用来施展的机会啊！"何德叹道。

"没关系。"郑观应道，"旗昌用的是'霸道'，我们就用'王道'来应对好了。"

"具体该如何做呢？"麦奎因听郑观应说得这么轻描淡写，有些不太相信。

"对呀，郑先生，请你说说吧。"何德着急地道。

"具体的做法，就是我们联合其他所有的轮船公司，每个公司根据自己的能力，出银子几万到十几万两不等。然后我们把这些资金放在一起，成立一个联合基金。这一笔基金的用途，就用来和旗昌进行竞争。而我们的做法其实也很简单，'以彼之道，还施彼身'。旗昌打价格战，我们就和他一路打到底。他们不是将运费降到每吨2两了，我们就继续降到1.5两。如果旗昌跟着降下来，我们就降到1两。这样一来，势必就会出现亏损的局面。我们各个公司的亏损，就用这笔联合基金来弥补。而旗昌说到底只是孤家寡人，长期亏损下去，一定坚持不住。到时候，旗昌也不得不低下头来，和我们商定谈判一个'齐价合同'。只要订立了这合同，大家都有利可图，我们就赢得了这场胜利。"

"好啊！郑先生此言，确是高论！我早听说你们有一句话：与君一席话，胜读十年书。和郑先生谈论这一番话，不但是胜读十年书，更是拯救了我们琼记，我代表全体股东感谢郑先生哪！"

"哪里，我也不单纯是为了救琼记，而是为了长江航道上轮船公司的全体利益着想。包括我们宝顺。"

"那么，联合各家公司的事情，就由我来进行。"何德信心满满地道，"凭借我们琼记的信誉，和我们何德家族的实力，我相信，联合各家，来促成这一笔联合基金的成立，应该不会有大问题。当然了，我们第一个要联合的，就是你们宝顺。不知道你们宝顺，现在能拿出多少钱？"

"这个嘛……"麦奎因虽然是轮船公司经理，但是毕竟宝顺的事情，还要由徐润这个总买办来做主。因此他有些迟疑，不好一下子说出数目。可是，郑观应毕竟是自己提出成立"联合基金"的方案，急于促成此事。因此，他就自作主张："这个没问题，我回去和我们的总买办徐润先生商量一下，十万、二十万两银子拿出来，应该问题不大吧？"

"那就折中一下，十五万好了。"何德道，"我们琼记既然是牵头的，我回去准备二十万两银子。"

"那我们加在一起，就是三十五万了。"

"对。我再去和怡和商量一下，让他们也拿出十五万两银子来，这就五十万了。其他的小公司凑五十万，加在一起，我们也有一百万了。旗昌的股本不是一共一百万吗？我们也拿一百万来和旗昌打这一仗，我就不信，大家都是人，凭什么我们加在一起，就敌不过一个旗昌？"

"用我们中国的话来说，这叫'三个臭皮匠，胜过诸葛亮'。哈哈。"

"哈哈。"

何德和麦奎因听了郑观应的话，也笑了起来。似乎他们已经看到，旗昌在众人围攻之下，很快竖起了白旗，乖乖投降……

然而，郑观应对于这件事情，还是太过乐观了。在回来的路上，麦奎因小声提醒他："郑先生，你怎么就答应了奥古斯丁先生，说我们宝顺可以拿出来十五万？你不要先请示徐润先生吗？"

"徐润是咱们的总买办不假，不过你别忘了，他还是我的生死兄弟，是我的好大哥。"郑观应信心满满地道，"我相信，只要我把这个计划原原本本地告诉他，他一定会支持我的。"

可是，第二天，当郑观应去见徐润，将计划告诉了徐润，提出要宝顺拿出十五万两银子来做联合基金，对付旗昌的时候，徐润却将眉头皱得紧紧的，低着头，半晌都没有说一句话。

"雨之，你倒是说一句话呀。行，还是不行？"

见郑观应催促得紧，徐润先走到门口去观察了一下，然后回来，顺手将门给关上了。

他这番动作，令郑观应心里一紧。他本能地预感到，徐润对这件事情的态度，和自己所预想的大不一样。

果然，徐润开口了："正翔啊正翔，你让我说什么好！"

"怎么了？"

"你怎么这么糊涂，联合起外人来拆我的台了？"

"啊？"

"难道你忘记了，我刚刚往旗昌里面投资了五万两银子，我现在也是旗昌的股东啊！还有其他人，也都是我劝说他们，他们才拿了银子，投在了旗昌上面。你虽然没有投一分钱，可是你也说过，支持我的呀。为什么刚见到旗昌的业务有点起色，还没有分到一分一厘的红利，你就要和外人联合起来，要拆旗昌的台？还要我从宝顺拿出十五万两银子来支持你？"

"哦，雨之，你误会了。"郑观应连忙解释，"我不是要拆你的台，也不是要打倒旗昌。我只是觉得，长江航道这片水面，是大家共同发财的地方，不能让旗昌这么一家独大，这么搞下去，旗昌把大伙儿一家家都逼垮，逼得走投无路了，会出大事情的。大家签订一个'齐价合同'，利益均分，都能生存下去，和和气气地公平竞争，全凭本领赚钱，不是更好吗？"

"正翔啊，你怎么成了家，成了大人了，想什么事情，还是小孩子一样呢？"徐润批评他道。"咱们这是在做生意。做生意就是要尽可能赚钱。如果能把长江水道的生意给垄断了，一家独大，那样才能有大钱赚。实话告诉你，旗昌这么做，就像大鱼吃小鱼，把其他的轮船公司一家家都吃掉，弱肉强食嘛，谁让那些小公司势单力薄，缺乏竞争生存的能力呢？你那么悲天悯人干什么？那些小公司的生死存亡，和你有什么相干？"

"怎么不相干？这其中就包括我们的宝顺轮船公司啊。"郑观应道，"这叫'城门失火，殃及池鱼'。琼记只是第一个倒下去的，如果我们这时候见死不救，那么用不了多久，就轮到我们了。"

"宝顺倒了，那有什么打紧？到时候，你就跟我到旗昌去。我是公司的股东，有我照顾你，怕什么？"徐润不以为然地道。

听他这么说，郑观应不由愕然。"雨之哥，你也不希望宝顺倒吧？毕竟徐伯伯、曾伯伯，都在这里干了那么多年。你也是在这里学徒起家的，一路做到了总买办，对宝顺应该还是有感情的吧？人非草木，孰能无情啊？"

"哎呀，我的好兄弟呀，不对你说实话，看来你是真不明白。"徐润被他逼迫不过，压低声音在他耳边道，"实话告诉你，不要说宝顺现在拿出来十五万两银子，就是五万两银子，也拿不出来呀！"

"啊？"

"我对你这么说吧，我的房地产事业需要钱，宝顺的钱，都被我用到房地产事业上去了。我没有把这笔钱的用途对任何人说明。所以，如果你非要提出，要宝顺出钱，和其他洋行联合，那么，被颠地先生知道了，来查公司的账，那我可就惨了。你也知道，我的房地产事业才刚起步，所有的钱都变作了钢筋水泥，还有几百亩的地皮。我拿什么给宝顺来填这个窟窿啊？"

"原来是这样。"郑观应这才知道，徐润表面上风光无限，所从事的房地产投机事业，实际上是冒了多么大的风险。这样一来，自己自然不能再提要宝顺出钱的事情。因此他只能打消了这个主意。"那就算了，我们宝顺就不参与这件事情了吧。主意是我替奥古斯丁先生出的，我去找他说清楚。他如果还想继续做这件事情，就看其他洋行的态度了。"

"对，我们先顾我们自己，其他人的事情，让他们自己去想办法吧！"徐润又嘱咐他："正翔，记住，你去找奥古斯丁先生，就说我是旗昌的股东，宝顺不方便狙击旗昌。其他的一个字不许多说！"

"嗯，记住了。"

郑观应刚刚鼓舞起来的大战旗昌的雄心，因徐润的一番话骤然消沉下去。

四、由于徐润在背后搞鬼，宝顺的老板颠地和怡和的老板渣甸为了争夺一个情妇而打了起来

几乎在郑观应和徐润商谈的同时，何德也找到了怡和洋行的买办唐廷枢。

唐廷枢是个聪明人。在上海的华商中，他是为数不多有实力但却没有入股旗昌的人之一。和郑观应一样，他也敏锐地看出了旗昌的问题所在，知道旗昌的金能亨并非一个真正的生意人，而只是一个投机者。当太平军和清军对峙，长江航道无法顺利通行，金能亨或许可以火中取栗，从这乱糟糟的局面中获得一点好处。一旦长江航道恢复正常通行，众多的轮船公司重新参与到竞争中，旗昌一定无法占到便宜。而旗昌的最终失败命运，也是注定了的。

因此，当何德找到唐廷枢，提出联合狙击旗昌的计划，唐廷枢立即表示出了极大的热情。

"奥古斯丁先生，你来得正是时候。"唐廷枢道，"说实话，我这段时

间也一直在关注旗昌,考虑有什么办法对付旗昌。只是我始终没有想到一个完美的策略,奥古斯丁先生,我没有想到,你提出来的计划,会是这么一个完美的计划。这么完善,这么美妙。"

"唐先生,其实这个计划,也不是我想出来的,是宝顺的郑观应先生给我的建议。"何德道。

"是他?"唐廷枢上次和郑观应打交道,经历了和郑观应的一番交锋,就知道郑观应这个人非同小可,是一员干将,商业才华非同小可。但是,当他听说这个完美的复仇计划出自郑观应之手,他还是有些吃惊。看来郑观应在这段时间内,在各方面又都有了长足的进步。

"是。郑先生不但帮助我出谋献策,而且答应他们宝顺可以出十五万两银子,作为联合基金的发起人。"何德道。

"郑先生在谋划上有过人之处,不过在具体的事情上,我看他对宝顺还有些不太了解。"唐廷枢虽然是个局外人,却对宝顺的情况了如指掌。"宝顺的那位总买办徐润先生,如此年纪轻轻而坐上了高位,难免有些骄傲自大。我查过他的投资情况,他在茶、丝、钱庄方面,都有投资。而他最大的投资还是购买荒滩,改造成良地,然后在上面盖房子,将其卖给上海的有钱人。他这么做,当然很有气魄,可是一个大问题,就是资金的占用很厉害。他这么年纪轻轻,哪里来这么一大笔资金,自然是借鸡下蛋喽!宝顺就是他怀抱里的一只金鸡。可就算这只金鸡每天给他下一只金蛋,也还是不够。所以,我敢肯定,郑先生说宝顺可以拿出十五万来做联合基金的发起人,宝顺一定不会答应他做这件事情。不是他的计划不好,而是宝顺根本就被徐润给掏空了。"

"啊?"何德大吃一惊。"那怎么办?"

"我们怡和的老板渣甸先生,和宝顺的老板颠地先生,最近要在香港参加一场赛马,到时候会碰面。不如就让我们的渣甸先生和宝顺的颠地先生沟通一下,看这件事情,他们究竟愿意不愿意做?如果他们认可这个计划,那么区区的十五万两银子,对他们来说还是不成问题的。"

"那就请唐先生从中给撮合一下如何?"何德是个明白人,立即道,"我知道唐先生在渣甸先生和颠地先生面前都是红人。只要你肯帮助美言几句，我想他们是不会拒绝的。只要宝顺、怡和两家答应各自出十五万两银子，来成立联合基金。作为回报，我愿意拿出一万两银子来酬谢唐先生。"

"哈哈，奥古斯丁先生太客气了！"唐廷枢哈哈一笑，"我可没有把握促成这件事情，只能说是尽力而为。至于酬谢嘛，也用不了那么多，五千两银子就够了。琼记现在的生意不景气，这是尽人皆知的事情，我可不想让别人骂我是趁火打劫，乘人之危，我唐廷枢自问不是那样的人。"

"对，对，唐先生是堂堂君子，我们这么做，联合起来对付旗昌，也不算什么阴谋诡计。是旗昌自己做得太过火，才逼得我们不得不出此招数。用你们中国话来说，叫作'是可忍，孰不可忍'，对吗？"

"奥古斯丁先生对我们中国文化很了解嘛。"唐廷枢哈哈笑着道，"不错，正因为旗昌想要一家独霸长江航道，理亏在先，所以咱们这叫作'师出有名'，以有道伐无道，用的是阳谋，是堂堂之阵，正义之师。旗昌心知肚明，就算咱们联合起来对付他，也没有什么可抱怨的。"

"那就这么说定了，我就回去等唐先生的好消息了。"

"我这两天就动身去香港，希望几天后回上海来，我能给奥古斯丁先生带来好消息。"唐廷枢道。

香港。

唐廷枢一踏上这片土地，心里就油然而生一种亲切之感。的确，这里的一切对他来说实在是再熟悉不过了。他在这里学习过、生活过、工作过，这里还有他最早开设的两家当铺，是他初度展示商业才华的地方。

他首先要做的事情，是安排怡和老板大卫·渣甸在赛马场赌马一事。这个风度翩翩、充满诗人的忧郁气质的年轻老板，却是一个十足的赌徒。他尤其在赌马上狂热不已，旬日不赌，就奇痒难忍。

唐廷枢轻车熟路，径直来到跑马地马场。这儿本称"黄泥涌谷"，起源自从黄泥涌峡的溪流流下的是黄色泥水，山峡口的地方就称为黄泥涌谷。山谷北面有两个小山，西边的名为摩理臣山，东边的名为礼顿山。19世纪40年代初，英军曾经在这个地方设立过军营，然而很多军人却在这里感染了热病身亡，被埋葬后，形成一处坟场区，英人也就将之称为"Happy Valley"，意为"极乐谷"。随着英军的军队撤离，该处随之荒废。然而几年后，英国人决定将在英国风行的赛马引入到香港，看来看去，最后看上了这个地方，认为非常适合赛马活动，于是将这里经过改造，设立了跑马地马场。1846年12月，第一场赛马活动正式在这里举行。很快，这里成为香港最令人激动的地方之一，拥有闪电一样的速度，和潮水一样充满激情的赛马，以及那令人疯狂的下注、变幻不定的结果，都让这里成为真正的"极乐"之地。

大卫·渣甸是跑马地赛马会为数不多的精英会员之一，他的赛马"黑色闪电"亦是有名的良马之一。

唐廷枢来这里查看了"黑色闪电"的训练情况，了解了其他对手的情况，拿着一份"马经"，回来向大卫汇报。

"大卫先生，我看我们这一次赢定了。"

"哦？"

"我已经了解过了。加上咱们的'黑色闪电'，一共有七匹马参赛。其他的马今年都不在状态，只有咱们的'黑色闪电'，每一次都能稳定在前三名。我今天去看了看，'黑色闪电'的训练非常好，精神状态也很饱满。我有一种直觉，明天咱们的'黑色闪电'，一定可以拿冠军！"

"阿星，你虽然在商业经营上是个奇才，可是在赌马这件事情，我看你是纯粹的外行！"大卫却摇了摇头。"如果人人都看出咱们的'黑色闪电'是冠军，下注都押在了'黑色闪电'身上，而咱们的'黑色闪电'最后又真的赢得了冠军，那咱们还能赚什么钱？我已经给训练师秘密嘱咐过了，明天的比赛，'黑色闪电'可以在前面三分之二程保持领先，但最后一定不能赢！"

"啊？"

唐廷枢大惑不解。"让'黑色闪电'故意输掉比赛，那咱们怎么去准确地预测，谁会是冠军呢？"

"冠军嘛，我两个多月前就已经安排人，秘密从英国运来了一匹名叫'火焰'的纯种赛马。这匹马早已到了香港，而且一直在悄悄地安排训练。不过，我要明天中午以后，比赛开始前一两个小时，才宣布'火焰'参赛的事情。'火焰'将不以我的真名，而是以一个化名参加比赛。到时候，'火焰'会在前面三分之二的路途落后，但在最后的三分之一路途反超，最后力压'黑色闪电'而成为第一名。这样一来，我们才能大赚特赚，也对得起我在'火焰'身上花的三十万两银子。"

"三十万两？"唐廷枢是做大生意的人，可是大卫在一匹马的身上投入如此巨大，也令他吃惊不小。

"怎么，你觉得我的投入有些大？"大卫笑着道，"明天比赛结束之后你就知道了。只要'火焰'获得冠军，我最少可以赢得五十万。这就等于纯赚了二十万，而且我还得了一匹冠军马。"

听大卫这么有把握，唐廷枢也不好再说什么，只能点头附和。

这天晚上，大卫按捺不住，等不及明天的赛马胜利，而是早早出去找他的情妇奥拉了。奥拉是一个印度女人，是英国和印度土著的混血，有着魔鬼的身材和一张天使的脸蛋。尤其一双眼睛勾魂摄魄，透着印度女性特有的神秘之美。奥拉能歌善舞，在香港的上层社会交际颇广。

大卫早早来到赛马会俱乐部，却发现还有人比他更早来一步。舞会尚未开始，人们三三两两，对坐聊天。奥拉坐在一个宽大的包厢里，对面一个人，一头金色的长发，身材彪悍，浑身上下透露出一种桀骜不驯的野性气质。尽管身着绅士的服装，却仿佛一个未开化的野蛮人。他身上迸发出来的雄性强烈气息，令奥拉心醉神迷，似乎一颗芳心早被征服。

这个上了年纪然而魅力依旧的男子，正是宝顺洋行的大老板颠地。他也正是大卫在赛马场上的死对头。

大卫一看颠地比自己来得还早，而且还和自己的情妇奥拉调起情来，不由得火冒三丈。他大步走上前去。

"啊哈，这不是颠地先生吗？怎么，你又来了香港？难道上次你的赛马'紫露'输给我的'黑色闪电'，那么巨大的失利还没有把你打倒吗？我倒真佩服你这种不屈不挠的劲头啊！"

"不错，渣甸先生，去年我的'紫露'是输给了你的'黑色闪电'，可是我用了一年的时间，又调教出来一匹好马。这次，我一定能赢你，今年的'女王杯'，我是有备而来，志在必得！"

"是吗？你调教马的本领怎么样，我想我已经在赛场上领教过了。也许你调教女人的本领，比驯马还要高明呢！"

"调教女人？"颠地一愣，这才意识到大卫在吃醋，不由得哈哈一笑，故意将奥拉揽在自己怀里。"不错，我这一生一共有三大爱好：金钱、名马和女人。赚钱的本领，我自认为排在第一。调教赛马，发现那些潜力巨大的宝马良驹，让它在比赛中夺得冠军，一举成名，这本领排在第二。至于征服女人嘛，不可否认，我是风月场中的老手，可这本领我认为只能排在第三。"

"我却和颠地先生不一样。"大卫盯着他，眼睛里要冒出火来。"我也有三大爱好，不过和你是颠倒过来的：我是女人、名马和金钱。我认为征服女人才是我们男人在这个世界上最值得去做的事业。而我最大的本领，就在于让女人乖乖地臣服于我，屈服于我不可抵挡的魅力之下。"

"真的吗？那我倒想看一看你那不可抵挡的魅力。"颠地轻蔑地一笑，"这位奥拉小姐，我不知道她是你的情人。不过，我今天晚上要捷足先登，对不住了。要等到明天早上，才把她还给你。"

"奥拉，我要你现在就回到我的怀抱里来。"大卫从口袋里掏出来一个精美的小盒子，打开来，顿时光华闪烁。原来是一颗镶嵌巨大钻石的戒指。"为了表达对你的爱意，这是我专门让人去非洲寻找，花了一年的工夫才找到的。为了买下这颗钻石，我花了足足五万英镑呢！"

奥拉和所有的女人一样，一看到大卫手里的珠宝，顿时眼睛一亮，就要挣扎着从颠地怀里脱身。

"等一等，心肝小宝贝儿。这些骗女人开心的小玩意儿，我这里也有。"颠地果然是风月场上的老手。他变戏法一样，从自己口袋里也掏出来一样东西，却是一条珠子串起来的漂亮项链。在项链的顶端，一颗鸽子蛋大小的钻石，闪耀着夺目的光芒，比大卫手里的可大多了。

奥拉情不自禁地又坐回颠地怀里。颠地搂着她，将项链给她戴上，那颗大钻石正好垂在奥拉深深的乳沟间。

"哼！"大卫看奥拉根本没有跟自己走的意思，大怒，一招不灵，又出一招。他再从口袋里掏出来一样东西，却不是金银珠宝，而是一把精致小巧的手枪，将枪口对准了奥拉："小贱人，你跟了我那么长时间，骗去了我多少珠宝首饰，美丽衣服，如今一见比我更有钱的，就翻脸不认人了。我命令你，马上滚回到我的身边来，否则我就对你不客气了。我一枪打死你。"

"渣甸先生，你用枪对着一位小姐，这可有失绅士作风，有辱你们渣甸家族的声誉啊！"颠地不慌不忙，冷冷地道，"这位小姐现在是我的人。你拿着枪威胁她，就是威胁我。我不会坐视不管的。"

"好呀，颠地先生，你要和我决斗吗？"

"决斗？不！"颠地轻蔑地道，"不是我害怕你，而是我觉得你不配做我的对手。我玩枪的时候，你只怕还在穿开裆裤呢！年轻人，和我决斗死在我枪下的，没有一百也有九十，我劝过不听的那些人，最后都成了我的枪下鬼。看在我和你叔叔威廉的交情份上，我原谅你这一次的鲁莽。"

"我这是在向你挑战，颠地先生。你不敢应战，就不算一个真正的男人。"

"难道你非要逼我应战吗？"颠地的目光陡然变得凌厉起来。

正在剑拔弩张，这时候，唐廷枢及时赶来了。他附耳向大卫轻轻说了句什么，大卫顿时神色大变。

"啊？真的？"

"对，您快去看看吧！"

大卫嘴角抽搐，虽然拼命在颠地和奥拉跟前掩饰自己的失态。但谁都可以看出来，他遇上了大麻烦。

"走！"

他将手枪揣回怀中，气急败坏地扭头而去。

至于唐廷枢，来不及和颠地打招呼，不过他还是注意到了颠地眼睛中一抹狡黠的光芒。他冲颠地一点头，亦跟随在大卫身后匆忙而去。颠地随即也要起身，奥拉却早小鸟依人坐到他腿上……

大卫从唐廷枢的口中听到的是一个再坏不过的消息。他的那匹精心调教、寄予夺冠厚望的"火焰"出事了。当大卫来到秘密的驯马基地，一眼就看到"火焰"正僵硬地躺在草地上，嘴里吐出一堆雪白的泡沫。而那个从印度请来的驯马师罗禅，正跪在旁边，呆呆地望着"火焰"修长匀称却活力全无的尸身喃喃自语。

"上帝，我的'火焰'，我的心肝宝贝，你怎么了？"

大卫一下子扑上去，搂住"火焰"的脖子，如同痛失世界上最亲爱的人一样号啕大哭起来，一边哭，一边用手摩挲着那依旧如同火红的绸缎一样的皮毛，嘴里语无伦次："我万能的主啊，求求你，让我的'火焰'复活，不管付出什么样的代价，我都愿意换回'火焰'的重生……"

忽然，他一下子止住哭声，掏出手枪，对准了驯马师的太阳穴："你这个凶手，是你害死了我的火焰，是你葬送了我的夺冠计划，害我白白损失了五十万，我现在就杀了你！"

"等一等！"唐廷枢连忙拦住大卫，"请冷静，大卫先生。他不是凶手。"

"你怎么知道？"大卫红着眼睛瞪着唐廷枢。

"很简单。"唐廷枢道，"如果他是凶手的话，他早就逃走了，根本没有必要在这里等我们来。"

"对，这位唐先生说得对。"罗禅也慌忙解释，"我也不知道怎么回事，本来这马跑得好好的，可是忽然就停了下来，然后就倒在地上，直喘粗气，蹬了几下蹄子就死去了。对了，唐先生可以作证。他来的时候，马还在挣扎，没有咽气。我看情势不好，才让他立即去通知大卫先生您的。"

"是我太着急，冤枉你了，对不起。"大卫也冷静了下来，收起枪，自己去看马身上有无伤口。

"大卫先生，看这里！"

唐廷枢忽然在马的臀部上发现了一枚物事。他立即指给大卫看，大卫过来仔细一看，竟然是一枚细如毛发的银针。不用说，有人躲在暗处，用某种机械装置发射了这枚银针。银针的前端是中空的管子，里面携带了致命的毒液。虽然只有一点点，然而一进入马的血液，立即见血封喉。

其毒性之强，令人毛骨悚然。唐廷枢立即要携带银针去化验，却被大卫给阻止了。

"马死不能复生，现在找出凶手是谁并不重要，重要的，是如何应对明天的比赛！"大卫说道。

"咱们不是还有'黑色闪电'吗？"唐廷枢道，"只要'黑色闪电'不出意外，女王杯就还是咱们的！"

"可问题是只有'黑色闪电'故意输掉比赛，而我的另一匹马赢得比赛，我才能赚回这笔投资。"大卫着急地道，"本来'火焰'是我的全部希望，现在，如何才能再去找一匹这样的宝马良驹来？"

"我知道有一匹。"唐廷枢忽然道。

"哪里有？"

"颠地先生就有。"唐廷枢道，"您忘了，他是要来和您争夺女王杯的，他的马实力一定不在'火焰'之下。"

"阿星，我正在怀疑他就是凶手呢！你让我去找他？"大卫气呼呼地道。

"目前并没有证据说明他就是凶手。再说了，这是生意，不是赌气。大卫先生，如果您觉得无法和颠地先生当面谈，让我去好了。我一定会和他达成协议，保证您和他的利益都不受损害。"

"阿星，你有信心说服他与我合作吗？"

"当然。"

"那好。我只要拿回在'火焰'身上的三十万投资。具体你怎么去和颠地谈，你自己掌握。阿星，这次如果能够成功挽回损失，你可帮了我大忙。"

"先别感谢我，等我去和颠地先生谈好了再说。"

唐廷枢匆忙辞别大卫，重新来到刚才的俱乐部来找颠地。然而，他来晚了一步，颠地和奥拉已经不在包厢里，在那里静静地等候他的，却是另外的一个人：徐润。唐廷枢一下子愣住了。

"雨之，是你？"

"阿星，没想到吧。"徐润手上燃着一根精致的雪茄烟，将一杯尚冒着蒸腾热气的咖啡推到唐廷枢面前。"请坐吧,阿星,我就算准了你会回这里来的,这不,咖啡都替你叫好了,温度应该正好,你尝尝可对口味?"

"谢谢,我不喝咖啡,换一杯红茶吧。"唐廷枢在徐润对面坐下来。"是颠地先生让你在这里等我?"

"不是。"徐润道,"颠地先生这会儿应该正在房间里和那位奥拉小姐打得火热吧,哈哈。"

"那我来这里为了什么,你也知道了?"

"当然。"徐润诡异地一笑,"你难道不是为了大卫先生的'火焰'出了意外,特地来与颠地先生商谈合作吗?"

"果然不出我所料,颠地先生一手策划了这出意外,对吧?"

"不,你错了!"徐润接下来的话却令唐廷枢大吃一惊。"颠地先生根本不知道'火焰'的事情。是我安排在伦敦的眼线,给我报告了消息。我让人从伦敦一路跟踪到这里,并且制造了'火焰'的意外。"

"啊?!"

"用不着大惊小怪,这就叫作'兵不厌诈'。"徐润吐出一个大大的烟圈。"大家都知道颠地先生和大卫先生是死仇,我就故意利用这一点。奥拉小姐是我特意花了高价钱请来,专门接近颠地先生,诱骗他上钩的。然后,我又派人去制造了'火焰'的意外。我做这个局的目的,很简单,就是我需要钱。我早从英国购买了一匹纯种的赛马'雪上飞',马上就可以送去,顶替'火焰',我要的也不多,就是那五十万的奖金。"

"这么说,整件事情都是你在幕后一手策划,颠地先生毫不知情?"

"正是。"徐润压低了声音,"唉,我也没有办法,阿星你也知道的,我做了投机生意,将钱都投去房地产上了。可是这桩生意是个无底洞,多少钱进去都填不满。何况今年以来,伦敦那边就不断有令人忧心的消息传来。颠地先生在那边金融市场上的窟窿越来越大,没办法,就要拿宝顺的钱去拆东墙补西墙,可是我一下子哪里能拿出来这么多钱?只能出此下策了。"

"你的情形我当然知道,可你这一着,可坑苦我了。"唐廷枢也凑到近前小声说，"我这次来香港，本来是答应琼记的何德先生，要促成怡和和宝顺两家联合，每家拿出十五万来，成立一个联合基金，要对抗旗昌的。你这么一弄，我还怎么促成这件事情？又怎么回去向何德交代？"

"什么，对抗旗昌？笑话，旗昌是金能亨他们搞起来的，大卫和颠地先生就算不给金能亨捧场，也不至于去外国人打外国人。阿星，你是了解这些洋人的，别看他们互相之间也是恩怨纠葛，可是在做生意联合起来赚中国人钱上面，从来都是抱成一团，怎么可能窝里斗？再说了，就算大卫和颠地抛弃恩怨，联合起来对付旗昌，又能有什么好处？你难道也和何德一样天真，以为区区的三五十万两银子就能把旗昌给干倒？只怕到时候赔了夫人又折兵，看你怎么收场！"

"这些我都给何德讲过，可是他不听，非要我来香港做这件事情，我也是人情难却啊！"唐廷枢道。

"哈哈，除了人情，还有其他的好处吧？"徐润单刀直入，"说吧，何德许了你什么好处？"

"这个数。"唐廷枢伸出了五个手指头。

徐润志在必得，因此立即给出了自己的许诺。"那好，那我就按照这个十倍给你。"

"那可是五万两银子啊。"唐廷枢提醒他，"我可是有言在先，事成与否，这笔好处费我都是要收的。"

"一言为定！"徐润丝毫没有犹豫，将手往唐廷枢面前一伸，"阿星，下面的事情就拜托你了！"

"哈哈，好说，好说！"

唐廷枢的转变亦是非常的快。当得知这一切已经在徐润的策划下改变了事情的既定方向，立即接受现实，根本不再去想对琼记何德的承诺，而只一心想如何瞒住大卫先生来拿到这五万两银子的好处费。他回去报告大卫先生，只说经过一番苦口婆心，说服了颠地先生，明天一早颠地先生的"雪上飞"就会送来，替代"火焰"。至于条件，他说颠地先生对"女王杯"并不感兴趣，而只要奥拉和那五十万的奖金。这多少令大卫有些出乎意料。不过，"火焰"已死，他已经没有任何谈判的资本。能够得到颠地的合作，出让"雪上飞"给他已经是最好的结果。

第二天，一切如徐润策划的那样，一大早，"雪上飞"就被秘密运到了大卫的驯马基地。大卫亲自检查了"雪上飞"的情况，发现比自己的"火焰"还要出色。他当即命令加大投注，又多押了一倍的钱在"雪上飞"身上。

比赛开始了。跑马地马场中，"黑色闪电"一骑绝尘，人人都在声嘶力竭地喊着"黑色闪电"的名字！然而，离终点不到一百米处，却突然杀出来一匹雪白毛色的名不见经传的赛马，以雷霆之势超越了"黑色闪电"，一路领先冲过了终点。看台上，大卫如释重负，转身离开了赛场……

同一时间，在一处高级宾馆的房间里，颠地正搂着奥拉呼呼大睡……

五、再见容闳，他已经是曾国藩幕府中的第一红人，成立了机器制造厂。而容闳真正的梦想还是教育计划，第一条就是要成立中国人自己的轮船公司，而郑观应正是他这个宏伟计划中的不二人选，二人一拍即合

正当唐廷枢和徐润在香港联手上演惊心动魄的大戏同时，上海的郑观应却接到了一个意外邀请。

这邀请不是来自别人，而是容闳。郑观应自从当日与容闳一别，一直牵挂着这位与自己性情相投，才学和见识、志向却都远远高于自己的老乡。在他心目中，容闳是老师，是兄长。和容闳比起来，他觉得徐润、唐廷枢，都不能算得上一时之雄。虽然聪明程度不相上下，但是容闳有着一腔热血，有着一颗忧国忧民的赤子心，是真正熟读圣贤书的读书人。

正因如此，一接到容闳的邀请，郑观应立即丢下手里的工作，径直来赴约。

这天，郑观应按照邀请信上的地址，来到了位于上海城南门外的高昌庙。高昌庙本来是一座老庙，香火鼎盛，后来失火后迁移别处，此地遂荒废下来。直至去年，一位叫顺贤的女修行者，多年发愿，化募而集来资金，在此地重建了一座新的高昌庙，供奉佛教的临济宗祖师像。

郑观应本来以为，容闳约自己在高昌庙见面，是他要与自己参佛论道，这也是当时读书人常赴的雅约。

然而，当郑观应来到高昌庙，却见这里香火不旺，人迹稀少。大殿之上，放眼望去，二三香客而已。

他有心去找主持打听容闳下落，可是碍于主持是女出家人，自己一介男身，并不方便去叨扰。

这么疑惑不定、意兴阑珊地出来，却忽然发现，在高昌庙旁，不知道什么时候，平地涌起了一个占地极广、气象雄伟的建筑群。一道高高的、厚实的围墙，将建筑群圈在里面，也不知道是干什么的，只见一个高高的烟筒耸立着，宛如一个白色的巨人，从巨大的口中喷出浓烟。围墙的正中间，是三层楼高的高屋华厦，气度尤其不凡。青砖灰瓦，一派肃穆，屋顶上左右两方各自蹲着一只猛虎。屋顶上面天窗位置，又架起一座穹顶，用的却是琉璃瓦，两端飞檐上各盘踞一条张牙舞爪的金龙，在灿烂阳光的照耀下，呈现出一派寻常人家无法比拟的威严。

同样能表明这座建筑身份的，还有两扇铮亮明净的大铜门，以及门前一字排开的四根铜柱子。铜柱雄浑高耸，中间以一排铁栅栏相连，宛如一座坚实的屏障，将一切不洁和妖邪之气挡在门外。

"奇怪，这是个什么地方？"郑观应打量了一番，觉得这里不像是衙门，可是也绝非寻常人家。

他好奇心大起，上前来到铁栅栏的跟前，仰头看去，只见在大门正上方，一块匾额高高悬挂："江南制造总局"。

"江南制造总局？是干什么的？"郑观应觉得这个名字够大，却无法猜测到具体是做什么。

正在这时，从大门的台阶上，忽然跑下来两个身着戎装的士兵，冲郑观应一通呵斥："去，去！也不看看这里是什么地方！闲杂人等，一律不得在门前逗留，快点儿滚得远远的，否则把你当奸细抓起来！"

"奸细，什么奸细？"郑观应愣了一下，还没来得及多说，一个士兵已经将他一把搡出去许远。

郑观应趔趄了一下，总算没有摔倒。这下他的火也上来了。"喂，你们好没道理，怎么动手打人？"

"打人？我们还要把你送到牢里去吃牢饭呢！"一个士兵看他穿着光鲜，认准是个有钱的，就上来吓唬他。

"哼，我可不吃这一套！"郑观应来上海时日不短了，知道这些当兵的，欺软怕硬，你越害怕，他们就越欺负你。因此，郑观应立即亮出自己的身份："告诉你们，我可是宝顺洋行的，我们的老板颠地先生，大概你们也听说过吧，就连你们的吴道台吴大人见了，也得点头哈腰！"

"吴道台算什么？就连丁巡抚丁大人在我们这里，也是说了不算！"

士兵口中所说的"丁巡抚"，自然指的是江苏巡抚丁日昌。连一省巡抚都不放在眼里，口气够硬！

"连丁巡抚都管不着你们吗？"郑观应这才真的有些吃惊了。"你们这个江南制造总局，究竟是干什么的？"

"干什么的？"另外一个士兵得意扬扬地道，"小子，告诉你，让你也开开眼界。我们这里是'制造'机器的。"

"制造机器？"郑观应似乎明白了什么，"是制造枪炮吧？"

"不，是制造能制造枪炮的机器。"那士兵炫耀道，"嘿嘿，我们这里的机器，叫作'机器之母'，可是从美利坚合众国买来的。小子，美利坚合众国你知道吗？"

"略知一二。"郑观应道，"我有个朋友，就是美利坚合众国的耶鲁大学毕业的。我听他讲过一些情况。"

"少吹牛！你有朋友是美利坚合众国的，会没有听说过'机器之母'？"

"我真的没有听说过。"郑观应道，"我那位朋友叫容闳，他只跟我谈过美利坚合众国的教育情形……"

"等等！"先前那个推搡郑观应的士兵走过来，"你说你那个朋友叫什么名字？"

"容闳。"

"他是哪里人？长什么模样？你说你认识他，有什么凭据？"

郑观应不知道他为何有此一问，不过还是详细说了容闳的长相，又忽然想起来什么。"对了，他给我写了一封书信，邀请我今天到这里的高昌庙相见。"他说着，从口袋里掏出了书信递给对方。

那个士兵接过信，一看落款真的是"容闳"二字，不由大吃一惊。只见二人咬了几句耳朵，先前那人将书信恭恭敬敬地还给郑观应，同时脸上挤出一个难看的笑容："嘿嘿，这位先生，不知者不怪……对了，还没有请教您老贵姓？"

"我姓郑。"郑观应见他前倨而后恭，也不由地愣住了。

"嘿嘿，郑爷，一会儿您见了容大人，可不要说我们兄弟这个……对您不恭敬的事情。您老大人有大量，就当我们兄弟狗眼看人低，我们先前所说的话，全当是放屁好了。我们给您赔罪了。谁教我们有眼不识泰山？"

"到底怎么回事？我都被你们搞糊涂了！"

"这么说，郑爷您真不知道？"那士兵见他的确不知情，才一语道破："您的好朋友容闳容先生，正是我们这里的容大人，就是他奉了朝廷命令去美利坚合众国接洽、购买的这台'机器之母'啊！"

"啊？原来是这样。"郑观应这才明白过来，"怪不得他邀请我来高昌庙相见，可是又不肯说明，害得我在庙里找了他半天。他早说自己在这里升官发财，我不就直接进去找他了，真是的！"

"郑爷，您里面请！"

当下，一个士兵屁颠屁颠地在前面带路，将郑观应带到容闳的衙署。刚通报进去，就听里面传出来一阵爽朗的笑声。随即，一个穿戴着鲜艳官服，头戴顶戴花翎的人从里面大步出来，可不正是容闳？

"哈哈，阿应，你可来了！"

"容大哥，不，容大人！"郑观应慌忙就要跪下，给容闳磕头。"草民叩见大人！"

"免礼，免礼，你我兄弟，用不着这些官场礼仪！"容闳还是那么快人快语。"你还是叫我容大哥吧。"

"容大哥,上次一别,也快三年了吧。我上次接到您的书信,还是您在九江的时候呢!后来就音讯全无了!谁想到再一见面,您竟然成了官府的人,而且还听说您主持从美国购买了什么'机器之母'?到底怎么回事,快说给我听听!"郑观应一口气将心头的疑问都倒了出来。

"阿应呀,不急。你先坐下喝口茶,等我去换一身衣服,先带你到处看一看,回头再和你详说。"

容闳将郑观应带进衙署坐下,让人给他端来一壶上等的好茶,自己则到内堂去换衣服。片刻之后,他一身便服出来,又恢复了倜傥风流,带着郑观应径直出了衙署,来到外面的院子里。

院子的面积很大,一排排的厂房林立。容闳指着这些厂房告诉郑观应:"阿应,你看,这个江南制造总局,规模还可以吧!这还只是一个初步的形态,我正在起草新的规划,还要继续上奏朝廷,征地扩厂,将来全面建成的制造总局,规模至少比现在还要扩大三倍到五倍。"

"啊?那么大的规模?"郑观应不由啧叹了一声,"容大哥不愧是做大事情的,一上来就是大手笔!"

"男子汉大丈夫嘛,自然要做轰轰烈烈的大事情。不过,这大事情如果能够跟国家利益结合起来,利国利民就更好了。"容闳说道,"这个道理,你猜是谁对我讲的?"

"谁?"

"曾国藩曾大人。"

"啊?曾大人?"郑观应更加吃惊,"怪不得,门口把门的说,这个地方连江苏巡抚丁日昌说了也不算。原来是曾国藩曾大人在背后支持,又请到了容大哥这样的栋梁之材,才能成就如此事业!"

"是啊,曾大人这个人,以前我只是闻名,听说他书生带兵,自有一套,和太平军打了十几年的仗,愣是将已经成为燎原之势的熊熊烽火又给熄灭了下去。不过,你是知道我和太平军的渊源的。我当年和你在去了南京,见过干王之后,就知道太平军必败,只是时间早晚的问题,以及败给什么人之手罢了。所以,我始终对曾国藩这个人评价不高,认为不过时势造英雄而已。"

"那，你们又是怎么见面的呢？"

"我不是在九江经营一家茶叶公司吗？你也知道，我这个人，无心商事，念念不忘的，始终是我那教育计划。只可惜一直找不到能帮我实现计划之人。也是天遂人愿，正在我日夜思虑此事的时候，忽然一封书信来到九江，竟然是曾国藩曾大人手下一名官员写来的，邀请我前往一见曾大人。我当时还心有疑虑，以为我曾与太平军有染，被曾大人知道了，要治我的罪。但不久又来了第二封信，并且还附有我在上海的一个至交好友李善兰，他也已经在曾大人幕府，而且极力向曾大人推荐我，说我受美国教育，有济世之志，如果国家富强，非用我这样的人才不可！那曾大人求贤若渴，这才接二连三来信催促我前往一行。"

"原来如此。既然是旧日上海故交推荐，应该没问题。那么容大哥你和曾大人见面情形如何呢？"

"不急，你听我慢慢道来。"容闳喝了一口茶，不慌不忙地道，"关于曾大人，你应该也听说过他的传闻，此人不但才华胆识过人，能够在自己招募团勇的情况下，组织起一支强有力的军队，在艰难困苦的情形下一举战胜太平军，而且他在势力雄厚之时，七八个省的政权尽在他一人之手，而他绝不滥用职权，更没有听说侵吞公财而肥私，连他的亲戚也没有贪赃枉法的。其自律、治军、治家，无一不是第一流的人物。这样的人物，我其实也早想见上一见了。因为我想，我的教育计划要实现，就要靠这样的人物。如果他肯帮助我，大事一定得成。但是在将我的计划面禀曾大人之前，我必须要先知道，他找我来意欲何为。"

"对呀，曾大人虽然求贤若渴，门下英雄豪杰之士，也是济济一堂。对兄之大才，究竟有何倚仗呢？"

"这就说曾大人这个人城府深沉了。"容闳道，"我第二天就和曾大人见了面。见面之后，曾大人一句话不说，只是用锐利的目光看着我，一直看了三五分钟。从头到脚打量一遍，最后就那么直直地盯着我的眼睛看。我也不惧怕他，从容地和他对视，一直对视了很长时间。后来，曾大人才开口说话：'先生在外国呆了多长时间？'我回答：'八年。'曾大人问：'先生愿意在我军中担任一个军官职务吗？'我回答：'为国效力，我自然愿意。这也是我归国的原因。只是我不懂得军旅之事。'曾大人说：'我看你的相貌，就知道你一定是良好的将才。你的目光透露出你是个有胆识的，足以发号施令。军旅之事，你很快就能驾轻就熟了。'我说：'多谢大人谬奖！胆识我是有的，不过军旅上的事情，需要历练。只怕我短时间内不能够达到大人的期许。'曾大人后来就微笑着不说什么了，再闲聊几句，就端茶送客，我就出来了。"

"什么？曾大人的意思，是让容大哥你当一名将领，去临阵杀敌吗？他为什么不问一问大哥你的志向，或者大哥你为什么不讲一讲你的教育计划？"郑观应问。

"初次见面，不过是两个人一番交手而已，虚虚实实，其实目光相对的一刻，我们已经互相摸清了对方的底细。曾大人知道我一定是可用的，我也知道曾大人一定能帮助我实现教育计划。我们都知道对方是能够立即决断之人，因此也就不需要多加解释。后来我从几个朋友那里知道了曾大人准备设立一个机器制造厂，大伙儿推荐我来这里，是因为我熟悉外国的情形，认为由我来主持这个机器制造厂，是不二人选。因此向曾大人大力推荐了我。接下来我就开始思虑这件事情了。"

容闳将接下来的事情大略讲了一遍：第二次见曾大人，果然曾国藩向他询问，对于建立机器制造厂有何看法？于是容闳将一整套计划和盘托出：中国要建立自己的机器厂，应该以普通基础为主。所谓普通基础，就是能够建造各种分厂，再通过各种分厂建造各种特别之机械。也就是说，要建立一家能够制造机器的机器总厂，也叫作"母厂"。以中国之地大物博，原料之廉，人力之广，只要有了这么一个"母厂"，何愁造不出各种各样的枪炮、农具等机械来，而且一定比从欧美购买廉价！

这一番话，完全合乎曾国藩的心思，只一个星期，就给容闳下了委任状，命令他专门负责购买机器，而且授予了五品军功的军官职务。军功是虚衔，不用经过圣上颁赐而可以自行任命。不过接下来的购买机器的银子就是实实在在的了，足足六万八千两，可见曾国藩办事雷厉风行。

容闳立即启程，先到了上海，找到一位美国机械工程师哈司金，与他订立了合同,委托他在美国购买机器。二人一道到了纽约。这时候正逢美国南北战争临近尾声,各个机器厂都忙着生产枪炮,要购买到容闳需要的机器实在不易。不过哈司金自有办法,很快找到了一家朴德南公司,然而要交货最快也要半年以后了。这半年中,容闳去参加了耶鲁大学毕业十周年的联合会,联合会结束后,容闳心血来潮,又自动请缨,来到华盛顿请求为国参战,虽然没有被批准,也算尽了一份忠诚。

终于,第二年春天,机器造成,容闳押运机器回国。仅仅一年间,曾国藩已经和他的弟弟曾国荃攻克了南京,太平天国之乱至此被扑灭。

容闳见到曾国藩,当面交差,曾国藩对他的办事能力和效率大为满意,不但口头嘉奖,而且立即上了奏章,保奏他实授五品官,候补同知,在江苏省行政署为译员,月薪二百五十金,比四品衔候补道还丰厚。

再后来,曾国藩一直念念不忘机器制造一事。平定捻军之乱后,他至南京就任两江总督。还没有到南京,先到了上海视察江南制造局。容闳亲自陪同他,给他讲解从美国买回来的各种机器,并且亲自给予演示。又提出建议,在机器制造厂旁设立一家兵工学校,招中国学生来这里学习,授予机器工程理论以及从事实践,为中国培养自己的人才。曾国藩对于容闳可以说信任有加,听了这个想法立即点头应允了。

"好呀!"听容闳讲到这里,郑观应一拍大腿,"容大哥你帮助了曾大人,你的教育计划也可以从这里开始起步了,我真是替你高兴呀!"

"这么个小小的计划,你就认为是我的教育梦想了?"容闳轻轻一笑,"你呀,仔细坐稳了,真要说出我的教育计划来,我怕你坐不住呢!"

"请容大哥赐教一二!"

"我的想法,大的方面有四个:其一,中国要组织成立一家自己的轮船公司。股本一定是完全中国人自己的,不允许有外国人入股。公司的经理、职员,也必须是中国人。这家公司将专门负责朝廷的漕运,如果在经营上有为难的地方,由朝廷专门拨款以作为津贴,以清理漕运之弊端。"

"其二,中国要尽快派出自己的优秀青年人才,到外国去留学,以为国家储备人才。"

"其三，朝廷要尽快地开采矿产，修筑铁路，提振交通事业。中国人要知道，我们自己的地下就有着无穷无尽的矿藏，何以言中国之贫也？"

"其四，要禁止教会在中国的进一步渗透，限制教会的一部分权力。尤其是教会的自由裁判权，不经过中国政府而自行审讯，一定要阻止。"

"这四件事情，就是我的教育计划。只要政府能够实行二三，中国必强。我在美国学习这么多年，回到中国来报效国家，心愿也就满足了！"

"容大哥，你真了不起！"郑观应听了，不由得手舞足蹈，一下子站起来，上前紧紧握住容闳的手。"我能够认识容大哥你，见到真正为国家做事情、为民众谋福祉的豪杰之士，真是幸运！"

"哈哈，阿应，我就知道，你会坐不住！"容闳也笑着站了起来，"不过，我的梦想虽然大，却不是一个人能完成的。需要很多的机缘，需要更多的人一起来努力。比如阿应你，就可以成为这个教育计划的一部分啊！"

"对，我正要说这个呢。"郑观应道，"大哥你这个计划中，二、三、四条，都涉及朝廷，非我这样的小人物所能参与。但是第一个计划，成立一家中国人自己的轮船公司，一直也是我的梦想。我早就想这么做了。这件事情，我是一定要参与其中的。容大哥你可要提携我呀！"

"那是当然，我早想好了实行这件事情的人选，那是非你莫属，否则我也不会专程邀请你来了。"容闳道，"好，咱们就来详细谈谈这件事情！"

于是，二人就设立中国人的轮船公司一事，认真地筹划起来……

六、伦敦发生了金融风暴，宝顺大受连累，不得不宣布破产。徐润准备了三条后路，任由郑观应挑选，可是郑观应却找到了唐廷枢，要联合上海的有志商人，创立一家有中国人参与的轮船公司，与旗昌死拼

然而，正当郑观应和容闳雄心勃勃，准备将计划付诸实施时，一场

风暴突然而至。

这场风暴最先是在英国伦敦刮起来的。而风暴的起源地则是在美国。持续了四年之久的美国南北战争结束，这场战争不但影响美国，也影响英国：美国人民是被卷入到残酷的战争中，英国则是因为经济被其左右。因为美国是当时世界上最大的棉花生产地。战争爆发以后，棉花的出口停滞，产业革命后机器大生产发展迅速，纺织业成为支柱产业的英国，不得不到世界各地去收购棉花，导致国际上棉花价格大涨。很多商行都卷入到棉花交易中，大发横财。但是随着美国内战结束，棉花出口恢复，棉花在市场上的供应一下子大于需求，引发了棉花价格狂跌。这一价格波动加上英国的纺织业因为美国战争结束而陷入衰落，叠加在一起直接导致经济危机。在棉花上投机的众多商行纷纷倒闭。

仅仅在上海，受到影响而宣告倒闭的就包括：汇隆银行、利昇银行倒闭、呵加剌银行、利华银行、汇川银行倒闭、利生银行……真是哀鸿遍野……

这其中，大名鼎鼎的宝顺洋行也顶不住了。事实上宝顺洋行在这几年一直在走下坡路，尤其孤注一掷在船运业上，要和旗昌洋行打一场"价格战"，结果却没有占到丝毫的便宜；要联络琼记洋行等风雨同舟，可是却受到明里暗里诸多阻挠，一下子又拿不出那么多的真金白银……

大厦将倾，能够拯救宝顺洋行的，也就只有怡和洋行一家了。可是怡和洋行正巴不得宝顺这个老对手一命呜呼，又怎么会伸出援手呢？宝顺洋行无奈之下，只能关闭了在香港的总部，正式宣告结业破产。然后，将最后的希望寄托在上海，在原来购得的地块上苟延残喘而已。

树倒猢狲散，郑观应毕竟在宝顺效力多年，现在公司破产了，他又往何处去呢？

这天，在徐润的家中，郑观应唉声叹气，徐润却一点都没有受到影响的意思。

"正翔，不要这么一副无精打采的样子，振作起来，不要让别人看我们笑话！"

"雨之，你我在宝顺，好歹也干了这么多年，说没有一点感情，那是骗人的吧？何况徐伯伯、曾伯伯，都是在这里倾注过心血的。一个这么声名显赫的大洋行，说倒就倒了。雨之，你怎么一点都不难过？"

"难过？我为什么要难过？"徐润冷冷地道，"我早说过，宝顺这样玩下去，迟早要玩完的。我也早告诉过你，早为自己谋一条出路。上次我让你入股旗昌，你不听。现在怎么样，后悔也来不及了吧？"

"是，我也觉得宝顺在走下坡路，可是没有想到，破产会来得这么快！"

"那又如何？用不着你替颠地那家伙操心，他现在照样还是花天酒地过日子！"

"可是咱们那些兄弟，都是有家有室的，这样一来，可就要过苦日子了！"

"唉，你呀，就是操心太热，还是多想想自己吧。"徐润道。

"那么，你呢？雨之，接下来你有什么打算？"郑观应反问他。

"有一个成语，叫狡兔三窟，我呀，早给自己留好了三条退路。旗昌就是一条。"

"那我知道，其他呢？"

"其他两条，一条是做茶叶生意的。你知道，我前些年就与人合伙开过一家'绍祥'商号，专门从事茶叶、生丝的收购生意，转手卖给宝顺。这门生意你是知道的，虽然不能赚大钱，不过养家糊口没有问题。如今宝顺虽然倒了，但是依然可以卖给其他洋行，凭借我的人脉，肯定没问题。现在，我想进一步加大在这方面的投入，在湖南、湖北等地多设立几家分号，多笼络几个人，最好联合几个有力的茶商，组建茶业公会，形成一个整体集团，去和外国的商号谈论合作，这样一来，对内可以控制茶业整个行业的生产和销售，对外可以任意定价，取得控制权。"

"雨之，你好大的手笔，好大的野心！"郑观应不由得惊叹了一声。

"正翔，你应该说我有好大的雄心，而不是野心。"徐润纠正道，"不过，在我看来，真正能够成就一番事业的，还是我在房地产事业上的投资。我刚才给你讲从事茶叶生意，赚来的钱，也仍然要投到地上去！"

"啊？"郑观应大吃一惊，"你……还要做地产生意？这次宝顺破产，地产泡沫就是压垮它的稻草之一，上海、孟买、伦敦，多少人因此破产。对了，雨之，你这一次没有受到影响吗？你怎么能安然置身事外呢？"

"很简单，我的大部分地产生意，都是用宝顺洋行的名义做的抵押，得到的贷款。宝顺洋行破产，真正受影响的不是我们这些小人物，而是那些大钱庄和银行。他们自然不能白白损失，于是答应我将新开发的房产来继续抵押。这样我就不用还钱，反而可以继续开发新的项目了。实不相瞒，你知道我已经在这上面投入了多少资本，有多少土地储备了？"

"不知道。"郑观应摇摇头。

"我也不怕告诉你。"徐润压低声音道，"我呀，已经投入了将近150万两真金白银，取得的土地超过了两千亩。其中两百多亩已经建起了房子，光洋房就有差不多四五十座，已经差不多都被洋人给买去了。用洋人的钱盖房子，再卖给洋人，这就是我的生财之道。这还不算我其他盖好租出去的房子，一年光租金就超过十万两。还有在建的新房子好几百间呢……"

"啊？雨之，我一直暗中为你担心，却不知道，你已经是这么一个大富翁了！"

"大富翁算什么？我真正要做的，是上海的地产大王；不，是中国的地产大王！"徐润自豪地道，"我已经计划好了，在上海成功之后，我还要将房子盖到天津、塘沽、滦州、北戴河去，而这都需要资金，要投入几百几千万的资金。正翔，你要不要来帮我？这样的事业，咱们兄弟一起来干，好不好？一来可以全兄弟之谊，二来可以足供你施展才华。"

"不，不，我可没有雨之你这样的野心！"

"怎么，你还说我这是野心，不叫雄心？"

"雨之，说句你不喜欢听的话，为什么我说你是野心，因为你所谋划和关心的，只是个人的发展，所图谋的也只是个人的利益得失；可是，我就知道，另外有一种人，他们做事情不是为了自己，而是为了国家……"

于是，郑观应将自己去拜访容闳，听容闳所讲到自己在做的事情，以及他所设计的教育计划，详细地向徐润讲了一遍。不料徐润听了，并不以为然。

"那个容闳，和我们不是一路人。正翔，我早告诉过你，和他走得不要太近。他以为靠上了曾国藩曾大人，就可以做些事情了？以为他的教育计划实现，就可以救国了？他从美国回来，从小所受的又是西方的教育，实在是太过天真，他难道不明白中国的事情，并不是这些所谓的豪杰俊才之士说了算，而是紫禁城中那一班八旗老爷们，是慈禧老佛爷那个女人在决定国家的生死存亡！纵然下面的人再迫切地想要振兴国家，可是上面那些人的心思，咱们又怎么猜得到？朝廷里的事情，云谲波诡，与其费心揣度，和他们去周旋，还不如和外国人打交道痛快！正翔，这就是我为什么一心醉心于商业而从来不过问政治的原因！我也劝你，不要过多地卷入政治，安心做一个商人，做个陶朱公罢了！"

"我自然不想和容闳大哥一起去搞政治，不过，他提出建立一家中国人自己的轮船公司，我倒是很感兴趣，我本来也有这个想法，和你说过的！"

"要建立一家自己的轮船公司，我倒可以给你推荐一个人，唐景星，你去找他。听说他正在创办第一家由中国人参与的轮船公司。具体事情，我就不太清楚了。不过我也可以告诉你，他是不会成功的。因为在长江航线上，旗昌轮船公司未来十年内，一定是当然的霸主。谁也别想击败它！"

"那可不一定！"郑观应站起身来，"我这就去找唐景星打听一个究竟！"

从徐润处告辞出来，郑观应马不停蹄，直奔唐廷枢的修华号棉花店。

这个地方他亦驾轻就熟。自从在这里第一次见到唐廷枢，他已经和唐廷枢建立了非常好的关系。唐廷枢比他大十岁，在年龄上是老大哥；但是又不仅如此。唐廷枢和容闳一样，能说一口流利的英语，在上海的外国人眼中，唐廷枢实在是第一流的人才。更为难得的是，唐廷枢这个人，作风正派，行事可靠，能力和品德都没得说。和徐润一味只是投机不一样，唐廷枢做事情从来都是看准了才出手，而一旦做了的事情，绝不会轻易放弃。因此几年来，他不但在服务怡和洋行方面做得出色，而且在其他领域，例如棉花经营、茶丝经营，以及轮船入股方面，都样样出色，无一失手。即使这次伦敦大风暴，上海的市场剧烈动荡，很多人在棉花生意上赔得血本无归，他还是安坐风浪，不为所动。

这天，当郑观应来拜访的时候，唐廷枢刚送走一拨外国客人，正在品茗。

一见到郑观应来访，唐廷枢似乎一点都不意外："阿应，我正等着你呢！"

"哦？唐大哥怎么知道我会来？"

"哈哈，我不但知道你会来这里，而且还知道，你一定刚从徐润那里来。"

"这可神了？莫非唐大哥有千里眼、顺风耳？还是精通《周易》占卜之术？"

"我可没那个本事，不过人之常情而已。"唐廷枢分析道。"你和徐润是好兄弟，如今宝顺出了这么大的事情，你自然要去找他商量一番，以确定未来的出路。而徐润所能提供的道路，不过是地产、茶丝，这些都不是你所擅长的。至于轮船公司，旗昌公司对你来说倒是一个不错的去处。你在宝顺是轮船公司经理，揽载是你所长，也正是旗昌所需要你的地方。但是依我对你的判断，即使徐润提出给你推荐，你也不会答应去旗昌。对不对？所以我想徐润就会给你推荐到我这里来了。"

"唐大哥真是料事如神。"郑观应由衷叹服。"徐润哥的确提出要我帮他的忙，但是他志在地产，要做中国的地产大王，其他都不是他主要心思。至于旗昌，我并不愿意看到它在长江航线上一家独大，因为它越是发达，中国人自己创办轮船公司，就越没有机会。我怎么会去帮它呢？"

"事实上，只怕徐润也不会真的推荐你到旗昌去。"唐廷枢狡黠地一笑。"因为他和旗昌有很多不为外人所知的交易，他肯定不想让你知道。"

"哦？"郑观应一愣，"不会吧？"

"那么，他有没有和你说起，这次旗昌收购宝顺洋行的'飞似海马号''气拉度号'，以及虹口、浦东的码头，全部相应航海设备，一共花了56万两，这么大一笔资产，还不是全部用现金购买，里面还包括一部分旗昌的股票，你知道在这个过程中，徐润得到了多少好处吗？足足五万两。这还不算宝顺的颠地给他的感谢费呢！他两头都做了好人，实惠可是毫不客气地都得了。这些事情，他只字未对你提起吧？"

"这个，还真没有……"郑观应如实点了点头，"可是，唐大哥你又怎么知道的？"

"我是怡和洋行的代表，宝顺出了事，第一个自然向怡和求救。徐润找到我，不让怡和救宝顺，又提出来由怡和和旗昌一起联合吃掉宝顺，因此才有了三方谈判，签订了一个对谁都有利的协议。旗昌得到宝顺的航运资产，怡和得到上海以南沿海航线十年的专营权利。徐润以为这样一来，就可以确保旗昌在长江航线上没有对手，他就等着坐享其成了！这个如意算盘，打得是很不错了。只可惜他看错了一个人！"

"谁？"

"我。"唐廷枢一点都不隐瞒自己的心思，"阿应，你刚才在门口，应该看到几个英国人刚从我这里走出去吧？你可知道他们是什么人？"

"好像是扎拉佛洋行的人。"

"不错，正是扎拉佛洋行的代表，他们奉了格罗姆的命令，来这里找我，商量要成立一家轮船公司。他们自己经营'惇信号'已经五年了，利润还不错，不久前自己买了下来。又从怡和洋行买了一艘旧船'罗纳号'，合起来差不多两千吨。他们准备正式进入长江航线，和旗昌一搏。但是心里没底，所以请我来出面，组织一帮中国商人入股，依靠我们的灵活和在揽载方面的优势，与旗昌公开地展开一番竞争！"

"好呀！"郑观应一听就兴奋起来，"我来正想打听这方面的情况呢！不知道这件事情进行到哪一步了，我能帮上什么忙吗？"

"我已经联合了几个中国商人，筹集了足够的股本。所以在出钱方面，用不着你再费心了。不过，你在宝顺是专门负责揽载的，是大行家。我想，如果你肯加入进来，专门负责总管揽载业务，一定会大有作为！"

"好，那我就加入进来，咱们联起手来，和旗昌大干一番！我就不信，在咱们中国人自己的地盘上，我们还干不过一个外国人的轮船公司！"

"对呀,咱们这家轮船公司,名字还是我给起的,叫公正轮船公司,咱们这次要干的事业,在起步上肯定比不上旗昌公司,可是只要咱们齐心协力,吸引更多的中国人加入进来,一定会击败外国人,还我公正!"

他这一番话,将郑观应彻底点燃了。"那我就倾尽全力,要放手一搏了!"

"对,放手一搏,不过你和我合作,我也不会亏待你。"唐廷枢毕竟做事情有自己的风格。"我这个人,你是知道的,不打无把握之仗。老实说,对于咱们的轮船公司,能在几年之内击败旗昌,我也没有信心。因此,要你一个人将全部身家都绑在这上面,去冲锋陷阵,我也于心不忍。我的建议是,轮船公司,我给你一个董事的头衔,但没有实权,也没有多少实利。你所负责的,仍然是揽载方面的事宜。至于在报酬方面,轮船公司的待遇是低了一些,我在另外的方面给你补齐。我有一个朋友开的茶栈,叫作"和生祥茶栈",你去那里做一个通事,再拿一份补贴。还有一家驳船公司,也交给你去经营。这样可以了吧?"

"唐大哥,您想得真是太周到了。"郑观应听他为自己如此考虑周祥,不由得眼睛湿润了。"士为知己者死,您放心,我一定会尽力的!"

"对,放手去干吧,不是为了咱们自己,而是为了中国人,狠狠争一口气!"

唐廷枢眼睛里闪动着炽热的火焰,和郑观应的手紧紧握在了一起……

七、正当郑观应斗志正旺,准备大干一场,却不料来了一个说客:胞兄郑思齐

如今,郑观应有了一个新的角色:公正轮船公司的董事,而且他要面对的是一个狠角色:旗昌。旗昌本来就实力雄厚,在购得了宝顺的航运资产以后,更加成为长江航线上的巨无霸,要撼动其霸主地位,绝非易事!

可是郑观应不这么认为。他认为旗昌的撒手锏，归根到底还是价格战。而公正轮船公司虽然小，可是小有小的优势，就是在价格战上并不逊色：只要有充足的货源，依靠揽载来弥补运输价格的损失，那么，打一场旷日持久的价格战也不是没有可能。况且公正轮船公司的背后，有着怡和洋行这样的大靠山，资本雄厚，放手和旗昌一搏不是没有机会！

可是，正当郑观应摩拳擦掌，去将自己的揽载的一班旧兄弟包括龙五爷都找来了，大家一起群情激昂，热烈讨论如何给予旗昌致命一击的时候，他却接到一个消息：公正轮船公司全体董事，要请金能亨吃饭！

"哼，这算什么？"郑观应大为不解，气呼呼地去找唐廷枢一问究竟。

"阿应，你不要激动，这个主意是我出的。"一见面，唐廷枢却主动解释道。

"为什么？"

"为什么？咱们虽然要和他们竞争，可是也不要忘记了，咱们中国人的礼数，先礼而后兵。"唐廷枢一副神定气闲的样子。"再说了，兵法有云：知己知彼百战百胜，咱们当面摸一摸那个金能亨的底，也好心中有数。"

"好吧。"郑观应听了唐廷枢的解释，也觉得他这么做有道理，就答应了。

很快，经过一番精心的筹备，在上海国际饭店，公正轮船公司的全部董事，包括轧拉佛洋行的格拉姆在内的十七位股东以及中国的唐廷枢在内的六位华人董事，全部到齐，衣冠楚楚，济济一堂，只等金能亨到来。

而这个金能亨也的确架子够大，在约定时间的最后一刻，钟声响起，他也踏着钟声，踱着步子走了进来。

"哈喽，大家晚上好！"别看他是旗昌轮船公司的董事长，又刚刚在工部局升了总董事，这么一位实力和声威并重的人物，却衣着随便，一头卷曲的头发也乱蓬蓬的，似乎并不是那么注重个人形象。不过他的一双眼睛却闪动着锐利的光芒，一入席就将所有人扫视了一遍。

"格拉姆先生,谢谢你请我来吃饭,本来你们公正轮船公司新成立,经费上一定不那么充裕,这顿饭应该由我来做东才是。但是既然你坚持,我就谢谢了!"他一上来就对格拉姆先生说了这么一番话。

然后,他又盯着唐廷枢:"唐先生,今天这顿饭,用你们中国人的话来说,应该叫作'鸿门宴'吧?"

他故意用中国话将"鸿门宴"三个字说得很响亮,气氛一下子紧张起来。

"哈哈,爱德华先生,这里是上海,而且已经是现代中国了,这里只有和平与友谊,而且我们今天请你来,也不是谈生意的。这么美丽的夜晚,谈论生意是多么煞风景的一件事情,对不对?"唐廷枢的英文是第一流的,不但流畅,而且准确,旁边的郑观应不由心里暗暗佩服。

"对对,不谈生意。"金能亨笑了起来,"说起来,还是唐先生有见识,有眼光。就在今天,来这里之前,我还在和工部局的那些个董事开了一天的会议,你们猜他们中的人有什么想法?要将外滩的土地利用起来,开辟成为一个港口。我把他们通通骂了一顿,为什么他们的眼睛里只有生意?难道上海非要变成一个到处是港口、遍地堆满货物,一天到晚尘土飞扬,到处充斥着噪音和各种各样粗劣不堪的货物的地方?不,上海不是利物浦,不是纽约,上海就是上海,这个东方最有吸引力的地方,吸引人的不是她的航运便利和赚钱能力,她更有着令人愉快的地方,有外滩这样可以让人自由散步,自由地呼吸空气,在轻松的氛围里和清洁卫生的环境里可以放飞思绪,随着江上景色遨游……"

"真没有想到,原来爱德华先生还是一位诗人!"唐廷枢不失时机地称赞道。"我们熟视无睹的外滩,在爱德华先生眼里,竟然这么充满了诗意!"

"不但是外滩,整个上海都弥漫着这样的诗意,但前提是,必须完全成为一个'自由市',必须从你们政府的那种官僚统治下独立出来……"

就这样,一顿饭,众人几乎都是听金能亨一个人在说,说他关于上海的梦想,一通滔滔不绝的演说后,只吃了几口饭,他就匆忙告辞了。

这顿饭似乎并没有达到众人的期望,可是金能亨一走,唐廷枢立即提出了自己的看法。

"诸位放心，经过这一番摸底，我已经知道如何对付旗昌这个怪物了。"

"哦，如何对付？"众人一齐看着他。

"你们难道没有捕捉到金能亨话语中的信息吗？第一，他强调不看重航运业，不看重赚钱能力，反对新建港口，实际上他是害怕竞争，害怕有更新、更大的力量进来，打破他的垄断地位。他的心里还是有恐惧的。我们正好可以瞄准他的这个恐惧心理，以攻代守，给予震慑。第二，他强调自由，自由、独立，可见他并不排斥在长江航线上，出现另外的对手，一家独大不是他的本意，只要我们不构成对他的本质性威胁就可以了。那么，我们现在的规模在他看来是构不成威胁的，只要我们不扩张规模，我想他是可以接受我们存在的。因此，我的策略是：咱们先发起攻击，小小地刺痛他一下，然后见好就收，和他们签订一个统一价格、永不扩张的合同，就可以共享长江航线的便利了！"

"真不愧是阿星。"听了这话，连格拉姆都竖起了大拇指。"有了你这个'智多星'，何愁我们战不胜旗昌？以后的事情，就交给阿星你了！"

整个过程中，目睹了这一切的郑观应，也对唐廷枢有了一个全新的认识：早听说唐廷枢以信息全面和准确在华洋两界中声名显赫，今日一见，能够从金能亨虚虚实实的一番话中，如此快速而准确地理出头绪，然后制定出详细可行的应对策略，唐廷枢这"智多星"还真不是白叫的！

一夜无话，第二天一早，唐廷枢就将郑观应叫去："对付旗昌，你都准备好了吧？"

"准备好了，就等你这个'智多星'一声令下了。"郑观应半开玩笑地道。

"阿应，我们做事情，在战略上可以藐视敌人，在战术上，却绝对不能够轻视对手。你在宝顺，应该领略过旗昌的厉害。我们既然要和他们开仗，一定要求旗开得胜，否则一击不成，就永远没有谈判的资本了！"

"我明白，唐大哥。"郑观应连忙正色道，"我保证痛击旗昌，绝不手软。"

"那好,你尽管放手去做,我等着你的好消息。"唐廷枢道。

从唐廷枢这里离开以后,郑观应去找了龙五爷他们,正式告诉他们:和旗昌的战争开始了!

这是一场没有硝烟的战争:公正轮船公司的针对性十分明确,参考旗昌的定价,一律降价30%。并且在此基础上,给予帮助公正轮船公司揽载的揽载行,再暗中给予好处费。如此一来,一时间各大揽载行纷纷将货物给予公正轮船公司,客人们也争着上门来,在门外排起了长队。

与此同时,旗昌那边却吃了瘪:本来刚盘下了宝顺洋行的轮船资产,又有了宝顺留下来的船埠,一切就绪,正要大展身手,尽快将付出的50多万两的巨资回收一部分。可是没想到楼台搭起来了,却没有多少人来唱戏。要降低运货价格和公正轮船公司打一场价格战吧,又实在力不从心。可是如果不降价,眼瞅着好戏都让公正那边给抢了去。

局面是明摆着的:和中国人打交道,还是要由中国人自己出马去摆平!

旗昌方面,有一张很大的牌,就是徐润。以徐润在华商中的地位和声名,虽然比不上唐廷枢,但是徐润已经足以代表旗昌来进行谈判。

至于徐润,当然知道公正这边是郑观应在暗中操纵揽载事宜,因此,徐润也出了一招令郑观应猝不及防的棋,给他派来一位不速之客:胞兄郑思齐!

说起来这位胞兄郑思齐,可比郑观应的资历要深得多。他在父亲郑文瑞从上海归来后,就接替了父亲在上海的事业,和徐润一道在上海学徒。他在宝顺洋行也得到了徐、曾的大力提携,只是因为他不像徐润那样头脑灵活、能说会道,又加上没有徐润和徐钰亭那样亲近的关系,因此最终徐润当上了宝顺的总买办,而郑思齐始终只是一个普通买办。

郑观应来到上海后,一度得到过这位胞兄的接济,但是因为他和徐润关系太过密切,而郑思齐告诫过他几次,他都不听,因此郑思齐和他也就颇为疏远了。加上郑思齐负责的是丝茶生意,经常要深入产地去调查,所以这些年来,兄弟二人始终是聚少离多,同在上海,却难得见面。

宝顺倒闭之后，郑思齐一度走投无路，后来还是徐润主动伸出援手，帮助他在旗昌谋得了一个买办职位。投桃报李，当旗昌遇到公正的狙击，不得不派人到公正去充当说客，徐润点了郑思齐的将，他也只能答应。

这天，在一家充满家乡气息的广东茶馆中，郑思齐和郑观应兄弟见了面。

邀请见面的提议是由郑思齐提出的，但是双方都不携带家眷，而只有兄弟二人见面，这其中的意味再清楚不过。因此郑观应做好了充分的思想准备。

但见面之后，二人还是要先叙兄弟之谊，唠一唠家常。

"大哥，好久不见了。"郑观应首先上来给郑思齐见礼。"也是小弟一向疏懒，这么久都没有到大哥家去探望，家嫂和侄儿们都还好吧？"

"二弟，多谢你牵挂，你我兄弟都各自忙自己的事业，你能有这份心，就很难得了。"郑思齐虽然是家中长子，但毕竟已经早早出嗣给了伯父郑文经。因此他所肩挑的，是郑文经一族的血脉，郑观应则成为郑文瑞这一族实际上的老大，所以郑思齐和他之间，无形中隔膜日深。"对了，二弟和家中书信往来频繁，雍陌乡下那边，父亲和众兄弟，一切都好吧？"

"都很好。"郑观应道，"父亲身体康健，他的秀峰家塾如今是开办得更加红红火火了，众兄弟也都努力上进，家中一应都好，大哥不必挂念。"

"那我就放心了。"

郑思齐虽然口头上挂念，实则家中一切事务，早已与他无关。

"不知道大哥商务繁忙，如今又是丝茶生意紧张繁忙之际，何以忽然想到小弟？"郑观应问。

"是这样的。"郑思齐见他提到正事，也就做出一副公事公办的样子。"我请二弟你来，是想和你商量一件事情。"

"什么事情？"

"我不是从宝顺离开后，又去了旗昌吗？旗昌那边有徐润在，对我很是照顾。还有，我发现旗昌的董事长爱德华先生，很有能力，他现在又是工部局的总董,在上海算得上是一个呼风唤雨的人物了。他对我很不错。我也知道,他是非常喜爱人才的,因此就向他推荐了你,说你在轮船揽载方面有独特经验,希望他可以在旗昌给你一个好职位。你猜怎么样?爱德华先生一口答应了,说只要你过去,就给你个经理当。"

"多谢大哥推荐,也谢谢爱德华先生一番爱才之意。"郑观应道,"不过,我现在已经在公正轮船公司任职董事了,只怕不便再改投到旗昌去!"

"哦?你已经是公正轮船公司的董事了,可惜,可惜,我还以为我们兄弟可以在旗昌联手,一起做一番事情呢!"郑思齐故作惊讶地道,"既然现在你我是各为其主,我也不能多说什么。不过,我希望你还是看在你的好朋友徐润,还有我这个同胞手足的面子上,不要代表公正公司和旗昌来为难。俗话说:和为贵。你不会当真要挑起干戈吧?"

"大哥,你还记得,小时候咱们兄弟一起读《三国》的故事吗?"郑观应忽然问道。

"读《三国》?"

"对呀,就是读到诸葛瑾奉命去游说诸葛亮,兄弟二人互相说服对方的那一段?"郑观应意味深长地道,"当时,我还记得大哥你说过:这个诸葛子瑜,既然诸葛亮不能投奔东吴,诸葛子瑜就应该改投刘皇叔,兄弟一道联手,成就一番名垂青史的大事业。今日情形,正是如此。大哥你也知道,那个金能亨是地道的洋商人,眼睛里只有钱。他们到中国来,想方设法地攫取中国钱财,却从来不替中国人考虑一二。可是我这边公正轮船公司就不同,这是第一家我们中国人自己参与的轮船公司,唐景星,还有其他几位中国股东,所图谋的是中国人的利益,希望有一天,可以完全收购外国人股份,在长江航线上称雄,真正为中国人在运输上图便利,在价格上求公道,为我们中国同胞谋福祉。大哥,你不觉得这样的事业,才是我们要做的事业吗?你是宝顺的老人了,应该知道宝顺这么多年的所作所为,何尝有益于中国人半分?外国人是不会帮助中国人的,只要我们自己团结起来,拯救自己。所以,我请求你,到公正轮船公司来,我这个董事,可以马上让给你。"

"不，不，我不是那个意思……"郑思齐连忙摆手，出了一脑门的汗。"轮船方面的事情，我是个门外汉。我就是想，兄弟二人如果能在一起做事情，互相也有个照应。既然你不肯到旗昌来，我就回去告诉爱德华先生了。至于我嘛，还是照做我的丝茶生意。唉，你瞧，咱们兄弟这么久没有见了，净说这些生意上的事情做什么？喝茶，喝茶！"

"好，喝茶。"

见他不再提生意上的事情，郑观应也就乐得轻松，二人叙起旧事来……

不久，在徐润和唐廷枢的联合提议下，旗昌轮船公司的金能亨和公正轮船公司的格拉姆，以及各自公司的股东，又举行了一次正式的会面，并且在会议上签署了一项协议：双方统一航运价格，不再有降价竞争之事。旗昌轮船公司愿意与公正轮船公司共同拥有长江航运路线，但是旗昌轮船公司必须保证，在现有两艘轮船规模上，不得再行扩张！

这是一个皆大欢喜的结果，也是多少令人意外的一件事情。消息在报纸上传开以后，很多人都不相信：宝顺洋行和旗昌洋行进行了那么惨烈的价格战，都以失败而告终；怡和洋行与旗昌旷日持久的战争，也只能分区域而治，没有想到，小小的公正轮船公司，和旗昌硬碰硬地打，却能够逼迫旗昌签订统一运价合同，从长江航运黄金水路上分一杯羹！

这被视为华商资本对洋商资本的第一个胜利，一时传为奇谈，不胫而走……

第五章

重整旗鼓

一、腰缠十万贯，乘鹤下扬州

长江航运之争的硝烟散去了，但是对郑观应来说，接下来的一年依旧是不平静的。

伦敦金融风暴已经过去一年多了，可是这就好像一场地震一样，大震虽去，而余震不断。对于西方商人来说，他们在金融危机中所感受到最大的切肤之痛，就是在商业经营中，对于中国买办的过度信任。以宝顺的倒闭为例，很大程度上不是因为宝顺自己的资本实力不够，而是在经营策略上，被徐润这样的总买办牵着鼻子走，大肆投机，结果在房地产和棉花等生意上一败涂地，一旦危机来临，根本没有回旋余地。

这种怀疑一经产生就如同野草一样疯长。而接下来发生的一件事，更加深了这种怀疑。

同治七年，也就是公元1868年春天，中国商人在徐润、唐廷枢的联合号召下，在上海和汉口分别成立了茶叶公所。中国商人终于要拧成一股绳和洋商来进行较量了。一开始，洋商们对于中国这两位大商人和他们牵头主持的茶叶公所信任有加，主动将茶叶出口的定价权交给了他们。可是一向善于投机的徐润，采取了一种非常手段：一方面，在和洋商们打交道过程中，故意散布消息，声称这一年的茶叶产量将出现大幅度下降，造成茶叶生产不足的假象；另一方面，徐润调动资本，连续在漫江、羊楼洞、崇阳、湘潭、长寿街等几个地方，增开了新的茶号，大量收购茶叶。等到囤积了足够的茶叶，市面上洋商因为轻信徐润等人之言，已经把茶叶出口价定得很高，结果徐润趁机出手茶叶，狠狠地赚了一笔。而洋商将这些茶叶运回英国市场，却发现市场上茶叶数量比往年还高出不少。货多而价高，大部分的洋商在这一年出现了亏本经营的局面，而中国商人则赚得盆满钵满。这就令洋商对中国商人愈发地不信任了。

不信任的结果导致了这样一个局面：一方面是英国苏伊士运河开通，用于运输茶叶，降低了运输成本，电报通讯的进一步广泛使用，又使得茶叶价格从一开始就能够随时被掌握，茶叶贸易的利润更加可靠。另一方面，英国人盯上了印度茶和日本茶，以减少对中国茶的依赖。

这样一来，几乎在一夜之间，乾坤倒转，本来金融风暴后最稳定、最有利润可赚的茶叶生意，顿时风波陡起。笼罩在茶叶商人们头上的是一片不知道何时散去的惨云愁雾，连徐润等人也不得不纷纷裁撤茶号，各大茶庄和茶客之间更是互相拖欠，很多人不得不因此而停业另谋生路。

郑观应所从事的茶叶生意，也正是在这一年关门，转向了盐业。

同治九年，即公元1870年，即将年满三十岁的郑观应离开上海，奔赴扬州。

盐，自古以来就被视为是商人经营的本来行业。中国最早的盐出自河东盐池，当时从事盐业经营的人被称作"贾"。贾，就是最早的商人。

中国的盐，夏商时代都主要集中在河东盐池，后来商朝灭亡，一部分殷商的后代来到齐国经商，在齐国发明了煮海水而得海盐的方法，以此获利。后来齐国雄起，成为天下诸侯的首席霸主，靠的也正是盐利。

明代的时候，中国商人由个体进入群体崛起的时代。第一个崛起的是晋商。明朝建立之后，百废待兴。朱元璋采纳了亲信杨宪提出在边防重镇大同实行"开中制"：在大同仓缴纳一石米，或在太原仓缴纳一石三斗米，政府给以凭证，让商人到相应盐场领取一引盐，并允许这些盐被贩卖到指定区域。

实际上，这就是将盐的专卖权卖给了商人，商人通过贩卖盐而获利，国家则获得了军饷以巩固边防，实在是一举两得的美事，何乐而不为？从米换取盐引，到纳麦、粟、豆、草、铁、茶、棉花、衣物等换取盐引，最后发展到纳马、纳铁等，以换盐运销。"开中法"自洪武年间一直实行到万历年间，如此漫长的时间，使得晋商成为执商界牛耳第一商帮。

之后崛起的是徽商。仅仅过了50年后，朝廷中一个安徽人户部尚书叶淇就提出了一个直中要害的建议：开中制实行后很多商人根本拿了盐引换不到盐，对于国家信用和商人信心都是打击，国家不如直接一点，直接用钱买盐引。他具体做法是：让商人组成总商。比如说，全国范围内允许8个总商，国家把盐引卖给8个总商，总商用巨额资金购买盐引后，再把盐引零售给分散的商人。这个叫折色制。这一制度当然立即就被采用了，于是徽商就这样异军突起了。

徽商之崛起，带来一个城市的崛起，就是因盐而兴的扬州。

郑观应来到扬州，有一个很好的契机：就是随着航运业和丝茶生意利润的下降，中国传统的盐业正在成为获得丰厚利润的最后一块阵地。

从事盐业经营，所需要的一是人脉，二是资本。其中资本又是第一位的。因为盐业经营是大宗生意，没有巨款是无法介入其中的。

而说到资本，除了扬州当地传统的盐商，晋商和徽商两大商帮的中国传统商人们，还有一股新兴力量，就是从上海等地依靠洋人资本而杀进来的新兴买办阶层。此前一年，借着怡和洋行的资本，叶记在盐业投资一项业务上获利百分之六十。受此鼓舞，一向稳健不做投机生意的唐廷枢，也从怡和洋行借了一笔款子投入到盐业，而郑观应和唐廷枢关系密切，嗅到商业机会气息的他，立即关闭茶叶生意，带着积攒下来的资本，以及唐廷枢委托给他的一部分资本，直奔扬州而来。

在扬州，郑观应迅速开拓阵地，成立了"郑氏宝记盐号"，开始出手了。

但尽管有上海方面的资本背景，这里又毕竟是扬州。扬州是一个龙蛇混杂，也是令人眼花缭乱的城市：这里和上海同样醉生梦死，自古以来就是有名的销金库。当年李白下扬州，一个月花去朝廷三十六万两银子。而无数的富商大贾和朝廷的皇亲国戚，都在这里毫不吝惜、甚至是争着将大把的银子撒出去，只为图一个快活。但另一方面，这里又和上海不同。扬州毕竟又是一个有着浓厚文化底蕴地方，这里有安徽商人带来的读书和文化气息，也有着明亡之后，文人雅客们在这里留恋，舞文弄墨所抒发的一股家国情怀。商业的气息、文化的气息、躁动的欲望和高贵的精神，构成了一幅奇妙的画卷。

郑观应单枪匹马杀入扬州，但很快就发现盐业这桩生意水太深了：只有资本，而没有人脉，是很难在扬州这个地方获利的。因为这里明里暗里，无不通向朝廷。官家才是真正决定谁能够在盐业经营中获利的主导因素，而早已在广州就目睹了政府腐败和官员骄横无能的郑观应，要他去重新和官场打交道，在他是十二分地不情愿，结果可想而知。

这一年秋天，一个人在扬州旅舍里独自卧睡的郑观应，对月而生情。已经很久没有拿起笔来的他，又一次饱蘸墨水，写下了浓浓的诗句：

"旅馆乏知音，横琴思往哲。
西风卷地来，吹冷窗前月。"

他开始思念上海的生活，上海的朋友，思念和容闳、徐润、唐廷枢等人在一起的快乐时光；甚至在宝顺洋行学徒、和洋人进行生死存亡的商战，现在想来，也是乐趣无穷。当然了，他也开始思念自己的妻子了。在他离开上海的时候，莫菲青就身体不好，一直抱病在身。而她还要挣扎着抚养她和郑观应的第一个孩子：天庆。一想到小天庆那粉嫩的脸蛋，那胖乎乎的胳膊和腿脚，以及那双灵动充满智慧的大眼睛，还有那永远挂在脸上的灿烂笑容，郑观应就不由得加重了客居的乡愁……

也正是在扬州的闲暇里，他开始更多地观照当时的中国和外国。不知不觉，他已经在上海度过了十二年。从十七岁到三十岁，是人生中经历变化和历练最多、也是思想最活跃的一个阶段。也许是和洋人打交道太多的缘故，加上每天夜晚刻苦学习英文，对于美国、英国、欧洲的了解，日益加深，不知不觉，他已经习惯于从外国人的角度来看事情、看问题了。他的做派也和洋人趋近，那就是重务实而轻言论，不管做什么事情，一定要到第一线去调查，没有经过亲身实践，绝不会轻易得出结论。这和很多中国人动辄大发宏论、实则离题千里，截然不同。

正因为深入了解欧美各国何以迅速崛起、真正使得国家强大起来的奥秘，因此，当他重新回到扬州，在这样一个传统中国标本式的地方，来观照暮气沉沉、日薄西山的老大中国，他才会发现那么多触目惊心的问题：这个国家实在太过陈旧和衰朽，也太过保守和一成不变了。人们仿佛并没有生活在清朝、明朝或者是宋朝的那种具体时代里的变化，而是始终如一，生活在两千多年由孔夫子所确定的伦理道德和社会秩序里面。尊卑等级森严，高高在上的那个皇帝永远如同北斗星一样，用来被人们顶礼膜拜，给予心灵上的安慰，精神上的寄托。而真正操纵这个国家命运的则永远是皇帝身边的利益集团，皇亲国戚或者是一时权臣。这些人肆意地玩弄权力，并且随着权力的不断加大而欲望日渐膨胀。他们只顾自己的利益而从来不曾真正关心百姓的死活。同样，中国自从上古以来就流传的那种清洁的精神，高尚的德操，在士大夫的血脉中始终薪火相传，未曾断绝。于是总有人不惮流血牺牲，拼着自己的性命，贡献智慧和能力，仅仅凭一两个栋梁之臣，或者三五个才干之士，支撑着这个老大国家的车轮蹒跚向前，苟延残喘。

但现在，郑观应看得很清楚：这个国家已经无力自拔，偏偏外面又来了那么多的强敌环伺。从第一次鸦片战争开始，以天朝大国自居的中国，就领教了外国人坚船利炮的厉害。而外国人更厉害的还不是纯粹的倚仗军事手段，他们要疯狂地掠夺中国的经济，从中国这个膏肥腴美之地吸血，将中国变成世界上最大的市场，变成为他们的国家源源不断输送财富的造富机器。中国人将全体成为别人的奴役而不自知。这比明火执仗的强盗式抢劫和侵略可厉害多了，可惜多少中国人知道呢？

举世皆睡，而仅有少数人独醒。郑观应带着这种心情，忧国忧民，忧思难睡。

本来，他一个人客居异乡，生意上顶着那么大的压力，如今，又因为和官场上的人打交道，看到中国社会的传统弊端而忧心忡忡，很快，他那不怎么好的身体，幼年的病根，老毛病又犯了：那就是哮喘病。

从小，郑观应打娘胎里出来，就落有一个哮喘的毛病。他的肺不好，很容易咳嗽，一咳嗽起来没有两三个月止息不了。为了给他治病，父母费尽了心思，问卜算命、请巫求法，到过澳门求医，甚至到过南洋去寻访名医。郑观应稍微长大后，一方面靠着药石调理，一方面修习武术，每天锻炼身体。他自己也精研医书，尤其对道家的养生之术感兴趣，曾经一个人到过罗浮山去访求那里的道长，与道家早早就结了缘。

如今，独处他乡，他的老病又发作了。孤独愁闷之际，一个人最容易情绪消沉。好在这时候，一位朋友从上海来看他，给他带来了慰藉。

这个人叫余治，江苏无锡人，比郑观应大着三十多岁，是他的一位忘年交好友。说起来，二人的相识纯粹是出于偶然。这位余治，有一个外号，叫作"余大善人"。他也是个从小读百家之书的，可惜文运不济，几次科考都没有中举。后来就断了这个念头，专门帮助贫穷的子弟读书，设立了义塾，一共集资建了好几处，还亲自编写和印发教材。后来见了社会上的不良现象，立志以"挽回风俗、救正人心"为己任，他曾经为了劝诫溺女一事而成立"恤产保婴会"。又将历朝历代各种善人善事写成了一本书，叫作《得一录》。可惜书刚写成就遇到了战乱，书稿在战火中被烧成了灰烬。余治不得不避乱到了上海，在上海重新将文稿写了出来，希望可以找到人资助出版。他先是找到了徐润，结果徐润对此事不感兴趣，正好郑观应在徐润处碰到了余治，二人一见如故，越聊越投机。因为郑观应的父亲郑文瑞就喜欢做善事，而且编辑过很多教人向善、行善的书籍，所以一听说余治要出版这样一部《得一录》，郑观应当即慷慨解囊，予以资助。二人遂成为莫逆之交。

这天，郑观应正在宝记盐号中闷坐，一人推门而入，高声道："老弟，我来看你了！"

"啊？是莲村兄？"郑观应一见故人来访，喜出望外，连忙请其坐下喝茶。

"不忙，不忙。"余治并不立即就座，而是从身后卸下来一个包裹，小心翼翼地打开。只见蓝色包裹里面是一个方方正正的木头盒子，打开盒子，又是一个红色的丝绸包裹，足见里面之物甚是珍贵。再打开那个丝绸包裹，赫然露出一部书的模样来，封面上三个大字清晰可见：

"得一录。"

"啊？这部书这么快就印出来了？"郑观应终日里忙于盐务，几乎忘记了这件事。

"这还算快？从去年秋天准备刊印，到现在经过一个冬天才印出来，已经过去足足半年了。我可是日夜盼望它印出来，比生儿子都着急呢！哈哈！"

"哈哈！"郑观应也开心地笑起来。

然后，他就迫不及待地捧起书卷，翻阅起来。书刚印成，还带着墨香。嗅着那令人沉醉的气息，读着书中一个个令人肃然起敬的行善故事，郑观应不由感叹起来："莲村兄，恭喜你，终于做成了这么一件大遂心愿的事情。我也可以肯定，你的这一善举，一定会在社会上传诵。你不但给你的子孙后代们积了大德，也对社会清正风气做了贡献哪！"

"要是别人这么说，我一定会客气一番；可是老弟你这么说，我就当仁不让了。"余治说着，又从口袋里掏出来一个钱袋，从钱袋中取出来两锭五十两的银子，放在郑观应面前。"这是当日老弟你资助我印书的钱。今日心愿得遂，这钱原璧奉还。要说积德，也有你一份功劳。"

"使不得，使不得。"郑观应连忙推辞，"不过举手之劳，莲村兄何必当真？再说了，你印书正需要钱，我还怕你不够呢，又怎么会有盈余？"

"如果只是印书，自然不够，可是书一印出来，就被人们抢购一空，从印出来至今，已经加印了两回。而且还有人们在排着队抢购此书，所以，愚兄才会手头上有了一点小钱，特地来感谢小老弟你的帮助啊。"

"真的吗？"郑观应又惊又喜，"有那么多人喜欢读这本书，说明人心向善，尚有可为啊！这真是件令人高兴的事情，当浮一大白！走，莲村兄，今天我也不营业了，咱们这就找个地方，我好好请你吃一顿！"

"不，应该是我请你才对！一是感谢，二来我也应该一尽地主之谊嘛。"

"莲村兄，你可别跟我争，你是文化人，我现在可是地道的商人，而且还是盐商，腰缠万金，一会儿你要吃什么山珍海味，随便点就是！"郑观应道。

他虽然是玩笑话，不过也的确高兴。和余治找了一家盐帮特色的菜馆，一口气点了十多道菜。

席间，二人把酒言欢，郑观应对于余治是由衷地敬佩。"莲村兄，我自从离开广东香山老家，来到上海，这十多年中，所见到的人也算不少。可是，真正令我敬佩、称得上是人物的却不多，到目前也不过两个半而已。"

"哦，愿闻其详。"

"一个是我的老师，也是我的好兄长、好朋友，容闳。"郑观应一提起容闳来，就按捺不住自己的激动，"在上海的中国人里面，和西方人打交道的不少，自称懂得西学的人也很多。但是我认为，真正懂得西方人和西学的只有一个人，就是容闳。他不但懂得西学，而且懂得如何利用西学来改造我们的传统国学，使得我们经由改造而富强起来，从而摆脱被西方欺负和凌辱的被动挨打的局面，转而与西方分庭抗礼。他不但知道如何做，而且能够立即着手去做。他现在正在曾国藩曾大人幕府，负责江南制造厂的建设和学校的创办，为中国培养自己的人才。他还有一个庞大的教育计划，可以说一经实施，二十年之内，中国一定会涌现出一批精通西学的人物，我们就可以真正实现自立自强了！"

"了不起，了不起！"余治听他讲了容闳的故事，不由得也被感染了。"这样的人物，就是我们所说的英雄豪杰、圣贤一类的人物啊！他日回到上海，你一定要带上我去拜访他，让老夫亲眼一睹俊杰之士风采！"

"还有一个人，我先不说。我先来说那半个人物。"郑观应卖了关子。"那半个人物，也是我的同乡，就是怡和洋行的唐廷枢，我的好朋友，也是生意上的合作伙伴。我之所以佩服他，原因有二：一是他的人品，堂堂正正，是个正人君子，从来不用阴谋诡计，全凭自己的实力去竞争获利。二是他的才华，如果只以才华而论，他并不比容闳差多少，他们在香港的时候曾经一同就学，后来一起到上海，从事过翻译工作。他们的英语水平均为上海之冠，是名动一时的笔杆子，堪称一时亮、瑜。但是我之所以不像推崇容闳那么推崇他，就因为他没有容闳那样远大的抱负和志向，他只是要利用自己的才华去竞争获利，不管对手是洋人还是我们中国人。他当然也会想到为中国人做一些事情，但一定是在不伤害他的核心利益情况下。所以，以我们传统义利之辨看来，他是重利而轻义的。这就是我为什么佩服他只有一半的原因了。"

"即使重利而轻义,毕竟也是靠真才实学立足,自己创立一番事业的。"余治对于唐廷枢是见过的,也知道他在商界中以经营管理的才华著称。"如果我们中国人都多一些这样聪明又能干的青年人才,那么,即使洋人现在霸道、强势一些,也终于会被我们这样的人才所击败。毕竟这是在中国的土地上,还是中国人自己的招数好使,手段更多。"

"那倒是,所以现在洋人做生意,也开始懂得先找我们中国人合作了。"

"就凭这一点,就值得干一杯!"

二人举起杯来,一饮而尽。郑观应接着道:"莲村兄,我所佩服的两个半人之中,那另外的一个,我刚才没有说,你能猜到是什么人吗?"

"不,我哪里知道?"余治摇了摇头,"你老弟可不是一般的人物,能够入你法眼的人本来不多,能够被你所推许的人物,我可不知道。"

"莲村兄,实不相瞒,那个人就是您!"郑观应郑重其事地道。

"啊?!"余治大吃一惊,一口酒险些没有呛着,咳嗽几声,才镇定下来。"你说什么?老弟,你怎么会佩服我这么一个糟老头子?一无功名,二无财富,无德无能,无才无名,这样的一介白丁值得你佩服什么?"

"莲村兄过谦了。"郑观应正色道,"正因为老兄你一无功名,二无财富,却干了许多有功名又有财富的人所干不了的事情,或者是很多人想做而没有做的事情。科举不遂,并不一定是才华不够,也有运气的问题。但多少人因为科举不遂而自甘堕落,从此稀里糊涂、浑浑噩噩地度过一生。可是老兄你却另外开辟出一条道路,以自己无限的抱负,去从事一番'挽回风俗、救正人心'的事业。就是这八个字,已经足以令人敬佩。更何况,你将自己全部的财物、才干、精力和心血都投入了进去,而且几十年如一日,始终没有改变志向,不管遭遇怎样的讥讽、遇到怎样的挫折,从来都没有动摇过。你捐建了那么多的义塾,救了那么多的女婴,又坚持自己创作诗文、戏曲,成立了戏班,教那些孩子演唱,去各个地方演出,为孩子们谋一条生路,也为社会送去一股清洁、高尚之节气。

也许在很多人眼中，你就是一个普通的失意文人，一个落魄流浪的孩子王，可是在我眼中，你却是一个以自己的切身行动改造社会、挽回人心、清洁人们精神、提升思想境界的大英雄、大豪杰。你不但是造福于当世，而且是给未来子孙留下了福祉啊！"

"小老弟，过奖了，过奖了……"虽然口头上谦逊着，余治却也还是情难自禁，两行热泪忍不住夺眶而出，滚滚而下。"我哪里谈得上什么英雄豪杰，不过是不忍见世风日下，人心不古，尽自己能力，做一点事情而已。其实我也不知道究竟能改变什么。但我想能救得一个人，就是一个人；能端正一个地方的风气，就是一个地方。其他的真没有多想。倒是我在这个过程中，认识了很多朋友，得到了很多人的热心支持，的确让我感觉到不是一个人孤军奋战，也更有了希望和力量。老弟，如果我不是做这些事情，又怎么会和你成为忘年之交呢？"

二人这一番推心置腹，把酒言欢，彼此的情感又进了一层，也更打开心扉。

"莲村兄，别看我现在捐了官，又有了一点钱，似乎很成功的样子，其实，我真正羡慕的，还是你这种生活啊！于人于己，哪怕只有一点点的善言善行，也是发自内心，努力为这个社会做点什么。我现在一天到晚和那些满脑子利益算计的人在一起，蝇营狗苟，实在痛苦得很哪！"

"不，老弟，我的看法和你不一样。"余治却说出另外一番道理来，"我倒以为，如果真要说什么英雄豪杰的话，老弟你倒可以有一番作为！"

"哦？此话怎讲？"郑观应已经有了几分醉意，红着眼睛看着余治问。

"老弟你想，我虽然编了一些书，教人向善，又收养了一些孩子，教他们唱戏糊口，所做的不过是社会底层的小事情，所影响的也不过是妇女儿童之类的小人物。你说这是积善积德，我也认同。可是这能真正改变些什么呢？就是有改变，也来得太慢了。可是老弟你却不一样，你所接触的，有两类人：一类是洋人，你久在洋行，熟悉洋人的那一套。另外一类是官员和富商大贾，你和他们打交道，能够和他们平起平坐。那么，你就可以影响到他们。如果你能够将自己从洋人那里学习到的东西，用来说服他们，让他们按照洋人的一套来治理和改良国家，那么，这岂非是一桩大大的事业？而且来得又快，一旦付诸行动，巨变发生，不过三五年间，又哪里像我行善，因果显现要几十上百年呢？"

"对呀！"郑观应也如梦方醒，激动起来，"交接公卿，游说当道，以西学之精华，来补我传统之弊端。这样一旦施行，正是救时救国的大事业啊！"

"这就叫作人在公门好修行，老弟你如今是横跨官、商两界，又懂得西学，像你这样的青年俊杰，才是这个国家最需要的人才。你不肩负起这样的责任，还有谁肯做这样的事情？救国救民，胜过造多少浮屠？"

"好！"郑观应一拍桌子，"莲村兄，你真是一语唤醒梦中人啊！你说得对，你能救世道人心，我为什么不能救国救民？你能写一本书，我为什么不能写一本书？我这些年来，和洋人打了那么多的交道，早就有了一肚子的话要说，我这次来扬州，和官、商两界的人打了一年多的交道，对于咱们这个老大中国的弊端，看得也愈加清楚了。我有这样的自信，只要按照我所开出来的方子，一定可以补政之不足，救时之不利！"

"妙呀，老弟，你连书名都说来了，我看就叫作《救时秘术》如何？"

"秘术谈不上，不过所揭皆为精要，让人一见之下有醍醐灌顶之感罢了。"

"那就叫《救时揭要》！"余治激动地大声道，"我虽然还不知道老弟你在书中要说些什么，但是我可以肯定，一定是崇论宏议，震古烁今，此书一出，固然是切中时弊，有经世之奇效，更如同是老弟你一声大喊，唤醒一屋子沉睡的人，醉梦既醒，则我国人奋起，中国有救矣！"

"听莲村兄你这么一说，我这本书是非写不可了！"

"写，不是非写不可，而是非马上写不可。"余治道，"这样，你立即动手写书，我负责给你校对，书一写完，立即安排印刷刊行。你相信我的直觉和眼光，错不了。这本书一出版，一定会引起朝野轰动的，那局面又岂是我的一本小小的《得一录》所能比拟的？到时候，老弟声名震动于天下，再施展你的经天纬地之才华，何愁英雄事业不成？"

二人越说越是激动，接下来就开始商量这本书要怎么写，憧憬书写成刊行以后之种种情形，结果不知不觉，二人皆酩酊大醉，伏案睡了过去……

二、《救时揭要》刚写了开头，忽然从上海来了一封家信：孩子病重速归！

听了余治的一番话，郑观应如同吃了灵丹妙药，缠绵多日的病一扫而去。

本来，他对来到扬州从事盐业经营和传统的中国官、商两界打交道，充满了无奈和厌恶。现在这一局面却陡然翻转，显示出新的意义来：他正好可以借助和他们打交道的机会，将自己在上海和洋人打交道所积累的经验，对西学的理解，讲给他们听，并通过自己的书来影响他们。虽然官场腐败横行，积重难返；商界醉生梦死，人人只知赚钱。但是，其中还是不乏一二英雄豪杰之士，就像容闳得到曾国藩曾大人的赏识一样，自己也会遇到赏识自己之人，不就可以趁机一展抱负了吗？

被这样的想法激励着，他白天经商，留心结交和自己志同道合之人；夜晚在灯下，他也不再徒然伤感、自怨自艾，而是振作起来，认真构思。

真要写一本和余治商量的《救时揭要》那样的大书，说来容易，做来却难。此前的郑观应只是在香山的时候，写过一些简单的文章，也帮助自己的父亲编辑过图书。可是如今是要自己著书立说，要打动当世的王公贵族，权要当政，要给这个暮气沉沉的老大中国注入一针强心剂。既然是要救时，那就要如同名医圣手一样，开出来一剂良方。

他开始仔细推敲，思索自己这些年来所接触、研究的西学，究竟其中精髓为何？对于能够根治老大中国病症的，究竟是哪一贴良药管用？

终于，他有了一个大概，也开始尝试着要动手，写作这部《救时揭要》大书了。

然而，就在他刚刚动笔的时候，忽然这一天，从上海来了一封加急家书。

这还是他第一次接到上海的家书，以往都是他给家里写信报平安的，再就是他给徐润、唐廷枢、容闳等人写信，所谈的不外是生意上的事情，以及家国情怀。这次忽然接到家中来信，他有一种非常不祥的预感。

果然，信一打开，是妻子莫菲青的字迹，显然是匆忙之间草草写就的：

"夫君：见字如面。其他不言。庆儿日前咳嗽流涕，夜间高烧不退！已请张名医来诊用药，然而病情反复，似乎顷刻难愈！望速归！妻莫。"

一看到信中说儿子天庆生病了，而且似乎病得很重，郑观应大惊。那可是他的命根子啊！他在扬州是一天也待不下去了，立即将店中生意托付给别人，交代嘱咐一番之后，收拾行李，第二天一早天不亮就出发了。

幸而从扬州回上海并不算远。经过一天跋涉，黄昏时分，他已经抵达上海家中。

一进门，他就大声喊道："青青，我回来了。咱们的儿子怎么样了？好点没有？"

"夫君，你可回来了，说话轻一点声儿，庆儿刚吃了药，睡过去了。"妻子莫菲青从里面迎接出来。只短短的这一段时间，她已经憔悴不堪。人整个瘦了一圈，脸色发黄，一双眼睛又红又肿，眼圈发黑。

"青青，你受累了。"看到妻子这个样子，郑观应也是心中一酸。他将妻子轻轻地拥入怀中。"我不在的这些日子，这个家一切都靠你了。"

"对不起，我没有把庆儿照顾好。"莫菲青显然还沉浸在自责中。"他本来一直好好的，快快活活，整个人也健健康康的。可是从前几天开始，忽然就开始咳嗽，然后就流涕，发烧，还一个劲地喊头痛，请张名医来看了，诊了脉，说是受了风寒，不碍事，一服药就好。药吃了倒是见效，可是白天好转，一到夜里就加重。我都快急死了，一个人无依无靠，没个人商量,又不敢打扰你在那边的生意,我……我……"说到这里,她再也忍不住,伏在丈夫的肩头,小声地哭了起来。

"不哭,不哭,我这不是回来了吗?"郑观应安慰着妻子,"你放心,咱们的庆儿福大命大,不会有事的。"

他和妻子一道,来到儿子房中。一进门,就闻到一股浓重的中药味道。

弥漫着苦涩和辛辣气息的床头上,小天庆已经睡着了,但一张小脸,仍然红扑扑的。

郑观应走过去,在床头坐下来,用手摸了摸他的额头。"哎呀,这么烫?"

虽然小天庆的身上滚烫,手和脚却是冰凉的。郑观应的一颗心悬了起来。

"他一直这么烧吗?"

"是,他的高烧一直不退,不过张名医来看过了,说不碍事的,过了今晚应该就能好转。这不,张名医给开的方子还在这里呢!"莫菲青将张名医给开的方子递了过来。郑观应从小多病,久病成医,所以对药方颇有几分在行。看了看方子,的确是出自名医之手,并无毛病。

"那就只好等到天亮了……这样吧,我在这里守着,你去睡一会儿吧。"他对妻子道。

"不,我和你一道在这里守着。"莫菲青却不肯离去,丈夫和儿子,一个都舍不得。

"那好,我们一起守着。"郑观应知道她的心思,于是让她也到床边坐下来。

夫妇二人依偎着,静坐无言。似乎有很多的话,可是一句都说不出来。但彼此都知道,他们的一颗心思都在孩子身上。他们也都有预感,这会是一个异常凶险的夜晚,决定孩子能否度过鬼门关的一个关键夜晚。

幸而,郑观应及时赶回来了,不管发生什么,他们夫妇都将一起面对。

夜色渐深。毕竟郑观应赶了一天路,莫菲青也连续多日劳累,夫妇二人都困倦得不行，打起了瞌睡。

忽然，"咳，咳"，一阵剧烈的咳嗽，将他们给惊醒了。小天庆痛苦地咳嗽着，一连串的咳嗽令他几乎喘不过气来。被惊醒的郑观应连忙将他扶起来，莫菲青则慌忙给他拍打后背，帮助他减缓咳嗽的症状。

"爹，您回来了……"

小天庆一眼看到父亲，本来眼泪汪汪，现在忽然脸上露出灿烂的笑容。

"听你娘说，你生病了。我回来看看你这个小男子汉，究竟生了什么病？"郑观应故意装出轻描淡写的样子，不让儿子看到自己焦急的情状。

"爹，对不起，您走的时候，我答应过帮您照顾娘，可是我……连自己都照顾不好……"

"这哪里能怪你，要怪也只能怪爹，这一次去得太久，都是生意上的事情太多，耽误了工夫，否则爹早该回来看你和娘才是。好了，不说那么多了，现在怎么样，好点了吗？有哪里觉得不舒服吗？"

"我觉得胸口憋得慌，还有就是头晕，想咳嗽……"小天庆说着又咳嗽起来。

听着他的咳嗽，每一下都牵动郑观应夫妇的心。病在儿身，痛在爹娘的心上。

"夫君，怎么办？这么一直咳嗽下去总不是办法。还有这烧也总不见退……"

"我看，还得去请张名医来一趟。"郑观应也觉得心里不踏实。"让他再给看看。"

"那你快去请他来这里吧，别耽误了孩子的病。"莫菲青道。

于是，郑观应不顾夜深，立即披上衣服，拿了一个灯笼出门，去请张名医。

这位张名医，其实并算不上什么名医。只因为他是附近这一带唯一的一位医生，年龄又大了，大家都尊敬他，叫他一声张名医。时间一长，人们反而不知道他的真实医术是什么样子了。他开的药铺倒是一天到晚人满为患。他的收费倒也公道，所以大家头疼脑热第一时间都去找他。

郑观应来到药铺，夜间的药铺大门紧闭。好在药铺后面就是张名医的家，郑观应上去叩了叩门。一会儿灯火亮起，一个老仆人揉着眼睛开了门。

"不好意思，打扰了。"郑观应说明来意，"张名医白天给看的那个孩子，情况不太好，劳驾张名医再去走一趟，给把把脉，看可有其他的法子？"

"对不起，我们药铺的规矩，夜里从不出诊！"那个老仆却冷冷地道。

"夜间不出诊，那怎么行？病人的病，可是不管白天夜里的。"郑观应着急地道，"不到十分危险，我也不敢来打扰张名医。无论如何，请你通报一声，就说孩子的病看起来十分凶险，请他老人家无论如何走一趟。"

"唉，你一定要坚持，我也只能给你通报一声。你在这里等消息吧。"

老仆慢腾腾地去了。留下郑观应一个人在门外，心里简直着了火一样。

足足过去一刻钟，那老仆才又慢腾腾地回来了。"我家主人说了，他的规矩，不能破例。何况你说白天那孩子，我家主人说，得的是时症。所谓时症者，来之既猛，去之亦快。药方已经开给你们了，只要按照方子服药，剩下的就是大罗神仙也无能为力，就看那孩子的造化了！"

"什么？！"郑观应又惊又怒，"为医者当有父母之心，岂有见危不救的道理？就算已经开了方子，拿了药，也应该去关心一下病人的情形。去看一看又如何？离这里并不远，为什么要死守着一个不通人情的规矩？你再去跟张名医说，只要他肯去看看，出诊费多少都不是问题。"

"对不起，医有医规，我们这一行都是如此。你如果不信，再去找别人吧！"那老仆说完，竟然"吱呀"一声关上了门，在里面上了门杠。

任凭郑观应如何敲门，里面再无声息。郑观应也只能恨恨地离开了。

"真是可恶，天下竟然还有这么迂腐，只讲规矩见危不救的医生，什么名医圣手，分明就是吹嘘骗人的鬼话！"他不由喃喃地咒骂着。

可是咒骂也没有用。周围只有这么一个医生，他只能无奈地返回家中。

一进门，妻子就从房间里迎出来："张名医来了吗？"

"没有。"郑观应摇了摇头，"说是医家的规矩，夜间一律不肯出诊。又说咱们孩子得的是时症，来得猛，去得快，只要挨过今晚，一定没事！"

"那怎么办？"莫菲青听了，彻底没有了主意，"只能听天由命了吗？"

"我再去看看孩子。"郑观应又来到儿子房间。小天庆又迷迷糊糊睡了过去，小小的身子蜷缩成一团，不知道为什么，一阵阵地抽搐着。

"庆儿，你要挺住！"郑观应也只能暗暗给儿子打气，"一定要挺住啊！"

这一夜，一家人真是受尽煎熬。小天庆在床上不停地挣扎着，莫菲青则是找出了一张观世音菩萨的画像，燃起了香炉，不停地磕头，呼喊南无观世音菩萨的法号……

终于，天亮了。一夜未睡的郑观应夫妇，第一件事情就是去看小天庆。

小天庆依旧浑身滚烫，喘息也变得困难了，任凭父母怎么叫，也不答应。

"不行，不能再相信张名医的鬼话了，我带他去洋人开的仁济医院，找洋大夫！"

郑观应立即吩咐妻子，给儿子穿好衣服，自己则出去叫了一辆车子，一家人直奔仁济医院。

到了这家洋人最早在上海开设的医院，立刻有洋大夫接诊，给小天庆做了检查。一检查完毕，洋大夫就出来找郑观应："你就是病人的父亲吗？"

"是的。我儿子怎么样？"郑观应情急之下，英语也不那么流畅了。

"你们来得太晚了，孩子得的是急性肺炎，现在已经大面积感染，引发呼吸衰竭，我们也无能为力了。"

"啊？"郑观应一听，如同头顶上炸了一个霹雳。"不，你们一定要想办法。你们不是有科学吗？科学不是无所不能吗？请一定要救活我的孩子。"

"对不起，这已经不是科学所能解决的问题了，只有交给上帝去照料他了。"

"那……我们现在还能做什么？"

"你们是教徒吗？"

"不是……"

"我觉得，你们最好马上给孩子行洗礼，然后让牧师来给他做最后的祷告。"

"我和我妻子商量一下……"

郑观应将妻子拉到一旁，将医生和自己说的话一字不差地告诉了她。

"什么？咱们的孩子要死了？"莫菲青听了，腿脚一软，几乎瘫倒地上。

"是，他说咱们来得太晚了，一切都无法挽回了。"

"既然无法挽回，还入什么教？请什么牧师？"

"他说，信他们的教，孩子可以得救，灵魂可以升入天堂，上帝会照料他的。"

"那……按他们说的去做吧……"

就这样，在洋大夫的安排下，很快从边上的安心堂教堂里请来了牧师。牧师先用手指蘸着圣水，在孩子的脑门上划了十字，行了洗礼，给孩子起了一个教名：约翰。然后，将一个银制的小十字架挂在他的胸前。

最后的祷告开始了，在一片肃穆而神圣的氛围中，牧师将一本《圣经》放在孩子的身边，然后开始虔诚地向上帝祈祷起来："全能仁慈的天主，你慈悲为怀，从不拒绝向你呼救的人。你知道我们的有限和软弱，面对生命的终结，我们都怀有恐惧、不舍，求你垂怜弥留中的约翰，减轻他的身、心、灵的痛苦，使他因你的慈爱获得力量，平安地走完今生的旅程，回归你的怀抱。求你派遣天使保护引导他，不为魔鬼所害，把他引领到你的台前，让他安息在你的怀中，也求你使我们仍然生活在世间的人，珍惜生命的恩赐，勉力行善，来日在天乡与他相聚……"

听着牧师的祈祷，郑观应夫妇似乎也有些恍惚，时光仿佛在这一刻凝固了……

接下来，按照教会的规矩，要为小约翰举行葬礼。郑观应夫妇早已无力处理孩子的后事，幸好教会的工作人员帮忙办理了一切。这些素不相识的人，仅仅凭着对上帝的共同的爱，如同亲人一样安慰着郑观应夫妇，一直陪伴他们将小约翰的灵柩送到了墓地下葬。当尘土洒落，眼看着一个崭新的墓穴在眼前被填平，墓碑立了起来，他们才接受了这个现实：他们的儿子已经永远告别了人世，回到了天国上帝的身边。

就这样，郑观应夫妇失去了他们生命中的第一个儿子，一切都无法挽回。

三、偶遇玄元道长，指破他的命运玄机，并教给了他改变运命的十二个字

丧子之痛，对郑观应夫妇的打击之沉重可想而知。接下来一段时间，他们夫妇都闭门不出。

但是悲痛总会过去的，正如阴霾无法一直存在一样。

一个多月后，一天早上，在吃过早饭之后，莫菲青主动对丈夫说道："我想去看看咱们的儿子，到他墓碑前面去和他说几句话，你能陪我一起去吗？"

"走吧。"

郑观应也想念儿子，这些天来，一闭上眼睛，都是儿子的面容、身影……

他们夫妇坐上了一辆车子，来到了仁济医院旁边的安心堂教会。在教会后面不远的地方就是墓园。他们先去看望了儿子，按照西方人的规矩，每人都带着一大束鲜花，去墓碑前摆放好，陪儿子说了一会儿话。

从墓园里出来，回到安心堂教堂门口，里面正传来牧师布道的声音。

"我想进去看看。"莫菲青对丈夫说道。

"走吧，咱们就进去看一看。"郑观应也道。安心堂，说不定真的能从这里得到心安呢！他们夫妇现在最需要的就是重新得到内心的安宁。

进入教堂，只见这里面的地方并不大，然而一排排的椅子上都坐满了人。大部分都是外国人，但是也有一部分是中国人。这些中国人大都是亲朋好友生了病，无钱治疗，送到仁济医院来治疗的。因为仁济医院对待所有的病人都不收费，而只要在这里治疗过的，差不多都会被他们感动，很多人因此而皈依，加入了他们的教会，所以人数与日俱增。

郑观应夫妇在后面找了两个空位坐下来，认真地听牧师布道。

那些教义很多都是郑观应没有听到过的。他自诩了解西方，对洋人研究得很透彻了。但是直到今天，接触了西方人的宗教，他才知道原来西方人的精神世界，有着一个和东方不一样的天堂，他们做的很多事情，乍一看不可理解，如果理解了他们的教义和精神皈依，就明白了。

一会儿，牧师布道完毕，唱诗班开始唱赞美诗。一群衣着整齐的修女，带着虔诚而神圣的表情，用优美的嗓音一齐唱着优美的赞美诗，很快营造出一种缥缈而又令人感动的氛围，郑观应夫妇也被感染了……

从教堂出来，莫菲青还迟迟不肯离去，对丈夫说道："我想在这里一个人再待一会儿。你如果有事，先去忙吧。一会儿来这里接我就行。"

"好。"

郑观应其实也没有什么事情。但他也需要一个人静一静，想想自己的事情。

于是，他就一个人走开了，沿着并不算宽阔的马路，漫无目的地向前走去。

走了一会儿，只见前面路边一群人簇拥着一个摊位，正在七嘴八舌说着什么。

现在的郑观应，最怕的就是人多。他正要避开人群绕过去，却忽然看到一杆旗子立在那里，上面赫然写着八个大字："知生知死，铁口直断！"

再一看，旗子下面端坐一人，一身道士装束，须发皆白，看年龄已逾古稀。

郑观应早年曾经在广东罗浮山中求道，以道家之士自许。因此一见这位道长，自然有亲近感。当即走了过去，向道长行了一个稽手礼："这位道长请了！"

"无量天尊！"那老道一看他的模样，先宣了一声道号。"足下一副好奇特的运命啊！"

"道长何以出此言语？"郑观应毕竟不是毛头小子，岂能被他一句话就给唬住？"不瞒道长，我也曾经在罗浮山黄龙观寻过仙、访过道的，曾经有缘见过黄龙真人一面。连他都没有说我的运命有什么奇特呢。"

"人生如大梦，睡者总未醒。"老道叹息一声，"你既然有此仙缘，怎么得到真人指点而不自知？那黄龙真人真的对你什么都没有说吗？"

"哦，让我想一想。"郑观应认真地回忆了一番，说道，"那时候，我因为常年疾病缠身，每一发作都是生死交加，自觉生不如死，因此去向黄龙真人问一个问题：何以我郑氏一脉，自从雍陌公以来累世积德，我曾祖、先祖皆以行善为本，我父亲更是热心救世，孜孜不倦，何以如此福泽，不能荫及子孙？是我无福消受，还是其中另外有什么缘故？"

"真人是怎么回答你的？"

"黄龙真人告诉我，命由天定，岂是人力所能更改？便不再多言。我要拜他为师，他告诉我，我的老师不在这里，而在海上。我闻此言，也曾经央求家父，带我出海，访求仙师。不料一无所获，我便怀疑他只是不肯收我为徒，只是一番推托之言，后来便没有再去见黄龙真人了。"

"哈哈，你这真是以凡夫俗子之心，妄自猜度天缘玄机了！"老道听了大笑，"让我来告诉你，真人所说的海上，并不是真的指烟波浩渺的大海之上，而是你现在所立足的上海。你现在不是已经来了这里吗？"

"什么？原来海上就是上海？"郑观应一愣。

"对呀，实则是真人看破你命中火旺而缺水，如果不以水克之，则你之一生，即便是长成，亦是成就不大。你祖宗的一片荫蔽，到时候可就真落了空。因此他才指点你来上海，以水克火，近水而活。不但得活，你的命局亦因之而变，一生事业，名和利都在这风生水起之地！"

"原来如此！"郑观应恍然大悟，"这么说我是遇良师而不知、得真人之指点、沐真人之恩泽而不自知,实在是愚蠢之极了。对了,还没有请问道长尊号若何?仙洞何处?"

"贫道法号玄元。"老道这才介绍自己道,"你说罗浮山黄龙观黄龙真人,其实是我的邻居。只不过他在黄龙洞,我在冲虚观。他走的是崂山一派,纯阳祖师和三丰祖师的路子,我和他不同,走的是陈抱一祖师的路子,虽然道路不同,毕竟殊途而同归,所苦苦用功,修炼培养的,不过是一枚元珠而已。一旦元珠得成,羽化飞升,则扶摇直上,升入十洲,从此与天人同列,遨游于太虚缥缈之境,至于无穷矣!"

"哎呀,听道长您这么一说,竟然也是从罗浮山而来,真是奇缘,奇缘!"郑观应连忙道,"还请道长开示,您说我运命奇特,究竟何指?"

"你真想知道吗?"

"那是当然。"郑观应听他这么问,知道自己这个时候,应该有所表示。只是他随身并没有带多少银子,于是从贴身的口袋里,掏出来一张汇丰银行的一百两银票,恭恭敬敬地递过去。"请道长尽管说来!"

"好。"玄元道长看了一眼银票,并不去接,而是径直开口说道:"我说你的运命奇特,是因为你的一生,似乎已经注定:少无书缘,因此读书科举无望。妻妾众多,可惜没有举案齐眉之福。子女不亲,不能在身边陪伴。父母荫浅,不能指望他们在事业上帮助你。钱财难聚而易散,一生忙碌,到头来不过一场空。朋友虽多,而事业反复,难求大成。"

"真的吗?我的运命真是这样吗?"郑观应听了,不由顿生嗟叹之感。

"要说只是如此,也就谈不上奇特了。"玄元道长话锋一转,"虽然如此,你这运命另外有一层变化,就是亦官亦商、东西逢源、名动公卿、闻于天下。何以骤然之间,遭遇会有如此翻天覆地之变化,令人费解!"

"哦?"听他这么一说,郑观应连忙又拿出来一张两百两的银票奉上。

"这样吧,你把你的八字报上来,让我仔细替你排一排。"

郑观应将自己的八字报给他,玄元道人闭上眼睛,手上掐算,口中念念有词。

"哦,我明白了。"玄元道人睁开眼睛,"你这个八字命局,本来牢不可破。但是你不是说,你的祖宗累世积德,做了数不清的善事吗?他们所做的事业,形成了一股巨大的力量,冲破了你这个八字命局。只是力道还不够,所以,你必须下更大的决心,投入更大的力量,来继续这一桩事业。只要持续做下去,就可以扭转命局,也就改变运命了。"

"原来如此,这也正是当日我想问黄龙真人的问题,如今被道长您一语道破了。"郑观应心下不再怀疑,冲道长深施一礼。"崇尚道德,乐善厚施,本来就是我们郑氏一脉的家风,我要接着做这样的事情,也是理所应当。不但要改变我自己的命运,我还要给后代子孙留下一点荫庇。所以,我一定会继续做下去的。"

"善之一字,本来存在于每个人心中。然而世道浸染,每个人的心都被蒙蔽了。能够将这一个善字重新发掘出来,加以擦拭,已经不易;至于能够主动转化为外在的善行,乐善好施,助人为善,就不是人人所能为了。因此这才是一番积德积福的事业。但对你来说还不够,所以,我要再送你十二个字,你要牢牢记住。"玄元道长说完,从自己随身的一个小包袱里,取出来笔墨纸张,龙飞凤舞,给他写了一行大字:

"广施赈、兴教育、重恩义、乐奔走。"

这十二个字,在郑观应看来,不啻电光石火,顿时人生一片开朗光明!

"切记,切记!要紧,要紧!"玄元道长说着,开始收拾东西,"我要走了,咱们今日缘尽于此,我还要去继续寻访一些慧根深厚的人才,将来好跟随我一道入室修炼,羽化飞仙,我已经在你这里耽搁太久了。"

"怎么,道长要收弟子?"郑观应听了,连忙问道,"不知道长觉得我可有慧根?资质如何?如果道长肯收我于门下,我自当尽心学道……"

"不。"玄元道人却打断了他,"你纵然有仙缘道心,现在也还不是时候,现在对你来说最重要的,是按照我教你的一番话去做,明白了吗?"

"是……"

郑观应站立当地,怅然地看着玄元道长收拾好东西,飘然而去。他多么想跟着这位道长一起逃离这个滚滚的尘世,去修炼神仙之学啊,但是，他也知道，还不是时候。还有那么多的事情等着他去做，而最要紧的，是必须马上行动起来，改变自己的运命。具体的方法，都已经写在道长给他的十二个字中了。经过高人指点，他本来觉得混沌一片的人生，似乎骤然透过层层乌云射下来一缕光亮，顿然清晰起来……

四、劝人向善的《因果集证》刚一刊印，妻子的肚子就有了反应，而且是个男孩

从外面回来，一连几天，郑观应潜心思索玄元道长的一番话，又将他给自己的那十二个字，用工工整整的楷书抄写了无数遍，体悟其中道理。

"广施赈，这是叫我不要吝惜钱财，要广泛地参与到救济社会的事业中去！"

他忽然想到了一件事情，就是自己的父亲郑文瑞，不但在家乡参与慈善，热心公益，动辄出资帮助修路修桥，救济孤寡，体恤老弱病残，而且当年在上海的时候，郑文瑞做了一件大事情，就是太平军风起的19世纪50年代初期，郑文瑞和徐钰亭等人，一起组织筹措军饷，组织了一笔十万两银子的巨款，输送报效给国家，赢得了"慕义乐施"的声名。

"看来，以后再遇到有赈灾助款的机会，自己要第一个站出来才行！"

接着是"兴教育"。这三个字，也让他首先想到父亲。父亲本来在上海刚打开一番局面，但是，因为他的妻子，也就是郑观应的母亲陈氏突然因病去世，郑文瑞不得不结束在上海的经商事业而回到家中。他回归之后，料理妻子后事，并随即开始了自己新的事业：设帐收徒，成立了秀峰家塾。不但是郑观应兄弟等，就是雍陌村其他的子弟，也都尽可以不花一分钱到这里来上学。教育的目的，也不在于一定要他们读书中举，而是要通过读书，明白圣贤的道理，成长为有用之人。除了教书育人，郑文瑞还广泛搜集古书典籍，编辑成了《训规良俗》《劝戒录》等，广为

散发，四处赠送，一时善名闻于乡里。

"兴教育，我虽然不能像父亲一样教书育人，但也可以编辑书刊以救人心啊！"

再接着是"重恩义"。这个不用说，正是郑观应常引以为自豪的品性。

早在少年时代，郑观应准备离开香山，就曾经写下过一首诗歌《侠客行》：根据唐传奇小说中的叙述，描写了一位侠客虬髯客，本领高强，义气干云，除暴安良，杀人于无形。恰如李白所说："十步杀一人，千里不留行。"郑观应对此的描述有异曲同工之妙，他在写了虬髯客以令人不可思议的方法杀了仇人，最后消逝在苍茫的夜色中后，写道：

"瞥然踡举去无踪，使我舌挢魂魄悚。
矫首仰望心怦怦，世事只今多不平。
安得此君千百辈，杀人如草不闻声。"

郑观应所出身的广东，是民风强悍之地，当地人多习武事。郑观应受到影响，加上他身体不好，为了加强锻炼，从小习武。将来不但强身健体，还要用来济世救人，来铲除世间的不平。因此这位最早出现在他笔下的"虬髯客"，其实就表明了他拼将一死酬知己的恩义性情。

最后三个字是"乐奔走"。这也正符合郑观应的性情，他本就是一个闲不住的热心人，最喜欢的事情就是交朋友。他从离开广东到上海来，在上海这些年，事业所依靠的就是朋友，而他最大的乐趣，就是和朋友一起，为了共同的理想和目标而奔波忙碌。他觉得只有这样的日子才是充实的，这样的人生才是有意义的。每当朋友一声呼唤，他总是第一个响应，不计利害，不惮付出，因此朋友们都喜欢与他合作。

就这样，人生有了大致的定位和明确的方向，郑观应的一颗心渐渐安定下来。

他决定马上入手，改变自己的运命。几件事情中，兴教育是第一件要紧的事情。而最好的教育就是教人向善。从余治的《得一录》得到启示，他决心搜集一些劝人向善的故事，加以创作，辑成一书，以救人心。

与此同时，妻子莫菲青也找到了新的精神寄托。她在安心堂那里认识了新的姐妹，听她们宣讲教义，又从她们那里得到了一本《圣经》，每天读着一个个慰藉心灵的故事，更加相信儿子的灵魂上了天堂，得到解脱。

就这样，郑观应又离开上海，回到了扬州，继续他的盐业经营。这一次，他干脆将妻子莫菲青也带了来，一是在身边互相有个照顾，二是他要妻子帮助他做一件事情，就是他要仿效余治的《得一录》，编辑一本劝人向善、拯救人心的书，他身边正需要妻子这样一个得力助手。

白天，郑观应在盐号中料理生意，和五花八门的人打交道，真切地感受着人的欲望浮沉，感受着人心挣扎在善与恶、黑暗与光明的交战中，他对于人世就更多了一份喟叹，对于众生悲苦，更多出一份怜悯。晚上，回到暂时寄身的家中，吃一顿妻子给做的热乎乎饭菜，灯下，就开始检阅一部部的古人著作，例如《阅微草堂笔记》《聊斋志异》等，思索着自己应该怎么动手、以一种什么样的体例和笔法来创作此书。

同时，他还给广东的父亲写信，说明了自己的志向，请父亲将往日刊印的《劝戒录》等书，连同一些没有收录的资料，给自己寄来，以做参考。

很快，父亲将《劝戒录》寄来了，还附上一些父亲这些年又搜求的古书，都是难得一见的。郑观应对父亲充满感激之情，更加发愤要著成此书。

终于，经过充分的准备之后，他开始动笔了。一个个生动活泼而又充满鲜明寓意的故事跃然纸上。每写完一个故事，他就大声地读给妻子听。

"青青，你听听这个故事好不好？"他给妻子读了一个刚写的《汤氏阴德》的故事。故事主要讲述汤敦甫的祖父，是一个小生意人。在经商的时候，对于所服务的穷苦百姓态度非常好，而所赚取的利润则非常低。但是对于地方的父母官，他的态度则非常坚决，对于种种不合理的要求，果断地加以拒绝。当地官员责怪他，不知变通，会这么一直穷下去，他却回答说:"我一时穷困算什么呢?我的子孙一定会有文星下凡的。"地方官员听了,也不由叹服他的豁达:"有大度者必有大福!"果然,到了汤敦甫这一代上,做了大官,督学江苏。他的祖父告诉他,做官要为百姓着想,要他在江苏捐资设立了药局,三年之内,所救活的人何止上万。而当地的百姓并不知道是汤敦甫所为。后来汤敦甫官至一品,赏加太子太保衔,以八十五岁的高龄而辞世。

"这位汤阁老的故事,我从小也是听过的,可是我一直以为,他一生飞黄腾达,是自身才华过人的缘故,今日才知道是祖宗荫庇。"莫菲青道,"我想为人父母的读了这个故事,一定会替子孙多积福报吧!"

"是啊,'修德自求多福,积善必有余庆',汤阁老之言,诚不欺也!"

这天,郑观应又给青青读了一个刚写的故事:《茹氏阴德》,故事讲的是另外一位茹尚书的父亲,在当县令的时候,当地百姓多有盗窃者。茹县令就在县衙里专门设立了一个"自新所",将这些犯盗窃罪的犯人放到那里面去,每天按照人数给予一定的口粮,再安排典吏定时去给他们宣讲仁义道德。经过感化,被释放后改过自新的犯人不计其数。因其以教育代刑罚,当地盗窃盛行的民风很快得到了根本扭转。茹县令因此获得了"茹青天"美誉,他的儿子也最终当上了一品尚书。

"人在公门好修行,青青,这个故事应该会让那些做父母官的良心发现吧?"

"你写的这个故事,不知道怎么让我想到了我父亲。"莫菲青叹息一声。"我父亲就是像茹县令这样的好官,这句话他也常对我说,可是他怎么就没有茹县令这样的福报呢?他老人家现在在哪里都不知道呢?"

"你忘了他说的话,要入山修仙去吗?青青,你一定要相信'报应不爽'这四个字。再说了,你我现在不都好好的吗?将来的事情还远得很哪!即使不在你我身上,也一定会应验在我们的子女、孙辈上面。"

"但愿如此。"

在完成了一卷有关父母积德荫及子孙的故事后,郑观应又开始写行善增寿的故事。这也是他自己最关心的一个话题,因此倾注了更多的感情。

"青青，我给你读一个《京城尉》的故事啊。"郑观应刚写完一个得意的故事，迫不及待地给妻子讲了起来：绍兴的一个官员，升职到了京城，任京城尉。一天，因事出城，正在树下休息，遇到一个人骑马而来，也在树下休息。他问对方：'从何而来？'对方回答：'我不是普通人，是奉了阎帝的命令来摄人归入阴司的。'说完出示牒文，上面赫然有京城尉的名字。京城尉大惊：'你这就要将我摄去吗？'那人回答：'不，按照次序，第一位是东城老人，第二位是西山一个男子，第三位是一个女子，你排在第四位。'说完那人就骑马走了。京城尉将信将疑，第二天一早，命令人去东城打听，果然有一个老人刚出门买菜就倒在门口死去了。京城尉不得不信，吩咐准备自己的后事，买了上好的棺木。又过一天，亲自去西山查看，见山下小道上一位妇女，正在对着一具尸体哭泣。上前询问，那女子回答：'这是我丈夫，我和他从济南来，到京都访问亲友，结果没有找到，我丈夫忽然夜里暴亡了。我身无分文，不能安葬他，正在想跟他一起死了算了。'京城尉听了，也跟着流下泪来：'反正我也快死了，先将我的棺材给你丈夫用，我再给你三十金，你扶送你丈夫的灵柩回老家去安葬，落叶归根吧。'女子跪地叩谢，京城尉将棺材和钱赠送给他，自己又回家办理了一副棺材等死。第四天晚上，忽然有人叩门，正是那天骑马之人。京城尉接见了他，二人密谈一番，那人匆忙告辞离去了。京城尉出来告诉家人：'我死不了了，那个人是阎帝派来的使者，说是我做了一件大善事，增寿一纪。他是特地来告诉我这件事情的。'

当然了，有福报就有恶报，郑观应也不是一味地歌颂福报，为了彰显恶报，警示那些奸恶之辈，他一口气写了十几个恶有恶报的故事，例如《怨鬼索命》等故事，读来令人悚然。《虐婢现报》，讲述一个商人吞并别人的财货，成为巨富，然而横遭天火，妻子女儿尽为别人奴婢。

最后，他写了一个《纂书获报》的故事，讲的是某人三十仍未获子，于是在文昌庙前许愿，年印送一百部文昌孝经，果然次年生下一子。

这个故事，言者无心，听者有意，妻子莫菲青对他道："真有这样的事情吗？如果真是这样，夫君你撰写的这一部劝人向善的书，刊印之后，是不是咱们也会再有一个儿子？果真如此，我就信你的福报之说！"

"那还用说？"郑观应信心十足地说道，"善有善报，你就等着瞧吧。"

书编完了，郑观应第一个去找余治，余治将全部书稿整理一遍，编辑校对，分出目次。又和他一起商量，如何排版，如何刊印，印刷多少。

"书的名字叫什么？"余治问他。

"我想了一个名字，叫《因果集证》。"郑观应问，"你觉得如何？"

"可以。"余治点头道，"如果这部书能够让人们知道因果报应存在，害怕因果，行善而不为恶，那么老弟你的功德真是大了去了！"

最终，二人确定这部《因果集证》，首次印刷五百部，由余治负责一应事宜。

这之后一段时间，郑观应就全身心扑在盐业经营上，同时，他更加留心官商两界故事，搜罗一些因果报应的传说，也更加留心观察社会百态。

这天晚上，郑观应照例在灯下坐定，研磨摊纸，正要继续写作，妻子过来了。

"夫君，我想和你说几句话。"

"好呀。"郑观应将笔放下，接过妻子递过来的一杯热气腾腾的茶水。"你也坐。"

妻子在他身边拉了一把椅子坐下来，问道："夫君可是又在写那些因果报应的文章？"

"是呀。"郑观应点了点头，"上次那部《因果集证》，莲村兄已经拿去刊印了，很快就会出版，我想一定会在社会上引起很大的反响。我最近又搜罗了一些故事，所涉及的因果福报之类也更加丰富。我想等那部书印完后，下一次修订增补的时候加进去，这样会适合更多人看。"

"夫君，你只关心别人的因果福报，可想到过我们自己吗？"妻子忽然问。

"我们自己？"郑观应一愣，还以为她又在想念死去的儿子天庆了。"青青，是不是我这段时间没有多顾得上关心你，陪你说话，你又胡思乱想了？"

"不。"妻子却道，"我只问你，你想过我们自己的福报没有？"

"要说一点没有,那是假话。"郑观应轻叹一声,"可是想也没有用,福报这东西,都是我们做善事修来的。但行善事,福报自来,想也没有用呀。"

"但行善事,福报自来。"妻子重复了一遍他的话,"夫君,咱们的福报来了!"

"你说什么?"郑观应一下子没反应过来。

"夫君,我是说,咱们的福报来了。"妻子将他的手拿起来,放在自己的腹部。

"啊?你是说……"妻子这个温存但却意味深长的举动,让郑观应又惊又喜。

"对,咱们马上又要有一个儿子了!"妻子的声音很轻,却字字如雷霆一般。

"真的?!"郑观应被巨大的幸福陡然间击中,恍然之间,若在梦中。

"是的,已经两个月了。而且我去看过了大夫,大夫说得很肯定,是个男孩。"

"太好了!"郑观应欣喜若狂,一下子从椅子上站了起来。如果不是妻子已经怀有身孕,他真的要抱起她来,在屋子里转上三圈。不过他也有些埋怨妻子:"这么大的事情,怎么不早告诉我?好让我多陪你一些。"

"主要是我看你太忙,再就是我也不能确定,究竟是男孩还是女孩。"

"什么男孩女孩的,只要是咱们的孩子,我都喜欢。"郑观应过去轻轻地跪在妻子面前,将耳朵贴在她的肚子上。"让我听听,孩子在里面说什么?有没有着急地要叫我一声'爹',我可是急着看他长什么样子呢!"

"又不是第一次当爹,瞧把你高兴的。"妻子娇嗔地笑着打趣他道。

自从得知妻子有了身孕,而且还是个儿子,郑观应又一次振作起来。现在,他更加勤奋地著述,也更加在故事中劝人向善、孝亲、清廉。

不久之后的一天,余治兴冲冲地来到宝记盐号,进门就将一摞书放在桌子上。

"莲村兄,辛苦了,书都印出来了吗?"郑观应连忙接待他落座,奉上茶水。

"老弟,应该说,不是书都印出来了,而是一共就剩下这么多了!"余治道。"你大概还不知道吧,这本书一印出来,就被很多人给认领走了。咱们印五百部看来是太少了。不但读书人,连一些不识字的老人、妇女,也都争着来索要这本书,回去让识字的人读给他们听,供不应求呢!"

"真的吗?那太好了。"郑观应捧着墨香四溢的新书,简直爱不释手。"对了,莲村兄,还有一个喜讯要告诉你呢!"

"哦?什么喜讯?"

"就像我这本书里讲的一样,但行善事,福报自来。实不相瞒,我写这本书,还是有一些私心的,就是希望我自己的家庭能够得到福报。还真是福报来得快,就在几天前内子告诉我,她又有身孕了,而且是男孩!"

"恭喜,恭喜。"余治连声道喜,"我在作《得一录》的时候,就有无数这类福报现前的故事,没想到如今又在老弟你身上应验了。这就叫福报不虚啊!怎么样,看来你又要破费一些,这部书再印上五百本了!"

"莲村兄你取笑了,什么破费不破费,我正巴不得多花一点这样的钱呢!"郑观应道,"正好我最近又编辑整理了一些故事,再版的时候,一并加进去。这一次我可不只要印五百部了,而是一次印三千部。"

"三千部?"余治也吃了一惊,"这可是要不少的银子啊?"

"费用不是问题,我这也算是渡人自渡,自求多福吧!"郑观应道,"对了,书名我也想改一改。"

"哦?改什么?"

"我最近在想,既然我立志一生从事教育事业,拯救人心,劝人向善,那么我应该效仿写《聊斋志异》的蒲松龄一样,给自己起一个号。他叫作聊斋先生,我想我是从事教育人心的,就叫作'陶斋先生'吧!"

"陶斋先生,好,那我以后就要叫你一声'陶斋老弟'啦。"余治道,"那么书名呢,你改什么?"

"就叫《陶斋志果》，如何？"

"好。"余治道，"这三千部《陶斋志果》一出，陶斋先生的大号，可就传遍天下啦！"

余治的行动很快，从编辑到成书，不到半年，三千部《陶斋志果》就刊印出来了。书一出版，照例是广为散发，扬州、上海两地，一时妇孺皆知陶斋先生大名，更有很多人不呼其名，直接称他为"郑大善人"。

因施善而骤得大名，对他在扬州的盐业生意也带来了非常大的帮助：他在和官、商两界打交道的时候，都因此而多了一张通行证，无往不利。

最令他高兴的事情，还是妻子在十月怀胎之后，一朝分娩，给他又诞下一子。

这个新降生的儿子，郑观应视作自己的福报，也视为上天对他的补偿和奖赏。他经过仔细的思索，给儿子起了一个极富深意的名字：天橺。乳名果果，就是提醒自己，不忘记因果福报，多行善事，造福子孙。

现在，对郑观应来说，没有什么更多的奢求，他已经心满意足。扬州自古繁华地，他似乎只要在这里安静地待下去就可以了。可是很快，在上海，一家叫《申报》的报纸创刊，他的命运因之又发生了急剧变化……

五、与《申报》老板一番交谈，重新激起郑观应济世救时的雄心

同治十一年，即公元1872年4月30日，一家叫《申报》的报纸在上海诞生了。

说起来，创办《申报》的还是郑观应的同行，也是一位从事经营茶叶和布匹的商人。只不过这是一位英国商人，名字叫作安纳斯托·美查。这个美查从同治初年来到上海经营，经过十多年学习，已经是个地道的中国通。因此，当经历了伦敦风暴，茶叶和布匹生意陷入停滞后，他立即抽身而退，拿出400两银子股本，和其他三位股东成立了《申报》。"申"就是民间所常说的上海，全称《申江新报》，简称《申报》。

《申报》从一开始，美查就给出了明确的定位：这是以面向华人为主的报纸，因此主笔和编辑都要用华人，文字内容也都要为华人着想。

这一看就是出于明确的商业目的，因为当时面对中国普通百姓，工、农、商、贾的普通文字类报纸书籍，的确是少之又少。中国有着浩如烟海的典章古籍，可是只有少数知识分子能阅读，大部分人还是望而生畏。像这一类明确针对普通百姓，为普通百姓提供喜闻乐见新闻和故事的，实在凤毛麟角。而且，在让百姓足不出户而知道天下之事的同时，《申报》还有一个很高的定位，就是"关乎国计民生"，"上关皇朝经济，下知小民稼穑之苦"，这就给朝廷之外的忧国忧民、有济世救民之志的仁人志士提供了一个施展才华的广阔舞台，不必上奏朝廷，而可以自由在《申报》上发表议论，这简直是很多人想都不敢想的。

当这个夏天的热浪开始肆虐的时候，郑观应携带妻子和儿子回到了上海。

他是为了给儿子果果办过百岁仪式而回来宴请亲朋好友的，想想一年前，也是这么一个季节，失去了儿子天庆，如今又抱着新生儿回来了。人生真是充满了太多的变化，而生命的更迭又是如此不由人做主。

刚从轮船上下来，上了码头，就见有几个小孩子穿梭在人群中，一边口中喊着："卖报，卖报，今天新出的《申报》，只要九文钱！"

郑观应因为离开上海的时日有些久了，所以《申报》创刊，他并不知道。

"什么报纸，这么便宜？"他以前最喜欢读的是《上海新报》，不过那报纸一份最少也要三十文钱，而且必须订阅，哪里有像现在满街叫卖的？

"先生，要来一份《申报》吗？"一个小孩子拿着一摞报纸，走过来问他。

"来一份吧。"郑观应掏出十文钱给他，"不用找了。"

"谢谢先生。"小孩子高兴地去了。

郑观应满心好奇，打开报纸一看，只见这报纸和《上海新报》完全不同。纸张的质地不同，上面的排版方式也不同。不过对一家报纸来说，最重要的还是内容。郑观应粗略浏览了一下,上面有中国的古体诗,是一帮上海文人墨客的诗文酬答,有一部分是从香港英文报纸上翻译和摘抄过来的,还有一部分是关于老百姓的衣食住行的,尤其新闻一栏,都标明是本报记者亲自采访而成,让人耳目一新,颇为可读。

当然了,这时候的郑观应还没有想到,他即将和《申报》发生那么多联系。

几天后,在上海的一家粤式大酒楼里,郑观应隆重为儿子举行了过百岁生日仪式。

因为知道郑观应一年前刚刚遭遇丧子之痛,所以,这次他新生儿子的生日仪式,得到了众多亲朋好友的祝福。几乎他所有在上海的亲戚、朋友、生意上的伙伴,以及一些广东老乡,都赶来了。

"恭喜,恭喜!"

人们纷纷向郑观应送上最真挚的祝福,同时根据交情不同送上一份份贺礼。

"多谢,多谢!"郑观应则忙不迭地一一打招呼,迎接着一个个客人来到。

他的家族的亲人,以叔父郑廷江为年长,忙着招呼岁数相对大一些的客人;以他的兄长郑思齐为代表,忙着招呼一众年龄相仿的青年人。至于郑思贤,则负责跑里跑外,忙着支应一应杂务,简直脚不沾地。

在朋友里面,徐润、唐廷枢,这些都是老朋友了,而且都是上海的名人,不用招呼,自己去坐了一张桌子。龙五虽然也在上海有一定影响,不过和他们不是一路人,因此和一帮兄弟坐了另外的桌子。

而出人意料地,容闳也来了。不但来了,还给郑观应带来了一份厚礼。

"容大哥,您公务繁忙,怎么还有时间来参加犬子的百岁生日?实在太客气了。"

"哈哈,我就是再忙,也要来看看我的这个小侄子长什么样子吧?"容闳笑着道。

虽然如此,毕竟他是有官职在身的,因此只能单独给他安排一张桌子。

好在，很快来了很多的洋人，都是郑观应素日里结交的。正好，安排他们和容闳坐在一起，彼此交流起来没有障碍，谈论各国风情，容闳应对自如。

一会儿，宾客都到齐了，大伙儿都催促郑观应："将孩子抱出来给我们瞧瞧啊！"

于是，在众人瞩目下，莫菲青将孩子给抱了出来。众人都去看那孩子，大手大脚，白白胖胖，尤其一双大眼睛，仿佛会说话一样，眼珠骨碌碌地转动着，透着聪慧。他也并不怕人，谁一逗他就"咯咯"笑个不停。

"孩子叫什么名字呀？"有人问。

"叫果果。"郑观应解释道，"本来我和内子，以为今生没有儿子的命了。没有想到，刊印了三千部《陶斋志果》，就得了这么个儿子。"

"对呀，陶斋是你新起的号吧，以后我们就叫你一声'郑陶斋'了。"

众人七嘴八舌，很快，孩子抱了下去，这边酒宴正式开始。一道道的菜肴上来，众人纷纷向郑观应道喜。不过，郑观应的身体并不好，因此，喝酒对他来说，只是一个心意表示而已，众人也知道他酒量不宏，并不勉强。

郑观应每个桌子敬酒，和熟悉的人说笑，对不太熟悉的也报以真诚的谢意。

敬了一圈酒之后，刚坐下，大哥郑思齐领着一个人过来给他单独敬酒。

"二弟，给你介绍一位新朋友。"

"哦？"郑观应连忙站起身来，打量他身边的一个个头矮小却颇为精干、年龄和自己相仿的男子。"这位是……？"

"这位是陈莘庚先生，江西人，是给英商美查兄弟做买办的。"郑思齐介绍道。

"美查兄弟，我和他们打过交道，有过一面之会。"

"郑先生，你好。"陈莘庚和他握了握手。"我早就听令兄说起郑先生你的大名,可惜无缘一见。今日有缘相识,以后还请多多指教啊!"

"指教谈不上,一起发财,一起发财。"郑观应以为他要和自己谈生意,客气道。

"什么一起发财?"郑思齐连忙道,"陈先生是要邀请你给他们的报纸写文章。"

"什么?写文章?什么报纸?"郑观应一脸茫然。

"哦,忘了跟你说了。"郑思齐连忙道,"美查兄弟刚办了一家报纸,叫《申报》,现在大街小巷,无人不知无人不晓了。可是报纸的内容,必须是华人喜闻乐见的,他们就想聘请华人里面能写文章的好手,委托陈先生给他们寻找人才。正好我和陈先生相熟,就说起了你会写文章,还将你刚写的《陶斋志果》给他看了,陈先生很是赞赏哪!"

"原来如此。"郑观应这才恍然大悟,"好说,好说,我正要写更多的文章,力求劝更多人行善呢!有了《申报》这个大平台,相信会影响到更多人,大家都加入到这个事业中来,人心就自然挽回了!"

"那我就立即着手,安排郑先生和美查先生见面,仔细谈论一番。"陈莘庚道。

事情就这么定了下来。不到一个礼拜,郑观应就和美查正式见面了。

这天,在国际饭店,美查正式宴请郑观应。一同作陪的,除了陈莘庚,还有一位中国人,叫作蒋芷湘的湖南长沙人,是《申报》的首任主笔。

虽然美查请吃的是西餐,郑观应却颇为能适应,而且操着流畅的英语和美查对话。

"安纳斯托先生,咱们大概上一次见面,还是三年前吧?"郑观应问道,"那时候的茶丝、棉布生意正是最惨淡的时候,记得当时咱们就讨论过,接下来要做什么生意,后来我就去了扬州做盐业了,没想到安纳斯托先生会干上报纸这一行,而且这么快就创立了一番新事业!"

"哪里,新事业谈不上,不过是寻找一个投资得利的新领域而已。"美查毕竟是外国商人,在商言商,满脑满心地只是想着赚钱事情。

"可是单纯只是办一份报纸,获利只怕不大吧?"郑观应问。

"郑先生大概还不太了解报纸的运营模式。"美查侃侃而谈,"我们可是做了充分准备的。我们仔细研究了《上海新报》,又派人专程去香港,调研了香港报纸的情况,最后决定做一份针对中国人的报纸,由中国人来办,讲述中国人自己的事情,这个基数可就很大了。我们第一批次就先在上海设立了二十个代销点,负责给各大商号上门送报。另外我们还雇用了几百个报童,让他们采取游动的方式沿街叫卖,又做了广告,又增加了发行量。我们最初的销量是六百份,现在不到两个月,已经快要接近三千份了,以后这销量我想还会翻着番地往上走。郑先生,你认为以我们的营销方法加上广告投放,获利会成问题吗?"

"当然,我相信你们赚钱的能力。"郑观应点头表示钦佩,"不过,我更关心你们办报纸的指导思想和原则,一味赚钱有时只会适得其反!"

"正是,所以我才一开始就定下了规矩,一是唯执公道。不管发生什么事情,我们都派出记者去实地采访,第一时间发出我们自己的声音。而且我们绝不会屈服于来自外界的压力,坚持我们的观点。"

"好呀!"郑观应高兴地道,"只这第一点就很了不起。其他的呢?"

"二是坚持自由。我们允许所有的人可以自由地发表言论,讨论各种问题。上至国家大事,下至日常生活。我们捍卫每个人自由言论的权利。"

"这就更了不起了!"郑观应频频点头,"这已经不但是秉公道,开民智,而且是培养中国人独立自由思考之精神,这真是太难得了!还有吗?"

"其三,就是即时性。我们要对所发生的事情第一时间给予报道,坚持新闻的真实性的同时,公正客观地给予迅速传播,以最快时间通达于天下。"

"哎呀,我真是不得不佩服你们了!"郑观应听了,由衷地赞叹道,"安纳斯托先生,虽然说你是个生意人,口口声声为了赚钱,但是,我还是不得不佩服你这种做事情的精神,你这的确是在做一桩利国利民的大事业呀!如果有什么需要我效力的地方,尽管说,我一定全力以赴!"

"具体的事情,请你和我们的主编蒋先生商量,你们都是中国人,又都是有文化的，一定会有很多共同语言。期待我们合作成功！"美查道。

于是，郑观应又和蒋芷湘交谈了起来。蒋芷湘的英文一般，对于郑观应和美查说的很多话，一下子听不完全。不过，和郑观应谈论起中国文化来，则是头头是道。二人很快谈得投机起来，颇有相见恨晚之意。

从这次见面开始，郑观应算是正式确立了和《申报》的合作关系。

但是，给《申报》写作什么样的稿子呢？他为此陷入了深深的沉思。

一开始，他写了一两篇小文章。虽然《申报》马上就给予发表，可是反响平平。而对郑观应来说，他所要求的又并不仅仅是见诸报端而已。

他只能苦闷而焦急地等待着，等待一个自己一展胸中才华的机会。

这个机会来得如此迅速。几天后的一个早晨，正在吃早饭的郑观应拿到刚送来的《申报》，只看了上面的一篇文章就激动起来，一拍桌子：

"欺人太甚！实在是欺人太甚！"

妻子莫菲青被他吓了一跳："一大清早，你嚷什么？出了什么事情？"

"青青，你看，这里又有一桩葡萄牙人'卖猪仔'的新闻，是可忍，孰不可忍！"

郑观应指着报纸中的一段，大声给莫菲青读了起来。原来，报纸报道，有一艘叫作马利古士的轮船，满载一船被卖的"猪仔"，前往古巴的途中，遭遇了风暴，遂停泊在日本的神户港口。结果船上的"猪仔"因为不堪迫害，纷纷主动投水，被附近英国轮船上的士兵所救起，交付原船。不料他们因此遭受了更加厉害的毒打，又一次不堪忍受而投水。这一次英国兵船将他们救起后，问明了船上的情况，将他们交给日本的英国领事馆。在日本的华人听说了这件事情，也纷纷主动捐资，请了律师来和船主打官司。这件事情在日本已经引起轰动，并传遍国际。

"青青，你还记得当年咱们第一次到澳门，险些被那个叫吴仁兴的黑心老板联合尼古拉给卖了'猪猡'？"郑观应提醒道，"如果不是徐润大哥及时赶来相救，你我说不定也被卖到夏湾拿去了，只怕早客死异乡了！"

"是啊。"莫菲青回忆起当年的一幕，也还是心有余悸，"如果没有那么多黑心的中国人和尼古拉那样丧尽天良的洋人勾结，也就不会有那么多的人被'卖猪猡'，唉，一晃那都是十几年前的事情了，没有想到，今天还在有人从事这么伤天害理的勾当，还有可怜的人被'卖猪猡'！"

"不行，我要帮他们呼吁，也要将澳门那些人的勾当揭发出来，曝光于天下！"

"别着急呀，再急也要吃完了饭，才有力气写呀。"莫菲青心疼地道。

郑观应哪里还有心思，草草吃了几口饭，立即去书斋中铺开纸笔，洋洋洒洒，一挥而就《澳门猪仔论》。

"《书》云：民为邦本，本固邦宁……夫猪仔馆者，拐贩华人过洋为奴，其所居名曰招工，俗谓之'买猪仔'……奇货可居，获利极厚……被骗出洋而死于难者，每年以千百计。有半途病死者，有自经求死者……"

在这篇文章中，他不但描写了被"卖猪仔"的华人苦工之悲惨情状，更大胆地揭露了澳门官员和洋人"诡计百出，财通上下"的官场黑幕。

写完了这篇《澳门猪仔论》之后，他立即将文章装进信封，叫来投递员，嘱咐一定要送到《申报》主编蒋芷湘手上，让他亲自过目此稿。

第二天，新出版的《申报》上，就在醒目位置刊发了这篇《澳门猪仔论》。

"卖报，卖报，快来看香山郑君文章《澳门猪仔论》，揭发澳门猪仔黑幕！"

"快来看哪，有关猪仔买卖最新消息，内幕人士爆料，独家真实报道！"

一时间，大街小巷充斥着报童的声音，整个上海的人们都被"猪仔"事件吸引了。

早早出去买菜的莫菲青，一进门就对郑观应说道："夫君，满大街都在议论你写的澳门'猪仔'事件呢，今天的报纸可真是洛阳纸贵了！"

"青青，你看，我又写好了一篇，《续澳门猪仔论》，我读给你听听啊！"

郑观应迫不及待地大声读了起来："余世居澳门，素知底蕴。非独窝娼聚赌，年投规银数十万。而有贩人出洋之举。其中被拐见诱者，十居其九。父失其子，妻丧其夫。长离桑梓，永溺风波，有死别之悲，无生还之望，言之伤心，闻之酸鼻……中国之人，无不发指涕零者……"

"夫君，我有一点担心。"莫菲青打断了他，"你这么揭露澳门的丑事，无疑断了那些人的财路，你又在《申报》上这么大张旗鼓，会不会让那些人知道你的真实身份，找上门来，暗中对你进行报复？他们那些人心狠手辣，可是什么事情都会做得出来。我真的有些害怕呢！"

"怕什么？邪不压正，我还只恨揭露他们太少呢！对了，青青，澳门的事情，你比我熟悉，这样吧，你再给我讲讲那边的情形，我好多写一点！"

"可是，我还是觉得小心一些好。"

"好，你放心，我不会用真名姓的。"郑观应道，"我用的都是岭南指迷道人、镜濠醒世道人这样一类的名字，有谁会知道作者的真实身份呢？"

听了丈夫的一番话，莫菲青心里才稍微安定了一些，去厨房做饭去了。

接下来，郑观应又一连写了几篇文章《求救猪仔论》《痛亡者无归论》。

一时间，上海中外人士，无不将目光聚集"猪仔"一事，掀起议论高潮。

与此同时，日本的"马利古士号轮船苦力事件"也终于有了结果：经过日本法庭的审判，在英国律师的帮助下，最终二百多名苦力被判胜诉。他们终于结束了悲惨的"猪仔"生涯，得以从日本乘船返回中国。

当法庭宣判的消息在《申报》上第一时间登出，郑观应长长地出了一口气。

"青青，看来咱们的一番呼吁没有白费，总算替中国人争回一点公道。"

"是啊。"莫菲青道，"但愿经过此次事件，以后别再有'卖猪仔'的事情发生了！"

"这次事情只是偶然，要想从根本上杜绝，还远不是一日一时的工夫啊！"

接下来，他又一口气给《申报》写了三篇文章：《拟请设划官于外国保卫商民论》《论皮鲁国贩人为奴事》和《论禁止贩人为奴事》,提出自己的思考,要解决这一类问题,非国家出面从根本上维护华工利益不可。

几天后,从日本坐船归来的两百多名苦力,抵达上海港口,正式归国。

为了迎接这批苦力回国,前一天晚上,郑观应就亲自去找了《申报》的老板美查。

"安纳斯托先生,我想以《申报》的名义,做一件事情。"

"哦,什么事情?"

"咱们这一阶段不是连续报道'马利古士号轮船苦力'的事情吗?在这个过程中,我的确看到了新闻舆论的力量,也看到了《申报》坚持自己的原则,公开、公正地报道事情进展,将事情真相传播于天下。我真的要替所有的中国人好好感谢你们一番。和你们比起来,我们虽然自诩天朝大国,可是我们的父母官的确不像样子,反而不如你们这些外国友人,更加关心我们的同胞利益,肯为他们奔走呼喊,通过《国际公法》维护他们的权益。如今,这帮苦力兄弟不是顺利归来了吗?我想请你们举行一个仪式,欢迎他们回来。另外,我还想,能不能每个人给发三两银子,作为路费,好让他们顺利回家与父母妻儿团聚?"

"郑先生,你说要办一个欢迎仪式,我没有意见,因为这正是我们宣传《申报》的大好机会。这个就当作一次广告了,费用由我们来出。可是,每个人给安家费,那是你们政府的事情,这个我们可管不着。"美查道。

"那是当然。"郑观应道,"我已经想好了,这笔费用由我来承担。"

"什么?"美查一愣,"那可是两百多人哪,每个人三两银子,就是六百多两。"

"对,这六百多两,我已经准备好了。"

"哎呀,郑先生,你真是了不起!"美查不由对他刮目相看,"这可不是一笔小数目。不瞒你说,我投资这个《申报》,也不过才出了四百两银子的股本而已。你有这六百两银子,都可以做我们的大股东了。可是你竟然愿意拿出来分发给这些素不相识的苦力,真是了不起!"

"不,不能说素不相识,而应该说是血脉相连、手足同胞。"郑观应更正道,"这两个月来,连你们这些外国朋友都这么积极主动,献言献策,参与其中,听说连你们的大英议院都惊动了,行使外交干涉。我们作为中国人,总不能只在口头上说而行动上没有表示吧?不仅仅是我这么做,相信我们的政府也会很快行动起来,杜绝此类事件!"

"郑先生,我说句不客气的话,如果你们的政府官员都像你这么有识见、能行动,我想你们的国家会强大很多,内政外交上气象也会焕然一新!"

"那只是时间早晚的问题,我们现在的情形,好比一个大屋子里,众人都在熟睡,我不过是发出几声呐喊的声音罢了。等大伙儿都被唤醒,就会振作起来,到时候一切就都不一样了。"郑观应信心十足地道。

经过一番安排,这天上午,当满载苦力的船只一靠岸,《申报》早已在主笔蒋芷湘的带领下,组织了一批上海的绅、商,敲锣打鼓欢迎他们了。

为了将场面搞得更加引人注意,他们还特地请了一个舞狮队,表演舞狮。

就这样,锣鼓队在前面开路,舞狮队紧随其后,再后面是两百多名苦力,这样一支喧嚣着前进的队伍,一下子吸引了街道两旁的人们围观。

队伍沿着繁华的街道,大张旗鼓地行进,一直来到《申报》的报馆门口。

在这里,由买办陈莘庚代表老板美查,发表了一场慷慨激昂的演讲,又命人将白花花的银子拿出来,一锭锭的银子在阳光下闪闪发光,耀人眼目。

因为郑观应有嘱咐,所以这笔钱并没有说明是何人所捐赠,只说是热心公益的慈善人士,特地为他们每个人准备了三两银子,作为回家路费。

当一锭锭的银子交到每个人手上,九死一生回来的苦力们一个个热泪盈眶。

起初,人群也只是围观,后来,人们也被感动了。纷纷有人从家中拿来干粮，又有人取来衣物，送给这些衣衫褴褛、可怜兮兮的中国同胞。

人群中，郑观应也在和那些苦力们聊着，听他们讲亲身经历的一幕幕情形……

就这样，历时三个多月的沸沸扬扬苦力事件，总算告一段落，有了一个美满结局。

然而对郑观应来说，这只是一个崭新的开始。通过此次事件，他见识了《申报》所发动的舆论力量，也开始意识到自己一支笔所能产生的影响。

现在，他开始正式筹划，要将他上次和余治所商谈的那部《救时揭要》成书了。

以这次在《申报》上所发表的一系列文章作为基础，他又陆续写了一系列文章：《拟禁鸦片烟论》《论救水灾》《拟设义院收无赖丐人使自食其力论》《论医院医家亟宜考究》《论广东神会梨园风俗》等。此外，上次《陶斋志果》一书后他又写了几篇文章《劝戒杀放生论》《劝戒溺女》《救济速报》等，将这些文章搜罗起来，也都在《申报》发表了。

不知不觉，时节已经从秋季到了冬季。郑观应的书稿也都完成了。

这天，当第一场小雪纷纷扬扬地飘下来，给万物都披上一层银色的新装。在郑观应的书房"待鹤斋"里，余治应约来商谈书稿出版事宜了。

一摞整整齐齐的书稿已经码在桌子上，最上面一卷赫然写着"救时揭要"四个大字。

"莲村兄，蒙你推许，认为我还算是一个人物，虽然称不上英雄豪杰，但是也慨然有济世救民之志。你鼓励我要写一部《救时揭要》，我当时答应了你，但心下实在是惴惴不安。不过还好，时至今日，总算是完成了这部书稿，内容上也许还不太令人满意，不过也算不负兄之期望了！"

"陶斋老弟，你实在是太过谦虚了。"余治认真地道，"这两年多来，你先是完成了《因果积征》《陶斋志果》，前后刊印赠发了足足五千部，费时费力，兼费金钱，而竟然无一怨言。近半年来在《申报》上又发表了那么多文章，每一篇都是崇论宏议，现在整个上海，谁不知道你香山郑君的大名？我早说过，你是个一等一的英雄人物，怎么样，我没有看走眼吧？这部《救时揭要》，我敢说，书一刊出，一定是洛阳纸贵。到时候，只怕不但上海市民人手一本，就是达官贵要也要认真拜读你的大作，然后登门求教，向你咨以经世之计呢！"

"哈哈，莲村兄以为我是姜子牙、诸葛亮之辈吗？你别嘲笑我了。"郑观应道，"我其实也知道，这本书并不能真正改变什么，说是救时，其实不过是借着这个机会，呼吁大家一起行动起来，做一点实实在在的事情而已。我自己有一个譬喻，叫作'大声疾呼，唤回醉梦'！"

"好，好一个'大声疾呼，唤回醉梦'！"余治立即提起笔来，在一张纸上刷刷刷地写起来，边写口中边念出来："崇论宏议，震古烁今，又复摘抉隐微，切中时弊，大声疾呼，唤回醉梦，是真能以菩萨之心，吐广长舌，善度众生者！"写完后，他自己看了看，得意地问道："老弟，你看我这样一段话，可以当得你这部大书的序言吗？如果使得，那就是这样了，如果不使得，我再另外写一篇文字，总之，我是要厚着脸皮，来沾你的光，跟着你的书一道扬名，博得一点虚妄的声望了！"

"莲村兄肯作序推荐，那是我求之不得；再说，老兄你和我一起谋划此书，又一再鼓励于我。如果没有莲村兄，哪里会有我的这部书完成呢？"郑观应并不隐瞒自己的心声。"这两年来，我经历了什么，莲村兄你是最清楚不过的。我编写《陶斋志果》也好，写这部《救时揭要》也罢，往大里说，是为了拯救世道人心；其实说到底，还是为了于人于己，方便行善。这一个'善'字，便是你我兄弟相交相知的根本了！如果能够将这一个'善'字推广传播到天下去，结交更多的英雄豪杰，则大伙儿一道，风云际会，或许到那时候，才能够真正成就一番济世救民的大事业！所谓救国救民，还有着很长一段路要走啊！"

"那是当然。不过老弟你这一番耕耘，毕竟是将'善'的种子播撒在人们心田了。《易经》里不是说'元亨利贞'吗？任何一件事情，一桩事业，想要成功，首先就在这个'元'字上。'元'其始，所以为始，因为大也。一开始就抱着救国救民的仁心，何愁天下没有知音欣赏？登高一呼，何愁没有英雄相从？我敢预言，老弟你这部《救时揭要》一出，你飞黄腾达的日子就不远了；你的事业，也必然会再开一番新局面！"

"哈哈，那我就等着莲村兄你预言成真了！"郑观应似乎把他的一番话当作玩笑，并不当真，但是在内心深处，那不正是他所渴望的吗？

第六章
经营奇才

一、由中国人自己创办的轮船招商公局成立仪式上,两个会办胡光墉和李振玉双双撂了挑子

同治十二年,公元1873年1月14日,发生了一件轰动上海乃至全国的大事情——轮船招商公局正式成立了!

在这样一个大日子里,轮船招商公局富丽堂皇的大楼前,彩旗招展,人头攒动,威风锣鼓响个不停,舞狮和舞龙的队伍达到了四五支,鞭炮齐鸣,人们从四面八方涌过来,有的是来祝贺的,也有的是纯粹来看热闹的:因为今天可以看到上海各界的头面人物,官场上的那是不必说了,从轮船招商公局的名字里就可以看出来,一个"公"字宣告了其政府背景。今天来的官员中,职位最高的是无疑是署理两江总督的张树声。此外还有其他一应上海的大小官员,以及特地从天津赶过来的津海署孙士达,他是李鸿章的心腹,也是李鸿章专程派来的特使。

作为轮船招商公局的三位实际操盘人,上海的沙船老大、候补知府朱其昂,和两位声名显赫的红顶商人:一位是胡光墉,就是胡雪岩,在上海和全国各地开设有阜康钱庄,并且以雄厚财力支持左宗棠;一位是李振玉,专门从事安徽的茶叶批发、在上海襄助过李鸿章的资深买办。这三位都是亦官亦商,因此在今天这么隆重的场合,都穿了整齐的官服,站在大门口,恭恭敬敬地迎接两江总督张树声的到来。

"卑职参见大人!"张树声的轿子一落地,朱其昂等人立即上去跪着迎接。"大人辛苦了！"

"哈哈，要说辛苦，还是你们辛苦。"张树声从轿子里一下来，就给人一种威风凛凛的感觉。这固然是因为他的官职最高，更因为他是一位真正久经沙场、从战阵中九死一生杀出来的一代名将。他最早自办团练，所成立的"树"字营被收入曾国藩麾下的时候，就以善于打硬仗出名。后来由曾国藩而转归李鸿章，在李鸿章的淮军队伍中独树一帜，立下了显赫战功。与此同时，这位李鸿章的合肥老乡，还是一位思想开明的洋务通，对于和洋人打交道并不陌生，因此他又兼有一个头衔：通商事务大臣。

众人起身后，作为李鸿章特使的孙士达单独上来给张树声见礼："张大人，李中堂对您可是牵挂得紧呢！这次特地命我来看您，还要我专程去您府上拜访呢！"

"多谢，请替我回复中堂大人，就说我一切都好，就是公务有点繁忙。最近我正在忙着治理太湖、兴修水利，就不敢劳烦孙大人你跑一趟了。等我忙完了这一段，一定专程去天津拜望李中堂，当面聆听教诲！"

"张大人，您还是像过去一样，一刻都闲不得，不是治军，就是爱民，一点都没有变啊！"

"哈哈，我这把老骨头，离开了军营就闲不得。以后只怕再无战事了，再不找点事情松动松动筋骨，我还真怕闲出什么毛病来呢，哈哈！"

"大人，请！"

"诸位大人，请！"

一番寒暄后，由朱其昂带领，将众人请进里面，亲自招呼。外面，由李振玉和胡光墉继续接待来宾：李振玉操着一口流利的英语，招呼来祝贺的各个洋行的洋人代表，以及大大小小的买办，因为他资历深，都不能不买他的面子。至于胡光墉，则负责招待各式各样的中国商人，三教九流，以及《申报》《字林西报》等新闻媒体来人。如此隆重场面，也算是难得一见了。

这天，郑观应也早早来了，夹杂在人群中，但没有主动上前去。

他的心里正在被一种复杂的情绪所纠缠着。一来他和李振玉、胡光墉并不熟悉，他的年龄毕竟年轻一些，财力也不算雄厚，在买办中像他这样的人有很多，而李振玉、胡光墉当时可以说已经是徽商中的领袖，是有头有脸的人物，在粤商中能和他们相提并论的，也只有唐廷枢和徐润了。所以，郑观应并没有贸然上前去打招呼，他在等待唐、徐到来。

二来，更为重要的一点是，如今的轮船招商公局，正是当年自己的好兄长、好朋友容闳第一个提出来的建议。当年容闳还向他透露过这个想法，然后将想法报告给了丁日昌，由丁日昌转达给曾国藩。曾国藩对于这个主张很欣赏，可是对于能否由中国人自己来完全主导创办这个轮船公司，信心不是很足。正举棋不定，丁日昌就丁忧回乡守制去了。不久曾国藩也因病去世，一代中兴名臣就这样走完了自己的一生。幸而在他生前最后一年，答应了容闳的教育留学计划。容闳得以将这项计划实施，并且在同治十一年的夏天亲自带着第一批留美幼童，远渡重洋到美国去了。至于创办中国人的轮船公司一事，则在曾国藩之后由其头号弟子、也是大清皇室第一亲信的李鸿章来继续主持。

想着当日自己和容闳商量如何创办中国人自己轮船公司的一幕，那是怎样的热血沸腾，慷慨激昂，可是现在，真的中国人自己创办的轮船公司成立了，斯人却已经不在。容闳远在大洋彼岸，自己也成了局外人。

郑观应有一点淡淡的伤感，但是更多的还是不甘心。他不敢说自己有怎样的才华，可是在轮船公司的经营管理方面，他在宝顺洋行已经积累了丰富的经验，宝顺洋行倒闭，他又在公正轮船公司担任董事，负责揽载，和怡和洋行以及旗昌洋行硬碰硬地展开竞争。他自问并没有谁在这方面的经验和可以和自己相提并论，他如果自认第二人，就没有第一人。

但就是这样一个第一人，却在轮船招商公局成立这样的大事情上，一点插手的机会都没有。对他来说，真有种报国无门的悲壮和凄凉！

他其实从轮船招商公局成立的第一天起，就一直在暗中关注其进展。对于朱其昂、李振玉、胡光墉这三个人，他知道在财力上没有问题，但是对于轮船公司如何经营，他们一定是一窍不通的。虽然说他们也像模像样地给李鸿章拟了一个《章程》，可是那都是纸上谈兵，真正的困难在于实操，他们在这方面都是真正茫然无知的门外汉。

果然，轮船公司挂牌成立，朱其昂所从事的第一笔购船生意就砸了。花了差不多八万两银子，从英国伦敦购买了一艘"伊顿"号轮船，首先船并不是新的，是一艘二手的货船改装过来的，装饰一下就卖给了他们。其次，这艘船貌似价格还公道，但是有一个致命的缺陷，就是费煤。其行驶的速度并不快，所需要燃烧的煤炭却数量惊人，简直一个"煤老虎"。用这艘船来做轮船招商公局的事业开端，结果可想而知。

根据郑观应对其拟议的揽载价格、航运费用估算，仅仅头三个月，亏损就会在三万左右！

而这还不算怡和、旗昌虎视眈眈，随时准备用价格战将其一击而溃！

因此，今天这番热闹场面，郑观应是唯一一个从中嗅到苦涩气息的来宾。

正在这时候，忽然身后有人一拍他的肩头："陶斋，你在这里发什么呆？既然人都来了，为什么不进到里面去？在这里琢磨什么呢？"

一听那声音，郑观应就知道是谁了，连忙转过身来："景星兄，你也来了！"

来的果然是唐廷枢，不但是他，还有徐润，以及广东香山籍的一众买办。

这些人，一个个财大气粗，在上海都是经营日久而名气颇大的头面人物。

因此，他们一露面，早已惊动了李振玉，亲自迎了上来："唐先生，我一早就在这里候着你了，你可是今天的贵宾，里面给你留着上座呢！还有徐先生，你是青年才俊，后起之秀，前途不可限量。你们是一时瑜亮，有了你们二位，我这个鲁肃早该乖乖给你们让出位置才是！"

"哈哈，李先生太客气了，瑜亮之说，实在是不敢当。"唐廷枢笑着道，"不过，要说你们轮船招商公司最需要的人才，我倒可以给你们推荐一位。"

"哦，是哪位？"

"就是这位郑先生。"唐廷枢说着，将站在自己身后的郑观应拉了出来，正式介绍给李振玉认识，"他叫郑观应，是我的小老弟，也是公正轮船公司的董事。他以前在宝顺洋行专门负责轮船公司揽载事宜，对于此道可以称得上精熟。我想，李先生你们正用得着这等行家里手吧？若非你们轮船招商公司是中国人自己创办的轮船公司，我这位小老弟又素有大志，一心想在中国人自己的轮船公司一展身手，我才不会给你推荐呢！"

"哈哈，好说，好说，郑先生，以后还要请你多指教啊！"李振玉和郑观应握了一下手，虽然口头上客气，实则并没有将这件事情放在心上。

"唐先生，徐先生，各位先生，请！"

"请！"

众人跟随李振玉进入到轮船招商公局的里面，只见到处都张灯结彩，装饰一新。

这时候，所有的宾客都已到齐了，朱其昂先说了几句，又大声道："下面请两江总督张大人给大伙儿讲话！"

"好！"

众人轰然叫好。毕竟张树声大名鼎鼎，而且是最高父母官，一时大厅安静下来。

张树声因为刚代理此前广东籍贯的总督不久，而且是署理总督，所以和上海的这些个洋商大人、买办，以及三教九流人士并不是很熟悉，只是客气地说了几句官话："轮船招商公局，始由曾文正公提议创办，得到朝廷首肯，今又由总理衙门负责筹办，李中堂李大人对此倾注了很多心血，负责具体筹办事宜的朱、李、胡三位大人，更是做了很多的具体工作。对于轮船公司，我是个外行，经营赚钱更是一窍不通。但是我带兵打仗多年，深知道要取得任何一桩成功，所首要依靠的，不过人心而已。人心齐，泰山移。只要大伙儿齐心协力，没有做不成的事情，所以，我希望大家，有钱的出钱，有力的出力。这件事情，毕竟是咱们中国人自己干的第一件大事情，我在这里就拜托诸位了！"

"好呀！"

"请大人放心！"

很快，吉时已到，于是众人簇拥着张树声来到外面，举行揭牌仪式。

在轮船招商公局两根带有罗马风格的大理石柱子正上方，一块巨大的红绸，早已悬挂着覆盖在那里。在众人瞩目下，张树声和朱其昂一人站在一边，挽住了垂下来的红绸一角。然后，轻轻将红绸揭了下来。

顿时，只见一块金光闪闪的匾额，"轮船招商公局"几个大字熠熠生辉。

"哗……"众人一齐鼓其掌来，与此同时，喧嚣的锣鼓声，鞭炮声，更加了气势，渲染出一种热闹无比的喜庆气氛。

重新返回大厅，稍坐片刻，张树声就以公务繁忙为由，起身告辞而去。

少不得，众人又是一阵欢送。随着张树声离去，大大小小的官员纷纷告辞。接下来是各大洋行的洋人代表，他们本来就是客气地来表示礼节，也都纷纷告辞而去。眼见剩下的都是各位商界大佬，似乎有什么重要的事情商量，其他一些没有什么名头的来宾，也都在道贺过后自觉地离开了。各大媒体的记者们也拿足了红包，纷纷回去发稿子了。

很快，大厅里只剩下了二三十人，都是在上海名动一时的商界精英人物。

这时候，朱其昂咳嗽几声，站了起来。这位沙船老大虽然出身世家，又在官场混迹了多年，可是毕竟没有读过多少书，肚子里没有墨水，一讲话也是满口的江湖气息：

"各位兄弟，我朱某人是个粗人，也不会说什么话，总之就是表示感谢。今天是轮船招商公局成立的大喜日子，但是说实话，兄弟我也是大姑娘上花轿——头一遭，轮船公司这玩意儿，到底要怎么搞，我也不清楚。不怕大家笑话，我家祖祖辈辈都是搞沙船经营的，这沙船和轮船比起来，简直一个地下，一个天上，我也是接触了之后才略微懂得了一些门道。他娘的，这哪里是聚宝盆，简直是个无底洞。每个月一万两白花花的银子砸进去，一点儿动静都没有。我真是心疼哪！所以，今天这个大喜日子，当着各位兄弟的面，我也不怕说几句泄气的话，除了从李大人那里支取的十万两银子本钱买了船,所剩无几,这几个月来,所有的开支,都是我一个人在张罗。说好了要招股一百万两的,现在是一个子儿的响动都没有听到!照这样下去,事情搞不成,我朱某人在李中堂那里无法交代,这只是其一,真正是咱们中国人第一次自己做一件事情这么窝窝囊囊,让洋大人看笑话,这个脸面丢不起啊!所以,今天请大伙儿来,一是为了请大伙儿捧个人场,二来,兄弟我更希望大家捧个钱场,有钱一起赚,大家说好不好?"

他这番话一出,本来热闹嘈杂的人群,一下子寂静下来。

大部分的人,都没有心理准备。毕竟他们都不会想到,轮船招商公局这么大一个摊子,这么一份国家出面来创办的事业,竟然如此名实不符。

倒是郑观应和唐廷枢等一干内行人,知道朱其昂说的话是实情,不过他们和朱其昂等人没有太大的交情,所以只是冷眼旁观,并不肯作声。

"诸位。"眼看场面一片冷清,这时候,从天津来的李鸿章特使孙士达开口道:"朱大人的一番话,虽然有些粗莽,却是至情至性,令人着实感动!我从天津动身的时候,李中堂特地嘱咐过我,说朱大人这次是以身家作为担保,轮船招商公局只许成功,不许失败。但是他也提到,中国人创办自己的轮船公司,其中一定有很多的难处,这等大事情,绝非朱大人一人可以操持起来的。所以,李中堂吩咐我到上海来,第一件事情就是要广邀上海的各位商界大佬,希望大伙儿可以联合起来,一起为国家民族做一点事情。不但是上海,我们天津的商界也不会坐视不理。我在这里,先表一个态,入股五万两,权当抛砖引玉吧!"

他显然早有准备,从袖子里掏出来一张五万两的银票,放在朱其昂面前。

"孙大人,这……请回去替我禀告中堂大人,就说我肝脑涂地,誓要成此大事!"朱其昂也知道,孙士达这么做,一定是得到了李鸿章的授意,由此足见李鸿章对自己的期望之大,一时激动得声音都哽咽了。

"李兄弟,胡兄弟。"他将目光投向李振玉和胡雪岩,"你们两个跟着我一起筹办这个轮船招商公局,已经半年了,今天总算正式成立了,这件事情算是告一段落。现在,孙大人代表李中堂表态了,你们二位呢?"

这明摆着在问李振玉和胡雪岩,你们二人准备出多少真金白银?

众目睽睽之下,这一招果然厉害。不过,二人也都是老江湖了。胡雪岩不动声色,先看了一眼人群中的陈竹坪。这位陈竹坪是旗昌洋行的总买办,在洋人面前有很高的知名度和信誉度,被称为"老裕昌",浙江湖州人,是个大丝商,和胡雪岩常相往来,大有交集。因此,他一见胡雪岩示意,立即站起身来。

"本来,这轮船招商公局,一个公字,我们不好插手,不过既然刚才朱大人说了,要大伙儿有钱出钱,有力出力,那么,我就代表旗昌,入股二十万两银子!"

"啊?!"此言一出,震惊四座。人人都不由心中啧叹一声,旗昌果然财大气粗!

"哼。"这时候,唐廷枢忽然冷笑一声,轻描淡写地道,"二十万两银子算什么,我代表怡和洋行,入股三十万两银子,还有公正轮船公司,入股十万两银子!"

"啊,那就一共是四十万?"众人都知道怡和洋行、公正轮船公司正在与旗昌进行竞争,却没有想到,唐廷枢的信心这么足,气魄这么大!

"等一等,诸位请等一等!"孙士达连忙站了起来,"谢谢两位的好意,也请回去回复你们的大班先生,对不住,实在对不住,我刚才忘记说一点了,李中堂在我动身时候,还特地嘱咐过另外一件事情,就是总理衙门对于轮船招商公局募集股本极为重视,说好是中国人自己创办的轮船公司,决定不借用一分的外资。所以,各大洋行的资本,分文不收。就是在座各位先生,要以个人的身份投资入股的,如果所用的钱有外商的利益在内,也是一律不许的。对不起,还望各位海涵!"

"什么?总理衙门会有这样的规定?"胡雪岩听了,露出惊讶的神色。"既然是这样,那么兄弟我可就对不住了。大伙儿都知道,我肯帮助朱大人做这件事情,纯粹是出于为国为家,一片赤诚。我在福建的时候,帮助左宗棠左大人创办过轮船局,有一点经验,所以主动请缨,希望可以在轮船招商公局这件事情上出一点力。可是大伙儿想必也明白,为了帮助左大人在西北打仗，我用阜康钱庄作为担保，替国家向洋大人借了三千万两银子，这笔巨款一日不还清，我的钱庄就一日不是我的，摆脱不了和洋大人的利益纠葛关系。所以，请恕我有心无力了！"

"胡兄弟，你……"朱其昂没有想到，第一个打退堂鼓的竟然会是胡雪岩。不过，在这样的场合，他也不好大发雷霆，胡雪岩的话又是在孙士达申明不许用洋人投资、借款之后说的，也实在令他无可奈何。

"那么，李兄弟，你呢？"他将目光投向李振玉。

"我嘛，是个实诚人。"李振玉素日里也的确以诚实和正直闻名，因此他的人缘极好。他如实说出自己的心里话："大伙儿都知道我为什么在这里。一来我和李中堂有同乡之谊，二来，我在轮船经营方面有一点成功经验，于私于公，我都应该好好地出一份力。可是，惭愧得紧，我让大伙儿失望了。朱大人、胡大人，你们都是信任我的，从一开始就将轮船经营管理的事情交给我来做。可是我都做了什么呢？从轮船公司筹办到现在，不到半年，我已经犯下了两个大的错误：一是从英国人那里购买'伊顿'号，听信了他们的话，结果费用和购买一艘新船仿佛，因为费煤，费用反而要高出来许多。二是在揽载方面，我是个地道的外行。我一直以为只要遵循漕粮为主、兼营货运的方针就可以了。可是这样三四个月下来，每个月亏空都差不多一万两银子，朱大人说心痛，其实真正心痛的是我呀，这张老脸都不知道往哪里搁。所以，今天在这里当着大伙儿的面，我请求辞去轮船招商公局的会办职务。对不起诸位，我让你们失望了。朱大人、胡大人，实在对不住得很！"

他发自肺腑的一番话说出来，泪流满面，令人动容。他又那么真诚地给朱其昂、胡雪岩赔罪，又请孙士达转达对李鸿章的歉意，鞠躬不已。

最后，他从自己袖子里掏出来一张银票："这是一万两银子，算是我个人入股，也算是我的一份心意。我所能做的事情，只能是这么多了！"

局面演变成这个样子，众人谁都没有想到。朱其昂一片愕然，众人也默然无语。

"怎么样，大伙儿还有谁要入股的吗？个人入股，不计多少，几千几百均可，全凭心意！"朱其昂以近乎乞求的口吻对众人道。堂堂的一个轮船招商公局，这哪里是在筹集股本，分明是向众人乞讨了。众人更加面面相觑。

"那好，请大伙儿回去再考虑考虑，总之这件事情，也不是我朱某人一个人的事情，要说中国人，也不止我朱某人一个，大伙儿认真想一想吧！"

朱其昂这一次是彻底绝望了，他的目光陡然转为凶狠，似乎又恢复了昔日在沙船帮的老大面目，但也不过是最后的回光返照而已。因为他知道，自己再也不可能回到过去了。无论轮船招商公局的命运如何，是辉煌还是悲惨，他都只能跟着向前走了。可是，前方究竟是什么呢？

众人一个个告辞而去，只剩下朱其昂一个人在那里陷入了茫然和无助……

二、李鸿章读罢《论中国轮船进止大略》，不由连声称叹：此真出自行家之手也！

从轮船招商公局出来，唐廷枢和徐润、郑观应三人好久都没有聚在一起了，他们找了一个茶楼，一边喝茶，一边聊天。

"景星兄。"郑观应问道，"刚才你一张口就说怡和洋行出三十万，公正轮船公司出十万，要入股轮船招商公局，是真的吗？你是真的看好轮船招商公局的未来，还是只是装模作样，为的是和旗昌斗上一斗？"

"当然是装模作样了。"唐廷枢哈哈一笑，"陶斋，怡和洋行的情形你不是不知道，光是我从那里拿来投资盐业的银子，就有多少？三十万两银子，哪里拿得出来？至于公正轮船公司，更不用说，不要说十万，就是一万两银子，也拿不出来。真要和旗昌斗，哪里是人家对手？"

"我就说嘛。"徐润在边上恍然大悟，"这么明摆着犯傻的事情，景星兄怎么会被人家一激就上当了？"

"什么明摆着犯傻？"郑观应一时没有反应过来，不知道徐润在说什么。

"就是那个胡雪岩呀。"徐润道,"他和陈裕昌两个是老相识了,生意上也多有合作。两人明摆着就是商量好了的,所以使了这么一招'以进为退'。他在轮船招商公局筹备了半年,自然知道总理衙门不准许外资入股的事情,所以他就将这个消息透露给了陈裕昌,陈裕昌才敢于那么狮子大开口,一下子就说拿出二十万来。其实,旗昌倒不是拿不出这二十万,而是金能亨根本就不看好轮船招商公局,即使真的放开对外资限制,金能亨也是一个子儿都不会往里投的,陈裕昌不过虚张声势而已。"

"对呀,我就是看穿了他在虚张声势,所以我也就跟着捡个便宜,在气势上压他一头。"唐廷枢道,"其实他这么做,不过是为胡雪岩退出做铺垫而已。那个胡雪岩,真正称得上是外强中干,他说阜康钱庄担保抵押,帮助左大人借了三千万两银子,其实何止如此,他自己还帮助购买军火、药品,一应前线作战所需的供给,费用支出之大,简直超乎想象。他现在已经彻底和左宗棠大人绑在一起了,而左大人在西北之战,到底会是一个怎样的结局,还是未知之数。所以,他才不会真心实意投入经营轮船招商公局呢,朱其昂真是看错了他这个财神爷了!"

"胡雪岩是意不在此,李振玉是有心无力,那么,两位对轮船招商公局的未来,又有何高见?"郑观应问。

"一个公字,令多少人望而却步!"徐润叹息一声,"官家的事情,历来用一句话可以形容,'翻手为云,覆手为雨',什么时候可以真正信任?如果没有这最基本的信任二字,谁又会将真金白银往里面投?"

"这只是其一,还有其二。"唐廷枢接过去道,"轮船公司行走海上,风云莫测,最大的风险是什么?是沉没。外国人何以敢开办轮船公司?因为他们经过多年摸索,总结出了经验,成立了有为其担保的保险公司。轮船公司和保险公司,用一句中国话来说,这是'孟不离焦,焦不离孟',是手心和手背,二而一、一而二的关系。所以轮船公司一进入中国,保险公司也进来了。可是外国的保险公司有一个规矩:只给外国轮船作保,不给中国人的轮船作保。陶斋,这就是为什么我跟你说,中国人创办自己的轮船公司非常之难,只有入股外国人创办的轮船公司,才能曲线图存。轮船招商公局纵然是国家创办，又如何呢？外国人的保险公司照例还是不给作保。无人作保的轮船公司，谁又敢把自己的货物交给它去运营呢？你是客人，敢乘坐这样的轮船吗？"

"是啊，中国人自己不相信，外国人也不相信，还真是左右不离一个'难'字啊！"郑观应叹息一声，"可是依照二位之见，轮船招商公局就只有死路一条了不成？我倒不是可怜那个朱老大，而是由国家来创办中国人自己的轮船公司尚且不能成功，那么中国人自办轮船公司之梦，可能就真的只能是一个永远的梦了，眼睁睁看着有江河之利，有广阔市场，而利润尽被外国人攫取而去，实在是让人不甘心啊！"

"用不着那么悲观，陶斋。"唐廷枢安慰他道，"事在人为，其实我认为，只要按照三个方面的步骤去做，轮船招商公局还是可以起死回生的。"

"哦，哪三个方面？"郑观应问。

"首先，如雨之所说，要去掉那一个'公'字，非如此不足以博取商家之信任。改'公'为'商'，一字之差，而全盘皆活。"

"正是。"徐润点头道，"轮船公司本来就是经营管理的事情，这是商人所擅长，与公家何干？官府只要从一个督字上给予监督指导也就罢了。如果事事插手，甚至自己去做，不肯让利于商，不是自寻死路是什么？"

"其次，要尽快找到一家保险公司，或者在欧洲寻保，或者在美国寻保，总之一定可以找到的。当然这只是权宜之计，最根本的还是要自己创办中国人的保险公司，非如此不足以一劳永逸，这步棋非走不可！"

"那第三步呢？"郑观应听他胸有成竹，更加急切地想知道他在想什么。

可是，唐廷枢却微微一笑，好整以暇地端起了茶杯，嗅着茶香，半晌不语。

"陶斋，如果是你，你以为这第三步该实施的关键是什么？"徐润忽然问道。

"这个嘛。"郑观应愣了一下，不过很快将自己的心里话和盘托出。"其实我早在分析轮船招商公局经营管理之弊端。今天李振玉也说了八个字的经营方针，'漕运为主，兼营货运'，我认为问题就出在这八个字上。真正正确的策略应该是倒过来，'货运为主，兼营漕运'。可是我还没有想到一个问题的解决方法，就是他们那艘'伊顿'号燃烧煤炭太多、成本高昂的问题。不彻底解决此问题，利润始终难以提升。"

"哈哈，这个问题简直太简单了。"徐润一语道破，"他们只知道'伊顿'号费煤太多，却不知道有一个煤炭便宜到无人问津的地方，就是日本。如果运送货物到日本去，再从日本运输大批的煤炭回中国来，不是一举两得吗？"

"妙呀！"郑观应激动地一拍桌子，"这样问题就全部解决了！景星兄，你的情报最丰富，也最准确，你一定知道日本的煤价便宜，所以一定也和雨之的想法不谋而合，对不对？这应该就是你的第三步吧？"

"错了，错了。"唐廷枢却笑着摇头道，"你们两个都是经营管理上的大才，不管是发现问题的关键还是提出应对的策略，都是一等一的高明。可是你们却没有想到，一个名医圣手如果给人治病，是先治标还是先治本？如今这轮船招商公局病不在标而在本，问题在这里。"

他用手指了指自己的脑袋："第三步关键，在于首脑，也就是非换人不可。"

"景星兄的意思，是要换掉朱老大？"郑观应没有想到他会作如是想。

"那是自然，否则轮船招商公局可就真的是死路一条了。"唐廷枢道。

"那可难了。"郑观应摇了摇头，"不要说朱老大是李鸿章亲自点的将，视为心腹；就是真的将朱老大给换下来，仓促之间，谁又肯来趟这浑水呢？"

"我！"唐廷枢却斩钉截铁地道，"我愿意接替朱老大，让轮船招商公局起死回生！当然了，不光是我，还有你们两个，做我的左膀右臂。"

"如果真是那样，就太好了。"徐润一听，摩拳擦掌道，"我一直觉得，能够主持轮船招商公局的总办人选，非景星兄你莫属。只要你一声令下，我是万死不辞。需要我做什么，我绝对不会说一个'不'字的。"

"哈哈，我还能需要你做什么，给我准备白花花的银子就可以了。"

唐廷枢也不掩饰，"雨之、陶斋，你们都是我的好兄弟，也知道我这些年在怡和洋行当总买办，虽然每年有五六千两银子的薪水，又在公正、北清轮船公司入了股，当了董事，还开了几家钱庄、茶栈之类的，可是因为事情实在太多，所以没有投入那么多的精力去经营，几年下来，并没有真正赚到什么钱。陶斋帮助我用怡和的钱在扬州和汉口之间做盐业生意，倒是赚了一点钱，可是也不过养家糊口而已。倒是雨之，这几年不断地盖房子、卖房子，心无旁骛，一门心思地发展，反而不声不响积攒了雄厚的财力。别的不敢说，你两三百万的身家总有吧？"

"要说身家，多出这个数来一倍都不止。不过，我也是外表光鲜，实则穷光蛋一个。不瞒你们，我在洋人的几家银行那里借的钱，也够这个数了。"他将一只手伸出来，比画了一下，意思是债务足足五百万！

"那么，你告诉我一句实话，第一期能拿出来多少？"唐廷枢单刀直入地问。

"十万，最多十五万。"

"那就够了，我个人可以出五万，再让大伙儿凑一凑，怎么也有个五十万。有了这五十万，我想足以在李鸿章大人面前有谈判的资本了。"

"怎么？"唐廷枢和徐润都大吃一惊，"你要直接去见李中堂？"

"对呀。"唐廷枢信心十足地道，"要取朱其昂而代之，就只能面见李鸿章大人。我已经想好了，明天就请孙士达吃饭。这个老狐狸，他是李鸿章的特使，由他来作为引荐一定没有问题。对了，雨之，明天你和我一起去。至于陶斋，有一件重要的事情，我要你连夜帮我完成。"

"哦，什么事情？"郑观应问。

"我和雨之，现在是人、财都有了，可是还缺一样最关键的东西。"唐廷枢道，"陶斋，我要借你的才华和文笔，请你将我们今天谈论的内容，写成一篇文章，明天我和雨之请孙士达吃饭的时候，当面交给他，由他呈送给李鸿章。关键几点一定要说明，轮船招商公局的公字要去掉，官办必须改成商办，官方只负责监督，而不能直接插手轮船公司的一应经营管理事宜。你在《申报》上不是发表了那么多文章吗？这一篇可比那多少篇都重要，成功了，这就是姜太公的《渭水对》，韩信的《登坛对》，诸葛亮的《隆中对》，一定会轰动天下，传之后世！"

"不就是区区一篇文章吗？有那么重要？"郑观应也知道他是在鼓励自己，不过他也正好有这方面的思考，有一肚子的话要说，因此立即答应道："好，我这就回去构思，连夜写作，天一亮就给景星兄送去！"

事情就这么定了下来，三人吃完饭后，立即分头走开，各自忙碌去了。

一回到家中，郑观应就将自己关在了书房里，开始静静地思考起来。

虽然在唐廷枢和徐润面前轻描淡写，但是他内心是真正知道这篇文章的重量的。虽然不如唐廷枢所说，像历史上的《渭水对》《登坛对》《隆中对》那么有名，但是这也可以称得上是一篇《轮船对》了。如果真如唐廷枢所谋划的那样，通过孙士达将此篇文章呈送到李鸿章面前，李鸿章被文章打动，改变主意而同意将轮船招商公局由官办改为商办，那么，中国轮船业必将出现一个崭新的局面，自己几年前和容闳所讨论、几年来一直苦苦追寻、梦寐以求的大事业，不就从此起步了吗？

被这样一份雄伟的梦想所激励着，他的思绪开始燃烧起来。但如何下笔呢？

思绪万千，茫然无端。他几次拿起笔来又放下，开始来回踱步，陷入苦思。

正在这时候，妻子莫菲青从外面进来了，给他端来一杯热气腾腾的咖啡。

"青青，孩子睡着了吗？"郑观应本能地问了一句。

"是啊，现在都半夜了，不要说孩子，佣人们也都睡下了。"莫菲青道。

"啊，已经半夜了？"郑观应这才注意到，墙上的钟表已经指向了十一点。

子夜深沉，这个时候，的确是人们进入梦乡的香甜时刻。

"我本来等你一起睡的，可是看到你这里一直亮着灯光，又听到你不停地走来走去，怎么，遇到了什么事情吗？"莫菲青关切地问。

"没事，就是想写一篇文章，不知道如何下笔。"郑观应将白天的事情简单讲了一下。"这篇文章要得很急,明天一早就要交给景星兄。可是不知道怎么回事,越是着急,脑袋里越是一片空白,什么都想不出来。"

"我还以为是什么事情,要说轮船,这不是你的老本行吗?说到写文章,就更不在话下了。你要对自己有信心,不要总想着这文章是给李大人看的。就当往常在《申报》上发表一样,给普通的读者看,不就行了?"

"那倒也是。"郑观应点了点头,"你提醒得很对,我知道为什么不敢下笔了,是自己把自己给吓唬住了。其实我只要把自己的想法写出来就好。文章之道,全在一片赤诚。只要我是发自肺腑,又能站在局外人的角度上,公正公平而论,那不管谁看了,都应该会领会我一番苦心!"

"行了,你忙吧,我去给你煮夜宵。"莫菲青轻轻退了出去,掩上房门。

重新回到书桌前,郑观应这才注意到,桌子上有一本刚送来的《申报》月刊《瀛寰琐记》。他随手拿起来翻了一下,正好上面有一篇《内地轮船进止议》。他眼前一亮,顿时一个题目从心头涌上,他知道写什么了。

只见他饱蘸墨水,在纸上用楷书工工整整地写下:《论中国轮船进止大略》。

有了题目,思绪就如同开了闸门的水一样奔涌出来:"《瀛寰琐记》所论《内地轮船进止议》,深合符节,实获我心。余故以鄙见,合质高明。"

这么做了一个小引后,他直奔主题:"夫泰西轮船、机器、火炮之精,泄天地造化之奇,为军国所利用,以此致强,以此致富。若中土仿而行之,势必雄跨四海。"这就描绘出一个基本的态势,就是中国想要求富、求强,非学习西方那一套不可,自己造轮船、机器、火炮。

但是,事情显然又不是只说说这么简单,虽然道路是明摆着的,可是一时之间,这条道路却很难走通。问题出在哪里?郑观应指出,西方各国,官与商"财货互通",这是一个非常关键的因素。政府的财力毕竟是有限的,而商人的资本则是一个非常大的规模。政府发行债券,说白了就是向商人借钱。可是商人响应的非常痛快，为什么？因为他们信任政府。政府从商人那里得到了大量资本的投入，从而可以实施一桩桩的大型工程，诸如水利、交通等。而这些工程所耗用的资本数量惊人。不但是政府，即使老百姓自己，也可以成立公司，然后募集资本，同样会有很多的商人响应，为什么？因为可以获利的缘故。

　　至于在中国，这样的事情就很难发生：福建的轮船制造局，几百万两银子投入下去了，造出来几艘轮船，可是维护修补的费用就不是个小数目，作为兵船无甚大用，给老百姓使用，商人又觉得政府不可靠，不敢轻易投入资本去从事商业运作。上海的造船局也是如此。结果国家投入巨资，反而成为累赘。在中国的江河上，所行驶的依然是外国的轮船，江河之利，成为外国人获取稳定利润的一个巨大钱袋子。中国的很多商人，都附股洋商，那些轮船其实百分之八十都是中国商人的资本。可是这些钱只能被外商利用，而中国人自己反而不能成就事业！

　　那么，中国人自己成立轮船公司，究竟有多大的利润呢？郑观应做了一个准确的分析：如果以二十只轮船的规模，每只轮船投入十万两银子，那么就是二百万两银子的资本。这二百万两的使用会产生什么效果呢？首先有一个固定的收入来源，就是漕运。江浙海运一百二三十万石，江西、安徽、湖南湖北每年七八十万石，一年总计二百万石。一石水脚也就是运费六钱，一年下来就是一百二十万。每一只船一个月的开支是一万两银子，二十只船就是一个月二十万。如果以五个月的运输期计算，就是一百万。剩下的二十万两银子就是纯粹利润了。其他的六个月时间，用来从事南北货运的经营，利润难道还不可观吗？

　　这还不算，如果将制造轮船的事情也交给商人来做，政府不再包办，那么这里面就更可以大有文章了。一来商人投入了全部身家，所制造的轮船一定会更加精良，成本也可以大幅度节约下来。二来给商人立一个规定，每制造四艘商船，捐造一艘兵船。兵船有事则听朝廷调遣，无事则护商捕盗，所维护修补的费用由商家来支付，岂非两全其美？

　　因此，郑观应在一篇长篇大论后，得出结论："以商代官，此长策也！"

一口气将这篇洋洋洒洒的文章写完,不觉已是凌晨,郑观应起身打了一个哈欠,伸了伸懒腰。这时候,他才觉出累了,也觉得有些饿了。正好从厨房里传来阵阵香气,他知道那是妻子在陪着自己,给自己悉心准备夜宵。他又是感动,又是怜惜,家国情怀,丈夫之志,刚抒发完毕,登时又有一股儿女之情涌上心头。虽然长夜寂寂,又是在这么一个寒冷的季节,他却感到满满的幸福,那么充盈、踏实、温暖……

连郑观应自己都没有想到的是,仅仅几天后,这篇文章就送到了李鸿章手上。

本来唐廷枢的计划,是先和孙士达见面,说明自己的意向,然后拟定新的轮船招商局商办章程,再带着郑观应的这篇文章,面见李鸿章。

可是他毕竟是一个商人,虽说也捐了个道台的官,可是要见李鸿章这样权倾朝野的重臣并不容易。而孙士达也并不知道,李鸿章对于轮船招商公局究竟是否商办,意见如何。所以,孙士达决定先将自己在上海所见写成一封书信,汇报给李鸿章。而郑观应这篇《论中国轮船进止大略》,正好代表上海商界最有实力的广东买办商人心声,他就附了上去。

这天,李鸿章照例早早在衙署中醒来了。他本来性情懒散,年轻的时候自嘲"书剑飘零旧酒徒",可是进入曾国藩幕府以后,曾国藩对这位青年门生极其重视,而且对他的要求非常严格,第一件事情就是"黎明即起",起来之后先是诵读圣贤文章,然后要么静坐养气,要么练习书法,要么到院子里去练拳、舞剑,总之绝对不可以精神松懈。李鸿章从恩师那里得到严格自律的教诲,这么多年也一直坚持了下来。

现在,他已经是曾国藩之后的朝廷第一红人,赏加太子太保衔,荣升协办大学士,是名副其实的中堂了。而他更有一个官场上的通行称谓"傅相",这是郭嵩焘给予他的赞赏,认为他就是古代决定一国兴衰的相国。正是这位傅相,一手沾满了屠杀太平军和后来的捻军累累鲜血,一手却又兴办了当时中国的第一批现代化企业:上海"炸弹三局"、江南制造总局、金陵机器局、天津机器局等,获誉"能见其大"。

能够谙熟老大中国的传统官场游戏规则,也能够在和洋人的打交道过程中,通晓西方国家所以富强崛起的原因,这位"能见其大"的"傅相",的确是在举手投足间和国家已经衰弱不堪的命运紧密地联系着。

早饭过后,李鸿章按照习惯照例要写半个小时的书法,这时候很多等着要见他的人已经在门外排起长队了。不过,只有真正的心腹才能够立即获得召见。这也是李鸿章和曾国藩不同的地方:曾国藩是真正的任人唯贤,只要你是一等一的人才,就不愁在曾国藩幕府中没有出头之地。而在李鸿章这里,则是任人唯亲,只有你成为他的亲信,才会获得去做一些事情的权力。所谓亲信一是要在关系上过硬,二是要善于揣摩李鸿章的心思,要能做事情而又能将声誉归于这位"傅相""中堂"。在这两方面,有一个人做得最成功,就是盛宣怀。

"老爷,盛大人来了。"心腹管家平日里受了盛宣怀不少好处,等李鸿章一搁下笔,立即上前通报。

"哦,让他进来吧。"

李鸿章对于这位只进入自己幕府两年、不到三十岁的青年人很是赏识,这不但是因为盛宣怀有才华,更因为他在家中是长子,受父亲影响很深,做事情持成稳重,考虑周详,实在是一个不可多得的优秀人才。

很快,盛宣怀从外面进来了,他这时候也已经是知府的官职,所以按照官场规矩行礼:"卑职见过大人!"

"起来吧。"李鸿章只瞥了一眼,就看到他手上拿着一封书信。"是上海方面的来信吗?"

"正是。"盛宣怀立即将书信呈上,"是孙大人专程派人送来的紧急书信。"

"紧急?"李鸿章眉头皱了一下,"这么看来,竹堂他在上海的事情办得不顺利啊。"

他并没有马上打开书信,而是将书信放在跟前,将询问的目光投向盛宣怀。"杏荪,你倒是说说看,如果上海方面不顺利的话,你有什么办法?"

"孙大人此去,是作为大人您的特使,上海方面大小官员没有谁敢不听从大人的号令。两江总督张树声张大人,那是大人您的老部下了。由他坐镇,相信也没有人会不按照大人您的意思行事。可是如果这样还是不能够成事的话,那么我想,一定是朱其昂朱老大那边出了问题。"

"朱其昂,他能有什么问题?"李鸿章问,"他上次来见我,你也在场。他可是将全部的身家都抵押上了,他敢打退堂鼓,除非不要脑袋了!"

"他当然不敢,可是有一个人,只怕会第一个违抗大人的意思。"

"谁?"

"那个道员胡光墉。他可是左宗棠的人,而且为了左宗棠在西北的事业,以自己的钱庄担保,从洋人那里借了三千万的巨款。"盛宣怀虽然人在天津,对于上海方面的情况却非常熟悉。"他这已经不是在投资,而是在赌博。他是孤注一掷,赌左宗棠一定会成就不世奇功,然后回朝受封,入阁而拜相,到时候,朝中第一人就是左宗棠左大人,而不是傅相您了。"

说到这里,盛宣怀看了看李鸿章。李鸿章半闭着眼睛,似乎睡着了。可是盛宣怀刚一停下,他就低声催促了一句:"说下去。"

"是!"盛宣怀接着道,"所以,这个胡光墉现在最担心的,就是左宗棠在西北还没有成就大功之前,傅相您在轮船招商公局上夺得先手,赢得朝廷的赞誉。我认为,他这次提出自愿充当会办,报效国家是假,趁机刺探虚实,想要从中破坏大人您的谋划是真。这次上海的事情如果有什么不顺,那么,第一个退出这桩事业的一定非胡光墉莫属!"

"胡光墉?"李鸿章的眼睛这才睁开了,口中念叨着这个名字,摇了摇头。"我本来就没有打算依靠他,他自己还欠了一屁股的债呢!李振玉呢?你认为李振玉怎么样?他为人忠诚,财力又雄厚,不应该出问题吧?"

"李振玉这个人,人是不错,出了名的老好人,口碑也一向甚好,可是他就是太老实了,太容易相信别人,才会在去年轮船招商公局筹备时候,从英国购买'伊顿'号轮船而被欺骗。在负责公司经营上面,他也无法处理和上海的那些旧沙船主的关系。那些人一个个都是风里浪里过来的,要钱不要命。朱老大碍于旧日情分,不能和他们说翻脸就翻脸,要李振玉去唱黑脸,对付他们,心肠太好,手段自然也不会毒辣。所以,他苦苦维持半年局面，声名反而日益下跌。我想，他一定知道自己不是这方面的最佳人选，如果有人一劝，他就会知难而退。因此，我认为他倒不是不忠诚于大人，而是他实在自知没有这份本事啊！"

"唉，杏荪，你看人看事的眼光，都很有一套呐！"李鸿章赞许地点了点头。"你和我的判断是一致的。不过，我来问你，为什么我当日早知道事情不成，还是要用朱其昂、胡光墉和李振玉他们三个，可有用意？"

"这个嘛。"盛宣怀想了想道，"是否大人碍于朝廷的压力，想先试验官办，如果官办不成，则正好堵塞朝廷中一部分人的悠悠之口，大人再顺势而改官办为商办，就可以名正言顺，从而顺利成其事业了。"

"正是如此。"李鸿章道，"杏荪，你也知道，我一开始就想让你来主持这个轮船招商公局，你也是费了很大工夫，写了一份章程给我。你一上来就主张商办，这是对的。但是我却不能马上采纳你的想法。因为朝中大部分的人，对于和洋人打交道是持非常谨慎的态度的，包括依附于洋人的买办群体，对于这些人，也不能完全令人放心。所以，我才要先用朱其昂他们来作为实验，如果他们成功了，那固然令人欣喜；即使失败了，也无所谓，不过损失几万两银子而已。这样一来，我们再将官办改为商办，由杏荪你来接手一应事宜，不就顺理成章了吗？"

"多谢大人对小人的信任，小人无以为报，唯有鞠躬尽瘁、死而后已！"盛宣怀听了，心中是何等的感激，立即跪下来给李鸿章磕了三个响头。

"起来，起来，先别忙着谢我，且看竹堂在信里写的是否和你我猜度一样？"

李鸿章这才不慌不忙打开了孙士达的来信。果然，信中所说，无非是朱其昂无法主持成就轮船招商公局事业，胡光墉、李振玉先后退出。

官办一事，已经无望。而商办又该如何进行呢？孙士达在信中提及，如果要商办，非起用上海财力雄厚的广东商人不可。而广东商人的领袖和代言人，则是一个叫唐廷枢的人，是怡和洋行的总买办，也是公正、北清、华海等好几家轮船公司的董事，并且他还有官职在身，捐了一个福建候补道，亦官亦商的身份，正适合加入轮船招商公局事业。

"哦？唐廷枢？"李鸿章将这个名字念了一遍，问盛宣怀，"这个人你知道吗？"

"知道。"盛宣怀这个人就是这一点厉害，他既然知道李鸿章将来所要凭借的是洋务事业，所以事事留心，处处注意，凡事他所接触过的洋人，以及各大洋行所倚重的买办，他无不悉心打听，倾力结交。因此，像唐廷枢这样的怡和洋行总买办人物，他不但知道，而且知之甚详。"大人有所不知，我不但知道他，而且还和他打过一番交道呢！"

"哦？"

"大人可还记得，几年前大人催促丁日昌大人尽快创办机器制造工厂，曾派我到上海去走了一遭。我去的时候，无意中听说丁大人刚接手了一桩案子，是上海海关的通事唐茂枝，赫德的助手，因为收受了五百两银子的贿赂被人告发，落到了丁日昌大人的手上，本来按照规定，是要处死的，可是碍于赫德的面子，又不能那么做。丁大人正在为难，不知道如何是好。后来，我就和他商量如何创办机器制造工厂，我们一起去看了上海虹口一家美商所拥有的旗记铁厂，准备出售。不过要价非常高，要十万元。我和丁大人与对方谈判了几次都没有压下价格来。正无可奈何，忽然一个人找上门来，自称是唐茂枝的胞弟，愿意替他兄长出资购买这家铁厂，以报效国家。我和丁大人一商量，何乐而不为呢？就答应了他。于是他亲自去和洋商谈判，最终以四万元买下了这家厂子。大人，咱们的江南制造总局，不就是从这里起步的吗？"

"对呀，你不说，我还真不知道，这里面有这么多故事。我只知道有个犯了罪的官员，主动出钱买下了厂子，报效国家，以抵罪过，却不知道详情。对了，你说那个唐茂枝的弟弟，就是唐廷枢吗？"李鸿章问。

"就是他。"盛宣怀道，"那次打交道的过程中，我就发现这个人不简单。他不但消息灵通，而且做事情非常果断。他和洋人谈判也很有一套。很多在我们看来办不成的事情，在他那轻而易举就办成了，的确是个人才。我也是后来才知道，他是怡和洋行的买办，在洋人那里很有一些脸面。他的财力不算雄厚，可是只要提到他，人人都要竖一下大拇指！"

"不错，你所言与孙竹堂在信中所说一致。"李鸿章道，"看来，如果轮船招商公局要走商办的路子，这个唐廷枢无疑是一位绝佳人选了。"

他又继续拿起信来，看完之后，发现信后还附有一封特别的文章：《论中国轮船进止大略》。

光是这个名字就吸引了他。现在对李鸿章来说，还有什么比轮船更让他关心的呢？

他饶有兴味地看了起来。只看了开头两三段文字，他就不住点头："嗯，嗯。"

及至看到后面一段文字，讲到由商人来负责造轮船的种种好处，以及"造商船、捐兵船"，"寓兵于商"，他不由重重地一拍书案，大叫起来："妙呀，实在是妙呀！"

当下，他激动地站起来，一边走，一边一口气将文章读完，不由脱口而出："此篇文章，真乃出自行家之手也！杏荪，你快来看一看！"

见他这么激动，盛宣怀也充满了好奇。当下，将文章接过来，从头到尾仔细地看了一遍。看完之后，他第一句话就问李鸿章："大人，此文出自何人？"

"对了，你这么一问，倒把我问住了。"李鸿章连忙把孙士达的信拿起来，看了看。"竹堂也没有细说，只提了一个名字：香山郑君。这个人是谁？杏荪，你可听说过？如此一等一的轮船人才，想必你有所耳闻吧？"

"这个名字，小人还是第一次听说。"盛宣怀摇了摇头，"那个唐廷枢，我记得他是香山人。至于在上海的香山买办，不可计数。单凭这一个名字，我还不能断定他是什么人。但如此懂得轮船，而又能有如此识见的，我想就不会有几个了。大人是否要我去上海走一趟？"

"杏荪，还是你懂得我的心意。"李鸿章道，"本来我的下一步棋，就是要改官办为商办。如今有了这篇文章，天助我也！你马上去上海，一是告诉孙竹堂我的决定。二是安排和唐廷枢见面，先摸一摸他的心思。三是马上给我找到这个香山郑君，打听清楚他的来历。快去吧！"

"是！"盛宣怀答应道。现在，不但李鸿章好奇，他也好奇起来：这个和自己一样，在轮船招商公局商办事宜上有惊人一致的认识，而且有着详细的数目计算和系统的思考的香山郑君,究竟是什么人?如果自己能够和他联手,那么将来轮船招商公局岂非就是我二人的天下了吗?

三、太古轮船公司成立,麦奎因向太古推荐的第一人选,就是郑观应

连日来,郑观应都忙着和唐廷枢、徐润策划讨论如何入主轮船招商公局的事情。

唐廷枢已经和孙士达见了面,双方达成了初步的协议:由唐廷枢来代替朱其昂,作为轮船招商公局的总买办,负责一百万两的股本筹措以及其他一应事宜。孙士达表示已经将他推荐给李鸿章,而且将轮船招商公局中的"公"字去掉,轮船公司由官办而商办,应该也没有问题。

但是,随着盛宣怀来到上海,却代表李鸿章提出一个问题:唐廷枢要入主轮船招商局,必须舍弃掉自己原来怡和洋行总买办的职位,否则就不能被视为是全身心投入。总理衙门也无法接受一个身为怡和洋行总买办的人来主持轮船招商公局,这是一个必须二者选其一的抉择。

这一来可令唐廷枢犯了难。毕竟他已经在怡和洋行干了十多年了,好不容易做到了总买办的位子上。一年五千多两银子的薪水是不用说了,他所受到洋人的那份倚重,他在上海商界的领袖和华人资本代言人的身份,也是建立在这个基础上。多年经营才有了这一地位,如今要一朝抛弃,叫他如何舍得?

还有一层顾虑在内,就是他依靠自己的英语水平和自己的经营本领,可以得到洋人的信任,可是,他在中国传统的官场上只是一个微不足道的候补小道台,还是花钱捐来的小官,他能够得到官场的信任吗?如果在官场复杂的斗争中很快失利,那岂非就竹篮打水一场空了?

唐廷枢举棋不定,将自己关在家中,闭门不出,潜心思考该如何选择。

就在郑观应等着唐廷枢做出选择的时候,他自己忽然也遇到了一道

抉择难题。

事情是这样的：这天一早，郑观应就收到一封英文来信，署名是麦奎因。

"麦克？"郑观应一愣，自从宝顺洋行破产停业，他离开宝顺，去了扬州，拿着唐廷枢从怡和洋行那里弄来的钱，投资做盐业生意，转眼三年过去了。他早已经和宝顺的旧人没有什么来往，这个麦奎因怎么突然冒了出来？

打开信一看，里面的内容很简单，麦奎因声称好久不见，邀请他一起吃饭。

"这个麦克，搞什么鬼？"郑观应笑了笑。外国人就是这样，他请你吃饭，一定是有什么事情要谈。

很快，郑观应和麦奎因在十六铺一处西餐厅里见了面。

当时上海像这样地道的外国人餐厅并不少，里面环境优雅、整洁，从餐厅的厨师到服务生一律都是外国人，高级一点的餐厅，还会有提供表演的钢琴、小提琴演奏等节目，竭力营造出一种纯粹西方式的氛围。

郑观应来到上海这些年，早已习惯了这一切。因此，他一走进餐厅，就用流利的英语告诉服务生："我找麦克先生，我们约好了的。"

"先生请跟我来。"服务生显然早已得到麦奎因嘱咐，立即领他过去。

来到一处靠近窗子的座位，身材高大的麦奎因已经在那里等着他了。

"嘿，郑先生，好久不见了。"麦奎因瓮声瓮气地打着招呼。他是轮船主出身，当年因为宝顺洋行购买了他的"气拉渡号"，他才顺理成章担任了轮船经理。习惯了风里来浪里去的生涯，因此一副彪悍样子。

"你好，麦克。"和他握了手后，郑观应在他对面坐了下来。"怎么样，最近还好吧？"

"好，好得很。"麦奎因答应着，"怎么样，还是以前的口味，可以吗？"

"没问题。"

"可以上菜了。"麦奎因立即吩咐服务生。

洋人就是这样，将时间的每一分每一秒都安排得相当可观。服务生刚一走，麦奎因就切入了正题。"郑先生，我有一桩好生意，就看你做不做？"

"有生意做，好呀，说说看。"

"有一家洋行，叫作太古洋行，你知道吧？"

"知道，他们的经理威廉·兰，我们还和他一起吃过饭的。怎么了？"

"就是这家太古洋行，他们的老板约翰·塞缪尔·斯怀尔先生，一直想要做轮船生意，和我谈过很多次。后来，宝顺洋行那边不是破产停业了吗？这位约翰·塞缪尔先生就找到了我，让我帮忙成立一家轮船公司。他们在伦敦有一家约翰·斯怀尔公司，我去那里和公司的人商量后，就在伦敦发起了一场资本募集活动。郑先生，你猜我们募集到多少钱？"

"你们要开轮船公司，那可不是一笔小数目。怎么也得三十万吧？"

"准确地说，是三十六万。不过，是英镑！"

"三十六万英镑？"郑观应低声惊呼了一声，"那可是接近一百万两银子啊！"

"不错。我们自己也没有想到，会募集到这么多的资本。所以，我们就一口气在伦敦订购了三艘轮船，准备大干一场。回到上海来，我和约翰·塞缪尔先生一说，他说要干就马上干，要等到新订制的轮船运到上海，实在让人心焦。不如先用现金收购公正轮船公司的两艘船'格兰吉尔号'和'惇信号'，以及全部的码头设备。这样马上就能投入运营。"

"哦，你说的这件事情我知道。"郑观应作为公正轮船公司的董事，曾经听唐廷枢提起过，"不过，好像没有成功吧？公正轮船公司不会答应的！"

"本来是不答应，可是就在一个礼拜前，事情出现了转机，公正方面答应了。"

"答应了？"

"是的，二十五万两银子，一口价，两艘船加上全部的码头设备，立即成交！"

"是吗？"郑观应这次真的是有些惊愕了。不过，他也知道这是个必然的结局。本来公正轮船公司成立，就是为了和旗昌轮船公司一较高下。

第六章 ⊙ 经营奇才

但是那也只是华人资本的一个理想而已。以公正轮船公司的实力,和旗昌根本无法抗衡。只是仗着唐廷枢、徐润、郑观应等人的苦苦支撑,才和旗昌斗了个不胜不败的局面,勉力维持而已。而随着轮船招商公局成立,公正轮船公司已经没有立足之地,被迫卖掉也是必然。

"郑先生,知道吗?当我得知双方签订了合同后,我第一个想到的就是你。"

"想到我,为什么?"

"请你来做太古轮船公司的总买办呀!这个职位除了你,还有谁能胜任?"麦奎因兴奋地道,"你想想,太古自己的三条船,加上公正轮船公司的两条船,这就比旗昌差不到哪里去了。资本方面旗鼓相当,接下来决定胜负的关键就是人才了。而我认为这个关键,就是郑先生你。你在宝顺、在公正,不是都在和旗昌斗吗?前两次都失败了,可是原因不在你。宝顺是因为颠地的经营方针过于激进和冒险,公正是因为自身的实力过于单薄。可是现在太古不同,有了太古这个崭新的舞台,你可以完全地放开手脚,施展才华,和旗昌来一番真正的决斗了!"

"真正的决斗?"郑观应本人还没有考虑过这个问题,"要说决斗,不一定非要借助太古啊!我们中国人自己也有轮船招商公局,要说击败旗昌,我认为是早晚的事情。由轮船招商公局来击败旗昌,也许是个更美妙的结局呢!"

"轮船招商公局?不,我听说你们号称一百万两银子的股本,连二十万都还没凑起来呢!"麦奎因摇了摇头,"不是我看不起你们中国人,我觉得,就是真的凑齐了一百万两银子的资本,轮船招商公局也未必是旗昌的对手。你们的那一套太不对头了,绕来绕去都是在这里。"他指了指自己硕大的脑袋,"可是轮船是在水上走的,赚钱是要靠管理和经营的。等你们学会了管理和经营,旗昌公司早赚得盆满钵满了。"

"那倒也是。"郑观应点了点头。的确,他对此的认识和麦奎因相同。轮船招商公局现在固然是一团糟,就是真的改官办为商办,由唐廷枢代替朱其昂而入主,加上徐润等人的资本注入,再加上自己入局,也不是一下子能脱胎换骨的。毕竟还有朝廷掣肘,还需要时间去培养一批管理人员，这是需要时间周期的。而在这方面，旗昌有着先天优势，已经积累了丰富的人力资本，这就绝非轮船招商公局所能比拟了。等到轮船招商公局培养出自己的人才，最早也得一两年以后了！

"还有，郑先生，你们的轮船招商公局，是要带着本钱入股的，可是你到太古来，却是马上就能赚到白花花的银子。我已经向老板推荐了你，而且提出了一个在上海所有的买办中最高的年薪。"麦奎因道。

"最高的年薪？"郑观应不是个看重钱的人，可是这句话还是让他心中一动。

"你也知道，如今上海买办的普遍行情，一年不过是一千来两银子；怡和洋行的唐景星算是最高的了，一年也才不过五千两银子。你呢，如果肯到太古轮船公司来做总买办，我答应你，一年给你七千两银子！如何？"

"一年七千两？"郑观应对这个数目也感到吃惊。他意识到，太古轮船公司对自己的确重视，甚至求贤若渴到了不惜重金聘请的地步！

"怎么样？可以拿到第一高薪，又可以实现你和旗昌决斗的心愿？"

"让我考虑一下。"郑观应并没有马上点头答应。

"当然了，不过要快，三天，只给你三天的时间考虑，一定要答复我。"

"好的。"

事情就这么定了，二人定下了三日之约，三天内郑观应必须决定如何选择！

从十六铺回来，刚一进门，妻子莫菲青就迎了上来："刚才徐润大哥来过了。"

"哦，是吗？他说了有什么事情吗？"

"没有说，不过他还带了一个客人来，是一位姓孙的先生，说你们认识的。"

"姓孙的先生，是孙士达吗？"

"好像是。他们来得很匆忙，听说你不在家，门都没有进就走了。对了，徐润大哥说，如果你回来，不管多晚，今天一定要去他家里找他，有事情要和你商量。"

"正好，我也有事情要和他商量呢。"郑观应道，"不过，在去找他之前，青青，我倒觉得，这件事情应该先跟你商量，征求一下你的意见。"

"和我商量？征求我的意见？"

"对。"

郑观应拉着莫菲青的手，来到了书房中。"青青，还记得当年在天后宫中，我对你说过一番什么样的话吗？"

"你是说，要济世救人的那一番话吗？"虽然时隔多年，莫菲青还是清清楚楚地记得，自己当日和郑观应在天后宫中相处的那个夜晚。

"对，我当日在天后娘娘跟前发过誓的，要用一生的时间，去寻找一个济世良方，强我华夏，富我神州。我这些年一直都在为了这个梦想而努力，你是知道的。可是现在，我却遇到了一个难以两全的选择。"

"哦？究竟是怎么回事？"

"是这样的。"于是，郑观应把今天自己和麦奎因见面的经过，原原本本讲了一遍。

"麦克要请你去做太古轮船公司的总买办，而且开出全上海第一高的年薪？"莫菲青听了，也是一时难以相信。

"正是。"郑观应点头道，"我答应在三天的时间内答复他，可是，真的让我好生难以抉择。"

"夫君难以抉择，是因为轮船招商公局的事情吗？"莫菲青和丈夫心意相通，一下子猜中了郑观应的心事。"你一直在关心轮船招商公局，并且为此和景星兄、徐润大哥筹划了很久，认为这就是你能实现济世救人、报效国家的大好机会，可是现在却突然又接到这么一个邀请，这么丰厚的薪金，你不知道是该选择轮船招商公局，坚持理想追求，还是面对现实，选择太古轮船公司，去开始一番新的事业？"

"青青，你是最了解我的，你说说看，我应该怎么做出这个选择呢？"郑观应问。

"如果从理想情怀的角度，自然应该选择轮船招商公局，这是报效国家、实现丈夫之志的正途。可是这也只是你的一厢情愿而已。从一开始，人家就没有邀请你这位大才，连景星兄、徐润大哥，都没有被邀请。现在，他们经营不善，才想起你们来了。可见人家并不是真的重视你们。即使你们去了，可是究竟接下来是什么样的一番局面，谁能预见？而且对于轮船招商公局和旗昌轮船公司的一番生死竞争，你们也并没有必胜的把握，对不对？"莫菲青虽然平日里不问外事，可是对于局势却看得很清楚。"所以，如果单纯从对抗旗昌这个劲敌来说，我倒觉得太古轮船公司应该更好一些。一来他们对你是真正地倚重，让你当总买办，给你负责掌控全局的权力。二来他们资本雄厚，又有着纯粹西方式的现代管理理念。你和麦克合作多年，彼此熟悉，正好可以优势互补。你们和旗昌来打一场竞争战，就算不能一下子取胜，对旗昌的消耗也一定是巨大的。这样一来，鹬蚌相争，渔翁得利，到时候，景星兄、徐润大哥他们入主轮船招商公局，就能乘虚而入，一举击败旗昌了。这样一来，你不就成为这场竞争取胜的头号功臣了吗？"

"妙呀！"郑观应忍不住一拍大腿，"这的确是一条两全其美的妙计啊！"

激动之下，他猛地起身，一把将妻子搂过来，狠狠地吻了一下。"真想不到，我和景星、雨之三个人，一天到晚自诩三个臭皮匠，胜过诸葛亮，却不知道真正的诸葛亮原来不在庙堂，也不在江湖，而是在闺阁之内啊！明明菩萨就在眼前，我却还要到处去拜庙门，真是愚蠢！"

"什么诸葛亮，什么菩萨，你乱说一通什么？"莫菲青从他怀里挣脱，"大白天的，动手动脚，让下人们看见多不好？其实，你们男人就是胡思乱想太多，什么家国天下，让我说，放着一年七千两的薪水不去挣，却偏要跟着别人去搅和一潭浑水，傻子都知道该如何选择！你想去轮船招商公局做事情，人家首先要的不是你的才华，而是白花花的银子。你现在如果一头扎进去，有多少的银子可以拿出来入股？不如在太古先干两年，积攒一些股本，将来再等待机会。我是个妇人，看事情就能看这么远，可是这是现实，我觉得没有比这个更好的选择。"

"我听你的。"郑观应当即就下了决心，"那我看雨之那里，就不用去了。他一定是为了劝我入股轮船招商公局的事情来的。"

"别呀，该去的还是去，听听他说什么。"莫菲青催促道，"还有，你千万别把我的这一番话说出去。如果让人家知道你这个全上海赫赫有名的大才子，还要听老婆的一番话才能够做决定，岂非让人家嘲笑？"

"谁敢嘲笑？再说，就是全天下嘲笑又算什么？"郑观应道，"只要你一个人欣赏我，真心实意地认为我是个于家于国的有用之才，那就够了。"郑观应说到激动处，又一次情不自禁，将妻子轻轻地拥到了怀里……

四、与盛宣怀第一次会面，二人就彼此认定对方是自己的一生知己

一直到黄昏时分，郑观应才来到距离他的住处并不算太远的徐润家中。

几年来，徐润经过在房地产行业不断地投资，一方面卖出去几百套房子，一方面又有上千间的房子出租，因此，俨然已经是富甲一方的大富翁了。他本来就是一个对自己的生活很在意的人，如今更是加大投资，将自己的住处装饰得焕然一新。一座富丽堂皇的三层小楼，充满浓郁的欧式风格，从外表上看已经美轮美奂。到了里面一看，更是令人眼花缭乱：一楼二楼都是完全的西方式风格，从家具的样式到地毯的选用，以及墙壁上随处可见的油画，都透着西方上流社会的贵族气息。

而来到三楼，则又是完全的中国式风格了：清一色的紫檀家具，墙上挂满了名人字画，还有到处摆设着的各式各样古董，无一不是价值昂贵的珍品。

在当时，上海的大户人家普遍使用下人，一般也就三五个，最多七八个。可是徐润这栋宅子里，仅仅是侍奉主人和负责杂役的佣人，就达到了十七八个。还有负责跑外的人员，以及跟随徐润身边，负责账目计算和处理各种商业事务的伙计，加起来总数达到了三四十人。

每天这么多人的饮食起居，就是一笔很大的开销，可是对徐润来说，

这根本不算什么。他最大的开销还是宴请宾客，每天差不多都要在家里开宴席，所请的人物三教九流，五花八门，但一定是上海有头有脸的人物。他的生意离不开这些人的支持，所以他在家里请了最好的厨师，他的家宴也是出了名的，当时很多上海的人物都以到徐润家中做客为荣。

这天，郑观应来的时候，徐润家中照例又是高朋满座，一番高谈阔论。

而一见郑观应来到，众人都知道他是徐润的至交好友，又都读过他在《申报》上发表的一系列文章，立刻将注意力转向了他。郑观应少不得要和众人应酬一番，不过徐润似乎很着急，将他单独请到了书房。

"陶斋，我一早去找你，就听说你去十六铺一带看朋友了，你可真悠闲啊！"徐润道。

"是啊，我不像雨之你，家大业大，一天到晚宾客盈门，我是无意功名富贵的山野闲人，除了去看望几个旧日朋友，还有什么事情好做呢？"郑观应故意说道。

"旧日朋友？又是龙五爷那一帮江湖豪客吗？"徐润还以为他去看十六铺的江湖朋友了。"说起来，陶斋，我可真有点羡慕你。你那帮江湖朋友，一个个虽然粗鲁了些，可是心眼实诚，交朋友一交就是一辈子。唉，不像我这里虽然一天到晚人来人往的，可是不是溜须拍马，想从我这里借一点钱的，就是云山雾罩，想说服我让我投资的，他们所看中的，无非是我的钱，又有谁会真心实意在意我这个人，想和我交朋友？"

"雨之，这可不像你啊，你不是一直说，多个朋友多条路，朋友多了路好走，怎么，你一大早就去找我，又告诉青青让我今天一定来找你，难不成就是为了告诉我，你生意越做越大，朋友反而越来越少了？"

"当然不是。"徐润摇了摇头，"好啦，咱们不说这些了，来说正事。其实，早上并不是我要去找你，而是孙士达来找我，说想见你一面。"

"孙士达见我干什么？"郑观应问。

"是呀，我也纳闷呢。难道是那天唐景星郑重其事地推荐了你，孙士达觉得你是个人才，求贤若渴，上门来招揽人才了？可是我一问他，你猜怎么样，原来并不是他自己要来找你，而是另外一个人看上了你。"

"谁？"

"你自己想想，你不是写了一篇文章《论中国轮船进止大略》，洋洋洒洒一两千字，你写是写得痛快了，可是就没有想过，是给谁看的吗？"

"我哪里知道？"郑观应有些着急了，"你别卖关子了，快说，谁看到了？"

"就是那位李中堂，李鸿章大人啊！"徐润道，"孙士达给李中堂写信，将你的文章也附了上去。李中堂一看，喜欢得不得了。这不，立即就派了他的得意心腹，一个叫盛宣怀的家伙到上海来，专程寻访你来了。"

"盛宣怀？"郑观应忽然想起来了，"这个名字，我好像听到过。对了，给李中堂起草第一部《轮船招商公局章程》的就是他，那章程我看到过一个抄本，里面所提的六条，条条在理，所提出的商办之策，深获我心。此人一看就是个行家里手，我还正在奇怪，李中堂为什么不用他的章程，而要用朱其昂的章程呢！和他比起来，朱其昂就是一个门外汉！"

"我也不知道，不过他这次来上海，一定要见你，你们见了面，可以当面问他。那个孙士达就是先来转达这个意思，要安排你和他见面。"徐润道，"陶斋，你不是一直有鸿鹄之志，要创立一番事业吗？这一次，我看机会来了，只要这个盛宣怀认为你不错，是个真正的人才，就会推荐给李中堂。有了李中堂这棵大树给你遮风挡雨，你就可以大显身手了。"

"是呀，当年容闳大哥也是这么得到曾文正公的赏识，因此而成就大功。如果我能够得到李鸿章大人的认可、肯定，自然也可以成就一番事业。只是……"

"只是什么？"徐润不解地问。

"只是，我还没有决定，要不要介入到轮船招商公局这一番事业中来。"

"什么？"徐润一愣，"这还有什么好考虑的吗？《论中国轮船进止大略》是你写的，里面详细写了以商办代官办之策，也提出了以商养兵的想法，每一条都是你想出来的主意，也无不是绝妙的策略。你将所有的这一切都策划好了,这个局,你不入其中主持,谁来主持?"

"唐景星和你啊。"郑观应道,"你们是一时瑜、亮,有了你们二人,这一番事业一定会风生水起,轰轰烈烈就干起来了。说到底,我不过是个鲁肃而已,做的只是一番媒人的事情,真正要入局主持的是你们两个。"

"算了吧。"徐润摇了摇头,"唐景星这几天闭门不出,他还没有决定,是否要放弃怡和洋行的总买办一职呢!这可是全上海人人眼红的一份肥差。至于我,就是想入局,也得先拿出一大笔白花花的银子来呀!你没有看到,我这里一天到晚,不是来要钱的,就是来游说我投资的吗?每天大笔的银子流水一样花出去,要一下子拿出十万两以上的银子,投入到轮船招商公局的股本中去,还不知道什么时候能够盈利,这笔账,我也需要好好地算一算。所以,我也还没有下决心哪!"

"哎呀,既然你们两个都还没有定下来,那么我就更不能先答应他们了。"郑观应道。

"你跟我们两个不一样。"徐润分析说道,"第一,我和唐景星,是要出钱的,要负责一百万两银子的股本筹措。不凑齐五十万两银子,我们两个是不能够入局的。而你只是负责整体上的策划,你没有钱,就是有钱,也拿不出来这么多。第二,你写的《中国轮船进止大略》,李中堂已经看过了,对你很肯定。他派了盛宣怀来,就是要和你当面商量这件事情,定出一个方略来。你只要去和盛宣怀谈该怎么做就好了。"

"你的意思,这个盛宣怀我一定要见了?"

"见。不过不要告诉他我和唐景星的事情,就是摸一摸他的底细,探一探他的口风,看李中堂对这件事情究竟是怎么想的,我们也好进一步打算。"

"好吧。"

其实郑观应来这里,本来想和徐润说说自己和太古轮船公司的麦奎因见面一事,但听徐润这么一说,他心里也有了打算:既然李鸿章派了人到上海来专程要寻访自己,那就先和这个盛宣怀见一见,看情况再说。

一夜无话。第二天一早,孙士达又来到郑观应住处,郑观应早已在等着他了。

跟随孙士达出了门,二人直奔轮船招商公局。可是来到轮船招商公局门口,车子却并没有停下来,而是拐了一个弯,进了旁边的一条弄堂。

这条弄堂可有名堂。在白天看起来静悄悄的,和普通弄堂没有什么两样。可是一到晚上,这儿就会挂出来一盏盏的灯笼,在每个门口都会站着一两个花枝招展的妙龄少女。从一个个院子里,传出叮叮咚咚的丝竹之声,还偶尔会夹杂着男人的肆意的笑声,以及吆五喝六的声音。

原来,这里是上海著名的一个"花赌"的地方。来这里的主要有两种人:一种是那些从海上漂泊回来,刚刚经历了长途劳累和孤寂,裤袋里有了大把的银子而又不知道如何打发的水手、苦力,他们上岸以后,就直奔这里,将自己所有的孤独、寂寞,所有的憋闷和使不完的力气,一股脑宣泄在这里。还有一种是从外地到上海来的纨绔子弟,来这里寻欢作乐。他们理所当然地认为上海就是这么一个醉生梦死的地方。到上海来就是一掷千金的,就是要品味一种其他地方没有的彻底放纵。

在这条长长的、幽深的巷了尽头,有一个小院子,房门紧闭,不闻人声。

孙士达就带着郑观应来到这所小院子跟前,在门口停住了,上前轻轻叩门。

"孙先生,这是什么地方?"郑观应小声问,"不是要见盛宣怀大人吗?"

"嘘,小声点。"孙士达有些紧张地在他耳边道,"咱们这位盛大人,别看年龄不大,却有一样爱好,就是喜欢'花赌'。他平日里生活节俭,一副正人君子模样,可是一旦玩起'花赌'来,那可是一掷千金哪!听说在这里只住了一天一夜,已经花掉了朱老大一万两银子了!"

"啊?是吗?"郑观应一愣,"为了笼络这位盛大人,朱老大可真是不惜血本呀!"

正说着,就听从院子里传来脚步声,一个浓妆艳抹的妇人来开了门。

"谁呀?这么早?我们家'小兰花'姑娘还没有起身呐!"

"对不起,我们不是来找'小兰花'姑娘的,是来找一位姓盛的先生的。"

"我们这里可没有……"

那妇人刚要拒绝,孙士达已经将一锭银子塞进了她的手里。她顿时换了一副笑脸:"原来是盛先生的贵宾啊,你们先进来吧。我去通报一声。"

二人跟着她进到院子里。院子不大,不过却高低错落,到处摆满了一盆盆的兰花。幽幽兰香,从各个角落里散发出来,沁入人的五脏六腑。

进到屋子里,屋子里的摆设也颇简约、讲究。典雅而色彩明快的家具,窗明几净,墙壁上挂着几幅名人画的兰花,显示出此间主人的不同凡俗。

"这个盛宣怀大人,还真会享受呐!挑了这样一个地方和我见面。"郑观应坐下来,四下打量,心中却不知道是什么滋味。"不过,话又说回来,他要和我谈论的是轮船招商公局的事情,这么大一番事业,却不在庙堂,而要在这么一个江湖所在,这个人的心思也真奇怪哪!"

正在想着,那妇人又从楼梯上下来了。"两位先生,请先喝茶。盛先生刚起身,还要洗漱一番。他说如果孙先生忙的话,请自去忙就好了。有一位姓郑的先生,请您稍微坐一会儿。对了,郑先生,要不要我找几个姑娘,给您看看有没有中意的,让她们给您唱个小曲,解解闷儿?"

"不,不用了。"郑观应连忙摆手。

"哈哈,老弟,到了这个地方,不用拘束。"孙士达笑着拍了拍他的肩头,"放松一点儿。反正这是朱老大的地盘,他是花了钱将这里包下来的。我先走了。"

孙士达说完就告辞离去,郑观应一个人坐着,继续等盛宣怀。

一会儿工夫,就听楼梯声响,一个人一边下楼,一边人未到而声先至:

"哈哈,对不住,对不住得很哪!"

只见一个身材高大、面目俊朗,年龄不到三十岁的男子从楼梯上走了下来,一双眼睛在郑观应身上一扫,脸上的笑意又多了几分:"对不住得很,请问这位就是郑先生吧,实在不好意思,让你来这种地方。"

"这种地方，倒也没有什么不好。"郑观应一边站起身来，一边说道，"兰香幽幽，沁人心脾。整个上海都是一股子铜臭气息，倒是这个地方，似乎有点世外桃源的清雅和悠闲。盛大人的品位果然与众不同。"

"哪里，都是朱大人的安排，我也是盛情难却啊。"盛宣怀说着，在郑观应对面坐下来。

"不知道大人专程召我前来，有何指教？"郑观应问。

"哪里，哪里，应该说是请教才对。不过，也没有那么着急的事情，先喝茶，喝茶。"盛宣怀并不急于询问郑观应轮船方面的事情，却好整以暇地喝起了茶。"我看郑先生和我年纪相仿吧？却一副仙风道骨，这气象和寻常人大不一样。一看就知道先生是个超然脱俗的世外高人。"

"世外高人谈不上，不过是对名利之事不那么热衷，有一颗淡泊之心，所以对于这世局，反而比别人多了一份观察，自然也就不同之结论。"

"我听竹堂兄说，先生去年以来，在《申报》上多有发表文章，还写了一本《救时揭要》，以警醒世人。这'救时'二字，足可见先生之抱负啊！"

"有多大抱负谈不上，不过这救时济世，本来就是我辈分内之事，理所应当。"郑观应道，"其实，我也只不过在文字上做一点文章，发几句大声呐喊，以唤醒世人而已。真正的事情，要做起来哪有那么容易？真要说到有能力而有心救时的，当世还有谁比得上李中堂李大人？"

"哦？先生对李傅相也有所了解？"

"了解谈不上，只是我有一个朋友，叫作容闳，曾经在曾文正公幕府做事，帮助筹备江南制造局，和丁日昌丁大人也多有交往。他曾经听曾文正公极力推许李大人，认为自己身后，能够真正为中国做点事情的，非李大人莫属。丁日昌大人对于李大人更是推崇有加，认为李大人不但能继承曾大人之事业，更能开拓出一番新局面，富强国家，兴我华夏。所以，我虽然没有见过李中堂，也知道他一定是真正能救时济世、匡扶社稷的栋梁之材！所谓傅相，古之良相，不正是这样人物吗？"

"你说得不错，李傅相的确有富强国家之志，不但如此，他更是一个崇尚实干的人物，有着自己一整套的计划。"盛宣怀道，"你所说的那位朋友，只是在江南制造局上了解一二而已。其实在李傅相的计划中，还有轮船、电报、铁矿、银行、邮政、织布，不能说是包罗万象，但也足以改变中国积弱不振的'患贫'局面了。古往今来，多少人想要名垂青史，图的只是一个虚妄的名字，可是李傅相多次告诉我，他一生所持，不外四个字：经世致用，他所做的这一切事情，无非'有用'而已。"

"好，好一个'有用'二字！"郑观应听了不由激动起来，"我在上海这些年，和无数的洋人打交道，自以为了解洋人所学为何物、西方列强之所以富强，所凭恃的是什么，但是也不如李傅相直接指出'有用'二字！"

"不错，李傅相经常告诉我，中国现在，正处于一个三千年未有之大变局！"盛宣怀继续道，"三千年来，我们读的是圣贤文章，所施行的是道德教化。然而这些说到底，都是'无用'之学。'无用'不是一无用处，但是置身于今天这样一个大变局中，用我们的圣贤文章去和人家的坚船利炮对峙，甚至妄想教化人家，同归大道，那就有些可笑了！"

"的确如此。"郑观应点了点头，"这个大变局，从三十年前就已经开始了。但是可悲的是，我们上至朝廷高官，下至普通百姓，竟然还有那么多人沉浸在过去的幻想中，以为我们还是汉唐盛世，还等着天下归心，四夷来朝。他们根本不相信，我们已经落后了，更不相信，我们已经面临着灭族亡国的大祸。这固然是因为大部分人的无知；但是，也还有一部分人，虽然意识到危机迫近，却还抱着过去的老思想，以为我们堂堂天朝，有着这么庞大的人口，有着这样雄厚的国力，只要认真准备起来，以我们几千年的兵战传统，焉能不是西方列强的对手？以兵战而对兵战，以坚船利炮而对坚船利炮，他们以为这是必胜之策，却不知道坚船利炮本身只是没有生命之物，真正厉害的不是这些粗大冰冷的铁物，而是驾驭和操纵这些铁物的人。而那些人的脑子里，和我们所装的根本不是同样的东西。我们是孔孟之道，人家是科学和民主。这里面的差别，何止几千年，简直是天地迥异，云泥之别呀！"

"先生这番话说得好，足见先生的确是个有心人。"盛宣怀点了点头，郑观应这一番话，也正说中了他的心思。他自从帮助李鸿章涉足洋务以来，也很快发现，西方列强之强，的确不仅仅在坚船利炮，而是在背后有一整套的科学和民主思想，有这一套思想所培育出来的新式人才。正是这个"新"字和中国的"旧"字形成了鲜明的对比和强烈的反差。从某种意义上可以说，西方和中国之战就是"新""旧"之战。"那么，以先生之所见，我们真正要和西方列强抗衡，所依靠的根本是什么？"

"自然是人才。"郑观应斩钉截铁地道，"我那位朋友容闳，为什么一定要请曾文正公帮助实现他的教育计划，就是要帮助中国培养第一流的人才。他现在已经动身去美国了，相信第一批人才很快会学成回国。"

"这个教育计划，我知道，傅相也是很赞成的。"盛宣怀道，"不过，毕竟远水解不了近渴，要这批十二三岁的孩子成长为国之栋梁，非十年不可。这十年之中，我们又如何支撑？又应该如何去做一番实实在在的事情？"

"大人说得是。"郑观应和他谈了这么久，也知道盛宣怀不是个空口说白话的人，他的确在观察和思考，也的确在认真地帮助李鸿章做一些事情。因此，郑观应将自己的心里话也说了出来。"如果大人这番话去问别人，也许一百个人会有一百种不同的回答。但我认为，我的回答一定会是最令大人满意的。大人将来据此回禀李中堂，中堂大人也必满意。"

"哦，愿听先生高论！"

"这也是我多年来和洋人打交道，所总结出来的独一无二的见解。今天，我还是第一次把它讲出来，请大人仔细听一听，可是这么回事？"郑观应道，"大人以为，洋人之所以跨洋远来，以坚船利炮，而不惜得罪我天朝大国，数度开战，不惜翻脸相向，甚至血肉横飞，如此激烈地和我们斗争，究竟为了什么？其实说到底，不过是一个'利'字而已。先贤说过：'天下熙熙皆为利来，天下攘攘皆为利往。'洋人也不例外，他们真正的目的只有一个，就是要打开我们的市场，占领我们的市场，然后从我们这里攫取巨大的利润。从表面上看，这是国与国之间的战争，是军人们在流血牺牲，可是一旦兵战的硝烟散去，和平停战和通商往来的条约签订之后，接下来，更大规模的和更为激烈的新一轮战争就开始了。这是隐秘无形的战争，是比兵战更可怕的商战！"

"商战？"盛宣怀第一次听到这个说法，不由地愣了一下，"还请先生说得详细一些。"

"所谓商战，就是以纯粹商业的手段来进行竞争。这种商业的手段有三招最厉害：一是资本，二是技术，三是管理。"郑观应侃侃而谈，"资本，不仅仅在于本身的数量，而在于募集的方式。西方人募集资本，只要有人站出来说，我有一个项目，立即就会有人给予投资，成为股东来一起做这个项目。哪怕只赚到很少的钱，也会获得自己的那一份收益。在这个过程中，投资人的利益是得到严格保障的，因为这是他们的权利。其次，还有资本的使用。投资人只是负责出资，真正的使用则聘请专业的经理人员。经理人员对于资本有着全部的支配权力，投资多少，投资什么领域，完全根据个人的经验和能力，而他只对全体股东负责，并不负有其他责任。只要不违法，政府也不干涉他的行为。"

"技术，就是我们说洋人的坚船利炮了。他们制造船、炮的技术固然是一流，如何使用这些船、炮，也有着严格的规定，必须经过无数次的训练。以轮船为例，我们也有着娴熟的航海技术，有着这方面的大批人员。可是我们自己制造出来的兵轮，仍然无法和洋人抗衡，这是为什么？说明我们的技术还是落后，我们的科学水平还是不够。"

"管理，是最难说明的一点，但是也是发挥作用最大的。管理是什么？说到底就是如何有效地组织，让同样的人力物力发挥出最大效率，创造最大利润。洋人的管理和我们的管理有着根本不同。洋人管理的根本是数目，一切都用数目字来说话。因为数目字是最客观的、可以计算出来的，是不会骗人的。而我们的管理管的是人，是人就会有不可掌控的地方，有人就会有欺上瞒下，弄虚作假，一旦被他们得逞，就会将事实混淆。建立在错误事实上的管理，也就成了空中楼阁，虚无缥缈。"

"所以，由洋人所主导的商战，一旦开始，就注定了我们只有被动挨打的份儿。我们在资本、技术、管理方面全都落于下风，洋人在各个领域，将我们逐一击破。别的不说，我来上海这些年，就见到了几个领域的中国人节节败退：航运业是不用说了，始终是洋人轮船公司的天下；

还有丝、茶、棉,这些都是我们的传统市场,也是最有竞争力的,可是哪一个不是被洋人所把控?接下来,只怕就会是铁路、邮局、矿务等领域,一旦被洋人所把控,那么我们中国人自己还剩下什么呢?不就等于将自己的咽喉交给了别人来扼住。到时候,不要说兵战,就是我们用来制造坚船利炮,用来养兵练战的钱,只怕都拿不出来了。那时候,除了坐等亡国灭种,我们还能做什么呢?这岂不是太可怕了?"

"哎呀,先生这一番话,实在是振聋发聩,令我盛某人受益匪浅啊!"

听了郑观应的话,盛宣怀由衷叹服,竟然起身,恭恭敬敬冲郑观应一施礼:

"先生在上,请受我一拜!我多年来不解之疑惑,今日总算茅塞顿开了!"

"不敢,不敢,大人过奖了!"郑观应也连忙起身,"我只是有一点个人的小小看法,让大人见笑了。不知道里面是不是有不合宜的地方,还请大人面禀李中堂的时候,发现若有不妥,及时替我更正一二才是。"

"哪里,哪里,先生大才,既然能够提出'商战'之说,自然是真正从事商业竞争的第一流人才。先生有所不知,傅相对你那篇《中国轮船进止大略》很是欣赏呢!你猜,李傅相看过了之后给你的第一评价是什么?"

"是什么?"郑观应听说李鸿章对自己也有评价,更加聚精会神起来。

"傅相说:'此真出自行家之手也!'傅相认为,先生是真正的行家里手,因此催促我立即到上海来,一定要见先生一面!今日一见,果然傅相的判断不差。好了,本来我一直担心,傅相要搞洋务,有那么庞大的一个计划,以我之才,恐怕难以辅佐傅相成功。如今有了先生之大才,何愁傅相的计划不成!不知道先生可肯和我一道,共同辅佐傅相?"

"李中堂乃曾文正公后第一人,他搞洋务,为国为民,一片忠心,论识见、魄力、谋事,无一不是当世俊杰。我何德何能,敢辅佐李中堂?不过,如果盛大人肯认我是个知己,我倒愿意尽心竭力,效犬马之劳!"

"知己,自然是知己!"盛宣怀紧紧地拉着他的手,"不要总是一口一个大人的,我看,你我既然志向一致,性情相投,不如就兄弟相称。我比你痴长几岁,就是大哥了。你呢,我就叫你一声贤弟,如何?"

"小弟没有异议,但凭大哥吩咐!"郑观应也毫不迟疑,立即认了这个大哥。

"好,好,今天真是高兴。如此良辰佳日,岂能无酒?贤弟,今天你来了,就不要走了,就在这里和为兄一醉方休。我叫小兰花亲自来陪你!"

"不,不敢,小兰花是大哥所爱……"

"那就叫小玉菊来陪你,就这么说定了,总之一定要尽兴,不醉不休啊……"

五、听了郑观应的一石三鸟之计,唐廷枢一锤定音:咱们联手干掉旗昌

三天的期限快要到了,但是郑观应仍然没有做出最后的决定,因为他还要等一个人:唐廷枢。

不知道为什么,唐廷枢那边迟迟没有消息传来。据徐润说,他已经找到了他的兄长唐茂枝作为自己的继承人,来接替怡和洋行的总买办一职。对于唐茂枝的能力,怡和洋行也是基本认可的。不过怡和洋行显然也不愿意失去唐廷枢这么一位经营好手和多年的合作伙伴。他们一方面和唐廷枢谈判,答应给唐廷枢提高年薪,赋予他更多的自主权。另一方面,怡和洋行为了逼迫唐廷枢不敢轻易加入轮船招商公局,已经联合了旗昌轮船公司,实施了对轮船招商公局的价格战。这是一招最后的"撒手锏",果然厉害,本来就惨淡经营的轮船招商公局更是顿时落入苦海。这就令唐廷枢的顾虑又加深了一层,行动随之迟缓下来。

他们双方仍在僵持,但是作为郑观应,已经不能再等下去了,他必须要马上见到唐廷枢。

第三天傍晚的时候，在修华棉花店，郑观应和唐廷枢进行了一次简短的会面。

"景星兄，那边的情况到底怎么样了？"郑观应一见面就单刀直入地问。

"还在等最后的结果。"唐廷枢回答说，"怡和洋行这边已经答应了，接受我的胞兄唐茂枝接替我担任总买办一职。他们知道挽留不住我，但是因为有很多账务都是我经手的，交接起来很麻烦，而那些洋人也不是吃素的，居然利用这段时间，联合旗昌和轮船招商公局打起价格战来了。他们一动手，我这边就被动了：我和盛宣怀大人见过了，他代表李中堂提出两个条件：一是我辞去怡和洋行的总买办一职，二是我负责筹措五十万两银子的股本。辞职的事情好办，可是这五十万两银子，实在不是一下子能凑齐的。陶斋，你也知道我的情况，虽然我有那么多公司的股份，但是我没有很多的精力投入到经营里面去，也不能一下子将这些股份抽出来，变成现金。所以，只有公正轮船公司出手，我所分得的几万两银子，加上在扬州的盐业结束，我有几万两银子，加上几个丝庄、茶庄、钱庄，能拿出来几万两银子，我所能拿出来的，最多不过十万两银子。加上雨之那边，他能够拿出来的最大数目是十五万两，这才是五十万两的一半。剩下二十五万两，就要去游说咱们那些广东老乡了，可是他们本来就对轮船招商公局是否能真正做到以商代官不信任，加上此时怡和与旗昌联手对付轮船招商公局，他们看不清楚时局的发展，更加不肯轻易投入了，所以要凑齐剩下的二十五万两，还真不是一两天的事情。具体情况就是这样。开弓没有回头箭，我是下定决心，一定要做这件事情了。陶斋，到时候你和雨之，可以好好做我的左膀右臂，咱们兄弟同心，好好做一番大事业！"

"这个……"郑观应迟疑了一下，还是决定把真相告诉他，"对不起，景星兄。本来我已经答应过你和雨之，要作为你的左右手一起加入轮船招商公局的，但是，我去见了盛宣怀大人，和他长谈一番之后，我改变了主意。"

"什么？你改变了主意？为什么？"唐廷枢听到他这么说，有些不解。

"是这样的，我从盛宣怀那里，了解到一些李中堂的为人，也听说了李中堂有一个庞大的搞洋务的计划。不仅仅是成立一个轮船招商公局，还有铁路、邮政、矿务、织布等，林林总总，包罗万象，总之中国人一定要自强求富，和西方人不是进行兵战，而是进行一场真正意义上的商战。"

"商战？"唐廷枢打断了他，"这不是你一直的主张吗？李中堂怎么会有此想法？"

"李中堂虽然不知道商战一说，但是他已经有了清晰的认识，而且对此付诸了坚定的行动。他自己当然不可能来做这件事情，所以就全权委托盛宣怀大人，由盛宣怀来帮助他一步步实现这个计划。盛宣怀这个人，景星兄你和他也见过几次了，你觉得他的才华和能力怎么样？"

"很不错。"唐廷枢点了点头，"此人行事稳重，谋定后动，又有着坚韧不拔的毅力，的确是干大事情的人才。李中堂用他是用对了。"

"那么，景星兄你觉得，有了你和徐润，加上盛宣怀，就能令轮船招商公局起死回生了吗？"

"也不一定，这里面还存在着几个变数。"唐廷枢皱了一下眉头，"第一个变数来自于官府。即使李中堂同意以商代官，但是总理衙门不是只有他一个人，还会有很多官员有不同意见，因此掣肘的力量始终存在。第二个变数是朱其昂，他已经把自己的全部身家都押进去了，自然不会退出。可是他毕竟与我们不是一路人，所以我与对他的合作心里没底。第三个变数，也是最重要的，就是怡和与旗昌，他们的联合究竟会持续多久？如何与他们进行竞争？还有其他的轮船公司，我知道购买了公正的太古，就是一个新涌现出来的可怕对手，这些都不可知啊！"

"对呀，我和景星兄所想的一样，所以我才会经过考虑，改变了主意。"郑观应道，"实不相瞒，太古轮船公司的麦克，已经找过我了。"

"哦？他找你做什么？"

"请我出任太古的总买办，全权负责太古的经营管理。"郑观应道。

"你答应他了？"

"还没有,不过我倒觉得,与其我加入轮船招商公局,咱们几个人都把鸡蛋放在一个篮子里,倒不如我选择到太古去,这样做的好处有几个:一是我作为太古的操盘人,可以利用太古的力量,发起对怡和、旗昌两家公司的正面打击,令他们不能不有所忌惮,对于轮船招商公局也不敢穷追猛打了。二是我可以在太古学习他们的经营管理的经验,培养一批中国自己的轮船人才,将来可以为轮船招商公局所用。三是我可以作为一股制衡的力量,狙击其他洋人的新轮船公司加入。有了太古这么强劲的新生力量,对轮船招商公局是友而非敌,此消彼长,不就给轮船招商公局赢得了喘息之机,可以从容成长起来了吗?"

"妙呀,这可是'一石三鸟'之计呀!"唐廷枢是何等聪明的人,立即意识到,郑观应的这条计策不但高明,而且有着非常切实的可操作性。

"好,就这么去做吧,陶斋。"唐廷枢立即道,"如果我们三个都加入轮船招商公局,那是都在明处了;如今你在暗处,我们在明处,互相可以接应。你在太古那边,经营得越好,对于怡和与旗昌的震慑力量就越强。咱们先联手先把旗昌给干掉,到时候,你再离开太古,加入到轮船招商公局来,就这么定了!"

"这么说,景星兄同意我的方案了,那我就答应他们了?"

"答应,不过你的身价可不能太低了,一定要显示出你的价值来。你越值钱,在洋人心目中的地位越高,对于我们将来的事业就越有力利。"

"看来,我想不拿全上海第一高薪都不行了!"郑观应至此终于下定了决心。

明晰了自己要走的道路,第二天,郑观应和麦奎因见面,正式答应了他。

而太古方面,对郑观应也的确求贤若渴,立即邀请他前往太古签约。

这天,在太古轮船公司宽敞明亮的办公室里,郑观应和太古洋行的负责人威廉·兰见了面。

一见面,威廉·兰就紧紧握住了郑观应的手:"郑先生,如果不是麦克亲口告诉我,你答应了我们的邀请,我还真的不敢相信能请到你呢!我还以为,你一定会跟随唐景星和徐雨之一道加入轮船招商公局呢!"

"是呀。"郑观应开玩笑说道,"我几乎就答应他们了,可是谁让他们不肯给我全上海第一的高薪呢!威廉先生,我可是冲着那七千两年薪来的呀!"

"哈哈,郑先生说笑了。"威廉·兰和郑观应打交道不多,但是对他还是很熟悉的。"郑先生在宝顺几年,负责揽载事宜,做的是有模有样,风生水起。麦克不知道对我夸了你多少次呢,说你们的合作简直是天作之合,可惜宝顺后来破产了,他一直很舍不得郑先生。这次,是他提出来,无论花多少钱,也一定要请到郑先生。因为只有郑先生才最熟悉旗昌。为了这全上海第一的高薪,我还向伦敦那边的董事会解释了半天。我告诉他们,郑先生可不是区区一年七千两银子能请到的人才,要想知道郑先生究竟有多重要,只要向旗昌的金能亨打听一下就行了。"

"向金能亨打听?"郑观应不由笑了,"金能亨恨不得生吃了我呢!"

"对呀,我们太古轮船公司成立,第一对手就是旗昌。如果能将旗昌最忌惮的人请来,和将来的远大前景比较起来,一年七千两银子又算什么?"

"也是。"郑观应点了点头,"要创立一番事业,第一紧要的就是得人。我不敢说是最适合你们的人,但一定是旗昌最不想见到的人。我和他们斗了这么多年,太了解他们了。你们太古肯将这一百万两银子所创立的大事业押在我身上,远大前景姑且不论,但至少立于不败是有把握的。"

"立于不败,哈哈,就是这四个字,就值得一年七千两银子了。"

在一番融洽的氛围中,威廉·兰将合同双手奉上,代表太古洋行与郑观应签约。

这是一份三年的合同,三年,对于郑观应实现他的梦想,已经足够了。

签约之后,威廉·兰和麦奎因早已准备好了香槟酒,当即开瓶庆祝起来。

现在,郑观应已经是名副其实太古轮船公司的总买办了。而想想几天前,他还在为着轮船招商公局的筹备而呕心沥血,世事变化也太快了。

从太古轮船公司出来,时候尚早,郑观应现在有一堆的事情要去做:

查看码头情况，处理揽载事宜，制定太古的经营方案等等。真可谓是千头万绪，百废待兴。然而，郑观应却又并不着急，而是好整以暇地沿着外滩的道路，在江边慢慢地踱起步来。这条道路对他来说，再熟悉不过了。从最初来到上海，在秀山叔那里跟着学徒，一直到后来加入宝顺洋行，在宝顺干了将近十年。这些年中，他亲眼见证了在这片上海最繁华、最喧嚣、最富丽堂皇，也最五光十色的土地上的沧桑变幻。

是啊，时间过得太快了，那时候他初来上海，还只有十七岁，可是现在一晃已经过去十几年，到了而立之年。十几年的岁月，经历了那么多的人和事，可是不变的依然是这片土地上的人声嘈杂，脚步匆忙，依然有着无数的外地人来到上海，和自己一样怀揣梦想打拼。这片江面上也依然这么忙碌，每天都有成百上千来自五湖四海的船只在这里进港。似乎全世界都已经认准了：上海，是一个遍地黄金、值得冒险的地方……

可是，在这表面的喧嚣与忙碌之下，这看起来静静流动的江水之下，又是怎样的波涛汹涌，在这儿每天又有多少看不见的刀光剑影！有多少人一夜暴富，又有多少人一夜破产，财富的神话与悲剧几乎每天都在上演！人性的自私、贪婪、疯狂，在这里得到了最淋漓尽致的展示。即使是最好的剧作家，也写不出这样惊心动魄的故事，这样曲折丰富的剧本！

而现在，随着太古轮船公司成立，聘请到郑观应这么一位真正的行家里手，所有人都知道，一场更大的风暴即将刮起，在这江面上又将发生一场你死我活的竞争游戏。商业之战，没有烽火硝烟，却同样残酷、激烈：在太古和旗昌、怡和，以及即将由唐廷枢等中国人主持的轮船招商公局之间，一场生死大战已经悄无声息地拉开了大幕，可以想象，未来三年、五年，乃至十年，在辽阔的长江水面上，在各条航线上，一场接一场的厮杀将不间断地进行。只是不知道，谁是第一个倒下去的，谁又能笑到最后呢？一切的人力策划，真的能如愿吗？还是天命早有注定，所有人在这个舞台上所有的演出，不过是按预设剧本进行罢了？

江水滚滚，浪花飞溅，郑观应的思绪，也像这江水一样不停地翻滚着……

第七章

生死之战

一、郑观应语重心长地告诉弟弟：中国之所以不强，就在于有一个巨大的财富"漏卮"

现在，郑观应一跃而成为太古轮船公司的总买办了，原本还算悠闲的生活陡然忙碌起来。

首先，他要解决揽载的事宜。揽载是轮船公司安身立命的根本，也是太古将来和旗昌展开对抗的本钱。这也是郑观应多年来的事业根基所在。

这天，一大早，郑观应就来到城隍庙边上的"兴义堂"，来见龙五爷。

刚来到"兴义堂"的门口，就听到院子里传来一阵嘈杂之声。本来这里是江湖帮会的隐秘所在，平日里为了掩人耳目，一直都是静悄悄的。可是今日如此嘈杂，情形实在罕见。

郑观应刚来到门口，站在门里向外探望的两个汉子已经认出了他，立即开门迎接：

"哎呀，这不是爷叔吗？"

"爷叔"是他们奉了龙五爷的命令，对郑观应的特殊称谓，也是在帮会中，仅次于帮主龙五爷的一个有名无实的尊崇地位。自从郑观应成为他们的"爷叔"以来，对他们照顾有加。不管是在宝顺负责轮船经营，还是在公正轮船公司负责揽载，郑观应一直都给他们提供干不完的活儿，待遇又一直很优厚，因此，大家对这位"爷叔"钦佩有加。一见到他来了，里面立即涌出来好几个人："爷叔来了就好了！"

"对，爷叔一定有办法！"

眼见在院子里就聚集了十几个人，而且身份和地位都不低。郑观应意识到，一定有什么大事情发生。他心里有些紧张，不过表面上还是镇定自如。

"出了什么事情？五哥呢？"

"五爷就在里面，不过兄弟们都在嚷着向他讨一口饭吃，他也没办法呀！"

"讨一口饭吃？"郑观应忽然明白了，"你们是说公正轮船公司卖掉了船只和码头，咱们兄弟没有活儿干了吗？"

"对呀，五爷正在为这件事情犯愁，弟兄们已经半个月没有事情做了。"

说着话，大家簇拥着郑观应进了内堂。里面也有一堆人，围着龙五爷正在嚷着。

龙五爷现在真的是英雄暮年了。当年郑观应初次见到他的时候，他就已经接近花甲之年，如今又过去了十年，他不但是须发皆白，甚至眉毛也开始发白了。可是就是这样一位曾经叱咤风云的江湖好汉，如今到了人生的晚年，却也不能就此安享清平。毕竟在上海这样的地方，每天都会有大大小小的事情发生。而最大的事情，则是兄弟们的生计问题。

自从公正轮船公司停业，将两艘轮船和两处码头都卖给了太古轮船公司，龙五爷手下的这一帮兄弟就完全地失了业，陷入了衣食无着的境地。而他们又不能一下子到其他的码头上去找饭吃，因为各自有各自的地盘。

众人一片嘈杂，龙五爷也无可奈何，只能低着头，使劲地吸着烟枪。

忽然，他听到一个响亮的声音："五哥！"

他连忙抬起头来，郑观应已经站在跟前了。龙五爷顿时看到救星一样站起来：

"哎呀，我的好兄弟，你可算来了！"

"五哥，这里出了什么事情，也不告诉我一声。还要等我自己来才行吗？"

"哎呀，老弟，你先坐下，听我慢慢说。"龙五爷亲热地拉着郑观应，在自己身边坐下来。"咱们这帮兄弟能有什么事情，不就是为了混一口饭吃吗？本来，这些年在老弟你的帮助下，兄弟们一直都有一个铁饭碗捧着，虽然说不上过得多么滋润，不过还算能填饱一家人的肚子。这不，半个月前，公正轮船公司也没有通知大伙儿，一下子将船和码头、仓库、货栈都卖给了洋人，甩手不干了，兄弟们也就没了饭碗。"

"公正轮船公司卖船和码头的事情很突然，我也是接到消息不久，还没有来得及告诉你们。"

"我自然知道，你一定会来的。所以我就安慰大家，不要着急，等你来了之后，一定会有办法。可是兄弟们有的就按捺不住，非要去别人的地盘上争一口食。朱老大的沙船帮那边，不是有很多兄弟都在轮船招商公局的码头上干活吗，咱们的兄弟也有几个去了，结果就发生了冲突，打了一架，咱们的两个兄弟都被打伤了。这不，弟兄们气不过，在这里嚷着要跟朱老大去讨个公道呢！"

"朱老大？就是那个朱其昂？"郑观应听了，摇了摇头，"他可不好惹，他家世代经营沙船，根基深厚，又有官家的身份，有道是，强龙不压地头蛇，我们就是要和他斗，也不能在明面上，这口气忍了吧！"

"忍？爷叔叫我们忍，我们就忍了。可是这么多兄弟吃饭没有着落，爷叔说怎么办？"有人问道。

"怎么办，不是还有我吗？我就是为了这件事情来的。我告诉你们，你们不但有饭吃，而且会吃得很好，吃得很饱。只要你们信得过五哥，信得过我，我保证你们有干不完的活儿，待遇丰厚得让朱老大的人眼馋！"郑观应道。

"好，我们自然信得过爷叔！"

"就是，老弟，你有什么办法快说出来，别卖关子了。"龙五爷也着急地道。

"五哥，你还是那样，急性子。"郑观应笑了笑，"大伙儿都知道，公正轮船公司被什么人买了去吧，就是太古轮船公司。为什么卖掉，大伙儿想必也明白，以公正轮船公司的实力，和旗昌轮船公司抗衡，实在不是对手。这两三年来苦苦支撑，也算是走到了尽头。如果能够卖个大价钱，巴不得立即出手。所以，大伙儿也不必埋怨公正的那些商董们。轮船公司易主了，大伙儿也都跟着到太古轮船公司去，不是照样干吗？"

"老弟，你这话是什么意思？那可是洋人开的轮船公司啊？"龙五爷不理解地问道，"记得当年，你和我说过，要开中国人自己的轮船公司，咱们干揽载，当然是给中国人的轮船公司干。太古轮船公司，那可是一个中国人都没有啊！怎么，你该不会是忘记了自己当年说的话吧？"

"我当然没有忘记。"郑观应道，"不过，此一时，彼一时也！"

"此话怎讲？"

"那时候，我和龙五爷是初交，咱们都是性情中人，一见如故，又都看不惯洋人横行霸道，想要为中国人的轮船公司做一点事情。这一点，我认为咱们已经做到了。从宝顺轮船公司到公正轮船公司，咱们一直在为这个诺言、这个梦想努力。公正轮船公司和旗昌轮船公司、怡和轮船公司，这两三年来你争我斗，打得你死我活，兄弟们也都尽力了。"

"可是现在，情势变了。现在是由国家出面，总理衙门下了明确的指令，创办中国人自己的轮船招商公局。和洋人的轮船公司展开硬碰硬的交锋，这个担子已经不需要我们来担负，而是转到了国家的肩上。那么，我们只需要做一件事情，顺水推舟，帮助轮船招商公局来对抗洋人不就行了，对不对？"

"对，理是这个理，可是老弟你究竟什么意思，我还是没有听懂。"龙五爷疑惑地道。

"五哥，我来问你，要帮助轮船招商公局对付洋人，你觉得应该怎么做？"

"是呀，我也在想这件事情呢。咱们兄弟都是干苦力的，没有资本入股，只能出一把子力气，在揽载上做点事情而已。可是揽载已经有朱老大的人在做了，人家根本不需要我们。除此之外我们还能做什么呢？"

"五哥，你想一想，轮船招商公局主要的竞争对手是谁？"郑观应问。

"当然了旗昌轮船公司了，还有怡和，对了，还有新成立的太古，就这几家。"

"旗昌是咱们的老对手了，他们的实力也是最强劲的。如果以旗昌为首，联合怡和、太古，五哥，你认为轮船招商公局扛得住还是扛不住？"郑观应又问。

"这个……十有八九，我觉得轮船招商公局扛不住。"龙五爷摇了摇头。

"以一敌三，自然扛不住！"郑观应道，"不过，咱们是中国人，自然不能眼睁睁地看着咱们国家自己的轮船公司就这么被洋人打败，所以，我和唐景星、徐雨之已经商量过了，他们决定代替朱其昂而入主轮船招商公局，来做一番全面的改革，筹集资本，改变经营方针，增强自身的实力。这只是一方面，是在明处来做事情。另一方面，则由我来在暗处施以援手，利用新成立的太古轮船公司，来对抗旗昌轮船公司。"

"这一招倒是高明，可是太古轮船公司会听你的吗？"龙五爷担心地问。

"哈哈，五哥，我今天来，就是要告诉你和大伙儿，太古轮船公司那边已经找到我，我和他们谈妥了：我给他们来做总买办，签约三年！"

"啊？！"龙五爷又惊又喜，"真的？"

"当然是真的。"郑观应肯定地点了点头，"我这段时间为什么没有马上来见五哥你，就是在筹划这件事情。我可是和唐景星、徐雨之经过了周密的策划，才决定来做这件事情的。我不敢说太长的时间，至少在这三年中，太古的力量可以为我所用，我现在是负责一切经营管理事务，账房、栈房、揽载，一应事宜，都是我一个人说了算。大伙儿放心了吧！"

"太好了！"众人一听，顿时一片欢呼，"还是爷叔了不起，我们又有饭吃了！"

"怎么样，我就说爷叔来了，一定有办法吧！"

在众人的议论声里，只见龙五爷忽然站起身来，冲着郑观应一抱拳：

"贤弟，愚兄我也没有什么好表示的，就在这里正式向你道一声谢，我替全体兄弟谢谢你了！"

"五哥，这是做什么？"郑观应也连忙起来，抱拳还礼，"咱们是自家兄弟，什么谢不谢的？"

"话虽如此，可是毕竟这么多兄弟的吃饭事情，有着落了。喂，你们不谢谢爷叔吗？爷叔给你们帮了这么大的忙，你们不该磕几个头吗？"

"谢爷叔！"众汉子都是江湖中人，听了龙五爷的话，纷纷跪在郑观应跟前磕头。

"使不得，使不得，都是自家兄弟，怎么行这么大的礼？"郑观应虽然被尊为爷叔，论辈分接受他们磕头也是应该的，但是他还是立即跪下来，对众人磕头还礼。龙五爷亲自将他搀扶起来："贤弟，我还有一事相托！"

"五哥言重了，有话请说！"

"唉，我老了，不能再给兄弟们做什么事情了。我想，这帮中的事情，以后就交给你。"龙五爷经过这些年来考察，已经认定郑观应是个真性情、有情义的好兄弟，也是个有着卓越才华的年轻人，因此道，"这么多兄弟的衣食，要照顾他们并不容易。希望你不要嫌弃他们。"

"哪敢？不过五哥，我也说几句心里话。"郑观应诚恳地道，"江湖上的事情我不熟悉，是地道的门外汉。我答应了太古轮船公司，做他们的总买办，有很多的事情要做，精力上也顾不过来。所以，涉及帮会中的事务，还是由五哥来办理，或者你指定一个人来代替你处理。至于在衣食方面，你不用操心，咱们原来不是有一个揽载行吗？我想将那个揽载行的规模再搞得大一些，另外，我想在上海之外，在其他几个地方，也开设几家揽载行，以及开几家代客办货的商号，这样，兄弟们不就有事情做了吗？我不但不会嫌弃他们，还要倚仗他们呢！"

"那真是太好了，老弟，我就知道，你是个干大事情的，重要的是有情义。"

"干大事不敢说，不过这'情义'二字，不就是五哥肯和我相交的缘起吗？"

"好兄弟,不说那么多了,今天既然来了,咱们大伙儿就好好喝几杯!"

"对,喝几杯!爷叔,今天我们可要好好地敬你一杯酒,你可不许不喝呀!"

"酒我喝不了那么多,不过兄弟们的情义,我是一定不会拒绝的!"

于是,本来愁云惨雾的大厅上,顷刻之间,一片欢声笑语……

接下来一段时间,郑观应就按照自己所计划的那样实施起来。他首先重新扩建了位于上海的揽载行,而且堂而皇之地挂上了太古的招牌"太古昌"。

之后,郑观应又到了汉口。汉口对他来说是非常熟悉了,之前他拿着唐廷枢从怡和借来的股本,在扬州从事盐业经营,几乎每半个月就要走一趟汉口。而汉口和上海一样,也是个码头文化盛行的地方。郑观应从龙五爷那里挑了几个精明能干、谙熟江湖规矩的帮会骨干,很快在汉口站稳了脚跟。伴随着揽载行成立,太古轮船公司的第一条航线:上海——汉口,随之开通。太古轮船公司的航业之梦正式拉开了帷幕。

当然,如果现在就开始展开和旗昌的生死对决,为时尚早。所以郑观应聪明地选择了避其锋芒的做法。旗昌的主要航线集中在长江中下游一带,而郑观应则将目光盯上了长江上游,也就是川江,看中了四川这块风水宝地。事实上这也是太古轮船公司的战略之一。早在去年向英国购买预定的轮船中,就有一艘名字叫作"宜昌"号。后来太古在川江这一段,因为进入早,一直没有碰到对手,可以说是大发其财。

除了揽载行,郑观应还开了几家泰字号的商号。其中第一家商号开设在了牛庄。不过这个牛庄不是地理意义上的牛庄。真正的牛庄是辽宁鞍山海城的一个小镇,因为辽河在这里入海,当地人把商船叫作"牛子"而得名。后来到了咸丰八年,也就是公元1858年,因为外国列强垂涎牛庄的通商港口地位,英、法、美、俄强迫清政府签订《天津条约》,其中就把牛庄列入十口通商口岸之一。但是富有戏剧性的是,条约签订后,作为英国代表的托马斯·密迪乐,乘坐军舰对牛庄港口进行实地调查时发现,牛庄河道淤浅,大船根本无法进入,相反,没沟营(今营口)水深港阔，适合大船进入，于是蛮横无理地将没沟营叫作了"牛庄"，1861年4月，没沟营正式开埠，对外的名字统称牛庄。

不管是不是真的牛庄，不过，这里的确物产丰富，高粱、玉米、水稻，尤其是大豆，产量丰富，成为向南方销售的最重要的物品之一。当时在牛庄开设揽载行，太古也是比较早的，因此在这一项上同样获利颇丰。

当然了，作为广东人，郑观应不会忘记自己的老家广东，他在广东、汕头开设了商号，将太古的航线从一条增加到了三四条，极大地增加了竞争力。

现在，郑观应已经做好了充足的准备，要跟旗昌轮船公司大干一场了。

在广东，郑观应创立完了揽载行之后，趁着有几天的闲暇时间，回到了香山雍陌的老家小住。

算起来，他已经有几年的时间没有回来了。自从那一年伦敦发生了金融风暴，风波骤起，宝顺洋行的经营受到非常大的冲击。郑观应在轮船公司方面，得不到强有力的支持，在和旗昌轮船公司的对抗中始终处于下风，苦苦支撑。后来，宝顺洋行破产，郑观应到了扬州，从事盐业贩运生意。生意的利润虽然非常可观，但是一来人生地不熟，二来在扬州要和传统官场上的人们打交道，而这并非郑观应所长。没有朋友，加上又是做着自己不愿意做的事情，他情绪低落，孤独苦闷，偏偏又发生了儿子天庆不幸夭折的事件。接连遭受打击的郑观应，偶然经过玄元道长的指引，才想起家族中有赈灾济世的慈善传统。他写信回家，向父亲要了一些当年编印善行事迹的资料，编辑整理成《陶斋志果》，出版刊行。书出版后，他也给家乡寄回一部分，由父亲在家乡代为散发捐赠，这也是他几年中和家乡所发生的唯一实际上的联系。

现在，他回来了，又回到了这片土地，回到了生他养他的地方。对一个常年游荡在外面的游子来说，这份心情是可以想象的。更何况在上海那个商业竞争激烈的地方，郑观应一直在从事和洋人的商战，高度紧张的神经始终是绷着的。现在回到家乡，他可以好好地歇息一番了。

对于父亲郑文瑞来说，他这几年中最牵挂的也正是这个儿子。一开始他对儿子还有些不放心，但是自从儿子进了宝顺洋行，这几年在轮船经营方面干得风生水起，成为人人钦佩的行家里手，而且后来又和几个中国商人一道创立了公正轮船公司，对此郑文瑞是非常满意的，知道儿子长大了，出息了，有本领了，以后再不需要自己这个老父亲操心了。还有跟随郑观应到上海去的郑思贤，如今也发展得不错，在旗昌洋行很是受到重用。儿子们都像小鸟一样羽翼丰满展翅高飞，郑文瑞也可以安度晚年了。

这天，郑观应风尘仆仆地赶回家中，一进门就跪在父亲的面前磕头：

"爹，儿子不孝，这么久都没有回来探望您老人家，让您担心啦！"

"快起来，我儿，让爹好好地看一看你。"郑文瑞毕竟已经是年过花甲的老人了，老人最容易感情激动，一见到儿子，眼泪先就流了下来。他将儿子扶起来，仔细端详，将浑身上下的每一处地方，看得那么仔细。

"嗯，还好，就是瘦了些。不过气色看起来还算是让人放心。爹知道你一直在忙着做大事情，不过人最重要的是身体，你的身体本来就不怎么好，可不要因为一心要做大事情，累坏了身体。爹的话，你可要记住了！"

"爹，这一番话，可不像是您说的。往日里我一回来，您总叮嘱我，事业为先，勤奋工作，早晚干出一番大事业来。怎么，如今我事业未成，正要加倍努力地工作，您又告诉我，让我注意身体了？"郑观应笑着道。

"那是因为你年轻，爹怕你到了上海那繁华之地，只顾着玩儿，所以告诫你一番。不过现在不同了，你也已经是三十多岁的人了，事业也干得很不错。爹一个乡下的老头子，在事业上是帮不上你什么忙了，只能关心一下你的身体。对了，青青和果果，为什么没有一起回来？"

"对不起，爹，我本来应该带他们一起回来的。一是我这次是为了公干，回广东这边来开两家揽载行，二是路途遥远，果果又太小，我怕他经受不住颠簸之苦，所以我想等他再长大一点，再带他回来看您。"

"好，好，小心一些好！"郑文瑞也知道他的心思，连连点头道，"这么远的路，可不能让孩子生病。唉，如果庆儿还在，现在已经是个大孩子了……"一想到自己素来喜爱的长孙不幸夭折，他的泪水又落了下来。

"爹，您别难过了，生死有命，富贵在天，这不是人力所能挽回的！"郑观应安慰父亲道，"对了，我不是跟您说过，我在上海偶然遇到了一位玄元道长吗？如果不是他给我指破命运的玄机，我现在还蒙在鼓里呢。是他告诉我行善济世的方子，我才开始真正懂得如何去做一些事情。"

于是，他将自己当日遇到玄元道长的经过，详细地告诉了父亲。

"哦，我儿竟然有这样的奇遇？世间也竟然真的有这样的得道高人？"郑文瑞听了，也不由地一阵嗟叹，"咱们郑氏一族，历代行善积德。我就说，祖先们给咱们留下了那么厚的福荫，总不能到了你这一代上，会这么不顺利！我儿，你不知道，为了帮助你多积善德，我这几年也没有闲着。这不，两年前我还去澳门，和几个朋友一起倡建了镜湖医院慈善会呢！赠医施药、安置疯残、停寄棺柩，一来好将咱们的中医发扬光大，造福更多的普通百姓，二来用募集来的钱，修路、救灾赈济、平籴、施茶施棺、兴学育才，做些反哺社会的事情。我就不信，咱们郑家祖祖辈辈坚持乐善好施的家风，后代子孙就不能受到一点庇佑？"

"可是，爹，您做这么大的事情，怎么不跟我说？一定需要不少钱吧？"

"是需要不少钱。你不是从上海给我寄回来一些钱吗？我都拿出去了。"郑文瑞道，"不但如此，我还有一个想法，想从这里搬到澳门去，在那里更加专心地经营管理这个慈善会，那样就可以造福更多人了！"

"真想不到，爹到了晚年，居然还在想着做这么一番大事业，倒是我要反过来说爹，真正需要照顾好自己身体的应该是您，您可不能太累了！"

"这有什么累的？人活着最重要的是精神，只要精神旺盛了，身体上自然就不会出什么大的毛病。"郑文瑞信心满满，似乎又回到了当年。

父子二人说了一番话后，郑观应又去拜见了母亲。这位继母虽然不是他的亲生母亲，不过已经过门多年，把一个大家庭上上下下照顾得很好。所以郑观应对她还是比较尊敬的。虽然这次不是从上海直接来，郑观应还是在广东给她买了不少东西，都是些洋布洋绸洋被洋毯之类。

至于给父亲准备的，照例是一些滋补身体的人参鹿茸之类，不在话下。

倒是给自己的弟弟们带什么礼物回来，让郑观应有些为难。毕竟年轻人和老人不同，年轻人对于生活上没有什么要求，对于外面的花花世界却充满了好奇。因此，郑观应给自己的四弟郑官贵带的是一座精致的西洋铜钟。这玩意儿价值不菲不说，更重要的是制作精良，大大小小的机械齿轮咬合在一起，无数的零件和谐有序地运转，令人叹为观止。

给自己的五弟郑官辅，郑观应带给他一个奇妙的音乐盒。一个小小的盒子里面，竟然藏纳了几百首的西洋音乐，声音清脆优美，百听不厌。

还有自己的侄子们，郑观应也给他们买了西洋糖果、饼干之类，小孩子们对于吃的东西永远充满了兴趣，一个个你争我抢，一派的热闹景象。

为了迎接郑观应归来，这天晚上举行了盛大的家宴。郑观应已经很久没有感受过这种大家庭其乐融融的氛围了。

吃完饭之后，时候不早，父亲郑文瑞和母亲都去自己房里安歇了。

可是，五弟郑官辅却还在缠着郑观应，一定要听他讲外面世界的故事。

"二哥，你就给我讲一讲吧，你在上海那边都干什么？一定有很多好玩的事情，对不对？"

这个五弟，虽然只有十二岁，可是个子已经蹿得老高，出落成大小伙子了。

对于这个五弟，郑观应一直疼爱有加。因为这个五弟是在腊月二十三那天出生的，是灶王爷上天的日子，所以大伙儿都说，他将来一定是要当大官的。官辅的名字，就是这么来的。后来，郑文瑞看这个儿子聪明伶俐，决心亲自给他启蒙。一到六岁就让他正式进了"秀峰家塾"，跟着其他的大孩子一起读书了。几年下来，读书识字，大有长进。

"怎么，五弟，你很想到外面的世界去走一走，看一看吗？"郑观应问。

"不是走一走，看一看，而是像二哥你一样，做一番事业。"

"你要做一番事业，说说看，做什么事业呀？"郑观应笑着问道。

"当然是济世救国的大事业啦。"

"你呀，小小年纪，懂得什么叫济世救人？你的口气可不像你的年龄。"

"我已经十二岁了，再说，我这么想，可是读了二哥你写的书才产生了这样的念头的。"说着，郑官辅就跑去自己的房里，将一本书拿了过来。

郑观应接过来一看，正是自己刚刚在上海刊印、寄回家来的《救时揭要》。

这部书，本来定在去年冬天就要出版的，后来因为轮船招商公局成立，出现了一些情况，当时唐廷枢想要入主，请郑观应写一篇《论中国轮船进止大略》，这篇文章得到李鸿章的重视，亦是郑观应自己的满意之作。因此，他就嘱咐余莲村，临时将这篇文章收了进去，而且放在第一篇。

"二哥，你这篇《论中国轮船进止大略》，我可是读了好几遍。不过说实话，其中很多地方，我读不懂。"

"你呀，连轮船是什么样子都没有见过，自然读不懂了。"郑观应道。"不过，你有这样的志向，那我就给你讲一讲，什么是真正的济世救国。其实，我在这本书中写了轮船的事情，又岂止是轮船，还有邮政、铁路、矿业、织布、电报，在各个方面，我们的国家都面临着被洋人一一掠夺、控制的危险。可是我们中国人又有多少知道这些呢？为什么明明是在我们的国家土地上，我们却只能眼睁睁地看着洋人逞能呢？"

"是呀，为什么？"

"要说原因复杂也复杂，说简单也简单。"郑观应多年来对此研究得早已透彻，一针见血地道，"简单说，只有两个原因：一是不知抵御。这个不知，包括不了解西方列强的情况，也不懂得他们所创造的科学和民主知识。二是无法阻止。为什么无法阻止？因为我们国家虽然地大物博，人口众多，可是现在却出现了一个巨大的财富'漏卮'！"

"财富'漏卮'?"

"是的。我举一个简单的例子,今天我给你带回来的那个音乐盒,你喜欢不喜欢?"

"喜欢。"

"对,你一定是喜欢的。还有我给四弟的钟表,他也一定是喜欢的。小孩子们吃的洋人的糖果,他们也都欢喜得不得了。实际上,这只是洋人输入的一些杂货而已,洋酒洋糖、洋布洋绸,这些还算不上什么。洋人真正输入我们国家的大宗物品,一是鸦片,这个你应该是知道的,二是棉纱棉布。这两样加起来,一年耗费我国白银近九千万两。加上洋人的杂货,一年总数怎么也在一万万两白银以上。这还不是巨大的财富'漏卮'吗?如果我们不是将钱用在这些地方,而是用在购买洋人的电线、火车、耕织、开矿诸机器上,用这些机器来和洋人进行商战,那么,我们就不会是受到商损的一方,而变成受商益的一方了。所以,这就叫作'商战',可惜中国人懂得'商战'的实在太少了!"

"'商战'?"郑官辅第一次听到这个词语,不由得在心里默念了好几遍。

"是的,'商战',你不是问我在上海做什么吗?我呀,就是跟洋人学习商战,然后和洋人进行商战。现在,我要和他们好好地干一场了!"

"二哥,我什么时候可以和你一道去上海?我好想能够助你一臂之力呀!"

"五弟,不要着急。"郑观应安慰他道,"你还小,在家里好好读书,等再过几年,我就回来接你,带你一起去上海。我相信,你一定会成为我的好帮手,更会成为国家的栋梁之材。你将来一定有机会的。"

"那,咱们可拉钩说定啦。"郑官辅立即拉着哥哥的手指头,"拉钩!"

"好!"郑观应被他逗笑了,毕竟是小孩子,不经意就露出了稚气的一面……

二、轮船招商局重组成立，太古崛起，旗昌终于按捺不住了

在老家小住几天之后，郑观应匆忙赶回了上海。

上海，这座城市不会因为你的离开而变得落寞，也不会因为你的返回而变得更加喧嚣。她始终是那样，如同滚滚的黄浦江水一样，浪花飞舞，在每一个时刻都尽情地展露自己曼妙的舞步。从不为谁停留，也说不上为谁妩媚。总之她就是那么多情而又步履匆匆，迎来送往，一拨拨的人带着梦想来到这里，又带着成功者的得意或者失败者的悲凉而去。一切都在不停地变幻中，宛如一个大舞台，每天都上演着悲剧或者喜剧。

郑观应每一次回到上海，在港口踏上上海的土地，都会有这么一种感觉。

而这一次，感觉尤其复杂：因为他作为太古轮船公司的总买办，已经在外面布置好了每一步棋。对于和旗昌的商战，他已经胸有成竹，即将开战了。

不过，他还要等待一个时机。而这个时机已经摆在他的面前了。

这不，他刚一回到家中，一封邀请函已经在他的桌头等着他了。上面写道：

"郑陶斋贤弟台鉴：

兹定于八月七号上午九点在三马路原怡盛洋行大楼举行轮船招商局新张典礼，敬请光临。

兄唐景星　敬上"

"好呀。"郑观应一看到这封邀请函就高兴地一拍大腿，"我正等着这个呢！"

他又仔细将邀请函看了一遍，尤其是"轮船招商局"几个字，看了又看！

从原来的"轮船招商公局"到现在的"轮船招商局",一字之差,然而郑观应却深知其中的分量:为了这一个字,唐廷枢和徐润不知道付出了多少!

现在,新的轮船招商局就要成立了,他当然要前往捧场,大加祝贺!

再看上面的日期,八月七号,那就是三天之后,他已经没有时间再去提前见唐廷枢和徐润了,他们现在一定忙得不可开交。那么,就等到了那一天,亲临现场,看看他们究竟能在朱其昂的基础上,翻出怎样的新局面吧!

三天的时间一晃而过,郑观应虽然在太古忙碌着,心思却始终不在这边。

到了八月七号这天,一大早,郑观应就精心打扮,然后精神抖擞地出门了。

和上一次参加轮船招商公局的成立仪式比起来,这一次大不一样。虽然只不过区区半年的时间,可是却发生了天翻地覆的变化:一来招商局的性质变了,从官办变成了商办。二来主持招商局事务的人变了,由朱其昂变成了唐廷枢。三是郑观应的身份变了,从一个写作《救时揭要》、大声疾呼的香山郑君,变成了手握百万资本的太古轮船公司总买办,他现在已经具备了足够的实力,可以说在轮船业举足轻重了!

因此,他怀着自信而愉快的心情,来到了轮船招商局新选定的办公地址。

这个地点,就在外滩的英租界内,对面就是浩浩荡荡的黄浦江。从原来的洋泾浜路到现在的三马路,所改变的绝不只是距离,更展示了一种雄心壮志:唐廷枢就是要选择距离黄浦江更近的位置,在这里以重金租下原来怡盛洋行整整一栋豪华富丽的办公大楼,气派上不知道比原来胜过多少。更重要的是,在外滩的核心地带,摆明了要和旗昌、太古、怡和等洋人的轮船公司硬碰硬地打,一较高下,绝不退让!

这天,郑观应来到这里的时候,照例是大楼前人头攒动,舞龙舞狮,热闹非凡!

所不同的是，今天这里并没有那么多的政府官员，而是清一色的上海买办。彼此之间都是熟悉的，所以也就没有那么多的繁文缛节，一张张或老成持重，或者青春蓬勃的面孔，彼此以"先生"相称，透着洋派。

在门口亲自迎接众人的是唐廷枢。他今天也是特地穿了一身崭新的长袍，又在外面加了一件红色的马褂，显得格外喜气洋洋，红运当头。

"景星兄，恭喜啊，恭喜！"郑观应大步上前，给唐廷枢深深地作了一揖。

"陶斋，你可来了！"唐廷枢一边还礼，一边道，"我还怕你在外地，赶不回来呢！"

"怎么，我赶不回来，不正好吗？别忘了，我现在可是代表太古，是你们轮船招商局的竞争对手。我这个大敌不来，你应该长出一口气呀！"

"哈哈，陶斋，你错了，我们现在可是不怕竞争，而是欢迎竞争呢！"唐廷枢信心十足地道，"不但是你代表太古，还有旗昌、怡和，他们的代表也都到了。大家反正早晚都有一战，不如今天就先礼后兵，有什么话，大家早点说，说完了就可以放手一搏。陶斋你说对不对？"

"景星兄，我最佩服你的就是这一点，其他人玩弄的是阴谋，你是堂堂正正的阳谋。"郑观应道。"行了，那我一会儿就等着看好戏开场了。"

"好，里面请！"

郑观应踱入大厅，只见里面到处都装饰一新。这里本来就是怡盛洋行的办公楼，整体上的风格都是西式的。唐廷枢稍加修饰，就可以用了。不过在来宾的眼里，这满目琳琅的西式风格，还是让人眼花缭乱。

更具有现代气息的是，这次的典礼采用的是西式的酒会方式。一个个穿着整洁的服务生，手里端着纯净透明的高脚玻璃杯，里面盛着上等的香槟酒，在人群中穿梭来去，每个客人都可以根据需要来上一杯。这种自由而惬意的氛围，的确别有一种风味，高雅而又不失轻松。

在里面负责招待的是徐润，一看到郑观应，也立即上来招呼："陶斋，你来了！"

"来了，恭喜啊，雨之，没想到你和景星兄这么快就有了这么大的一番局面！"

"嗨,都是景星兄一个人在忙前忙后,我不过是出了几个钱而已。出钱不出力。"

"你只是出了几个钱?怎么也得这个数目吧?"郑观应比画了一个"十"字。

"那是自然,否则我也没有脸站在这里啊。"徐润笑着道,"对了,听说你回香山雍陌的老家了?伯父的身体还好吧?"

"好着呢。"郑观应道,"他老人家不但身体好,而且还是老样子,一点都没闲着。他在澳门那边和两个朋友成立了镜湖医院慈善会,救死扶伤,捐药捐棺,救济社会,还在想着干脆搬到澳门去居住呢!"

"哎呀,伯父真是了不起,和他比起来,我们在上海这边,真是没有出息呀!"两个人聊了几句,徐润领着郑观应进入到内厅,"来,我给你介绍几个新朋友。"

在里面一间干净清雅的大茶室里,已经有几个人在那里喝茶。徐润领着郑观应进来,给他介绍:

"这几位都是这次新改组的轮船招商局的商董,我来给你们介绍。"

众人都站起身来。徐润首先给他介绍两位官员:"这两位,一位是朱大人,一位是宋大人,都是李中堂信得过的,也是来行督办之职的。"

"见过二位大人!"郑观应没有想到,新成立的轮船招商局还有官员作为商董。

"郑先生,你的《论中国轮船进止大略》,傅相都让我们读过了,很了不起呀!"

"哪里,哪里。"

接着徐润又给他介绍另外三人:"这三位,一位是从汉口来的刘先生,一位是从汕头来的范先生,一位是从香港来的陈先生,都是我们的商董,也是以后各个地方的分局负责人。"又给三人介绍,"这位郑先生,是轮船方面的大行家,以前在宝顺、在公正,都是轮船经理。现在更了不得,是太古轮船公司的总办,一应大小事宜,都是他说了算!"

"这么说,郑先生是亦友亦敌呀,以后还请手下留情,多多关照哟!"众人都笑了起来。

寒暄完毕，徐润自出去招呼其他客人，郑观应则在茶室中和众人闲谈起来。

很快，他就弄清楚了：两位官员，一位叫朱其莼，是朱其昂的胞弟。虽然朱其昂在新成立的轮船招商局中，只是一个会办的职务，负责专营漕运，但是，朱其昂还是将自己的弟弟朱其莼安插了进来，而且是负责掌管印章。这就等于扼住了轮船招商局的咽喉，也可以看出，李鸿章还是对唐廷枢、徐润等人不太放心，特地留了一手防范。

另外一位官员，叫宋缙，是从天津来的，将来主要分管天津分局的事务。

至于其他三人，则都是资深的买办。其中一位刘绍棠，从前是琼记洋行在汉口的买办。这个人郑观应对他早有耳闻，在汉口帮助琼记招徕货源，很有一手。本来郑观应在汉口开揽载行，就想过要聘请他，不想他已经被唐廷枢先行挖角，连同琼记在汉口的资产一并给收购了。

另外一位陈树棠，则是一位从事保险业经营的成功商人，他负责香港分局，和洋人打交道有着天然的优势，可以确保轮船招商局后顾无忧。

至于从汕头来的范世尧，话语不多，却一看就透着精明能干，是位好手。

有了这样一支精兵强将的队伍，加上唐廷枢和徐润，可以想象，轮船招商局这一次重新起航，一定会在和洋人轮船公司的抗争中胜算大增。

一会儿，唐廷枢和徐润招待完客人，都进来了。郑观应知道他们几位商董要最后要商量一些事情，所以立即从里面告辞出来，来到了大厅。

大厅里人头攒动。差不多上海商界的才俊之士都已经到齐，熠熠生辉。

除了各大洋行的买办，还有一些洋行的大班也来了。而在一群洋人的簇拥下，风头最劲的还要数旗昌洋行的董事F·B·福士。这可是一个比金能亨更加可怕，也更加有着巨大权力和野心的人物。他现在不但是旗昌的董事，还是公共租界和法租界的董事，影响力非同小可。事实上他多次亲自考察长江航线，对于称霸长江是志在必得。

在今天这样的场合，福士显然不是来祝贺的，而是要亲自了解，这个经过唐廷枢和徐润重组的轮船招商局,究竟是一个怎样可怕的对手。

当然了,对于旗昌的老对手,福士也是认识的。所以,一看到郑观应,福士立即抛开众人,从人群中挤过来,单独和郑观应说话:

"郑先生,我一直在找你呢!我就说,在今天这样的场合,怎么能缺了你呢?"

"是呀,弗兰克斯先生,我这个人喜欢热闹,听说有好戏,一定要来看的!"

"大概郑先生不光是来看戏的吧?"福士咄咄逼人,"虽然今天是唐景星唱主角,但是我相信,这场戏一定不会是轮船招商局的独角戏!今天只是好戏开场而已,郑先生对接下来这场戏要怎么演,心里早有数了吧?"

"只怕不止我一个人心里有数,弗兰克斯先生也早已成竹在胸了吧?"

两个人都心照不宣,正在这时候,九点到了,在众人瞩目下,唐廷枢作为轮船招商局的商总,带着其他六位商董鱼贯从里面走了出来。

这是重组后的轮船招商局主要成员第一次集体亮相,顿时掌声响起,负责宣传报道的各路媒体记者,不停地按下照相机快门,镁光灯闪作一片。

唐廷枢的确有大将之风,微微地笑着,配合媒体摆出了自信的姿态。其他几个人则稍微显得有些紧张,似乎还没有做好完全的思想准备。

之后,唐廷枢给大伙儿做了简单的介绍:"欢迎大家的到来!今天是轮船招商局重组成立的日子,也是我们新一届的组成成员和大伙儿见面的日子,下面我给大家介绍我们的成员,轮船招商局的几位商董。"

他从徐润开始,逐一做了介绍。而这也是唐廷枢厉害的地方,不但用一口流利的英语,将每个人的履历介绍得清清楚楚。而且对于每个人的特长能力,也给予了言简意赅的介绍。他的介绍赢得了一片热烈掌声。

介绍完众人之后,接下来是举行揭牌仪式,唐廷枢带着六人,在众人簇拥下来到外面。

今天的天气也是一个难得的好天气,阳光灿烂,万里无云。在阳光照耀下,用一大块红布蒙着的轮船招商局招牌显得格外引人注目,气象非凡。

"三、二、一……揭幕!"

随着唐廷枢和其他六人一同揭开红布,"轮船招商局"五个大字露了出来!

这一幕,与半年前轮船招商公局成立时何其相似,所不同的是,新的招牌上少了一个"公"字。就因为差这一个字,一个新的时代随之揭开!

鞭炮齐鸣,锣鼓喧天,为了寓意吉祥,还特地弄来了一群小孩子。唐廷枢和其他六人将大把的糖果撒给孩子们,孩子们满地争着去抢,一片的欢声笑语。这似乎也预示着新生的轮船招商局充满了勃勃生机。

随即,唐廷枢等人在众人簇拥下回到大厅里,唐廷枢正式用英语发表演讲:"欢迎各位的到来!在今天这样的大喜日子里,我也不多说,重点做两点说明:一是轮船招商局的宗旨,是开门办局。我们欢迎任何人投资,成为我们的股东。我要告诉你们的是,这样的机会可不是经常有的。如果你现在不投资,等到三年之后,你会后悔的。因为那时候你将要花上五倍甚至十倍的价钱,才能购买到轮船招商局的股票。二是轮船招商局的经营方针,是以货运为主、漕运为辅。漕运是我们国家的命脉,所以请恕不能对各位放开。但是在货运市场上,我们欢迎公开公平的竞争,希望与每一位对手竞争,更基于共同利益而合作。我可以告诉所有人,长江足够大,容得下我们所有的竞争对手。谢谢!"

他一番自信而霸气的话,引得众人更加热烈地鼓掌,气氛顿时达到了高潮。

在人群中,郑观应也不由得微微地点头。不错,唐廷枢的一番话,也正说出了他的心声。看来轮船招商局这一次真的是要扬帆起航了。而从今天开始,在长江的各条航线上,一场商业大战也要正式全面打响了!

中午,在国际饭店,轮船招商局安排了精美的饭菜,招待所有来宾!

在这样喧嚣的场合里，人们格外地精神振奋。似乎每个人都在争着说话，都有很多的话要说。但是大家也都知道，有些话是不能够公开说的。

郑观应的身体不是很好，所以应酬不是他的强项。在这样的场合，他只是将酒杯拿在嘴边，表示一下而已。对于满桌的饭菜，他也不太动筷子。

在所有人中，对他最了解的自然是徐润了。因此，趁着过来敬酒的工夫，徐润在他耳边小声说道："你不用在这里等我们，先去广肇公所，一会儿完事后，我和景星兄就去那里找你。我们有重要的话要和你说！"

"好！"

郑观应正巴不得离开这里呢，答应一声，很快就找了个借口，告辞离开了。

从轮船招商局出来，他叫了一辆车子，直奔广肇公所。

广肇公所，对郑观应来说很熟悉。本来上海就建有广东人类似商会的组织，后来在战乱中，被一场大火焚毁。是徐润独具眼光，看到这个地方位于很好的地段，就将仅存的房产以极低的价钱买了下来。随着到上海来谋生的广东人越来越多，迫切需要一个组织能够挺身而出，为他们维护公平和正义。这时候在上海广东人中最有声望的不外是唐廷枢和徐润，他们一商量，干脆由大伙儿一起出钱，从徐润手中将这块地又买了下来，然后对房子进行了重新修缮，成立了新的广肇公所。

新成立的广肇公所，不到两年时间，已经为广东商人做了不少的事情，不但帮助解决他们在商业上的纠纷，有专门的律师包揽讼事，对簿公堂，唐廷枢等人还在提议，由于粤语与沪语相差甚远，初来乍到的粤人子女，根本无法融入本地的学校，所以广肇公所决心兴办自己的学校。另外，因为有很多广东人客死异乡之后，尸骨不能马上运回广东，又在上海找不到安葬之地，因此广肇公所又出面买了墓地，建成了广肇山庄。在那里先行将不幸亡故的广东人安葬，再伺机扶棺回粤。

总之，广肇公所是这么一个深受广东人欢迎的地方，因此也成为广东人议事的一个重要基地。唐廷枢、徐润、郑观应等人一有事情就会来这里。

这天，郑观应来到广肇公所，刚过晌午，院子里静悄悄的，看门的老大爷也在那里昏昏沉沉地打瞌睡。郑观应没有惊醒他，径直自己进去了。

他轻车熟路，来到大厅上，找了一本书，悠闲自在地读了起来。

一本书差不多读了一半，才听到外面脚步声响，唐廷枢和徐润走了进来。

"陶斋，你在这里好悠闲，可不像我们两个，简直是累都要累死了！"

唐廷枢今天格外高兴，喝了不少的酒，因此，满身酒气，本来就性格张扬的他，更是不加约束自己，一进来就将身子往椅子上一躺："我可要歇一会儿才行！"

"景星兄，你歇你的，有什么话，我和陶斋说也是一样。"徐润说道。

"什么话这么要紧，非要我到这里来说。"郑观应故意开玩笑道，"我现在可是很忙的。太古那边还有一堆事情等着我去做，我可没多少工夫。"

"要说这件事情，第一就是和太古有关。怎么，你要不要听？"徐润也故意卖关子。

"行了，还是我来说吧。"唐廷枢一下子坐起来，单刀直入，"陶斋，实话告诉你，我和雨之最近一直不是在忙着轮船招商局的事情吗？我此前也和你商量过了，你去太古，以在暗处的身份，狠狠打击旗昌。可是，现在事情有点出乎意料，又多出来一个竞争对手。怡和轮船公司当时在我的主持下，和旗昌签订了一份合同，宣布退出长江航运。现在，看到太古崛起，轮船招商局重组，认为最好的时机已经来临，所以单方面撕毁合同，重返长江了。"

"怡和又回来了？"郑观应听了这个消息，才知道果真发生了很大的事情。"这么说，太古、轮船招商局和旗昌的三国演义，要变成列国争雄了？"

"是啊，所以我们才要找你来，现在咱们唯有联合起来，才能对抗怡和、旗昌啊！"

"怎么联合？莫非景星兄已经有了主意？"

"我哪里有主意，我这段时间，全部心思都用在对付朱其昂那个家伙上面了。唉，你不知道，他给我留下的这一屁股屎，一时还真擦不干净。"

"朱其昂，他不是已经退出了吗？"郑观应不解地问。

"哼，那个家伙岂能轻易退出？算了，说起他来我就一肚子的火，还是让雨之告诉你吧。我累了，先睡一会儿。"唐廷枢也真是个奇人，说着将眼睛一闭，在椅子上躺着，竟然顷刻之间就打起了呼噜，鼾声震天。

看到他这个样子，郑观应不由地压低了声音，"雨之，究竟怎么回事？"

"事情还要从景星兄去天津见李中堂说起。"徐润也小声地说道，"景星兄和我不是千辛万苦，要凑足五十万两银子吗？可是凑来凑去，总共也只有四十七万两银子的股本。后来景星兄想了个主意，他说无论如何，不能在李中堂大人面前食言。这剩下的三万两银子，就要在朱其昂的身上出。可是朱其昂那个人你是知道的，他名义上辞去了总办职务，实际上是要看我们兄弟的笑话，他怎么肯乖乖拿出三万两银子来？"

"是呀，景星兄怎么会有这么一个想法呢？"郑观应也奇怪不已。

"要不怎么说景星兄号称'智多星'呢。他发现朱其昂那里也不是铁板一块。朱其昂不是将伊敦号的船长康纳给解雇了吗？景星兄就去找了这个康纳，着意结交，终于从这个康纳口中得到了一个重要消息，就是朱其昂为什么会花大价钱从英国购买伊敦号这样的二手货轮？就是因为他和经手的惇信洋行互相勾结，在这件事情上做了手脚。惇信洋行给了朱其昂一万五千两银子的回扣。你想想，这件事情如果被李中堂知道了，朱其昂不要说全部身家不保，他的小命还要不要？"

"我就说呢，朱其昂怎么会那么傻？原来里面有这么一段故事。"郑观应恍然大悟，"看起来这家伙挺老实，没有想到胆子这么大。"

"不光是这一桩，还有呢，朱其昂不是在伦敦还订购了一艘'拉泰克'号吗？同样花了好几万两银子。这艘船一到上海，景星兄就第一时间上船去做了检查，发现船的载荷量根本不够，而且验船师对船的定级明显存在问题。景星兄经过调查，发现朱其昂在这上面又拿了两万两。"

"这正是'人为财死，鸟为食亡'啊！"郑观应听朱其昂竟然这么胆大妄为，也只能叹息一声，"这哪里是要给国家做事情，分明只为了自己腰包！"

"所以，你想，景星兄有了这两份铁的证据，去找朱其昂一摊牌，朱其昂还能有什么话好说？只能答应乖乖将这到手的三万五千两银子又拿了出来。不但如此，他还主动认罚，拿出了一万两银子的封口费，正好，多出来的钱，我和景星兄就租下了怡盛洋行的办公大楼，一举两得！"

"哎呀，我真不知道，朱其昂这家伙，竟然隐瞒了这么多的事情！"郑观应道，"那么，凑齐五十万两银子股本，景星兄去天津和李中堂大人见面情形如何？"

"情形如何，当然是相见甚欢了！"忽然，正在睡着的唐廷枢，一下子坐了起来，接过话去。"李中堂这个人，还是很小心的，对我的情况早做了全面的调查，知道我是个靠得住的人。这次我又带着五十万两银子的见面大礼送给他，他能不高兴吗？所以，除了我提出的一应条件，他都答应，还特地给我加了一个官职：局总办官，足足的正四品。"

"恭喜景星兄，不，我们应该称呼您一声'唐大人'了！"郑观应开玩笑道。

"什么大人不大人的，原来还不是一堆大人，才把好好的一番轮船事业弄得那么乌烟瘴气！人家洋人都在笑话我们，说我们是愚昧无知呢！"唐廷枢道，"不过，我虽然从李中堂那里得到了尚方宝剑，可是朱其昂那个家伙也不死心，他也跟着到了天津，不知道在李中堂耳边吹了什么风，李中堂居然仍旧相信他，答应了由他的弟弟朱其纯入局作为买办，掌握轮船招商局官方大印，这不等于明明白白是对我不放心吗？"

"那，景星兄为什么不将朱其昂的所作所为，如实禀报给李中堂？"郑观应问。

"那怎么行，我已经逼迫朱其昂交出了私吞的三万五千两银子，他自己又认罚一万两。杀人不过头点地，我答应替他隐瞒，怎么可以背后捅刀子？"

"哎呀，景星兄就是堂堂正正的君子，和这样的小人，还讲什么信义？"郑观应不由急得脸都涨红了。"不如借这个机会彻底将他给驱逐出轮船招商局，否则将来他的心思和我们不一样，只怕早晚坏了大事！"

"不妨。"唐廷枢却自信地道，"我捏着他的把柄呢，他不敢怎么样！好了，不说这些事情了，陶斋，你说说吧，你打算如何对旗昌动手？"

"我已经想好了，要痛击旗昌，最有力的武器就是价格战。现在不是平均每吨运货的价格是五两银子吗，我想先从太古开始降价，先降一半再说！"

"降一半？那就是二两半银子了，这个价格可是腰斩啊！"徐润吃惊地道。

"这还只是第一步，第二步，我准备再从二两银子降到一两银子，再降一半。"郑观应道。

"一两银子一吨货物的运费？那只怕维持运营的成本都不够呢！"

"一两银子的运费，和旗昌打持久战也还是没有把握。所以，我准备再在揽载上下功夫，对于所有咱们承担的货物，一律给予货主九五折优惠，再给予各个揽载行房租补贴，以及准许推荐买办一名到轮船上，如此等等。总之多管齐下，全面出击，绝不能让旗昌有喘息反击的机会！"

"这么说来，陶斋已经做了全盘的计算和完全的准备了？"唐廷枢问道。

"正是。我计算过了，资本方面，太古是旗昌的三倍，足够支撑打一场大仗。揽载方面，我已经在汉口、牛庄、汕头、宜昌等地，都布局完毕。我想这两方面一定是不会输给旗昌的。至于轮船招商局这边，我想你们一起步可能艰难一些，但是你们有漕运作为支撑，应该不至于一上来就吃败仗。我唯一没有想到的是，你们和朱其昂会有这么激烈的冲突，如果现在一开局，就要去倚仗他的漕运，我只怕……"

"没问题，朱其昂那边，自有我来对付他。"唐廷枢道。

"就是，陶斋你也不必过虑。"徐润道，"我不是说过吗？伊敦号费煤，这是它的一个天然缺陷。可是我们可以变缺陷为优势，开通去日本的航线呀！事实上，这条航线已经开通了，伊敦号已经在上个月，就开始往返从上海到日本的长崎了，所运回来的煤卖的价格还很不错呢！"

"那就好，有了漕运，加上运煤这一项，轮船招商局就立于不败了。"郑观应高兴地道，"那么我们可以放开手脚，和旗昌大干一场了！"

"那么怡和呢？怡和那边，你准备怎么办？"唐廷枢问，"现在那边是我的胞兄唐茂枝在当总买办。怡和自己只有两艘轮船，其他七八艘轮船，都是华商的船只托管在那边的。我们总不能对自己人动手吧？"

"谁让怡和一定要来趟这个浑水呢？那也是无可奈何的事情。"郑观应摇了摇头，"不过，我想他们应该撑不了多久，很快会知难而退吧！"

"好，既然陶斋运筹帷幄已定，那我和雨之也没有什么可说的了，总之，这件事情以你为主，我和雨之为辅，咱们一起打一场漂亮的价格战！"

"好。"

三个人都是豪气干云，手紧紧地握在一起……

三、价格战刚一打响，郑观应就给旗昌来了一招"借力打力"

第二天，当郑观应带着一个宏大的计划，来到太古洋行的办公楼，威廉·兰已经在等着他了！

"郑先生，你这次出去这一趟，时间可不短呀！"一见面威廉·兰就迫不及待地道。

"比原来预定的时间，是多了十多天。不过，我对各个地方经过了详细的考察，做了周密的安排。回来之后，又做了一个详细的计划方案。总之，既然太古将这么大的一番事业交给我，我总不能让你和斯怀尔先生失望吧！"

"我们完全地相信你，相信你的能力，也相信你的人品。你要怎么做，只要你将方案给我们，我和斯怀尔先生也不会有太多的意见。你放手去做就好了。"

"谢谢。方案我已经带来了。"郑观应说着，从自己随身的公文包里，掏出来一份完整的方案，递给威廉·兰。"如果你和斯怀尔先生觉得这个方案可行的话，我准备马上实施。我有种预感，留给我们的时间不多了。"

"先让我看一看。"威廉·兰将方案接过去，只粗略一看，就惊呼了一声。

"什么？郑先生决定要和旗昌进行一场价格战？"

"正是。"郑观应点了点头，"咱们和旗昌是生死对头，早晚必有一战。既然要战，不如先下手为强。趁着咱们新成立太古轮船公司的锐气，以及资本的雄厚，一鼓作气，给旗昌来一个下马威。看旗昌如何反应？"

"可是，现在这个时机……真的好吗？"威廉·兰说起来也是商场上的老手了，可是他做生意一向以稳健见长。像郑观应这么激烈的商战方案，在他开始第一次遇到，不由得有些疑惑了。

可是，威廉·兰毕竟也不是等闲之辈。毕竟郑观应是他们千辛万苦、花了重金聘请来的。他们也知道中国人讲的疑人不用，用人不疑。因此，他看到郑观应一脸的自信，以及眸子里闪烁的炽热的火焰，他立即决定了："好，我们聘请郑先生来，就是因为我们不懂得旗昌，对旗昌没有把握。郑先生是最懂得旗昌的，你认为现在应该动手，咱们就动手，听你的！"

"那太好了！"郑观应本来还想费一番口舌来说服他，没有想到，威廉·兰如此痛快。"那么，就请你去告诉斯怀尔先生，咱们和旗昌的战争开始了！"

"没问题，我一定会说服他的。"威廉·兰道，"对了，说到和旗昌的战争，我想，有一个人你一定用得着。我特地为你请来了一位好帮手。"

说完，他用铃声通知了一下外面。顿时，一阵脚步声响起，一个身材高大的年轻人走了进来。

"我来给你们介绍。"威廉·兰对郑观应说道，"这个年轻人叫作亨利，以前是在琼记洋行做事情的，专门做托运。他的业务能力没得说，人也厚道、老实。我想他一定会帮助你，在和旗昌的战争中大有作为的。"

"琼记？"郑观应努力地回忆着，"那么我们应该见过！"

"是的。"那个叫作亨利的年轻人回答,一开口居然是一口流利的中国话。"郑先生当年来我们琼记,和我们的何德先生见面的时候,我曾经见过郑先生一面。不过那是好几年前的事情了。"

"我想起来了。"郑观应的记性本来就好,过目不忘,再加上他当年和琼记为了联合的事情,谈判了不止一次,所以印象颇为深刻。"你的全名叫作亨利·晏尔吉,对不对?何德先生还特地向我表彰过你,说他手下有一个中国话说得比很多中国人都好的年轻人,是个人才。如果我提出的成立联合基金,与旗昌进行生死战,要推荐你做我的助手?"

"是的。"晏尔吉听郑观应对他记得这么清楚,不由地佩服不已。"郑先生当初提出的成立联合基金的想法,非常宏大,对于旗昌的弱点,也是看得一清二楚。只可惜想法没有实现,否则旗昌也不会称霸到今天了。"

"没关系,当初没有实现的想法,如今已经升级了,而且我们有了更好的机会。"郑观应道,"亨利,你以后就跟在我身边吧。你还是做你的老本行,给我来做托运。有了你,我想对付旗昌应该更有把握了。"

"怎么样,我就知道郑先生你会满意。"威廉·兰看他们相谈甚欢,也高兴起来。

正在这时候,麦奎因也来到了,威廉·兰按捺不住,又将郑观应的方案给他看了。

"麦克,我已经同意郑先生的方案了,正要去告诉斯怀尔先生。你呢,怎么看?"

麦奎因将方案接过来,只扫了两眼,就还给了威廉·兰。"有什么可看的,郑先生对于如何对付旗昌,思考了不是一年两年了。他呀,简直是钻在旗昌肚子里的蛔虫,五脏六腑,没有什么地方不被他看透的。"

"我想起中国有一部小说《西游记》,里面有一个孙悟空,变作虫子钻进铁扇公主的肚子里。郑先生大概就是那位神通广大、无所不能的孙悟空吧!"晏尔吉对于中国文化果然非常了解,信手拈来,幽默风趣。

"哈哈。"众人都笑起来。

"对了,咱们从伦敦订购的那艘轮船'北京号'已经到了,诸位要不要去看一看？"麦奎因就是为了这件事情来向威廉·兰报告的，说道。

"对，走，去看看！"

当下，威廉·兰、郑观应、麦奎因、晏尔吉，几个人立即向着码头奔过去。

来到太古码头，远远就看到一艘体型庞大、铮亮簇新的轮船停泊在港口。这是一艘超过三千吨的新型轮船，和周围的那些小轮船比起来，简直就是一个巨无霸。更重要的是这艘轮船的性能一流，很多技术都是当时英国最新的，力量大，速度快，续航的能力也是当时最强劲的。

码头上，早已人头攒动。人人都在争着一睹新船的风采。太古的工人们正在上上下下，忙碌着给新船披上一条条的彩带，打扮得更加靓丽。

看到威廉·兰一行人来到，工人们立即去船上通知了轮船的船长。船长带着大副、轮机长等高级职员，在甲板上列队迎接，气氛很是热烈。

"大家辛苦了！"威廉·兰和船长、大副、轮机长以及其他人一一握手。

他只是客套性地慰问，可是，身后的郑观应就不一样了。郑观应和船长、大副等人的谈话非常简单，但是每一句话问的都是专业知识。很快，他就赢得了船长和大副等人的好感，给他详细介绍起船的各种功能来。

在众人的带领下，郑观应等人在船上走了一遍。不但是机房等重地，甚至是职员们在船上的饮食起居，郑观应也都查看了一遍，仔细地做了询问。

"很好，我看这艘船足以作为咱们事业的根基，也足以和旗昌好好干一场了。"郑观应在里里外外看了一遍之后，满意地得出了这样的结论。

"还有呢，下个月'上海号'也到了。到年底'宜昌号'也应该到了。"威廉·兰也信心十足地说，"郑先生尽管放心，斯怀尔先生在伦敦，有得是资本和实力，要什么样的轮船，他都会满足我们的。"

"那么，剩下来的就看我们怎么让旗昌俯首称臣了！"郑观应扶着栏杆，望着浩浩荡荡的江水，心中的豪情油然而生。"本来我还计划，要用三到五年的时间击败旗昌，现在看来，这个时间得大大往前提前了。"

"那我们就等着你胜利的消息了。"威廉·兰道,"我和斯怀尔先生,还有伦敦拿着大把的钱准备投给我们的股东们,都会准备为你庆功的!"

从码头回来,郑观应立即和晏尔吉商量,制定了详细的降价计划。他已经和旗昌明争暗斗了这么多年,如今他可是一刻都不想再等下去了。

价格战的第一枪,直指长江—汉口航线。这条航线也是旗昌的生命线。旗昌在这条航线上有四五条轮船,占了将近百分之八十的市场份额。

而对太古来说,只投入一条新的"北京号",不过是试航行而已。招揽顾客、给顾客提供新鲜的体验和优良的服务才是目的,等于先打一个大大的广告,所以在水脚钱上,并谈不上有多么大的损失,早晚可以赚回来。

这样,第二天一早,在《申报》上,太古轮船公司航行上海—汉口一线,货运价格率先降了一半。这个消息立即轰动上海:太古对旗昌宣战了!

旗昌那边也不甘示弱,接下来一天,立即在《申报》上做出反应:旗昌跟进!

又过了一天,太古《申报》上又宣:太古的上海—天津航线,全线五折!

旗昌跟进!

接着,太古又宣布:上海—汉口、天津两条航线,在原来基础上再降一半!

旗昌跟进!

这已经是降价的极限了。可是太古还没有完,又接着宣布:从即日起,太古给予帮助揽客、托运的货主,一律给予5%的提成,而且是立即兑现!

消息一出,顿时出现了一个奇观:在太古公样和码头上,人头攒动,人们争着将客人、货物都送到这里来。而太古专门有账房在现场办公,堆放了一筐筐的银钱:只要有人送来了客人,货物,交点清楚后,换成一根根颜色不同、长短不等的签子,拿着签子来验明无误后,签字领钱。

这样真金白银的吸引力,对于旗昌的杀伤不言而喻:不远处的金利源码头，本来是上海最忙碌的码头之一，如今却一下子冷冷清清起来。

也是活该旗昌倒霉，这天，在快要下班的时候，晏尔吉忽然匆忙从外面走了进来。

"郑先生，我想给你介绍一个朋友。"

"一个朋友，什么朋友？"

"这个朋友的名字，我暂时不能告诉你；他的身份也很隐秘，不好公开，所以他也不能到这里见你。能不能请郑先生下班后跟我一起去见他？"

"到底什么事情？"郑观应看他这么神秘，有些不太放心。

"是关于旗昌的事情，总之，这个人对于旗昌很重要，对我们就更重要。"

"好吧。"

郑观应现在全部心思都放在对付旗昌上，只要跟旗昌有关，他一定不会错过。

下班后，郑观应跟着晏尔吉出了太古，二人沿着江边散了一会儿步，最后来到一家酒吧里。

在乱哄哄的环境里，晏尔吉警惕地左右看着，确定无人注意他们，引着郑观应来到里面一间屋子。

屋子里，已经有一个身材高大粗壮的洋人在那里等着，正在喝闷酒。

"史柏丁，来，我给你介绍，这位就是郑先生。"晏尔吉大声给那人介绍。

"郑先生，你好。"那人立即站起身，恭恭敬敬地冲着郑观应施了一个礼。

"郑先生，这位是旗昌的满洲号船长，总工程师史柏丁。"晏尔吉介绍说。

"史柏丁先生找我来，有什么事情？"郑观应坐下来问。

"是这样的，郑先生。现在不是太古对旗昌宣战了吗？旗昌内部乱作一团。因为我们从伦敦那边得到消息，知道太古募集了一百万银子的股本。而旗昌这边，金能亨已经在一个月前听说唐景星要入主轮船招商局，就悄悄地把股本给撤回伦敦去了。这样一消一长,谁都知道,旗昌很难抵挡住太古的攻势。为了这场战争,旗昌也是豁出去了,福士已经下了决心,要卖掉几艘轮船,筹集一笔现金和太古来决战。我的这艘满洲号,就是福士准备卖掉的第一艘船。所以我来找郑先生了。"

"怎么,你想让我们太古接手,买下满洲号吗?"

"正是,太古是旗昌的竞争对手,如果一上来就吃掉旗昌的一艘船,对于旗昌的士气,会是一个不小的打击。另外,我熟悉轮船上的一切,从造船到维修,一直到经营管理,都积累有丰富的经验。我的经验和能力可以帮助太古,我想只要郑先生肯让我加入太古,一定会击败旗昌!"

"你想来太古?就因为旗昌的福士要将你的船卖掉,你要反戈一击?"

郑观应皱了一下眉头,对于这种不念情义、弑杀旧主的行为,他很反感。

"福士那个家伙将我的船卖掉是一方面,另外他们根本不懂得轮船经营。我提出的一系列方案,他们根本不用。为了让我离他们远远的,竟然让我的船专门在上海和长崎之间往来运煤,这不是侮辱我吗?"史柏丁气愤地道,"我是要做一番大事业的,可是他们根本不给我机会。"

"那么,你认为来太古是个好机会了?"

"对,我听亨利说,郑先生是轮船方面第一流的人才,自己本身有能力和才华,又懂得用人,能够很好地和大家合作。所以我就来找郑先生了。"

听了史柏丁的话,郑观应没有马上点头答应,而是沉吟了一下,略作思考。

"史柏丁先生,谢谢你对我的信任。"他在一瞬间做出了决定,"你肯选择太古,来和我合作,对我来说是求之不得。但是我想,由太古出面来买下满洲号,旗昌一定不会同意,而且现在正是太古和旗昌竞争之际,传出去,还会有人误会太古使用了什么卑鄙的手段,不是堂堂正正。不过,旗昌自己要减弱自己的实力,这样的机会也不能错过。我给你推荐一个人,就是轮船招商局的商总唐景星。我给你写一封推荐信,你去找他，由他出面来买下你的船。然后你就可以附船入局，挂轮船招商局的牌照，而在航线选择和经营管理上完全自由。你看如何？"

"那真是太好了。"史柏丁正在怕他不肯帮自己呢，听了这番话，顿时高兴起来。"好，我听郑先生的。只要能让我有机会和旗昌竞争就行。"

"那没问题，包在我身上了。"当下，郑观应立即吩咐取来纸笔，就在桌子上洋洋洒洒地写了一封信，当面交给史柏丁。"你尽管去找唐景星就好了。"

"谢谢，谢谢。"史柏丁千恩万谢地去了。

从酒吧里面出来，晏尔吉还有些不理解："郑先生，咱们为什么不直接买下满洲号，那并花不了几个钱。而且史柏丁是个难得的人才，在经营管理和维修技术上，都是一等一的，咱们得到他，不是如虎添翼吗？将他让给轮船招商局，那咱们不等于在旗昌之外，又多出来一个对手？"

"亨利，你对我们中国文化是了解的，可知道太极功夫中，有一招借力打力？"

"借力打力？"晏尔吉摇了摇头，"我不太懂得。"

"我让史柏丁去轮船招商局，就是一招借力打力。"郑观应解释说道，"说实话，不管你和这个史柏丁是什么关系，总之我和他是第一次见面。咱们太古现在全面向旗昌宣战，正是两军交战之际。旗昌突然使出这么一招，是真的要将满洲号甩掉，还是给咱们来一个苦肉计，我就不好判断了。如果史柏丁是他们故意派来的，刺探咱们太古虚实的呢？将他贸然地收留下来，不等于将咱们的命脉交给了一个陌生人？我能够拿着太古一百万的资本，来冒这个险吗？所以我首先拒绝了他。"

"但是这又的确是一个好机会。如果真能把握住这个机会，对旗昌来说，绝对是一个打击。所以我又将他推荐给了唐景星。唐景星一定会理解我的用意，花钱将船买下来，附入轮船招商局。如果真如你所说，史柏丁是个人才，那么他一定能够帮助到轮船招商局。轮船招商局也是要和旗昌竞争的，他那边一壮大起来，对旗昌构成的威胁就加大了。到时候，旗昌就是腹背受敌。那样不等于间接地壮大了我们太古了吗？"

"郑先生，你们中国人的头脑里真复杂。"晏尔吉还是不太明白，"有时候，我明明对你们口中说出的每一个字都听得清清楚楚，可是，就是不明白，你们中国人在说出这些字的时候，是否背后还隐含着其他意思。"

"哈哈，亨利，看来你要学习的地方还很多呀。"郑观应和他笑着离开了。

果然，如同郑观应所料想的那样，唐景星一接到他的信，就了解了他的用意，以极低的价钱，从旗昌手里买下了满洲号，换了轮船招商局的牌照。而这个史柏丁也的确是个人才，所提出的很多改革建议，使得轮船招商局每一条船的成本都下降了将近一半。这还不算，他又提议，轮船招商局自己建一个铁厂，专门负责保养维修自己的轮船。既延长每条船的寿命，节省了成本，又可以替轮船招商局培养自己的人才。

就这样，轮船招商局那边的实力迅速壮大，而太古这边，郑观应也在从各个方面对旗昌施压，一再地降低价格，一点点地扼紧了旗昌的咽喉……

四、创办《汇报》，容闳亲自题写宗旨：有裨中国者，无不直陈，而不必为西人讳也

这一年的冬天，西方人传统的圣诞节刚过完没有多久，旗昌就扛不住了！

一天，郑观应正在自己的办公室里忙碌着，忽然威廉·兰匆忙走了进来。

"郑先生，你准备一下。一会儿我要去码头接一个人，是咱们太古的大老板斯怀尔先生从伦敦到上海来了。他要当面听取你的汇报。"

"好的，没问题。"郑观应答应一声，对于自己这半年来的经营管理，他有着十足的信心。

因此，威廉·兰一离开，郑观应就把账房叫来，让他给自己一份详细账目。

不到一个时辰，威廉·兰去而复返。"快，斯怀尔先生在我办公室，等着见你！"

"这么着急？"郑观应一愣，"要不要我把账房、栈房还有揽载经理都叫上？"

"不，斯怀尔先生说了，只要你一个人去见他。"

"我一个人？"郑观应也猜不到斯怀尔先生是什么意思，只能答应了。

他跟着威廉·兰来到办公室，只见里面一个身材微微发福的中年男子，已经在等着他了。

这位斯怀尔先生，脸上永远都挂着一副谦逊的笑容，嘴里叼着纯正的雪茄，浑身上下，总散发出一股淡淡的烟草气息。他也是个地道的中国通。

"斯怀尔先生，郑先生来了。"威廉·兰给他介绍道。

"啊哈，郑先生，你现在可不但是在中国，在伦敦也是知名度颇高啊！来，请坐！"斯怀尔的声音让人很舒服，和他的为人一样温和可亲。

"怎么，斯怀尔先生，伦敦也有人知道我吗？"郑观应不知道他是何所指。

"是啊，你代表太古，和旗昌打价格战，伦敦那边都很关心这场战争的胜负呢！"斯怀尔笑着道，"当然了，还有你的那位老对手金能亨，他回到伦敦，逢人便讲，说他在中国这么多年，唯一遇到的对手就是郑先生。"

"是吗？只可惜他跑回伦敦太快，我还有好些手段没有对他使出来呢！"

"哈哈。"斯怀尔笑了起来，"当初，威廉跑去伦敦告诉我们，说要花七千两银子一年请郑先生，这可是全上海买办的第一高薪，我们几个股东当时还犹豫了好一阵子。现在看来，这个价钱不是太高，而是太便宜了。"

"哦？这么说来，斯怀尔先生您是为了表彰我，给我加薪而来上海的了？"

"哈哈，表彰当然是一方面，加薪也是在合同期满之后理所当然的事情。不过，我这次来，可是为了一件更重要的事情。是旗昌的福士约我来的。"

"福士？"郑观应一下紧张起来，"他亲自给您写信，约您来上海的吗？"

"是。"斯怀尔道，"看来是郑先生把他给打痛了，他有些吃不消了。"

"那么，斯怀尔先生您的意思呢？是我继续狠狠地打击旗昌，还是……？"

"郑先生，"斯怀尔没有马上回答他，而是忽然换了一个话题，问，"您知道我们太古公司的'太古'名字是什么意思吗？"

"太古，我听威廉说，是因为跟中国的'大吉'两个字很相似，取大吉大利之意。"

"当然了，那只是一方面。"斯怀尔道，"其实真正的意思，是'虎狮'的意思。郑先生，老虎和狮子你都见过吧？你可知道，作为丛林中的王者，生物链上最高地位的统治者，它们一个最大的共同特点是什么？"

"这个，我不知道。"郑观应摇了摇头。他还真的从来没有考虑过这个。

"就是因为它们虽然拥有强大的武力，却不滥捕滥杀。它们只是在饥饿的时候，才会打猎。而一旦有了足够吃的食物，就不会再去攻击任何猎物。这是第一点。第二点，它们都有很强的领地意识，当自己的领地建立后，如果对手敢来侵犯，它们一定会拼尽全力反击，但是只要对方确定这块领地是有所属的，对此给予认可和尊重，彼此就会相安无事。"

"斯怀尔先生的话，我明白了。"郑观应是何等聪明，立即明白了斯怀尔的意思。他不想和旗昌进行生死决战，只要旗昌方面主动求和，那么，太古是不会穷追猛打的。见好就收，符合这位商业世家子弟的风格。

"那就好，郑先生辛苦了，今天晚上我要好好地请你吃一顿饭，以示感谢。"

斯怀尔温文尔雅，但是郑观应仍然感觉到了，他行事有一种坚定的决心。只要是他做了决定的事情，没有谁可以让他更改，一切只能听令。

回到自己的办公室，郑观应有些茫然。一方面和旗昌激战正酣，忽然就这么闲了下来，让他有些不太适应。另一方面，他也为丧失了乘胜追击、一举致旗昌于死地的大好机会而惋惜。但是他也深知，旗昌在中国的经营，不是一年两年了，十多年来打下的底子，积攒的资本，都非同小可。想要一口气将旗昌吃下，并不是件容易的事情。旗昌现在也只是暂时败退而已，如果真逼迫得它急了，狗急跳墙，胜败尚未可知。

接下来的事情就简单了：由斯怀尔出面，和旗昌的福士亲自进行了谈判。双方很快达成了一个协议：双方停止竞争，转为联合运营。双方不仅运费标准相同，拥有船只也相同，每周开出船只班数也要相同，所得运费收入两家均分。在回扣佣金支付上，两家也采取了统一的规定。

这段时间，本来最为忙碌的郑观应，反而成了最悠闲的局外人。他知道，和旗昌的第一次交锋已经结束了，风波平息，接下来会有一段蜜月期。

但郑观应也深知，和旗昌的战争，不会就此结束。这只是第一个阶段，接下来一定还会有更大的风波。不把旗昌这个强劲的对手从长江航线上赶出去，太古就永远无法实现利益最大化。更重要的是，郑观应的初衷，是要借助太古之手，替轮船招商局除去旗昌，为了实现这一目的，就算是旗昌主动求和，郑观应也要千方百计，置旗昌于死地。

而和旗昌的决战，说到底还是要靠揽载。借这个难得的双方休兵的机会，郑观应又开始离开上海，去巡视各地的揽载行了。巩固和扩大原来的揽载行规模，同时在一些新的港口和码头上加开代客办货的商行。

这一去就是三四个月。等郑观应回到上海，已经是冬去春来，即将入夏了。

刚一回到上海，郑观应就听到一个消息：容闳从美国回来了！

已经好久没有见到容闳的郑观应，自然是迫不及待，打听到这天容闳正在广肇公所，立即就赶了过去。

来到广肇公所，一进门，在院子里就听到里面屋子里传出容闳的爽朗笑声。

郑观应径直来到大厅，只见这里济济一堂，两边的椅子上都坐满了人。

坐在正中间的二人，一位是容闳，一位是上海知县叶廷眷，正在有说有笑。

旁边两位，一位是唐廷枢，一位是徐润，平日里这两位都是这里绝对的主角，今天却甘心坐在旁边，足见对容闳和叶廷眷知县二人的重视。

容闳就不用说了，因为他帮助曾国藩创办江南机器制造局，又帮助中国实行教育计划，为中国富强储备人才，已经被视为第一流的英雄人物，国之栋梁。不但在广东人中，就是在当时全中国，也是声名大振的了。

这位叶廷眷知县，同样是香山人，他作为父母官，为家乡的百姓来上海行方便，谋福利，那是不用说了。尤其他还是一位热心公益和文化的人士，只要是出钱出力的事情，一向都是来者不拒，所以广有人缘。

众人正在说笑，一看到郑观应来到，唐廷枢先大声笑起来："怎么样，我就说吧，说曹操，曹操就到。咱们正说少不了这一位，他就到了！"

"怎么，你们是在说我吗？"郑观应不知道他们在说自己什么，不过他并不放在心上，而是先向叶廷眷一抱拳："叶大人，好久不见啦！怕您公务繁忙，一直也没有敢去打扰您。"

"是呀。"叶廷眷微笑着点了点头，"陶斋，你现在是太古的总买办，重任在肩，诸事忙碌！要说忙，我这个小小的知县，比起你来还是清闲一些。"

"大人说笑了！"郑观应又和容闳打招呼："容大哥，您是什么时候回来的？我一听说您回来，就连忙赶来看您了。您这次回来就不走了吧？"

"不。"容闳还是那样，一脸的灿烂笑容，透着温暖，言语也温和而坚定。"我是为了第三批赴美学生回来的，要带他们一起到美国去。"

"连第三批的学生都要赴美国留学了吗？好快！"郑观应不由地脱口而出，"不知道前面两批学生，在美国那边学习如何？能适应吗？"

"没有问题呀，岂止是适应，他们的学习成绩可都比美国人还好呢！"容闳介绍道，"第一批去美国的，已经要毕业了。我正在和美国的大学联系，要让他们到大学里继续深造呢！第二批的学业也大有进步。"

"这么说来，容大哥当日计划的要给中国培养一大批新式人才，看来这想法已经实现了。只要这批人才一回国，中国的局面就会焕然一新了。"

"那也不见得。"旁边，唐廷枢却摇了摇头，"我虽然没有去美国，亲自看看那批学生的情况，可是从报纸上得知，他们在那边有的剪了辫子，有的脱了长袍马褂，改穿洋人的衣服，还有人恨不得申请立即加入美国的国籍。他们这样做，可是令国内很多的官员相当不满哪！我有一次听李中堂说起过，说如果这样下去，只怕这个留学计划就要中止了。"

"啊？"郑观应一听，"那怎么可以？这么好的计划，无论如何不能中止！"

"你们放心。"容闳却胸有成竹地道，"美国那边，是我在负责，具体的情况，我自然了解。这样的情形也不是完全没有，但是绝不是都是这个样子。至于李鸿章李中堂那边，我和他也是见过的，当面做过汇报。他认为年轻人到国外去，有些思想上的变动实属正常。只要加以正确引导，稍加劝诫，一定会回归正途。我这次还要去再详说此事的。"

"既然容大哥这么说，那就是没事了。"郑观应这才放心，"我还真的怕咱们国内的那些官员一时糊涂，中止了这个计划呢！这可是咱们自强求富的根基所在呀！没有人才，咱们拿什么去和洋人竞争，自保尚且不能，更不要说和洋人进行堂堂正正的商战了，那只能是痴人说梦！"

"人才固然重要，可是人才的培养，不是一天两天的事情。"叶廷眷接过话去，说道，"可是现在眼前却有一件事情，比培养人才更加重要，必须马上做起来才是。陶斋，你刚才来这里之前，我们正在商量这件事情。"

"哦，是什么事情？"郑观应问。

"是这样的。"容闳给郑观应说道，"我从美国刚一回到上海来，就买了几份报纸，什么《申报》《字林西报》《万国公报》，一看上面的内容，对国外多的是溢美之词，浮华不实，对于中国的报道，却是乌七八糟，猎奇多于真实。这岂非是在公开侮辱我们中国人吗？为什么我们中国人不能自己办一份报纸，发出我们自己的声音，来报道一个真实的中国呢？也好启发民智，让民众了解一个真实的今日之世界。所以，我和大伙儿商量，创办一份自己的报纸。大家都说，你在《申报》上发表了那么多文章，写了一部书《救时揭要》，轰动全上海。如果我们中国人要自己来办一份报纸，这份事业的创立，一定少不了你。将来这份报纸的主笔，也一定是非你莫属。结果刚说到这里，你就来到了。"

"原来是这件事情，好呀，我也一直有这个想法呢。"郑观应听了，顿时激动起来，"那咱们就接着讨论吧，究竟这件事情，要怎么干起来？"

"要干事情，自然要先有钱，兵马未动，粮草先行嘛。"徐润道，"我别的不敢说，出几个钱还是可以的。这资本的筹措嘛，由我来负责好了。"

"雨之，钱不能由你一个人出，咱们每个人都出一点儿，算是尽绵薄之力。"唐廷枢道，"这样吧，就以一万两银子做股本，十两一股，大家都来做股东，如何？"

"这个建议好。"大家都轰然答应，"中国人的事情，当然得大伙儿都出力。"

"至于这创办报纸的名字嘛，自然是要由叶大人你来定了。"唐廷枢自己就是一代雄才，不过他的才华主要是在语言翻译方面。不像叶廷眷自幼饱读诗书，满腹经纶。在传统文化的浸润方面，还是叶廷眷更为老到。

"这个嘛，让我想一想。"叶廷眷捻着胡子，微闭眼睛，沉思了一会儿。"嗯，上海这个地方，是江河汇入大海之地，又是东西方文化交汇之所，我们要创办这份报纸，既要反映东方，又要反映西方，汇集东西方之所长。所以，我想到了一个名字，就叫作《汇报》，诸位以为如何？"

"好！"众人听了，欣然同意，没有人有任何的异议。的确，这一个"汇"字，虽然简单，却准确地点出了上海的特点，也点名了报纸的特色。

"名字我可以勉为其难，至于这办报的宗旨嘛，就要请纯甫兄来拟定了！"叶廷眷也很知趣，知道只有容闳，才能为这份报纸定下一个宗旨。

果然,容闳听了,立即答应道:"好,这个我早已想好了。"他甚至不需要思索,立即要来纸笔,唰唰一挥而就:"本报为中华日报,自宜求有益于华之事而言之。故于有裨中国者,无不直陈,而不必为西人讳也。"

"好呀!"众人看了,无不拍手叫好。尤其是最后一句,纷纷称"是"。

"诸位,我还有很多事情,所以只能拟定这么一份宗旨了,接下来具体章程如何制订,我看就由景星、陶斋和来负责!你们两位,都是经营管理方面的大行家。你们就一起商量,来制定一份《章程》吧!"

"我来负责运营管理还可以,这统筹全盘的考虑,就交给陶斋负责吧!"唐廷枢道。

"没问题,我就恭敬不如从命了。"郑观应道,"只是,我没有容大哥的这份才华,需要回去仔细思考,给我几天工夫才行!"

"那就以十天为期。"容闳道,"在我离开上海前,咱们把一切定下来!"

就这样,在众人七嘴八舌的议论下,这件事情就这么定了下来。

从广肇公所一回来,郑观应立即冥思苦想,投入了《章程》的拟定工作中。

虽然只是一份小小的报纸,也不过才一万两银子的股本。但是麻雀虽小,五脏俱全。办报纸有自己的规律,也要遵循商业上的一些基本道理。抱着开启民智、净化风俗的责任心与抱负固然是不可少,但是报纸首要的是赚钱,否则连生存下去都成问题,其他也就无从谈起了。

经过几天的思考,郑观应最后拿出来一份章程,一共写了十三条,包括人员的选用,股本的分配以及计息、经费开支以及总经理权责、报纸内容范围、账目制度、股票收存与出让、股份更换等。尤其在最后一条,规定要严格自律,绝不允许私自刊登讦人私恶、败人名节、是非混淆等。

最后,郑观应给章程做了一个总的概括:"该报纯为中国人的报纸,主权在我,其余可做权宜处理。"这就是一份带有宣言性质的章程了。

强调最后这一点,反映了郑观应等人的一个基本思想:当时洋人主办的报纸，对于中国政府的种种评论，难免有失公平和公正，而中国政府并没有对应的报纸加以反驳。郑观应等人创办《汇报》，就是要有一个舞台，一个发声的载体，和洋人不但在实业领域，在文化领域也展开竞争。

郑观应的《章程》拿出来后，众人看了，一致通过，《汇报》正式创立。

不久，容闳就离开上海，带着第三批留学生回美国去了。《汇报》虽然是由容闳提议创办，但此后一应工作就全部落在了郑观应身上。唐廷枢和徐润虽然也是倡议人之一，不过他们有那么多大事情要做，实在看不上《汇报》这样的小生意。而叶廷眷是一方父母官，只能在《汇报》因为发表政论文章，被官府所注意的时候，替其发几声争辩而已。真正要做事情，还是要靠郑观应。所以，当时《汇报》的名义主笔，虽然是美国人葛理，实则真正的总主笔，还是由郑观应来担纲，幕后操作。

《汇报》的创办，也一度的确在上海引起了不小的轰动。毕竟《汇报》是中国人自己的报纸，站在中国人的立场上，和《字林西报》《万国公报》展开竞争，所提出的很多观点，都是令人耳目一新的。因此很快赢得了大批读者。一时间，《汇报》在强手林立的上海成为一段传奇。

但当时又毕竟是多事之秋。容闳和郑观应等人的出发点是好的，他们也意识到中国要自强求富，必须先在思想上自立。但是在强敌环伺之下，中国要自立又谈何容易？又岂是创办一家小小的报纸，在上面呐喊几声，以唤醒世人，就能解决问题的？想法是好，只是未免太单纯了！

就在《汇报》创办不久，这一年的秋天，发生了一件大事，深刻地影响了中国的国运，也迫使郑观应对整个中国和世界的局势进行了更为深入的思考。其结果，最终写成一本书《易言》，遂成为时代最强音。也正是从这部书开始酝酿，震动朝野的皇皇巨著《盛世危言》即将诞生！

家国情·济世才·商战策·富国梦（代跋）

对今天的很多人来说，"郑观应"无疑是一个熟悉而又陌生的名字。

说"熟悉"，是因为他的那一部《盛世危言》，实在是大名鼎鼎，如雷贯耳。当年在出版的时候就已经名扬天下，洛阳纸贵，连光绪皇帝都被惊动了，饬令总理衙门印刷两千部，散发给臣工阅看。张之洞阅罢而推许该书"上而以此辅世，可为良药；下而以此储才，可作金针之度"。他的思想影响了孙中山，"人尽其才，地尽其利，物畅其流"后来被引入《上李鸿章书》，被尊为"富强之大经""治国之大本"。他的"欲攘外，亟须自强；欲自强，必先致富；欲致富，必首在振工商；欲振工商，必先讲求学校，速立宪法，尊重道德，改良政治"思想，成为戊戌变法百日维新的代表人物康有为、梁启超的改良蓝图。他的《盛世危言》还影响到了青年时代的毛泽东："我读了一本叫《盛世危言》的书，这本书我非常喜欢……《盛世危言》激起我想要恢复学业的愿望。"而郑观应在《盛世危言》中提出的"习兵战不如习商战""商业立国"的思想，更是一直到今天仍然不失为富国之策。

总之，《盛世危言》的影响如此之大，没有读过或者听说过此书的人并不多，这是郑观应声誉之隆的一个原因。今天仍然是青年人必读书目。

说"陌生"，则是因为郑观应的一生，实在是从事实业经营的一生。他堪称是中国真正意义上的第一代企业家。他也可以称得上是中国接受西方市场经济洗礼的第一批人。他之所以能够提出"商战"思想，完全遵循的是市场经济的竞争法则，因为只有在市场经济的环境下才会有单纯的"商战"，"商战"和"兵战"比起来，隐于无形，却同样残酷而激烈。而且"商战"有一套自己的法则，有自己独特的理论和实践。中国人几千年来一直研究"兵战"，有一整套系统的"兵战"理论与实践，可是唯独"商战"对于中国人来说，是一个新生事物，郑观应则是第一个从西方人那里学习了这套理论并付诸了与西方人"商战"实践。也可以说，正是他的一生实践奠基了中国最早的企业家精神。

郑观应在企业经营管理方面的经历，几乎就是一部近代中国企业史。他自己作为洋人的买办，在宝顺洋行、太古轮船公司等学会了"商战"本领。此后他就开始了以商报国、以自己炉火纯青的"商战"本领服务于中国企业的波澜壮阔实践中去：轮船招商局、开平矿务局、津沪电报局、机器织布局、开平煤矿粤局、汉阳铁厂、粤汉铁路……他所亲身参与其中的每一个企业的创办、所经历的每一个企业的兴衰，无不和中国自谋图强、追求富国梦想的命运紧密相连。国家多难，命途多舛，他个人的人生也因之浮沉不定，备尝辛酸，但他九死而不悔！

即使在这么繁忙的企业经营管理过程中，郑观应还是又做了另外的几件大事情：一是著书。他一生写作不辍，出版了十几部著作，有影响的就包括《救时揭要》《易言》和《盛世危言》。二是赈灾。郑观应家族有做慈善事业的家风，从他的祖父到父亲都是慈善家，郑观应受此影响，将大量的钱款用于赈灾救荒，对于公益事业投入了极大热情。三是救国。郑观应并不只是一个单纯的商人，一个舞文弄墨的知识分子，他的理想是"内圣外王"，文能定国、武能安邦。当中法战争战事一起，他就投身到了彭玉麟的麾下，亲自深入南洋调查了解敌情，甚至差一点儿与暹罗摄政王达成"合纵抗暴"事宜。后来中日甲午战争爆发，他也是积极出谋献策，提出了"战、守、备"三策，可惜未被采纳。但是他已经用实际行动证明了，他不是一个纸上谈兵的人。

而以上还不是郑观应人生的全部。他已经够忙碌的了，但是他还是坚持做两件大事情：一是修身，也可以叫作养生。他有一个号叫作"待鹤山人"，是他最喜欢用的。这个号充满了道家的寓意。实际上他也的确是一个道家的信徒。他有三个道号"虚空""通济""一济"，在他的一生中，道家活动也从来没有中断过。他修行道家之术是为了养生，因为他的身体一直不好，从小有哮喘和肺病。他不但自己修行，还将心得体会编辑成书《道言精义》《中外卫生要旨》等。二是训子。郑观应所出身的郑氏一族是个大家族，有着良好的家风和家教。郑观应继承祖、父教诲，对于儿子的训诫极其严格，"德行为上，慈善为怀""勤俭朴素，吃苦耐劳""喜读诗书，发奋上进""忠孝仁义，不畏强权"，他自己的一生就是这么实践的，他对儿子也是这么要求的。对于家族中的子侄，他也关怀有加，对他们提出了"自立"的期许。

纵观郑观应的一生，犹如在读一部跌宕起伏的人生大书。他给我们的启示是多方面的：一是积极向上、发奋进取的追求精神。他的一生是学习的一生，进取的一生，奋斗的一生，奉献的一生。他的人生理想也许没有完全实现，但至少他为了自己的梦想付出了百分之百的努力。二是劝人向善、济世救民的慈悲胸怀。受益于家族的慈善教诲和传统，郑观应的一生都没有中断过慈善事业。"求福莫如积善，积善莫如救人。"今天我们必须要指出，这并不是封建迷信。善是人的天性，但能行善则非君子不能为。能将善行广而普之、唤醒人心则是圣贤了。三是忧国忧民、救国安邦的入世情怀。郑观应深受儒家思想的熏陶，他一生所做的任何事情都不是从利害计算，而是从利益国家和人民出发，所以他已经超越了一个纯粹的商人，而上升成为一个大企业家。

今天，我们谈论培育和弘扬企业家精神，而郑观应无疑是一个源头，而且是最重要的源头之一。他正处于一个中国由传统进入现代的转折点上，他是第一批接触西方市场经济的中国商人，又是第一批投身中国近代企业经营管理实践的企业家，他的一生实践和精神追求，对于中国企业家精神的影响无疑是根本性的，也是长久性的。可以总结如下：

一是家国情怀。这不是郑观应独有，而是那个时代的中国商人所共有的。包括容闳、唐廷枢、徐润，甚至是盛宣怀，纯粹的买办商人和有着官家背景的中式商人，他们都有着同样的一腔热血，都有家国天下的传统士大夫情怀，有着报效祖国的强烈愿望和以商而立功立德立言的追

⊙ 家国情·济世才·商战策·富国梦（代跋）

求。"家国情怀""家国同构"从那以后就成为中国企业家精神的一个根，或者说是一个魂。这个根和魂一直到今天仍然是最重要特质。

二是济世救民。这曾经是传统士大夫的理想追求，传了两千多年如今落到了商人身上。士大夫是通过政治，而商人则直接通过自己所创造的财富。用金钱的力量而不需要借助政治的力量，商人们可以做更多的事情，更好地按照自己的意愿去服务社会，改变社会，积极地追求"善"。福报只是一方面，更多是心灵上的慰藉。中国商人由此而找到自己的精神家园，而不必像西方商人那样借助于宗教信仰安身立命。

三是商战之才。市场经济崇尚的是自由竞争，而自由竞争最根本的是依靠人的本领。这就需要一批精通商战之术的高素质的人才。这样的工商人才是传统社会所无法培养出来的，必须通过兴办新式学校甚至直接送人才到欧美去学习。容闳所提出并实践的"教育计划"就是如此。郑观应也是从洋人那里学习了很多年，最后才能跟洋人进行商战的。这种商业的才华需要一定的天赋，但那是对大企业家而言；对普通人来说，只要肯于学习，就能够掌握一定本领，成为于家于国有用人才。而最重要的是在传统科考走上仕途之外，提供了一条新的人生道路。从学而优则商到学而优则商，这一选择提供了更多人生自由。

四是富国之梦。郑观应一生追求的是富国梦想，他也在自己的晚年有深刻的认识，那就是一个人的才华纵然通天彻地，也无法以一己之力改变一个国家和民族的命运。他最后还是失败了，而像孙中山却带着一帮革命党人成功地推翻了腐朽的清王朝，建立了崭新的中华民国。从封建专制到民主共和，这种翻天覆地的转变绝非是商人和他们所拥有的巨大财富可以完成。郑观应一度主张立宪，最后也接受了共和。个人的命运和国家的命运比起来，一个是微观，一个是宏观，但是都同样重要，紧密相连、密不可分。个人创造财富最初也许是为了糊口生存，但是当一个企业创造财富就是为了社会、国家了，只有自觉主动地和国家民族命运联系在一起，所创造的财富才能更有价值和意义。正如一滴水，只有融入浩瀚无边的海洋，才能永不干涸化作永恒！

从郑观应出生到今天,已经过去了一百七十多年,而在这一百七十多年中,中华民族始终步伐坚定地走在图谋自强、希冀实现中华民族伟大复兴梦想的道路上。一代代人的薪火相传,接力棒传到了今天。今天的我们回首百年,回首先贤,向他们致敬,重新讲述他们的故事,不仅仅有感动,更有一种坚韧坚定和毅然决然。毫无疑问,我们将从他们的身上汲取力量,并融入新的时代,以一往无前的豪迈气概继续前行!

⊙ 家国情·济世才·商战策·富国梦(代跋)